Campus

Emanuela Zilio

Protagonisti dell'era digitale

Manuale per un uso consapevole delle nuove tecnologie

Prefazione di Maurizio Masini

17,00
con appunti

Bruno Mondadori

Realizzazione editoriale: EdiText, servizi redazionali per l'editoria - Torino

La scheda catalografica è riportata nell'ultima pagina del libro

www.brunomondadori.com

Indice

IX Prefazione. Conservazione e trasmissione del sapere nell'era digitale
di Maurizio Masini

1. Caduti nella Rete, collegati nelle reti
1 1 Rappresentare il mondo in modo nuovo
14 2 Una rete per difendersi, una rete per comunicare
32 3 Utenti del mondo

2. Una nuova lingua universale
47 1 Dalla rappresentazione all'esperienza
53 2 Interattività

3. Belli come in foto
61 1 Il potere delle immagini
64 2 La natura delle immagini
76 3 Trattare un'immagine
81 4 Diffondere un'immagine
83 5 Reperire un'immagine

4. Il soffio vitale
87 1 Divinità minori
87 2 Immagini in movimento
89 3 Immagini in movimento digitale
91 4 La quarta musa
93 5 Animazione scientifica, informativa, didattica
95 6 Percepire l'animazione, da medium a software
98 7 Animare, quindi muovere
101 8 Il processo dell'animazione

5. La parte nascosta del Web
107 1 Andare alla sorgente
109 2 Sigle sconosciute: HTML, XHTML, XML, CSS
116 3 La pagina web
132 4 Progettare e gestire un sito web

6. Scrivere... e non solo
145 1 Premessa doverosa
146 2 Siamo tutti scrittori
160 3 Scrivere un testo
167 4. Libri, riviste, giornali, tesi

7. Relatore per un giorno
173 1 Buongiorno, mi presento
174 2 Comunicare efficacemente
178 3 Occhi diversi vedono cose diverse?
180 4 Hardware e software
185 5 L'ultima frontiera delle presentazioni... la Rete

8. Migliore di una calcolatrice
189 1 Organizzazione personale
190 2 Giochiamo a battaglia navale
198 3 Verso l'intuitività dell'informazione
202 4 Diffondere i dati

9. Catalogare la conoscenza
205 1 Andare in biblioteca
206 2 Tutto a disposizione... subito!
211 3 La progettazione, uno step fondamentale
214 4 Creare un database relazionale
220 5 Un database grande come il Web

10. Anatomia di un personal computer
225 1 Plastica, metallo e vetro
226 2 Volevo un portatile e mi hanno dato un frullatore
227 3 Esame dettagliato delle componenti

11. Istruzioni per l'uso
247 1 Oggetti "morbidi"
251 2 Spiegare a una scatola di plastica come funzionare
258 3 Una struttura a cipolla per controllare hardware e software
265 4 Operare in modo specifico
266 5 La filosofia del software

12. C'erano una volta... mille idee
273 1 Informatica: comunicare a basso costo
274 2 Dal fango al microchip
278 3 Minor fatica, maggior velocità

Bibliografia e sitografia
293 Bibliografia
305 Sitografia

Prefazione
Conservazione e trasmissione del sapere nell'era digitale

di Maurizio Masini[1]

È sotto gli occhi di tutti quanto le tecnologie abbiano cambiato radicalmente i nostri stili di vita, il nostro modo di apprendere e di comunicare. Il passaggio dall'era analogica a quella digitale ha comportato una vera e propria rivoluzione nelle nostre vite.

Ma che fine faranno le "nuove" tecnologie una volta che saranno divenute "vecchie"? Quali conseguenze produrranno nella conservazione del sapere i continui cambiamenti di formato? E quale fine farà la stampa, la tecnologia di cui in questo momento ci serviamo per divulgare questi contenuti e che da oltre cinquecento anni garantisce la trasmissione del sapere?

La maggior parte delle pubblicazioni del futuro verranno dalla Rete e avranno funzioni integrate tra loro. La nuova frontiera della stampa si chiama *web-to-print* e le sue parole d'ordine sono: automazione, qualità e integrazione che, unite alla rapidità di produzione, permetteranno alle attività di stampa di rimanere competitive ancora per diversi anni.

Anche se la tradizionale idea di "stampa" continuerà ad avere un ruolo importante, il futuro è tutto orientato verso il *multi-source publishing*, ovvero la pubblicazione da fonti diverse. Non vi sarà alcuno specifico punto di partenza per il processo di pubblicazione. Un file di testo, una foto, un elemento grafico saranno creati in qualunque luogo della Terra con uno qualunque dei programmi disponibili. Anche altri contenuti potranno essere creati, in maniera indipendente gli uni dagli altri. La certezza è che in qualche modo, da qualche parte, essi verranno raccolti. Probabilmente all'interno di una banca dati o di più archivi distribuiti nella Rete. E, poi, *on demand*, cioè "a richiesta", i contenuti verranno riuniti all'interno di una pubblicazione che sarà riprodotta su schermo e/o a stampa.

In funzione di questo nuovo modo di intendere la stampa si stanno facendo strada numerose nuove tecnologie. La prima si chiama *cured gel ink*, una forma di stampa a getto d'inchiostro che sarà utilizzata per le future macchine da stampa commerciali. Si tratta di un approccio completamente nuovo al pigmento per la stampa. Le quattro cartucce (ciano, magenta, giallo, nero), non conterranno più polvere o fluido, ma una serie di piccole sfere, chiamate TonerPearls, dal diametro di circa un centimetro, totalmente inodori, resistenti e che non lasceranno tracce. L'inchiostro tradizionale è a base di acqua, che viene assorbita dalla carta e che non aderisce alle superfici lisce come l'alluminio o le materie plastiche. La nuova sostanza avrà la consistenza del burro e si solidificherà dopo l'esposizione a una luce ultravioletta. Il risultato sarà quello di avere stampe sempre più professionali, rapide e a basso costo.

L'altra frontiera tecnologica è rappresentata dall'*electronic paper*, anche conosciuta come *e-ink* o *e-paper*. Si tratta di un display progettato per imitare l'aspetto dell'inchiostro su un normale foglio di carta. A differenza di un normale schermo, che usa una luce retroattiva per illuminare i pixel, l'e-paper riflette la luce esterna proprio come un foglio di carta. L'e-paper permette di realizzare supporti sottili e leggeri a elevata autonomia, che possono essere dotati di batterie di ridotta capacità essendo l'e-ink un prodotto per sua natura a basso consumo.

L'*electronic reusable paper* è invece un display elettronico che ha molte delle proprietà della carta. Memorizza un'immagine, ha un ampio angolo di visione, è flessibile ed è relativamente poco costoso. A differenza della carta, tuttavia, è scrivibile e cancellabile elettricamente oltre mille volte. Utilizza una tecnologia di visualizzazione, realizzata presso lo Xerox Palo Alto Research Center (PARC), denominata "Gyricon". Un foglio Gyricon è un sottile strato di plastica trasparente in cui milioni di piccole sfere, un po' come le particelle di toner, sono disperse in modo casuale. Le sfere, contenute in un olio fluido, sono libere di ruotare e, se sottoposte a una differenza di tensione, possono orientarsi nello spazio e creare testo e immagini.

La stampa digitale, quindi, sembra destinata a dominare il mercato dei prossimi anni, vista la costante tendenza verso una sempre maggiore riduzione delle tirature di stampa tradizionale e la crescente affermazione della stampa su richiesta.

Nuove macchine di facile utilizzo, investimenti nelle infrastrutture e flussi di lavoro ibridi porteranno a una piccola rivoluzione nelle attività tipografiche. In conseguenza di ciò, copisterie e centri di stampa trasformeranno il proprio portafoglio di servizi allo scopo di adattarlo alla nuova era digitale, supportate in questo dalle continue innovazioni tecnologiche.

L'affermazione del digitale, che ha influenzato pesantemente le tirature di stampa, tenderà a stabilizzarsi. Il mercato globale e Internet, negli ultimi cinque anni, hanno fatto diminuire i volumi del mercato tipografico occidentale del 40%. Oggi, la tiratura di oltre la metà di tutti i lavori a stampa è inferiore alle 2000 copie.[2] Nei prossimi dieci anni un lavoro a stampa su cinque richiederà tirature di una sola copia. Si svilupperà quindi la strategia del *book on demand*, cioè del libro in copia singola che, attraverso le tecniche di *web-to-print*, potrà essere scaricato e stampato direttamente dalla Rete.

Dalle recenti analisi di mercato emerge che l'80% dei profitti nei prossimi anni proverrà dalla stampa digitale a colori.[3]

L'elemento vincolante dei profitti di un'azienda tipografica non sarà né la tiratura né il tempo di stampa, bensì la complessità dei servizi a valore aggiunto come la rilegatura o la finitura del prodotto. Un lavoro di stampa richiedeva in passato mesi, poi settimane e ora solo giorni o in alcuni casi ore.

I professionisti del settore della stampa si trasformeranno sempre più da semplici stampatori in "fornitori professionali di servizi di comunicazione".

Ma, come abbiamo premesso all'inizio di queste righe, agli aspetti di trasmissione del sapere si affiancano quelli legati alla conservazione delle informazioni. Riflettendo sul nostro passato possiamo osservare come l'evoluzione dell'uomo sia stata costantemente influenzata dalle tecnologie di elaborazione, conservazione, trasmissione e accesso al sapere. La scrittura ha reso possibile fissare la conoscenza dell'individuo, diffonderla e, soprattutto, mantenerla viva nel tempo. Già in epoca medievale, con la nascita delle biblioteche all'interno dei monasteri, l'uomo comprese l'importanza della gestione dell'informazione, non solo per garantirne la consultazione, ma anche per assicurarne la permanenza nel tempo. L'invenzione della stampa permise l'accesso ai testi, la circolazione delle idee, delle nozioni umanistiche e scientifiche, garantendo un rapido progresso della collettività.

Oggi, le nuove tecnologie dell'informazione e della comunicazione stanno ridefinendo il ruolo del libro e le sue funzioni. L'informatizzazione, pur avendo radicalmente trasformato le biblioteche, non ne ha però messo in discussione il ruolo di custodia e di fruizione dei testi, anche se l'evoluzione tecnologica sta portando i supporti digitali a sostituirsi, sempre più spesso, ai documenti, ai libri, alle riviste, ai giornali, agli atti ufficiali, ai certificati. Si è trasformato così in maniera radicale l'accesso alle informazioni e alla conoscenza, che viene effettuato non più in presenza, ma a distanza. La Rete si è trasformata in una biblioteca universale, un archivio globale del sapere cui chiunque può accedere in modo semplice e immediato.

Ma anche per i supporti digitali valgono le stesse considerazioni che si fanno per i sistemi tradizionali: i materiali fotografici, le pellicole cinematografiche e i microfilm vanno incontro a rischi di degrado, il loro deterioramento non dipende solo dal formato, ma dal procedimento chimico utilizzato per la memorizzazione. I nastri magnetici, le audiocassette, le videocassette VHS sono soggetti al rischio di smagnetizzazione. I CD e i DVD possono opacizzarsi e divenire illeggibili. Il fenomeno è ancor più evidente per le forme meno recenti di archiviazione (per esempio, i dischi in vinile) o per quelle che hanno avuto una vita commerciale breve (come le videocassette di tipo Betamax). Già oggi si incontrano notevoli difficoltà nel reperire le apparecchiature che ne consentano l'utilizzo. Un documento digitale, in forma di bit e di byte, può essere contenuto sul disco rigido di un computer, su un floppy disk o su un CD-ROM, oppure essere disponibile sulla rete Internet dove il supporto esiste, ma è fisicamente lontano da noi. È possibile "materializzare" un contenuto, per esempio inviandolo a una stampante (e in tal caso fargli assumere la più convenzionale veste cartacea), oppure visualizzarlo su uno schermo, mantenendolo ancora in forma immateriale e virtuale. Questi supporti digitali, purtroppo, sono "fragili" come i loro corrispondenti analogici. Corrono il rischio di diventare fisicamente e logicamente "inaccessibili". Il deterioramento dei supporti, la volatilità dei meccanismi di presentazione dei dati e la perdita di funzionalità dei sistemi di accesso sono tutti fattori che contribuiscono a rendere irraggiungibile un numero assai elevato di informazioni.

Nel mondo digitale, quindi, il problema della conservazione è quanto mai stringente, dal momento che si deve far fronte da un lato al deterioramento dei supporti e all'instabilità dei meccanismi di accesso, dall'altro all'obsolescenza tecnologica dei sistemi informatici, decisamente più rapida e insidiosa di quella dei prodotti analogici. Rispetto alla durata pressoché indefinita dei media cartacei, infatti, i tempi di vita dei formati elettronici risultano di gran lunga più esigui: la vita media di un CD-ROM o di un DVD va dai cinque ai venticinque anni, mentre hardware, software e sistemi operativi hanno un ciclo di vita dai due ai cinque anni; e tuttavia i tempi in assoluto più brevi sono quelli dei documenti di rete, per i quali si calcola che la vita media di una pagina web sia di poco superiore ai settanta giorni.[4]

Alla luce di queste problematiche, la soluzione più perseguibile sembra essere quella del *refreshing*, ossia la tecnica volta a "mantenere i bit in buona salute", che consiste nel copiare, a distanza di tempo piuttosto breve, le informazioni su nuovi supporti. Molti consensi riscuote anche la *migrazione*, una strategia che, al pari del refreshing, prevede anch'essa il trasferimento sistematico dei documenti su nuovi hardware e software prima che i precedenti supporti diventino obsoleti, ma che, a differenza di quest'ultima, richiede una ricodifica periodica dei dati affinché possano essere leggibili dalle nuove generazioni di hardware e software.

A queste strategie si è aggiunta di recente l'*emulazione*, che da Jeff Rothenberg, il suo ideatore, è stata definita come «un approccio che permette la replica di sistemi obsoleti su sistemi futuri e non ancora noti, in modo che un software originale di un documento digitale possa essere usato in futuro benché sia ormai obsoleto».[5]

Anche le pagine web, che sembrerebbero immuni al deterioramento nel tempo, in realtà sono effimere. Non è soltanto una questione di standard di visualizzazione o di formati di file che cambiano frequentemente: le pagine della Rete vengono cancellate, aggiornate, spostate in continuazione, per cui i link che collegano un documento a un altro diventano obsoleti in pochissimo tempo, togliendo ogni possibilità di reperimento dell'informazione.

Secondo la rivista "Science", la bibliografia dei testi scientifici, che fa sempre più spesso riferimento a documenti online, è devastata. Tre mesi dopo la pubblicazione, gli articoli di riviste di primaria importanza hanno già il 3,8% di rimandi al nulla. Dopo 15

Supporto	**Durata in anni**
Testo su pietra	20000
Testo su papiro	10000
Testo su pergamena	5000
Disco analogico	1000
Pellicola fotografica	500
Dischetti e nastri magnetici	30
CD	20

Valutazione orientativa della durata dei media a confronto[6] mesi, un link su dieci è obsoleto. Nel settore informatico, è normale che il 40-50% dei riferimenti usati dalle riviste non sia più valido dopo soli quattro anni.[7]

Come se non bastasse, al deterioramento dei supporti e alla rapida obsolescenza della tecnologia necessaria per leggerli si aggiunge l'ostacolo dei formati proprietari con le loro protezioni anticopia su videocassette, libri elettronici, musica su CD, film su DVD e videogame.

Pur essendo trascorso troppo poco tempo dall'avvento delle più recenti tecnologie per potersi spingere in un'analisi approfondita dei risultati finora raggiunti, possiamo però sicuramente affermare che, tranne poche eccezioni, la trasmissione del sapere sarà sempre più complessa quanto più avanzerà il progresso tecnologico. Lo scopo di questo testo è, dunque, quello di stimolare una nuova sensibilità verso questo ambito disciplinare. Dimostrare che dietro le infinite sequenze di 0 e di 1 si possono incontrare forme espressive, pensieri, sensibilità, passioni e professionalità che rendono il rapporto con le tecnologie molto più "umano" di quanto spesso, comunemente, si pensi.

Note

1 Maurizio Masini è docente di Informatica applicata e di Sistemi e tecnologie per la multimedialità presso la facoltà di Lettere e filosofia dell'Università degli Studi di Siena.

2 F. Romano, *Il futuro della stampa digitale*, Insight Report Canon, Drupa 2008, Milano.

3 Ivi.

4 M. Santoro, *Dall'analogico al digitale: la conservazione dei supporti non cartacei*, "Biblioteche oggi", Milano 2001.

5 Ivi.

6 P. Attivissimo, *Storia del XXI secolo, volumi I e II: illeggibili*, "Atti del Convegno *Futurnet – Sulle tracce del futuro*", Roma, 4 dicembre 2003.

7 T. Berners-Lee, W. Hall, J. Hendler, N. Shadbolt e D.J. Weitzner, *Creating a Science of the Web*, "Science", 313 (2006), pp. 769-771.

Questo manuale è dedicato a tutti coloro che si sono avventurati nella cultura umanistica e che oggi hanno la voglia e la necessità di confrontarsi con le nuove tecnologie. *Protagonisti dell'era digitale* nasce dall'esigenza di fornire uno strumento utile e realistico per affrontare il mondo informatizzato in cui viviamo.

Negli ultimi vent'anni, l'avvento del computer ha modificato significativamente la nostra economia, politica, società, comunicazione, abitudini, sulla micro così come sulla macro scala. La trasformazione è appena iniziata, ma c'è chi prevede che entro pochi anni perderà di significato distinguere tra fisicità e virtualità, perché la nostra interazione sarà con una realtà "aumentata", di alto livello. Con questa consapevolezza, il libro offre una panoramica sulle tecnologie in uso nel 2008 e si propone di analizzare il mondo informatico mostrandone le potenzialità e le ricadute sulla vita di tutti i giorni. La trattazione spazia dalla mail al networking, dal potere della grafica a quello dell'animazione, dai nuovi linguaggi all'organizzazione della conoscenza, procedendo a ritroso, fino a scoprire le idee e le intuizioni che, combinandosi, hanno permesso la nascita del nostro personal computer.

La trattazione degli argomenti è rovesciata rispetto all'approccio classico e predilige lo sguardo vicino-lontano e presente-passato rispetto a quello piccolo-grande e passato-presente. *Protagonisti dell'era digitale* analizza oggetti di uso comune e collettivo, la posta elettronica e Internet, per arrivare a raccontare come l'idea di automa fosse già diffusa in Cina nel III secolo prima di Cristo o come a quella di calcolo automatico si agognasse già nel XVII secolo. Partendo dalle conoscenze già acquisite e normalmente applicate, risulta più semplice capire, alla fine del percorso, anche il funzionamento delle componenti minute di un notebook o le astrazioni logiche e matematiche legate ai linguaggi di programmazione.

Scoprire un sapere complesso partendo da piccoli saperi noti porta a due risultati:

1. avvicina la pratica – quello che generalmente viene ritenuto "utile" – alla teoria, rendendola più intuitiva;
2. alimenta il desiderio e la curiosità di conoscenza, lo sviluppo di abilità latenti, la capacità di riformulare la teoria e di ottenere, quindi, una nuova, migliore pratica.

Nel nuovo millennio ci è riservato un grande privilegio: quello di vivere il progressivo riavvicinamento tra discipline scientifiche e discipline umanistiche, attraverso la mediazione dell'informatica. A noi spetta il coraggio di usare questo strumento per aumentare la nostra consapevolezza e interagire con il mondo in senso critico.

Questo manuale è il frutto della passione per il sapere di un gruppo di persone, che, nonostante i loro impegni quotidiani, hanno creduto nella possibilità di trasmettere questa forza a molti altri.

Ringrazio per la fiducia, per il senso critico, per il supporto e i suggerimenti, oltre che per il paziente lavoro di correzione e revisione, Maurizio, Beatrice, Riccardo, Renzo, Alberta, Elisabetta, Franz, Stefano.

1. Caduti nella Rete, collegati nelle reti

1 Rappresentare il mondo in modo nuovo

Olimpiadi – Roma, 1960: la televisione manda in onda per la prima volta la manifestazione olimpica, con ben 106 ore di programmazione. Viene introdotto ufficialmente l'uso del cronometro elettrico nel canottaggio e nel ciclismo.
Sfida a scacchi – New York, 1997: il sito web della IBM trasmette in real time l'incontro tra Garry Kasparov e Deeper Blue. Nel confronto tra uomo e macchina – al quale assistono migliaia di persone – Deeper Blue si classifica come il primo computer in grado di prendersi una rivincita (dopo la vittoria di Kasparov nel 1996) contro un campione del mondo in carica, con cadenza di tempo da torneo.[1] Il cronometro in questo caso è digitale e doppio: ogni giocatore, premendo un pulsante al termine della propria mossa, arresta il proprio orologio e avvia quello dell'avversario.

Nel dopoguerra quasi tutte le grandezze fisiche (il tempo, il suono, l'elettricità, la temperatura) *sono rappresentate tramite una loro analogia* (le lancette dell'orologio, il microfono, l'altoparlante, il termometro).

Le vittorie degli atleti nel 1960 sono decretate da un segnale analogico, ovvero da un sistema (l'orologio-cronometro) che esprime in modo numerico una grandezza reale (il tempo) con una precisione teoricamente infinita.[2] Lo stesso segnale televisivo che porta le gare nelle case degli spettatori è erogato, in entrambe le sue componenti (immagini in movimento e suono), in forma analogica e solo in certe fasce orarie. Di notte, gli italiani che si svegliano e accendono la TV, vedono il segnale di interruzione delle trasmissioni, accompagnato da un rumore fastidioso. Ancora oggi la maggior parte dei programmi televisivi in Italia vengono diffusi in analogico.

Quando il segnale analogico viene misurato a intervalli regolari di tempo, sufficientemente frequenti e finiti, si crea un segnale discontinuo detto *digitale*.

A fine anni novanta, la vittoria di Deeper Blue, che alimenta nell'opinione pubblica il timore di una possibile supremazia del computer sulla mente umana,[3] viene misurata e trasmessa con un nuovo segnale, quello composto solo da 1 e 0. Digitale deriva da *digit*, in inglese "cifra", e dal lontano latino *digitus*, "dito": è ciò che si può rappresentare con i numeri, che si può contare con le dita. Intuitivamente la lingua digitale è più semplice di quella analogica e comporta una perdita di informazioni, perdita in genere scarsamente percepita e comunque tollerabile in ragione di una migliore rappresentazione.

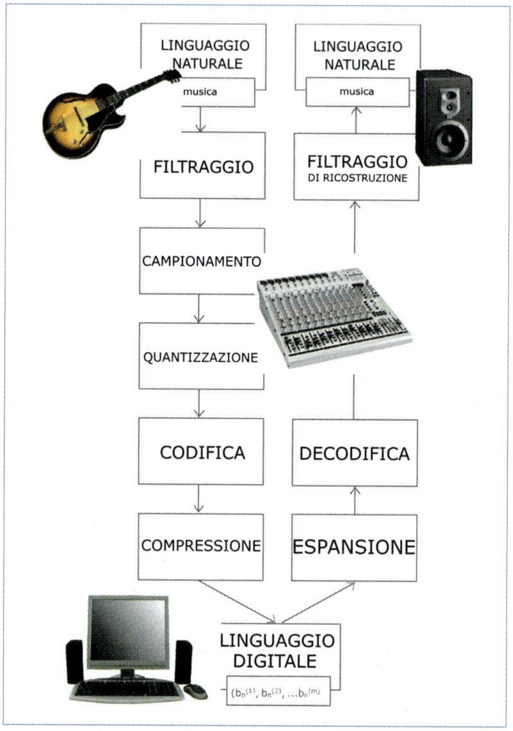

Figura 1.1 - Schema della conversione da analogico a digitale e da digitale ad analogico.

Attraverso il digitale, grafica, immagini in movimento, suoni, forme, spazi e testi diventano computabili, ovvero, vengono trasformati e manipolati algoritmicamente e indifferentemente come set di dati. I nuovi media offrono quindi rappresentazioni "discrete" simili a quelle proprie del linguaggio (Manovich 2001) e raccontano l'informazione con un'unica lingua universale fatta di elementi minimi. Vuoto o pieno, aperto o chiuso, passa o non passa, 1 o 0. *L'"esperanto linguistico", lingua parlata dalle macchine, esiste già.*

1.1 Analogie e rappresentazioni matematiche

Il principio di funzionamento di un computer si basa sulla logica *binaria*, la più semplice, nonché la stessa che lo accomuna a un interruttore elettrico negli stati aperto (non passa corrente) o chiuso (passa corrente), a una scheda forata o meno in un punto, a un suono presente o assente, o ancora a una riflessione ottica che può verificarsi o meno.

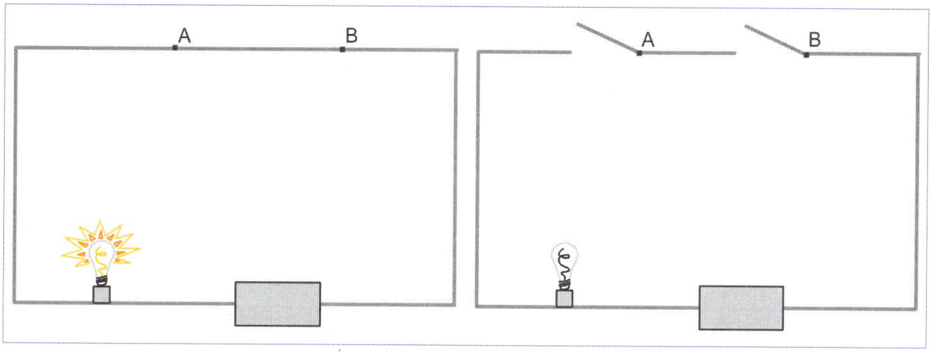

Figura 1.2 - Il binario. L'informazione può essere codificata solo in due stati: 1 = chiuso oppure 0 = aperto.

Il *bit*, ovvero una variabile che può assumere solo due stati (per esempio 0 e 1), costituisce l'unità minima di informazione e la base dell'algebra binaria. Il PC opera interpretando gruppi di bit, cioè comandi rappresentati da sequenze di 1 e di 0 (per esempio, 00101100).

Convenzionalmente, 8 bit costituiscono 1 byte (*Figura 1.3*).

Il *byte* deriva dalla stima della quantità minima di bit necessari per rappresentare un alfabeto. Essendo i caratteri dell'alfabeto inglese 26, sarebbero idealmente sufficienti 26 codici distinti per rappresentarli in modo univoco e quindi un numero di byte pari a 5 bit ($2^5 = 32$)[4] (*Tabella 1.1*).

Da un punto di vista pratico, però, la situazione è più complessa, in quanto il sistema odierno di comunicazione scritta prevede l'uso di alfabeti in carattere maiuscolo e minuscolo, di cifre, di punteggiatura, di simboli (per esempio aritmetici o di valuta), di caratteri speciali (per esempio elementi che marchino la fine di una riga, l'inizio e la fine di una trasmissione, funzioni di controllo). Essendo il computer una macchina "stupida", non capace di interpretare univocamente informazioni ambigue, ripetitive o ridondanti, la rappresentazione corretta di tutti questi elementi risulterebbe impossibile date le 26 (o al massimo 32) possibilità combinatorie a disposizione. L'adozione di byte a 8 bit ($2^8 = 256$) ha consentito al PC di rappresentare tutti gli elementi senza incorrere in errori.

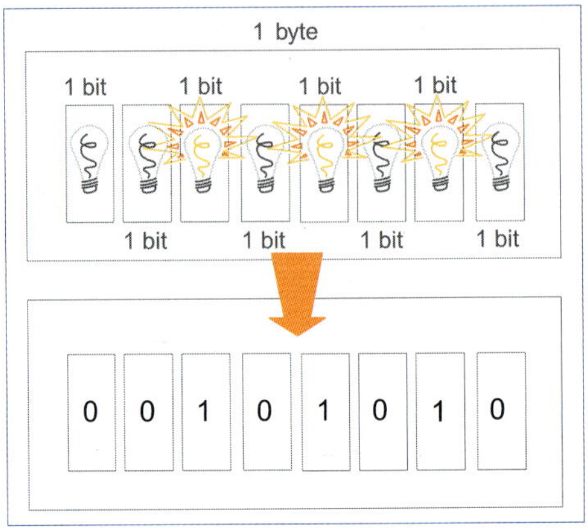

Figura 1.3- Esempio di bit e byte.

Numero bit																	**Possibilità**	
1	0	1															2	2^1
2	00	01	10	11													4	2^2
3	000	001	010	011	100	101	110	111									8	2^3
4	0000	0001	0010	0011	0100	0101	0110	0111	1000	1001	1010	1011	1100	1101	1110	1111	16	2^4

Tabella 1.1 - Le possibilità di rappresentazione aumentano esponenzialmente in proporzione al numero dei bit a disposizione. Ciascun bit può assumere solo due valori: 1 o 0, quindi la base di riferimento è il 2. Il 2 elevato al numero dei bit disponibili (2, 3, 4 ecc.) indica il numero di possibilità combinatorie offerte.

Successivamente, per poter rappresentare i caratteri delle diverse lingue e negli svariati sistemi di segni in uso è stato creato l'UNICODE, un sistema di codifica che assegna un numero univoco a ogni carattere, in maniera indipendente dalla lingua. Originariamente pensato come una codifica a 16 bit (65.536 caratteri rappresentabili), l'UNICODE prevede oggi uno standard di 21 bit e supporta un repertorio di codici numerici che possono rappresentare circa un milione di caratteri.

Con l'aumentare dell'informazione digitale, la rappresentazione a 8 bit, adottata inizialmente come standard, si è rivelata insufficiente, lasciando il posto a rappresentazioni a 16, 32, 64 bit. I monitor in uso odierno, per esempio, permettono di settare la quantità di colori utilizzati nella visualizzazione in un range che va da 16 a 32 bit (Win: *Schermo > Proprietà > Impostazioni*; Mac: *Preferenze di sistema > Monitor*).

Figura 1.4 - Rappresentazioni delle palette colori a 16 bit per Windows e Macintosh. Alcuni colori, come il nero e il bianco, non sono rimappabili perché usati dal sistema operativo. Gli altri possono essere declinati nelle versioni a 8 bit (per schermi particolari come quelli dei cellulari o dei palmari), a 32 e a 64 bit.

La conversione da un sistema di calcolo di uso quotidiano – come quello decimale posizionale – in binario e viceversa è piuttosto intuitiva (*Tabella 1.3*). Generalmente, è sufficiente dividere il numero di partenza per la base di destinazione, tante volte finché il quoziente si annulla. Il resto delle divisioni, letto in senso inverso, corrisponde al numero nella base di destinazione (*Tabelle 1.4, 1.6* e *1.8*). Viceversa, per ottenere il numero decimale, è sufficiente applicare alla base di riferimento un esponente progressivo, da destra a sinistra, calcolare e sommare i valori ottenuti (*Tabella 1.5*).

0	1	2	3	4	5	6	7	8	9						
0	1														
0	1	2	3	4	5	6	7								
0	1	2	3	4	5	6	7	8	9	A	B	C	D	E	F

Tabella 1.2 - In un sistema numerico posizionale, ogni posizione indica un valore legato alla base (per esempio nel sistema decimale le unità, le decine, le centinaia ecc.): il valore della cifra dipende quindi dalla posizione in cui si trova all'interno del numero. Il sistema numerico in base 10 utilizza le cifre da 0 a 9, quello binario le cifre da 0 a 1, quello ottale le cifre da 0 a 7, quello esadecimale le cifre da 0 a F.

In ambito informatico, oltre alla numerazione in binario, rivestono particolare rilevanza altre due numerazioni: quella ottale, che utilizza solo 8 cifre (da 0 a 7), e quella esadecimale, che utilizza 16 cifre (da 0 a 9 e le lettere da A a F). Essendo sia il numero 8 che il numero 16 potenze del 2 (2^3 e 2^4 rispettivamente), la conversione dal sistema binario a quello ottale ed esadecimale e quella inversa risultano comunque semplici (*Tabelle 1.7* e *1.9*).

Numeri nel sistema in base decimale	Corrispondenza nel sistema in base binaria
0	0
1	1
2	10
3	11
4	100
5	101
6	110
7	111
8	1000
9	1001

Tabella 1.3 - Corrispondenza tra valori in decimale e binario.

Numero nella base di partenza	Base di arrivo		Quoziente	Resto
168	2	=	84	0
84	2	=	42	0
42	2	=	21	0
21	2	=	10	1
10	2	=	5	0
5	2	=	2	1
2	2	=	1	0
1	2	=	0	1

Tabella 1.4 - Conversione del numero 168 in base decimale nel numero 10101000 in base binaria. Il numero originario viene diviso per il valore della base di arrivo (in questo caso il 2), annotando quoziente e resto di ogni divisione. Il quoziente viene successivamente ridiviso tante volte quanto basta per arrivare a 0. I resti ottenuti, scritti in ordine inverso, costituiscono il numero binario corrispettivo.

2^7	2^6	2^5	2^4	2^3	2^2	2^1	2^0
1	0	0	0	1	1	0	1

$$1*2^7 + 0*2^6 + 0*2^5 + 0*2^4 + 1*2^3 + 1*2^2 + 0*2^1 + 1*2^0 =$$

$$1*128 + 0*64 + 0*32 + 0*16 + 1*8 + 1*4 + 0*2 + 1*1 = 128 + 8 + 4 + 1 = 141$$

Tabella 1.5 - Conversione del numero binario 10001101 nel numero decimale 141. Ad ogni valore in binario viene associata una potenza relativa alla base di riferimento (in questo caso il 2) elevata ad un valore pari alla sua posizione, partendo da zero e da destra. La somma delle moltiplicazioni ottenute tra i valori in binario e le relative potenze permette di ottenere il valore corrispettivo in scala decimale.

Numero nella base di partenza	Base di arrivo		Quoziente	Resto
168	8	=	21	0
21	8	=	2	5
2	8	=	0	2

Tabella 1.6 - Conversione del numero 168 in base decimale nel numero 250 in base ottale. Il numero originario viene diviso per il valore della base di arrivo (in questo caso il 8), annotando quoziente e resto di ogni divisione. Il quoziente viene successivamente ridiviso tante volte quanto basta per arrivare a 0. I resti ottenuti, scritti in ordine inverso, costituiscono il numero in ottale corrispettivo.

2^2	2^1	2^0	2^2	2^1	2^0	2^2	2^1	2^0
0	1	0	0	0	1	1	0	1

$$0*2^2 + 1*2^1 + 0*2^0 = 0*4 + 1*2 + 0*1 = 0 + 2 + 0 = 2$$

$$0*2^2 + 0*2^1 + 1*2^0 = 0*4 + 0*2 + 1*1 = 0 + 0 + 0 = 1$$

$$1*2^2 + 0*2^1 + 1*2^0 = 1*4 + 0*2 + 1*1 = 4 + 0 + 0 = 5$$

Tabella 1.7 - Conversione del numero binario 10001101 nel numero ottale 215. Il numero binario viene diviso in blocchi da 3 cifre, partendo da destra. Se il numero non è divisibile esattamente per 3, ovvero come in questo caso è formato da 8 valori, vengono convenzionalmente aggiunti uno o due 0 per completare la sequenza (la moltiplicazione di qualsiasi valore per zero annulla il risultato e quindi l'operazione non compromette il risultato finale della conversione). A ogni valore in binario viene associata una potenza relativa alla base di riferimento (in questo caso il 2) elevata ad un valore pari alla sua posizione, partendo da zero e da destra. Si ricomincia la sequenza per ogni blocco. La somma delle moltiplicazioni ottenute tra i valori in binario e le relative potenze di ogni singolo blocco separatamente permette di ottenere il valore corrispettivo in scala ottale.

Numero nella base di partenza	Base di arrivo		Quoziente	Resto
168	16	=	10	8
8	16	=	0	8

Tabella 1.8 - Conversione del numero 168 in base decimale nel numero 88 in base esadecimale. Il numero originario viene diviso per il valore della base di arrivo (in questo caso il 16), annotando quoziente e resto di ogni divisione. Il quoziente viene successivamente ridiviso tante volte quanto basta per arrivare a 0. I resti ottenuti, scritti in ordine inverso, costituiscono il numero in esadecimale corrispettivo.

2^3	2^2	2^1	2^0	2^3	2^2	2^1	2^0
1	0	0	0	1	1	0	1

$$1*2^3 + 0*2^2 + 0*2^1 + 0*2^0 = 1*8 + 0*4 + 0*2 + 0*1 = 8$$

$$1*2^3 + 1*2^2 + 0*2^1 + 1*2^0 = 1*8 + 1*4 + 0*2 + 1*1 = 13 \text{ (D)}$$

Tabella 1.9 - Conversione del numero binario 10001101 nel numero esadecimale 8D. Il numero binario viene diviso in blocchi da 4 cifre, partendo da destra. Se il numero non è divisibile esattamente per 4, ovvero vengono convenzionalmente aggiunti uno, due o tre 0 per completare la sequenza (la moltiplicazioni di qualsiasi valore per zero annullano il risultato e quindi l'operazione non compromette il risultato finale della conversione). Ad ogni valore in binario viene associata una potenza relativa alla base di riferimento (in questo caso il 2) elevata ad un valore pari alla sua posizione, partendo da zero e da destra. Si ricomincia la sequenza per ogni blocco. La somma delle moltiplicazioni ottenute tra i valori in binario e le relative potenze di ogni singolo blocco separatamente, permette di ottenere il valore corrispettivo in scala esadecimale.

Anche la quantità di memoria di un computer si misura in byte e multipli successivi. Nel sistema binario, utilizzando come base il numero 2, un kilobyte è composto da 1024 byte (2^{10}) e non da 1000 come sarebbe nel sistema decimale.

I computer sul mercato a settembre 2008 sono dotati di quantità di memoria RAM nell'ordine di qualche Gigabyte e di dischi fissi con capacità nell'ordine delle centinaia di Gigabyte (*Tabella 1.10*).

1.2 *Parole in prestito per descrivere un mondo mai visto prima*

Gli utenti contemporanei descrivono la Rete con una certa disinvoltura. Dire "visitare una pagina" o "selezionare un canale" sono attribuzioni improprie date ad azioni nuove: sono improprie perché derivate da altri mondi, quelli conosciuti e familiari del libro

Multiplo	**Sigla**	**Potenza associata**	**Valore in bit**	**Valore in byte**
bit	bit	2^1 = 2 stati (acceso/spento)	1	1/8
byte	byte	2^8 = 256	8	1
kilobyte	kB	2^{10}	8 192	1 024
megabyte	MB	2^{20}	8 388 608	1 048 576
gigabyte	GB	2^{30}	8 589 934 592	1 073 741 824
terabyte	TB	2^{40}	8 796 093 302 400	1 099 511 628 000

Tabella 1.10 - Unità di misura nel mondo informatico. La base di riferimento è il 2.
Fonte: http://it.wikipedia.org/wiki/Categoria:Unit%C3%A0_di_informazione

e della televisione. Di fronte a qualcosa mai visto prima, l'essere umano cerca di applicare categorie già acquisite per intendere la novità. Negli anni sessanta, con l'avvento della televisione, probabilmente non esisteva che un 10% del gergo che si sarebbe formato negli anni successivi grazie alla forte elaborazione operata dalle classi giovanili.

Essendo Internet un mezzo piuttosto nuovo, i termini a esso legati sono generalmente dei prestiti linguistici da altre culture o da ambiti diversi del sapere.

- **Dalla lingua inglese**: gran parte della terminologia usata nel Web (*font*, *browser*, *zoom*, *mail*...) è inglese perché gli americani sono stati coloro che più di altri hanno gettato le basi dell'informatica moderna. Supremazia tecnica significa anche prevalenza linguistica: come in altri settori produttivi, nel mondo della Rete si è avvertita l'esigenza di un vocabolario professionale che permettesse di comunicare ovunque, rapidamente e senza la dispersione di significato che spesso la traduzione di termini specialistici comporta. Tuttavia, nonostante una certa standardizzazione, l'inglese usato in Rete, a causa delle continue commistioni linguistiche, resta una lingua fluida, diversa da quella parlata o scritta nel Regno Unito o negli Stati Uniti. Anche l'uso diffuso di acronimi (URL, FTP, HTTP...) è un riflesso della cultura anglofona.
- **Dalla letteratura**: Italo Calvino sembra essere una delle migliori fonti. *Yahoo*, per esempio, è il nome di una delle città infernali citate nelle *Città invisibili* assieme a Babilonia, Butua, Brave New World, ed è anche il nome del popolo primitivo e violento che Gulliver incontra durante il suo viaggio nelle terre degli Houyhnhnms. Da *Lezioni americane* (1984-1988), sempre di Calvino, vengono le cinque categorie usate per definire la scrittura in Rete: leggerezza (di stile, di lunghezza, di peso in byte), rapidità (di pensiero, di ritmo, di visualizzazione), esattezza (di linguaggio, di informazione, di struttura), visibilità (immaginazione, reperibilità) e molteplicità (di stili, di idee, di percorsi, di link). Altra fucina di termini è la produzione artistica e letteraria *cyberpunk*,[5] nata nella prima metà degli anni ottanta e interessata prevalentemente all'ambito della fantascienza (*virtual reality*, *augmented reality*, *wearable computing*, *ubiquitous computing*...).
- **Dalla mitologia**: da quella induista arriva la parola *avatar*, che indica la discesa sulla terra di una divinità, di solito Vishnu, sotto sembianze umane o animali; da quel contesto è passata a indicare ogni rappresentazione nel mondo virtuale ed è il personaggio che fa le veci della persona reale (*Figura 1.5*); da quella greca viene il *trojan horse*, un tipo di programma apparentemente innocuo che si insinua nel disco rigido o nel sistema operativo per distruggere dati e creare malfunzionamenti, svelando la sua natura di virus informatico; da quella nordica giunge il *troll*, personaggio buffo e dispettoso che presta il nome a certi messaggi inviati via *chat* o via lista di discussione per creare conflittualità tra gli utenti.
- **Dalla guerra**: numerosissimi sono i termini ereditati dai conflitti e forse non è un caso, se si considera che la maggior parte della tecnologia nasce a scopo bellico. *Apache* è un tipo di web server open source che eredita il nome forse da una popolazione nativa dell'area sud-occidentale dell'America Settentrionale o più probabilmente da un elicottero da attacco o da un missile da crociera, entrambi americani; il *puntatore*

Figura 1.5 - *Waterfalzz Extraordinaire* (2006, stampa digitale su tela, 91,4 × 121,9 cm) e *Tohru Kanami* (2007, stampa digitale su tela, 91,4 × 121,9 cm) di Eva e Franco Mattes (0100101110101101.ORG), rispettivamente delle serie "Lol" e "Annoying Japanese Child Dinosaur".
Fonte: courtesy Fabio Paris Art Gallery, Brescia, http://www.fabioparisartgallery.com

Figura 1.6 - Il termine *firewall* significa letteralmente "parete refrattaria", "muro tagliafuoco", "muro ignifugo" e in informatica è l'apparato hardware/software posto a barriera di sicurezza tra Internet e la rete locale (LAN) o un singolo computer.

del mouse, spesso associato a un *mirino* nei programmi di grafica, viene dai sistemi di mira delle armi; il *firewall* è la barriera di fuoco che protegge una rete locale o aziendale dagli utenti indesiderati, così come le mura medievali proteggevano le città e i castelli (*Figura 1.6*); *lurking* significa letteralmente "imboscata" (da *to lurk*, "appostarsi"), ma nel Web indica i timidi o gli apatici, i frequentatori delle liste di discussione che non partecipano al dibattito e, a volte, non rivelano la loro presenza; il *mail bombing* è il bombardamento della casella postale di un utente, al quale si inviano decine di messaggi di posta elettronica con allegati file molto pesanti.

- **Dalla vita quotidiana**: numerose parole usate per descrivere il mezzo informatico non hanno una stretta correlazione con esso, ma richiamano chiaramente un mondo abitudinario e quotidiano. Questi termini fanno da ponte tra mondo reale e mondo virtuale e associano per lo più le funzioni che quello stesso oggetto/azione ha in ambedue le dimensioni. *Windows* (finestre), *Apple* (mela), *Office* (ufficio), *mouse* (topo), *background* (sottofondo), *bug* (insetto), *cookie* (biscotto), *forum* (piazza), *chat* (ciarlare), *junk* e *trash* (spazzatura, immondizia), *mall* (centro commerciale), *mirror* (specchio), *rank*, *ranking* (collocarsi, mettersi in fila), *root* (radice), *spider* (ragno), *thumbnail* (unghia del pollice), *wallet* (portafoglio), *worm* (verme), *wallpaper* (carta da parati), *desktop* (scrivania), *bookmark* (segnalibro), *source* (sorgente), *stream* (ruscello), *mail* (posta), *address* (indirizzo).

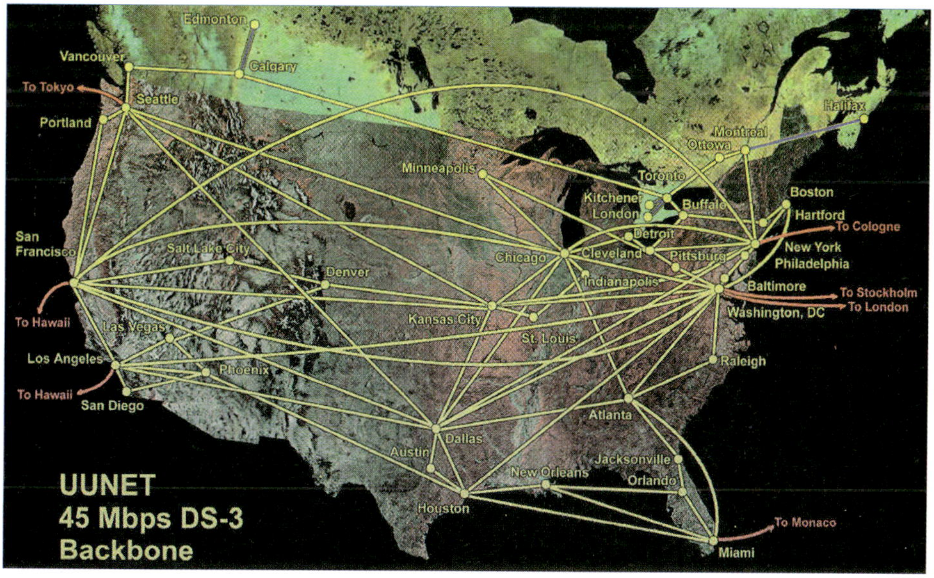

Figura 1.7 - La dorsale (*backbone*) è la parte della rete che agisce da percorso principale per il traffico (per esempio, tra sottoreti) lungo una nazione o un continente. Nella foto la UUNET *backbone*.
Fonte: http://www.nthelp.com/maps.htm

- **Dalla medicina**: molti sono i vocaboli attinti da settori specialistici come la medicina. Anche in questo caso è la funzione a costituire il nesso tra fisico e digitale. *Backbone* è la (spina) dorsale (*Figura 1.7*), la rete fisica, il tubo di cavi che convoglia i dati trasmessi in una rete ad alta velocità; *jabber* sottintende che anche il computer può avere lo stomaco in disordine e produrre borbottii, essendo il rumore generato da un errore di trasmissione in rete o dal cattivo funzionamento di un apparato hardware. Quando un computer viene infettato da un *virus*, viene attivato un *antivirus* in grado di identificarlo, combatterlo e metterlo *in quarantena*, proprio come farebbe un buon medico.
- **Da altri media**: non ultimi vengono i termini mutuati dai media "classici" (libro, stampa, radio, televisione). I *canali* o *active channels* funzionano più o meno come gli omologhi televisivi: sono siti di informazione predisposti per la consultazione immediata, il cui contenuto si aggiorna automaticamente quando un computer si connette alla Rete. Altri termini annoverabili in quest'ambito sono: *pagine*; *draft* (bozza); *editor*, che nel linguaggio dei computer sono i programmi usati per scrivere e modificare un file in formato testuale (HTML, Word...); *header* (testata), ovvero la parte iniziale di un'e-mail o pagina web, nella quale sono contenute delle informazioni del messaggio (in particolare il mittente, l'argomento, le parole chiave e il testo del messaggio); *zine*, *e-zine*, *fan-zine*, *web-zine* (da *magazine*, "rivista") sono le riviste digitali dedicate agli argomenti più disparati, nate in Rete o derivate da edizioni cartacee.

La scrittura su Web è fortemente legata alla modalità con cui l'utente legge su monitor. Circa l'80% dei visitatori di una pagina vi si ferma solo mezzo minuto, un tempo troppo breve per leggere un testo da cima a fondo, ma sufficiente per scorrerlo rapidamente, come se fosse una mappa visiva, cercando di individuare quello che interessa. Parole in evidenza, spazi bianchi,[6] grafica fungono da attrattori dello sguardo e funzionano meglio se coordinati. L'utente, come il lettore del quotidiano schiacciato nel tram affollato, preferisce focalizzare su titoli e sottotitoli, testi brevi e strutture di contenuti facilmente riconoscibili (editoriale, spalla ecc.), trovare rapidamente una data informazione (non a caso la politica interna si trova sempre in apertura, lo sport in penultima posizione, lo spettacolo in ultima).

La lunghezza di un testo si converte in Rete in profondità di *link*, ossia nell'abilità di organizzare l'informazione e i collegamenti in modo tale che il lettore possa reperire subito ciò che gli interessa maggiormente e solo in un secondo momento scendere nei dettagli.

La **piramide rovesciata**, una delle tecniche suggerite da Jacob Nielsen (2006) nel campo della scrittura per Web, consente di realizzare la situazione ottimale per un testo su Web. Secondo tale teoria, la prima frase di un testo costituisce l'"attacco" e contiene tutta l'informazione che la maggioranza dei lettori leggerà: deve essere il periodo più accurato, completo e interessante. Tenendo in considerazione che la lettura su schermo è in genere più lenta del 25% rispetto a quella effettuata su carta, la miglior scelta è dunque quella di essere sintetici, semplici, appropriati nel linguaggio e nella suddivisione degli argomenti, attenti nella cura dell'editing (*Figura 1.9*).

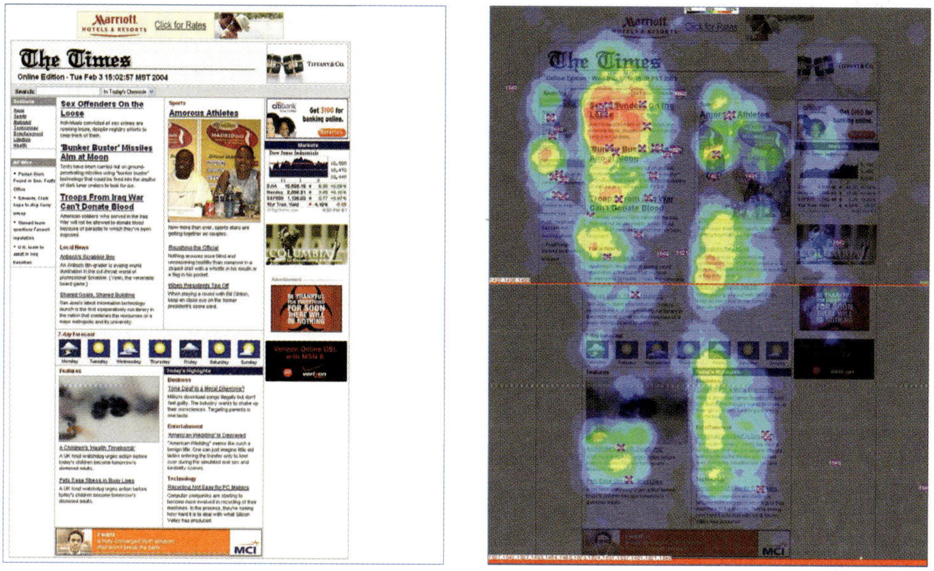

Figura 1.8 - La lettura dei contenuti su Web avviene in modo molto diverso rispetto a quella su carta. Gli studi condotti da alcune agenzie di marketing sui consumatori confermano che posizione, forme, colori e contenuti vengono percepiti in modo singolare nei nuovi media. Alcuni esperimenti significativi sono stati condotti dalla Eyetools Inc. attraverso il progetto "Eyetrack III" sulla lettura dei quotidiani online e sull'attenzione alle pubblicità.
Fonte: http://www.poynterextra.org/eyetrack2004/main.htm

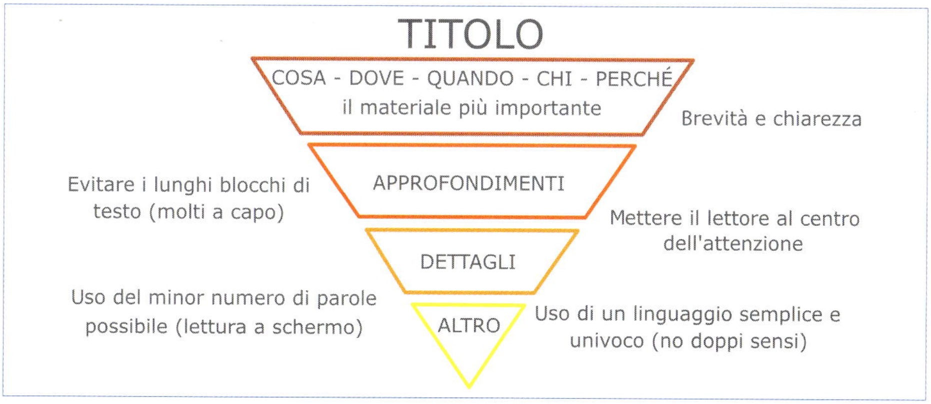

Figura 1.9 - La piramide rovesciata è un modello organizzativo dei contenuti che mira a comunicare un messaggio in poche parole o in poco tempo.
Fonte: Kilian 1999.

2 Una rete per difendersi, una rete per comunicare

Internet (*Interconnected Networks*) è uno degli esempi contemporanei più evidenti di come le tecnologie non nascano mai per felice intuizione di qualche ricercatore o scienziato, ma per ben più proficue esigenze militari e di mercato. Così come ENIAC (*Electronic Numerical Integrator And Computer*) rispondeva alla necessità del governo degli Stati Uniti di un supporto nei delicati problemi di balistica atomica alla fine della seconda guerra mondiale, così Internet costituisce la risposta individuata dal ministero della Difesa americano, sotto la presidenza di Eisenhower negli anni sessanta, al rischio di interruzione delle comunicazioni in un potenziale terzo conflitto globale. Arpanet viene creata per mettere in comunicazione tra loro i numerosi centri di ricerca universitari americani dove si svolgono attività finanziate, per l'appunto, dal dipartimento della Difesa.[7]

Oggi Internet può essere considerata la più grande rete telematica mondiale, in grado di interconnettere centinaia di milioni di elaboratori, anche molto diversi tra loro. La possibilità offerta al grande pubblico di utilizzare la Rete deriva da due progetti collaterali: nel 1990, presso il CERN di Ginevra, il ricercatore Tim Berners-Lee definisce il protocollo HTTP *(HyperText Transfer Protocol)*, un sistema che permette la lettura ipertestuale, non sequenziale dei documenti, ottenuta saltando da un punto all'altro per mezzo di rimandi (*link* o, più propriamente, *hyperlink*); poi, nel 1993, il centro sviluppa *NCSA Mosaic* (*National Center for Supercomputing Applications Mosaic*), il primo browser con caratteristiche simili a quelli attuali.[8] HTTP e browser consentono quindi di accedere a un enorme archivio di risorse organizzate secondo un sistema di librerie o pagine e di visualizzare le prescelte, grazie alla loro localizzazione (URL, *Universal Resource Locator*) e struttura ipertestuale (HTML, *HyperText Mark-up Language*).

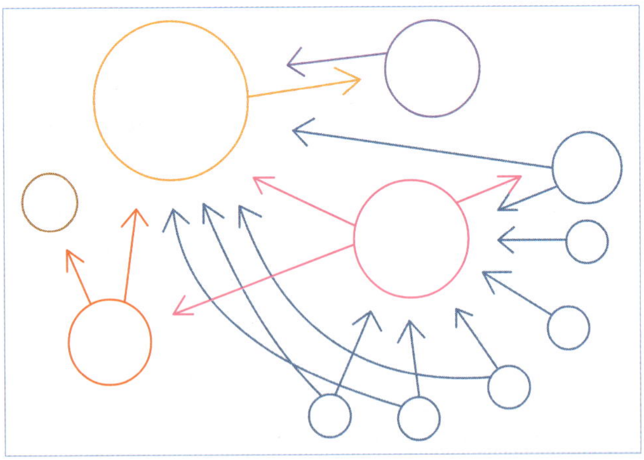

Figura 1.10 - Funzionamento dei browser rispetto alla rete. Esempio del PageRank in Google: una delle variabili fondamentali è il numero di collegamenti effettuati alla pagina da altre pagine web.

Internet tuttavia non è una rete omogenea, ma una "rete di reti e singoli computer", collegati tra loro attraverso le risorse delle reti telefoniche pubbliche delle diverse nazioni, i ponti radio, le dorsali oceaniche e i satelliti. Nemmeno la sua distribuzione è omogenea come ne vorrebbe la definizione di *World Wide Web* (WWW). A gennaio 2006, secondo i *report* della *Computer Industry Almanac*,[9] il numero degli utenti nel mondo si approssimava al miliardo (1081 milioni) e le aspettative sono che questo numero raddoppi entro il 2011. Da tale statistica, tuttavia, si evince come il 69,4% degli utenti (750 milioni) risieda in una parte esigua del mondo, e come i restanti paesi e continenti – considerato che nella classifica dei primi 15 non compare alcuno stato africano, australiano e solo uno sudamericano – si spartiscano appena un 30,6% (331 milioni) del totale.

Sebbene la Rete non sia accessibile davvero a chiunque nel mondo, per quanto riguarda l'Italia, una recente indagine condotta dalla *School of Management* del Politecnico di Milano[10] e della Nielsen[11] su un campione di tremila famiglie (7000 persone circa) rivela che a fine 2007, il 54% degli Italiani (27 milioni di individui dai 14 anni in su) preferisce il Web alla televisione: la maggior parte di loro infatti naviga tra le 20 e le 23, cioè in "prima serata". Un'ulteriore ricerca condotta dalla *European Interactive Advertising Association* (EIAA)[12] su dieci nazioni europee (7008 intervistati) sembra confermare questo dato. Se gli adulti cominciano dunque a rinunciare alla scadente offerta televisiva, l'82% dei giovani tra i 16 e i 24 anni dedica più tempo libero (+ 10% rispetto al 2006) a navigare in Rete che a utilizzare altri media. Tra gli utenti si evidenziano inoltre altri due gruppi sociali "inediti": le persone di età superiore ai 55 anni, aumentati del 12%, e le donne, cresciute dell'8%. Gli utenti europei in genere trascorrono in media *online* 11,9 ore a settimana, mentre il 29% almeno 16 ore.

2.1 *Sicuri di lasciare tracce*

Navigare in Internet è come percorrere il sentiero di Hänsel e Gretel, con tanto di briciole di pane in mano e strega al varco pronta a divorarvi. L'unica differenza sta nel fatto che quelle tracce non serviranno a voi per ritrovare la via di casa, ma a chiunque altro per trovare voi.

I computer di nuova generazione e sicuramente tutti quelli oggi sul mercato sono dotati di connessione wireless, ovvero della possibilità automatica di collegarsi alla Rete ogni qual volta venga individuato un accesso disponibile. Questo significa che, a prescindere dalla vostra scelta di visionare o meno delle pagine web, il vostro computer è online, vede altre macchine collegate e a sua volta viene individuato. Ecco perché, anche se non state navigando, la chat o Skype possono attivarsi se un vostro contatto vi chiama.

Connettersi alla Rete o navigare significa che alcune informazioni vengono trasmesse automaticamente, senza necessità di una vostra esplicita autorizzazione. Tra questi dati ci sono: il vostro indirizzo IP (*Internet Protocol*) che serve a instradare i pacchetti; il nome, la versione e il produttore del browser che state utilizzando; il nome e la versione del vostro sistema operativo; gli ultimi siti visitati; quante volte vi siete collegati a un determinato sito (in quale giorno e a che ora); a quale server siete connessi; il vostro indirizzo e-mail. La maggior parte dei siti inoltre, invia al computer uno o più cookie, piccoli software utili all'identificazione di un utente anche a distanza di tempo e alla registrazione del numero di visite da lui effettuate o della sua modalità di selezione dei link.

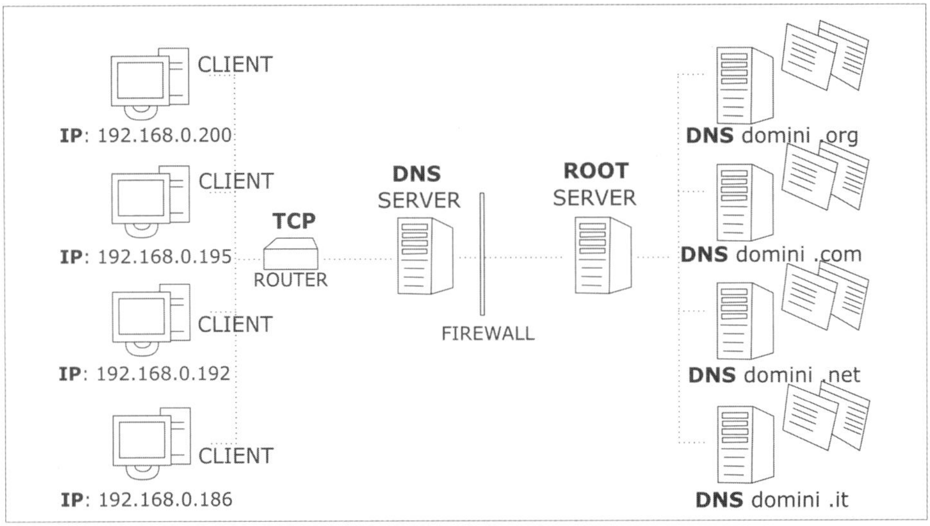

Figura 1.11 - Funzionamento dell'IP. Attraverso il protocollo TCP/IP e il browser i client chiedono al DNS server di fornire un determinato sito. In caso l'indirizzo del sito (un altro IP) non sia noto, il DNS inoltra la richiesta a un server di livello superiore, il *root server*, normalmente passando attraverso un firewall che controlla i pacchetti. Il *root server* gira la richiesta ai DNS server responsabili dei diversi domini (.org, .com, .net, .it ecc.) fino a soddisfare la richiesta.

Il vostro provider è responsabile dei log: è in grado cioè di acquisire informazioni di *run-time* su un pacchetto, sul nome dell'operatore che lo ha eseguito, sulla data e l'ora d'inizio e di fine dell'esecuzione. Sebbene la raccolta di dati sia sottoposta a limitazioni legali nazionali, come la legge sulla privacy in Italia, non esiste alcun modo per controllare il prelievo di informazioni relative agli utenti di una certa area geografica da parte di un paese straniero. Inoltre, il provider è obbligato a conservare i dati di navigazione e i file log per un periodo di dieci anni e a fornirli, su richiesta, alle forze dell'ordine e alla magistratura inquirente.[13]

Leggere la posta elettronica, effettuare bonifici bancari, consultare siti di pubblica utilità sono tutte attività che, alla luce di quanto detto sopra, lasciano tracce evidenti in Rete. I contenuti scritti o vocali vengono costantemente visionati da sistemi di controllo legali e non. Carnivore (*Digital Collection System*),[14] per esempio, è un sistema implementato dall'FBI per controllare le e-mail e le conversazioni telefoniche. Anche ECHELON, utilizzando le intercettazioni dei cavi sottomarini, controlla, tramite i suoi più importanti centri di invio, le trasmissioni di Internet e in particolare lo smistamento di messaggi e-mail. Su questo sistema d'intercettazione globale per le comunicazioni private ed economiche (sistema d'intercettazione ECHELON), che non doveva esistere, il Parlamento Europeo ha aperto una commissione temporanea.[15]

Oltre all'intercettazione "attiva", i dati presenti in Rete possono cadere nella trappola dell'intercettazione "passiva". Lo *sniffing*, legale e non, serve per raccogliere passivamente e memorizzare i dati che transitano in una rete telematica con finalità quali l'individuazione di problemi di comunicazione o di tentativi di intrusione, l'analisi del traffico ma anche l'intercettazione di password o di informazioni sensibili in genere. Software specifici chiamati *sniffer* intercettano i singoli pacchetti, decodificando le varie intestazioni di livello *data link*, rete, trasporto, applicazione.[16]

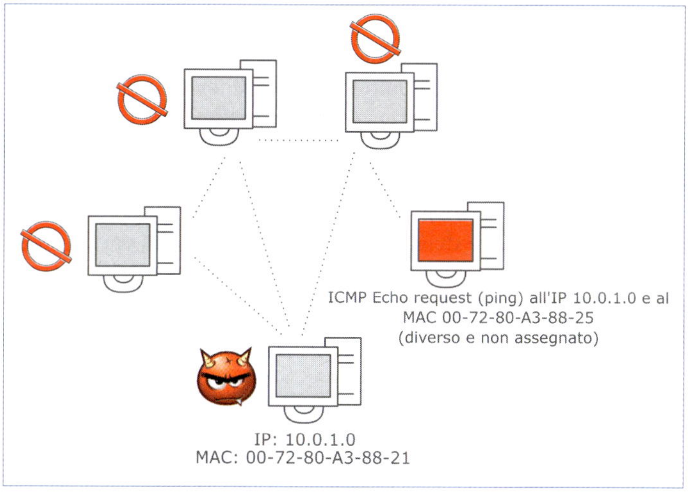

Figura 1.12 - Modalità d'uso degli *sniffer*. Il sistema si compone di un computer collegato a un provider, capace di inserirsi nel segmento della rete in cui si trova la macchina da monitorare. Non interagisce, né intralcia il flusso comunicativo, si limita a intercettare e memorizzare il traffico.

In questo panorama piuttosto desolante, in cui se inviate una mail dal titolo "Due bombe alla crema" perché state portando due deliziosi krapfen a un vostro amico, siete sicuri che verrà controllata in quanto contenente "terminologia sensibile in fatto di terrorismo", si possono almeno avere due consapevolezze.

1. Internet è un medium controllato e chi lo controlla è superiore, quanto a potere e volontà, a qualsiasi utente. Non esiste modo per scappare a questo controllo, ma esi-

stono alcuni accorgimenti per non lasciare interi pani lungo il sentiero, invece che piccole briciole.
2. Sono pochissime le persone al mondo in grado di non lasciare alcuna briciola. Per poche si intende qualche decina al massimo, con una conoscenza del mezzo informatico di altissimo livello e un accesso garantito ai sistemi di controllo: tecnici, ingegneri e hacker. Pertanto, quando vi viene detto che qualcuno ha caricato un video in Internet ma non si riuscirà mai a sapere chi è… o l'intento è quello di non svelarne l'identità, oppure, se davvero non esiste traccia alcuna, si tratta di qualcuno di molto abile, dotato verosimilmente di tecnologia di ultima generazione, ben pagato, che non può vivere in una grotta nel deserto.

Navigare in Internet è probabilmente l'azione che faremo sempre con maggior frequenza nella nostra vita: questo è un buon motivo per tutelare per quanto possibile la nostra privacy.[17]

Innanzitutto, in fatto di browser preferite Mozilla Firefox a Microsoft Internet Explorer (non è un caso se IE è già integrato nel sistema operativo Windows, per cui molti utenti si trovano a usarlo di default).[18] Già nel 2004, a suggerire di usare un browser alternativo a Internet Explorer era il Computer Emergency Readiness Team, una sezione del Department of Homeland Security statunitense, dopo aver individuato un elevato numero di "vulnerabilità" nel codice del browser, ovvero la possibilità che le comunicazioni venissero intercettate, che venissero lasciati penetrare virus e che lo stesso sistema operativo – essendo il browser integrato – venisse danneggiato.[19]

Eliminate i cookie alla fine della navigazione, svuotate la cache e cancellate i file temporanei. Normalmente queste opzioni si trovano nel menu "Strumenti" del browser. I cookie sono utili quando vi collegate a un sito e indispensabili quando il sito è, per esempio, quello di una banca, ma attivano controlli e sono buona fonte per lo spam nelle caselle di posta.

Per quanto riguarda la gestione della posta, preferite client come Thunderbird a Microsoft Outlook; mentre quando chattate, scegliete software diversi da MSN, che – non essendo disinstallabile – sembra confermare indirettamente l'ipotesi di essere una *backdoor*.[20] A onor di cronaca, Microsoft per proteggere i propri server… usa Linux.[21]

Evitate attività che contemplino movimento di denaro da un computer diverso da quello di casa; se proprio ne avete la necessità, badate che nessuno vi osservi mentre digitate le vostre password e, soprattutto, al termine delle operazioni non dimenticate mai di disconnettervi (logout) dal sito che state visitando. In tal modo la sessione in corso viene terminata, e anche cliccando sul pulsante "back" del browser le pagine relative alla vostra attività non verranno visualizzate. Se utilizzate una carta di credito per una compravendita, inoltre, controllate la chiave di cifratura, che deve essere certificata SSL almeno a 128 bit. Non scoraggiatevi se scoprite che dietro alla Verisign, l'azienda che ha definito tali certificati, c'è ancora Microsoft.[22]

Se possibile, usate software di cifratura del traffico,[23] in particolare se state mettendo in Rete delle informazioni sensibili. Scaricate e utilizzate software in grado di rilevare la presenza di *sniffer* nella rete. Rafforzate il livello di sicurezza dei protocolli di rete, utilizzando un firewall[24] e, nel creare le password, siate sagaci: nome e cognome, data di nascita, riferimenti a cose personali sono chiavi facilmente penetrabili. Sono ormai numerosi gli esperti di ingegneria sociale che, nascondendo la propria identità, studiano il comportamento individuale di una persona al fine di carpire informazioni.[25]

2.2 *Più antivirus, più virus*

I virus (*malware*) sono alcuni tra i tanti applicativi che possono girare nel computer. La differenza rispetto agli altri software risiede nella funzione, di solito rivolta a uno o più di questi obiettivi:

1. distruggere programmi e dati;
2. cambiare le impostazioni del sistema;
3. modificare il funzionamento di altri programmi;
4. infettare alcuni file in modo che si riproducano facendo copie di se stessi, generalmente senza farsi rilevare dall'utente;
5. danneggiare l'hardware;[26]
6. "sniffare" password e dati sensibili in genere.

Sebbene non tutti i virus siano altamente dannosi, essendo programmi occupano comunque spazio nel disco fisso, ingombrano la RAM e sovraccaricano la CPU.[27]

I virus sono generalmente composti da un motore di riproduzione, un meccanismo di attivazione e una fase distruttiva, ma queste caratteristiche possono variare notevolmente a seconda dell'infezione. Esistono infatti varie categorie di virus: *virus writers*, codici scritti da professionisti dell'informatica e messi in circolazione esplicitamente con la volontà di arrecare danno ai computer infettati; *worms*, programmi in grado di autoreplicarsi e di installarsi in varie parti del sistema, senza legarsi ad altri software eseguibili, per diffondersi; *trojan*, software che nascondono le proprie funzionalità dannose all'interno di altri programmi apparentemente utili e che, non avendo capacità di diffusione automatica, vengono installati direttamente dall'utente inconsapevole; *dialer*, di solito piccoli software in grado di creare una connessione a Internet ad alto costo, alternativa a quella in uso, collegandosi a una rete o a un singolo computer sconosciuto.[28]

La maggior parte dei virus si trasmette oggi attraverso la Rete, le reti peer-to-peer, la navigazione in siti malevoli con browser vulnerabili, i download in genere e la posta elettronica; molto inferiore è la percentuale di macchine infettate in seguito alla copia di un file da floppy, dal momento che tale tecnologia può considerarsi obsoleta. In generale, i virus sfruttano alcune vulnerabilità dei sistemi informatici:[29] questa è la ragione per cui macchine che usano sistemi operativi come Unix (Mac) o Linux – sistemi operativi privi di tali vulnerabilità – non vengono infettate. Se il danno deve esserci, che sia il massimo possibile, e il 90,29% degli utenti a settembre 2008, conferma Market Share,[30] usa Windows (*Figura 1.13*).

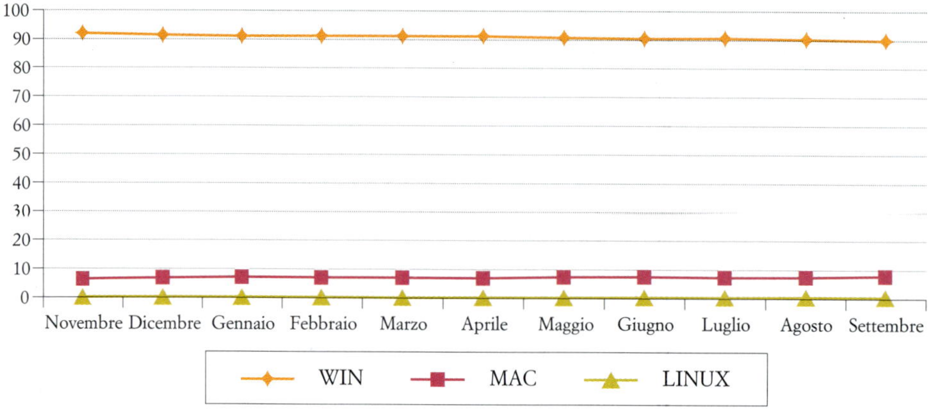

Figura 1.13 - Diffusione dei sistemi operativi Windows, Mac OS X e Linux da novembre 2007 a settembre 2008 (percentuale).
Fonte: http://marketshare.hitslink.com/report.aspx?qprid=9

Anche l'**antivirus** è un software e la sua funzione è controllare la macchina e individuare/eliminare eventuali *malware*. Esistono diversi tipi di antivirus, dal momento che la diffusione di infezioni diverse, come in medicina, richiede l'uso di rimedi dedicati e specifici. La maggior parte, tuttavia, opera una scansione del sistema, riconoscendo eventuali *pattern* sospetti[31] grazie al confronto con un database precedentemente compilato e aggiornato dalla case produttrici.

Alcuni antivirus operano anche un'analisi del comportamento dei programmi utilizzati nel computer per individuarne eventuali istruzioni sospette e riconducili a virus[32] o verificano la presenza di piccole varianti di virus già catalogati.

Sono presenti sul mercato numerosi antivirus, distribuiti nella maggior parte dei casi con licenza chiusa e proprietaria, e a un costo piuttosto sostenuto. I produttori motivano i prezzi alti con la necessità di aggiornare costantemente il database dei *malware* esistenti ed eventualmente lo stesso software per garantire una buona risposta a nuovi virus e vulnerabilità, man mano che queste si presentano. Non è difficile intuire come senza l'installazione di un buon antivirus i nostri computer risulterebbero sensibili a qualsiasi minaccia informatica, ma anche come senza l'esistenza dei virus queste grandi aziende non farebbero grandi affari. Il dubbio sulla provenienza dei virus, pertanto, resta legittimo.

Considerando che in quel 90,29% degli utenti Windows al quale sono riservati i codici malevoli prodotti da qualche mente creativa ci siete anche voi o la maggior parte di quelli che conoscete, è opportuno osservare qualche semplice regola per evitare poi di dover ricorrere a tecnici dal compenso astronomico.

- Tenete aggiornato costantemente sistema operativo, browser e antivirus: normalmente sia Windows, sia le case produttrici segnalano la disponibilità di *patch* o pacchetti

di sicurezza, oltre che di aggiornamenti del database dei virus. Tali avvisi avvengono in modalità standard (di solito con avviso dalla barra della applicazioni in basso a destra o all'apertura del browser) e mai con sistemi tipo posta elettronica o simili.
- Tenete attivato un livello medio-alto di protezione nelle connessioni a Internet e assicuratevi di avere il firewall funzionante.
- In fase di navigazione evitate di scaricare file eseguibili (.exe) a meno che non siate estremamente sicuri di quello che contengono e della fonte. Lo stesso principio vale per gli allegati alle e-mail. Un virus normalmente non è in grado di attivare autonomamente alcunché, a meno che voi non glielo permettiate. In ogni caso, prima di installare qualsiasi cosa, controllatela tramite scansione con il vostro antivirus.
- In fase di navigazione leggete bene le finestre di dialogo che vi vengono proposte, soprattutto se vi trovate in siti di giochi, telefonia, porno, crack. Cliccare un "sì" o un "no" genera effetti diversi, non sempre reversibili.
- Evitate di aprire e-mail ricevute da sconosciuti; questo vale in modo assoluto se portano allegati: cestinatele e svuotate il cestino.
- E-mail inviate da contatti noti ma con allegati file eseguibili sono altrettanto degne di sospetto. Fate attenzione a mail provenienti da banche e uffici di credito, soprattutto se non sono i vostri: potreste cadere nella trappola del *phishing*, ovvero in un messaggio che tenta di ottenere l'accesso a informazioni personali o riservate (numero di conto corrente, numero di carta di credito, codici di identificazione ecc.) finalizzato al furto di identità.
- Se un allegato anche in formato .doc (Word), .ppt (PowerPoint), .xls (Excel) o .mdb (Access) vi chiede di disattivare le macro, accettate, perché queste possono costituire una buona copertura per programmi potenzialmente pericolosi. File come .pdf, .jpg e .gif non riscontrano in letteratura alcuna prova di essere portatori di virus.
- Evitate di installare programmi che abbiano falle o vulnerabilità. Tra questi rientrerebbe il sistema operativo Windows.
- In fatto di antivirus, preferite quelli gratuiti e open source: la Rete ne fornisce una vasta scelta. Se è vera la teoria che gli unici ad avere un vantaggio dalla diffusione dei virus sono i produttori di antivirus, scaricando software gratuiti questo circolo dovrebbe interrompersi.

2.3 *Dentro la Rete*

Le avanguardie artistiche novecentesche – dai futuristi ai fluxus, dallo spazialismo alla video arte, dalla body art alla net art – si appellano ripetutamente alla necessità di una comunicazione bidirezionale (*two way flow*). Nell'epoca di Internet questa potenzialità è realizzata (*Figura 1.14*). Il fatto che la struttura ipertestuale e bidirezionale della Rete sia uno specchio del nostro modo di ragionare è evidente dalla diffusione esponenziale di mezzi che a essa si collegano, attingono informazioni e la usano per comunicare con altri.

Dentro alla Rete agiscono singole macchine o interi *network* dalla dimensione variabile e dalla forma variegata.

Figura 1.14 - Avanguardie del XX e del XXI secolo a confronto. *A sinistra*: Alexander Calder, *La Spirale* (1958, elementi di metallo dipinto, Parigi, sede UNESCO) e la parola "life" in Visual Thesaurus (http://www.visualthesaurus.com); *a destra*: Raoul Hausmann, *Tatlin at Home* (1920, collage, Stoccolma, Moderne Museet) e il sito di Marta Corcho (http://www.martacorcho.com).

- LAN (*Local Area Network*): sono reti che collegano computer fisicamente collocati a breve distanza fra loro (per esempio in un'area aziendale con diversi uffici e necessità di macchine interconnesse). Il tipo di protocollo per LAN più diffuso oggi è Ethernet, una tecnologia a basso costo, molto efficiente ed espandibile in caso di reti di grandi dimensioni attraverso l'uso di ripetitori,[33] hub,[34] bridge[35] e switch[36] (*Figura 1.15*).
- MAN (*Metropolitan Area Network*): sono reti che collegano computer all'interno di una determinata area urbana (per esempio una città comprendente le zone limitrofe, più città, più paesi vicini) (*Figura 1.16*).

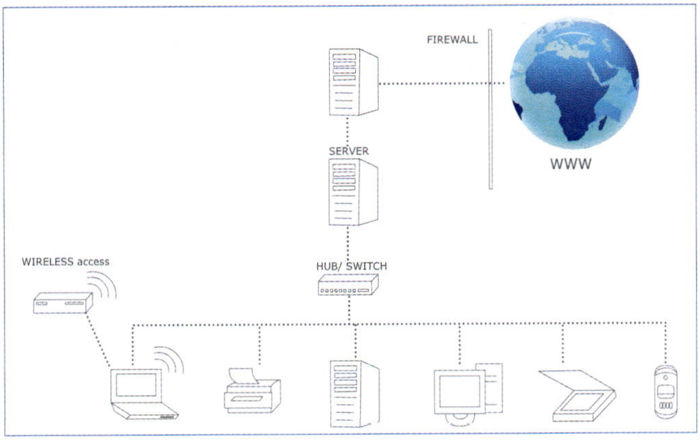

Figura 1.15 - Esempio di LAN.

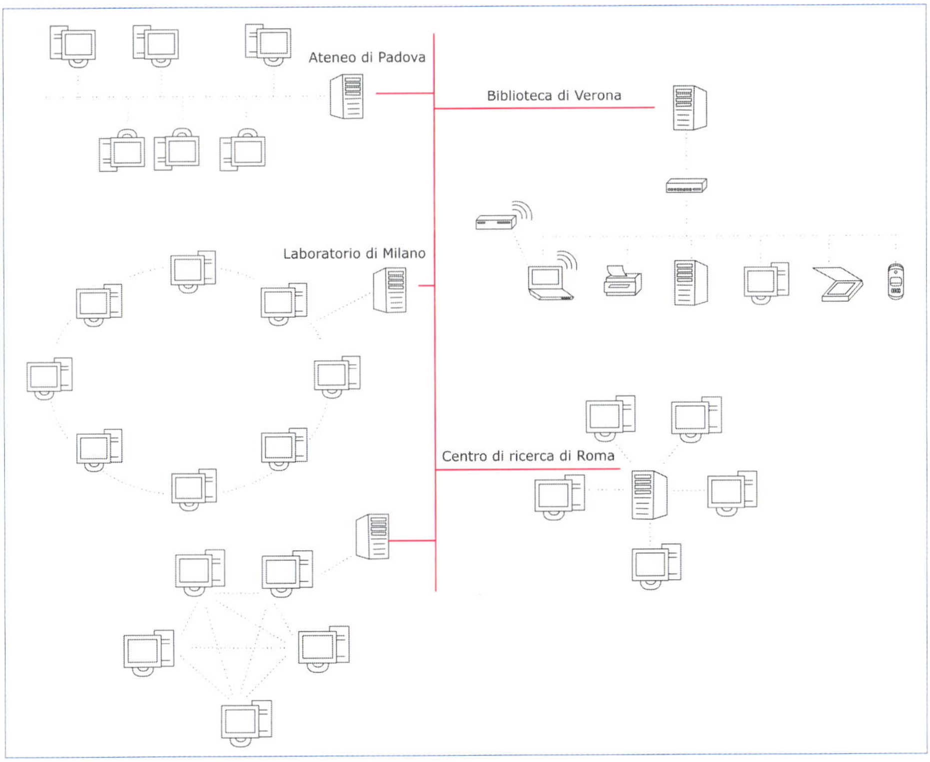

Figura 1.16 - Esempio di MAN.

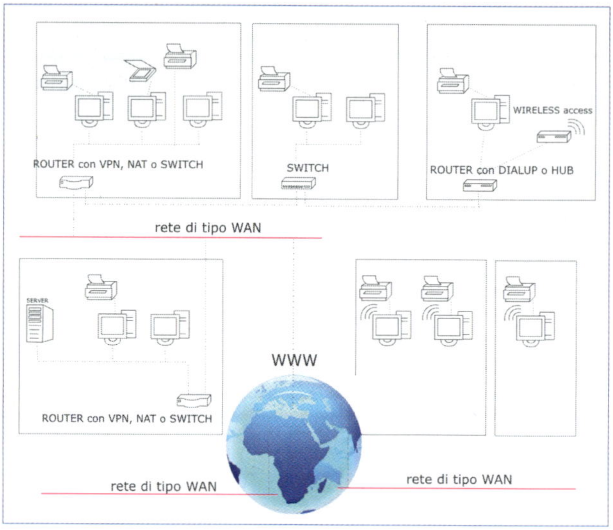

Figura 1.17 - Esempio di rete WAN.

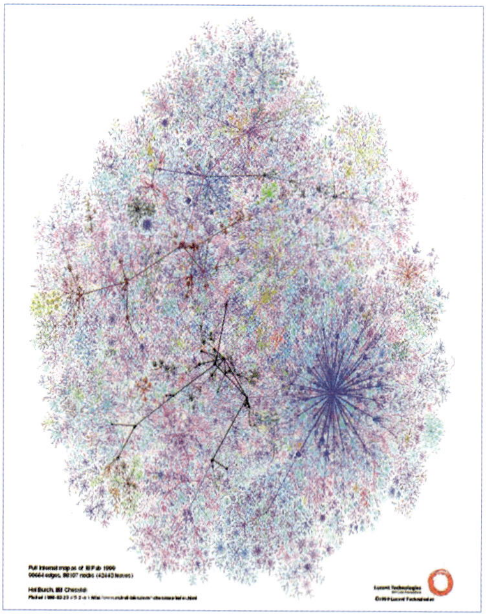

Figura 1.18 - Esempio di GAN: il grafo mostra il livello di connessione dei router in Internet misurato da Hal Burch e Bill Cheswick's nell'ambito del progetto Internet Mapping Project.
Fonte: http://www.lumeta.com/research/

- WAN (*Wide Area Network*): sono reti che collegano computer su territorio nazionale, con la possibilità di collegare calcolatori presenti in stati confinanti (*Figura 1.17*).
- GAN (*Global Area Network*): sono le reti di livello più ampio, in grado di collegare computer in tutto il mondo, anche via satellite. Internet è di tipo GAN (*Figura 1.18*).
- **Rete ad anello**: prevede di collegare una stazione con quella successiva mediante un collegamento punto-punto e l'ultima stazione con la prima in modo da formare un anello chiuso. È adatta per trasferire la stessa informazione a tutti, per esempio nella televisione via cavo. Una rete ad anello particolarmente interessante è il *Token ring*, in cui la determinazione di quale calcolatore abbia diritto a trasmettere avviene tramite il "passaggio di testimone", un particolare messaggio (*token*) di attivazione.
- **Rete a stella**: ogni dispositivo può accedere in modo indipendente al canale. È la struttura più utilizzata sulle reti LAN moderne data la sua semplice implementazione, la facilità con cui si può configurare e la capacità di mettere in comunicazione chiunque con chiunque altro. Informazioni diverse possono partire da qualsiasi punto della stella.
- **Rete a bus**: è un mezzo trasmissivo *broadcast*, in cui quando un sistema trasmette, tutti gli altri ricevono. In questo tipo di reti ogni nodo trasmette sul bus i propri dati che si propagano andando a toccare tutti i nodi rimanenti. L'assenza di nodi di con-

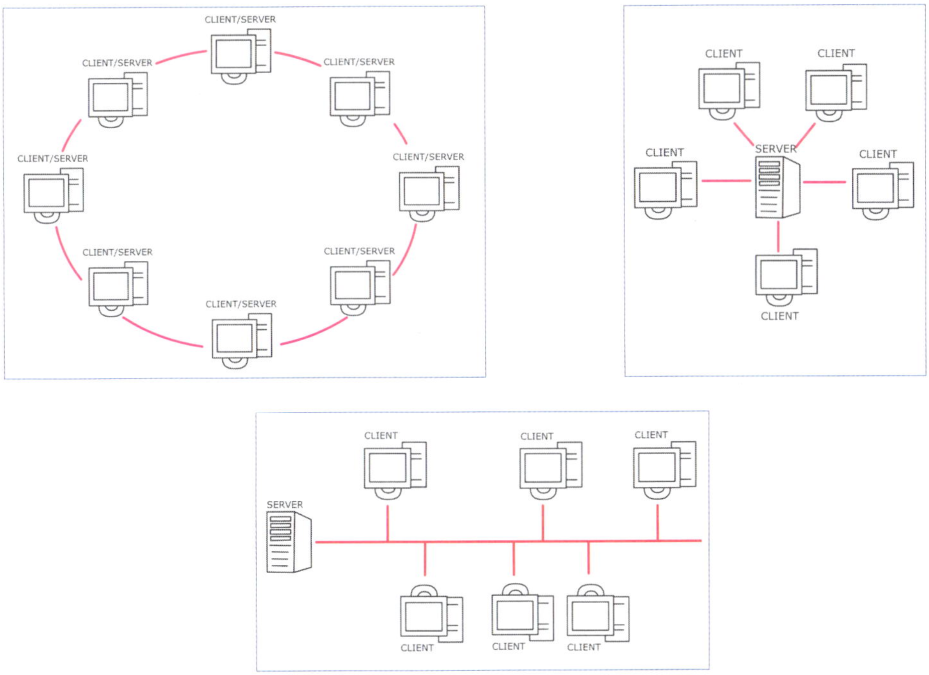

Figura 1.19 - Esempio di rete ad anello, a stella e a bus.

trollo che instradino le informazioni richiede che siano i singoli nodi a incorporare l'intelligenza necessaria per il controllo di flusso e il recupero in caso di errori.
- **Rete dorsale**: detta anche *backbone* ("spina dorsale"), costituisce il collegamento tra i punti principali di una rete di telecomunicazione, solitamente regionale o nazionale (WAN). Le dorsali più lunghe sono quelle transoceaniche, a oggi solo parzialmente utilizzate (GAN).
- **Rete wireless**: come dice il nome, è un tipo di rete che non utilizza cavi, ma onde radio a bassa potenza, radiazioni infrarosse o laser. Le WLAN, spesso accessibili liberamente e gratuite, permettono la condivisione di dati e della connessione Internet (mediante router). In paesi come l'Olanda o la Germania, è stata creata un'apposita segnaletica orizzontale per indicare la presenza di una rete wireless accessibile in punti diversi della città.

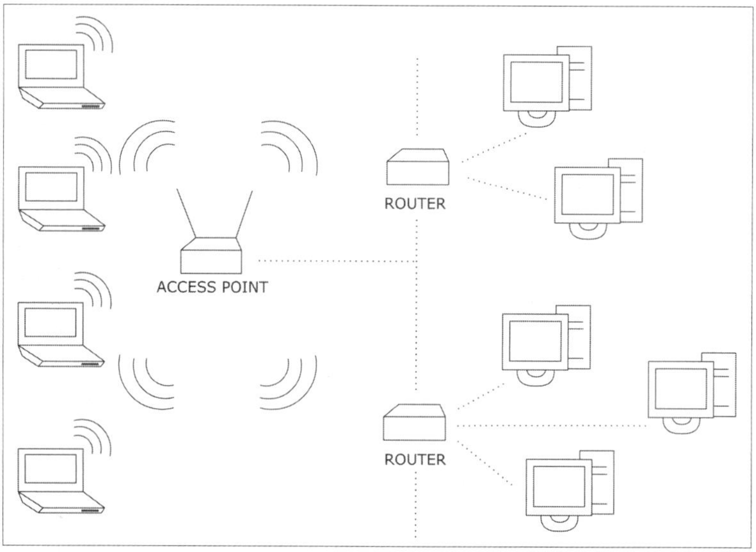

Figura 1.20 - Esempio di rete wireless e di rete LAN di tipo Ethernet.

A seconda se ci troviamo all'università, a casa, o su una panchina del parco, il nostro computer potrà far riferimento a uno di questi sistemi di connessione alla Rete globale. Una volta entrati nel sistema è possibile scegliere quali percorsi seguire e quali attività intraprendere. Qualsiasi sia la scelta, il percorso sarà unico, perché di fronte a un bivio o a una scelta multipla l'opzione selezionata è soggettiva. I motivi per cui si sceglie di usare un sistema come Internet possono essere i più diversi, ma la maggior parte degli utenti è riconducibile a quattro gruppi.

1. **Cerco pornografia**: secondo le informazioni riportate da Alexa,[37] TopTenReviews[38] e MSNBC[39] il 12% di tutti i siti web è di natura pornografica; il 35% di tutti i download è di materiali porno; ogni secondo, 28258 persone stanno guardando contenuti a luci rosse; ogni secondo vengono spesi su Internet 89,00 dollari per materiale pornografico; *sex* è la parola in assoluto più cercata nei motori di ricerca; il 72% dei *porn users* è maschio e il 28% femmina; le pagine con contenuto pornografico sono stimate intorno ai 372 milioni; il 70% delle consultazioni avviene dalle 9 di mattina alle 5 del pomeriggio, quindi dal luogo di lavoro; il 3% dei materiali pornografici sono prodotti nel Regno Unito, il 4% in Germania e l'89% negli Stati Uniti per un ricavo (in crescita) di 2,84 miliardi di dollari solo nel 2006. I paesi che hanno bandito la pornografia nella Rete sono a oggi: Arabia Saudita, Iran, Bahrain, Egitto, Emirati Arabi Uniti, Kuwait, Malesia, Indonesia, Singapore, Kenya, India, Cuba e Cina.
   I siti pornografici vantano una crescita esponenziale di utenti. Basti un solo esempio: YouPorn.com, a solo un anno dalla nascita, si appresta a entrare nei primi cinquanta siti più visitati di Internet, mentre AdultFriendFinder.com, una sorta di social networking che permette agli utenti di registrarsi, dichiarare qual è lo scopo della loro ricerca e quali le loro intenzioni sessuali, si posiziona al terzo posto nella lista con 7,2 milioni di visite giornaliere, dopo YouTube.com (196 milioni) e MSN.com (220 milioni).
   Per quanto riguarda l'Italia, l'Eurispes ha rilevato nel 2005[40] che circa 8,8 milioni di italiani, ovvero il 15% della popolazione, sono normali consumatori di pornografia per un ricavo pari a 229 milioni di dollari annui solo dall'utenza Internet. Sorprendentemente, il rapporto pubblicato recentemente dall'ISTAT[41] non menziona affatto questo tipo di utenza e suddivide le attività in Rete in ricerca di informazioni su merci e/o servizi (59,1%); notizie sanitarie relative a malattie, all'alimentazione, al miglioramento della salute; viaggi e soggiorni (38,8%); servizi bancari (20,6%).
2. **Cerco informazione**: di fronte al panorama desolante dell'informazione fornita da televisione e giornali, almeno in Italia, sempre più numerosi sono gli utenti che scelgono di cercare autonomamente la "verità dei fatti" nell'incredibile quantità di informazioni fornite dal Web. Secondo l'EIAA,[42] il 65% degli utenti Internet consulta almeno una volta al mese siti di news e afferma di utilizzare meno la televisione per informarsi (40%), o la radio (22%), o i giornali (28%) (*Figura 1.21*).
   La Rete sta cambiando la percezione dell'informazione: generalmente, quanti più angoli visuali vengono messi a sistema, tanto migliore è la percezione dell'insieme. Inoltre, Internet costituisce uno strumento sufficientemente vasto da riuscire a sottrarsi, talvolta, alle maglie del controllo, della censura e della manipolazione.
   Da una ricerca pubblicata dall'OPA (*Online Publishers Association Europe*) a ottobre 2007 sull'utilizzo dei media (Internet, televisione, radio, quotidiani e riviste), in riferimento a sei paesi campione (Germania, Francia, Spagna, Italia, Svizzera e Regno Unito), si evince come negli ultimi tre anni la Rete abbia conquistato il posto di favore. Il 73% degli europei coinvolti nell'indagine si collega a Internet quotidianamente (il 78% in Francia e l'80% nel Regno Unito); se nel 2004 i collegamenti avvenivano per l'84% durante la mattina e solo per il 44% in prima serata, nel 2007 il primo dato risulta confermato, ma il secondo sale a 67%; nel 2004 il 48% cercava nuovi

prodotti in Rete, oggi questo valore è del 67%. La pubblicità su Internet è definita come la più innovativa, informativa e rilevante e, se appare su un sito di informazione e notizie di cui ci si fida, è ritenuta decisamente credibile.[43]
Nella ricerca dell'informazione in Rete viene richiesta una buona dose di senso critico: non tutto quello che si trova può essere degno di fiducia. Lo dimostra l'alta diffusione di "leggende metropolitane"[44] (fatti ipotetici presentati come veri che acquistano credibilità passando di bocca in bocca) e di *hoax* ("bufale"), veri e propri tentativi di inganno che presentano deliberatamente per reale qualcosa di falso o artefatto.

Figura 1.21 - Utenti che cercano informazione in rete: "la Repubblica", "El País", "The Economist" e CNN International.

3. **Cerco intrattenimento**: dagli anni novanta in poi, l'industria del videogioco ha fatturato più di Hollywood (il comparto dei videogame, compresi quelli online, è stimato oggi in 7 miliardi di dollari), proponendosi come uno dei settori principali di intrattenimento. La percezione degli utenti di fronte a questi prodotti si è evoluta con una certa rapidità, fino a dar vita a sensibilità completamente nuove: da quella informatica a quella artistica (Quaranta 2005), da quella creativa a quella educativa. La Rete apre la via ai giochi multiplayer online (primi fra tutti erano stati i *Multi-User Domains*, MUDs), verso ambienti di gioco sempre più simili a network sociali e comunità virtuali.

Il metamondo più alla ribalta a fine 2007 è *SecondLife*, sebbene non possa essere considerato un gioco, bensì un ambiente esplorativo con alle spalle un modo di concepire la comunità virtuale totalmente nuovo. SecondLife si basa su un sistema grafico 3D in continua evoluzione e un'interfaccia semplice e intuitiva, attraverso cui gli utenti possono creare i propri avatar, incontrarsi, socializzare, costruire oggetti e strutture, esplorare e sviluppare nuove parti del mondo in cui si trovano. È un mondo con la sua economia, la sua moneta (il Linden Dollar, LD), la sua pubblicità, mercato del lavoro, annunci. A testimoniare quanto sia profonda e tangibile la contiguità tra mondo virtuale e mondo reale è la possibilità di convertire il LD in veri dollari americani (e viceversa) attraverso un ufficio di cambio online[45] oppure direttamente su eBay, seguendo una particolare quotazione. Il giro d'affari su SL è di milioni di dollari al mese, per lo più grazie a grosse aziende che si stanno sempre più interessando non solo alla pubblicità virtuale, ma anche a stabilirsi nel mondo di SecondLife: aziende come IBM, Amazon, Gambetti, le maggiori agenzie (Reuters,[46] CNet News e il magazine "Wired"),[47] le migliori boutiques e catene di negozi (Adidas, Toyota, Nike ecc.), l'esercito (la marina francese sta arruolando 3800 persone attraverso SL),[48] i partiti (Antonio Di Pietro è stato il primo ministro italiano ad aprire una conferenza politica e ad acquistare un'isola nel mondo virtuale), i sindacati (il 20 settembre 2007 è stato indetto per la prima volta uno sciopero online da CGIL, CISL e UIL: lo sciopero degli avatar dei lavoratori IBM Italia), gli ospedali (il 28 settembre 2007, durante il 18° Congresso di chirurgia dell'apparato digerente è stata trasmessa nel mondo virtuale la prima operazione chirurgica di ernia inguinale eseguita con ULTRAPRO Plug).

Per la maggior parte, i giochi gratuiti presenti in Rete sono giochi di guerra. L'alta qualità grafica, la velocità delle connessioni – quindi l'efficacia dei rendering in 3D – e la possibilità di interagirvi in multiplayer rende le situazioni di scontro estrema-

Figura 1.22 - MAYDAY NETPARADE. La NetParade è stata una sfilata virtuale che ha avuto luogo tra aprile e maggio 2004. Lavoratori interinali, co.co.co e collaboratori a progetto, dipendenti delle catene commerciali, operatori di call center, ricercatori, lavoratori in nero, intermittenti e part-time hanno deciso di manifestare contro il precariato con il loro "doppio" virtuale. Il corteo in rete è lungo 159 pagine.
Fonte: http://www.euromayday.org/netparade/

mente vivide e realistiche. Anche in questo caso, la componente più interessante è la fortissima compenetrazione tra virtuale e reale. Nel 1983, in un discorso pubblico, il presidente degli Stati Uniti Ronald Reagan affermò:

> Ho recentemente scoperto una cosa interessante sui videogame. Molti giovani hanno sviluppato una incredibile coordinazione occhio-mano-cervello grazie a questi giochi. [...] L'Air Force ritiene che questi ragazzi diventeranno piloti eccezionali dei nostri caccia.

E nel 1996 il generale Charles C. Kulak assegnava al Marine Combat Development Command il compito di creare, sviluppare e sfruttare videogame e wargame interattivi per fini militari, per poi immetterli nei circuiti commerciali civili. Dieci anni dopo, l'esercito statunitense ha annunciato una nuova versione di *America's Army*, che include avatar modellati su soldati che hanno effettivamente combattuto in Iraq e Afghanistan. Il colonnello Casey Wardynski, che ha patrocinato l'operazione, dichiarava alla stampa: «Stiamo cercando di dare un volto ai soldati in modo tale che i ragazzi possano sentirli più vicini» (Bittanti 2006). I videogiochi distribuiti online ai civili sono dotati di pulsante "Arruolati!", ma l'ingresso nell'esercito avviene nel mondo reale.

4. **Compro-vendo**: la compravendita online ha sostituito oggi quelli che negli anni settanta e ottanta erano i cataloghi per corrispondenza. Rispetto a quel periodo, il modo di vendere e comprare è cambiato radicalmente e si è adeguato alle esigenze di una società in cui uomo e donna lavorano tutto il giorno e la richiesta da parte dei consumatori è la possibilità di scegliere tra il maggior numero di prodotti possibile, oltre che quella di effettuare l'acquisto al minor prezzo. Secondo i dati raccolti da Assinform[49] per l'anno 2007, nel commercio online l'Italia si posiziona al penultimo posto fra i paesi dell'Europa a 25, subito dopo Cipro e prima della Lettonia. I grandi colossi dell'e-commerce restano i portali internazionali: eBay,[50] Chl ed ePrice nel mondo occidentale, Taobao in quello orientale. Da ottobre 2007 eBay è disponibile anche in versione "icona per desktop": la nuova interfaccia, sincronizzata in real time con il server del portale di aste, permette la navigazione senza aprire alcun browser.

   Per quanto riguarda la vendita online, la Commissione Europea ha realizzato un vero e proprio portale, *E-Business Lex*,[51] che offre informazioni e approfondimenti su tutti gli aspetti del commercio elettronico, compresi quelli giuridici. Secondo la ricerca sull'e-commerce commissionata da Expedia[52] e condotta su un totale di 2251 aziende presenti in Italia che vendono in Rete, nel 2006 sono stati spesi negli acquisti online circa 135 miliardi di euro. I settori del turismo (voli aerei, alberghi e pacchetti viaggio), dell'elettronica (principalmente macchine fotografiche digitali e cellulari) e del tempo libero (scommesse sportive, biglietti di spettacoli e attrezzature sportive) sembrano trainare il business anche nel nostro paese, con un incremento del 42% e un giro di affari pari a 2,906 miliardi di euro. Da non sottovalutare in questo rilevamento l'introduzione di sistemi di pagamento "sicuro" come il PayPal, avvenuta

in Italia proprio nel 2006. Fare business online significa avere a disposizione nuovi strumenti per la pubblicità e la promozione: l'88% delle aziende esaminate lo ritiene un vantaggio essenziale. Questo significa l'ottimizzazione e il posizionamento sui motori di ricerca e la conseguente promozione del sito mediante la pianificazione di una campagna di web marketing che consente di pubblicare annunci pubblicitari accanto ai risultati di ricerca. La pubblicità su Web permette di aumentare le visite al sito di un'azienda, individuando un target realmente sensibile e disposto all'acquisto di un determinato bene.[53] Gli investimenti di aziende interessate alla vendita online possono arrivare a fluttuare tra i 20 000 e i 100 000 euro mensili. Nei paesi europei, generalmente, la corrispondenza tra diffusione della banda larga e spesa online è quasi totale, mentre restano fattori con un'incidenza relativa il numero di persone connesse, i fattori legislativi e quelli culturali.
Quanto al mondo orientale, essendo la Cina la seconda nazione al mondo dopo gli Stati Uniti per il numero degli utenti Internet e quindi potenzialmente il maggior mercato del globo, le aspettative degli investitori nei titoli cinesi nel settore delle vendite online sono molto alte. Il *Rapporto di ricerca del mercato del commercio elettronico cinese nell'anno 2005*, segnalato da China Radio International,[54] illustra una situazione in crescita rapidissima, con il 71,30% (contro il 70% dell'area asiatico-pacifica) degli utenti che hanno fatto almeno un acquisto in Rete nel 2005. Il mercato online cinese ha fruttato circa 1,4 miliardi di euro, con un aumento del giro d'affari del 280% rispetto al 2004. In base ai dati raccolti nel 2007 dalla Analysys International,[55] il mercato cinese "da consumatore a consumatore" (C2C) è attualmente dominato da Taobao,[56] che monopolizza l'83% del mercato. Le informazioni raccolte dalla società di ricerca attestano un valore per il mercato C2C cinese pari a 10,56 miliardi di yuan (1 miliardo di euro). A ottobre 2008, Baidu.com, il motore di ricerca leader in Cina, è ufficialmente entrato nel mercato dell'e-commerce nazionale lanciando la piattaforma Baifubao, grazie alle ricerche condotte dal nuovo dipartimento dedicato allo sviluppo di nuove tecnologie. Baidu.com mira a essere il primo concorrente di Taobao nel mercato C2C.

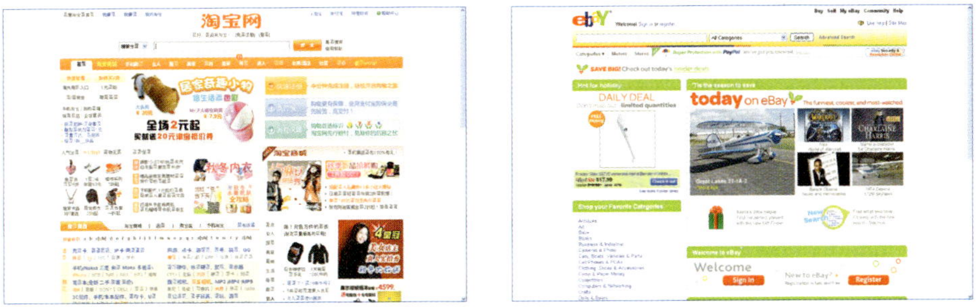

Figura 1.23 - Taobao (http://www.taobao.com), il maggiore sito di compravendita in Cina e eBay (http://www.ebay.com), il più diffuso tra gli utenti occidentali.

3 Utenti del mondo

3.1 *Comunicare, condividere la conoscenza*

Il modo di comunicare contemporaneo è strettamente collegato alla possibilità di rappresentare l'informazione con linguaggi nuovi, più vicini alla matematica da un lato e all'arte dall'altro (Barzon 2003).

Dalla fine degli anni ottanta, la tecnologia ha fornito agli utenti strumenti sempre più avanzati e sempre più economici non più per depositare un messaggio (lettera, film, audio/videocassetta, memoria digitale), ma per comunicarlo direttamente (tele- ed elettro-): telefono, televisione, teleconferenza, posta elettronica (*electronic mail*, e-mail),[57] chat (testuale, audio, video), messaggistica istantanea, spazi di lavoro condivisi (*groupware*), video-chiamate (*Voice over IP*, VoIP).

Per comunicare è necessario condividere delle regole, come quella di parlare uno alla volta e, ovviamente, di parlare la stessa lingua. Quindi, se si considera che nella storia l'uomo è riuscito a trasmettere informazioni in molti modi diversi (dai segnali di fumo al sistema binario), è necessario formalizzare e diffondere le regole alla base del sistema di comunicazione in utilizzo prima di poterlo sfruttare. Tale insieme di regole costituisce un protocollo di comunicazione. Fino agli anni settanta, per esempio, il metodo usato per comunicare usando i fili del telefono era la commutazione di circuito: come spesso si vede nei film dell'epoca, una centralinista prendeva la chiamata e tramite un pannello-centralino collegava il circuito in entrata con quello in uscita, per poi magari ascoltare in cuffia la comunicazione.

Oggi il protocollo di comunicazione usato su Internet è basato su un principio diverso: la commutazione di pacchetto. Per mezzo di un software, il TCP-IP (*Transmission Control Protocol - Internet Protocol*), ogni "informazione" viene divisa in parti numerate, ovvero in pacchetti che contengono l'indirizzo del computer dal quale stanno partendo (mittente) e quello del computer a cui saranno recapitati (destinatario). Quando i pacchetti arrivano, il computer destinatario controlla che la sequenza numerica sia completa e, in caso di mancanza di qualche informazione, la chiede nuovamente al computer mittente. L'informazione, a prescindere dalla sua natura (testo, audio, video ecc.), viene quindi riassemblata.

La comunicazione in Rete è resa possibile da un modem (analogico,[58] digitale ISDN[59]/ADSL[60] o satellitare[61]) che telefona al computer di un'azienda (*Internet Service Provider* - ISP), a sua volta programmato per collegare gli utenti che hanno affittato un collegamento in rete. Il segnale del computer viene modulato e demodulato utilizzando un protocollo denominato *Point to Point Protocol* (PPP).

Secondo i dati raccolti dalla responsabile per la Società dell'Informazione e Media della Commissione Europea Viviane Reding,[62] in Europa il tasso medio di penetrazione della connettività è del 18%, mentre l'Italia si attesta intorno al 17%, quindi *sotto la media europea*, ed è del 20% inferiore rispetto ai primi della lista (Danimarca, Olanda, Finlandia e Svezia).[63] Inoltre, a fine 2007 la situazione delle connessioni in Italia è a macchia di leopardo, con numerose aree – soprattutto periferiche e in percentuale più elevata al Sud rispetto al Nord – non ancora raggiunte dalla possibilità di connessione veloce in rete. La diffusione del WiMax[64] e del Wi-Fi[65] si prefigura come la via più realistica per risolvere il *digital divide*, soddisfacendo il bisogno di quelle aree – rurali o montane, per esempio – dove non risulterebbe economico portare la fibra ottica. Anche per quanto riguarda il WiMax, tuttavia, l'Italia si aggiudica l'ennesimo record negativo, posizionandosi all'ultimo posto nella lista europea, dal momento che le licenze per trasmettere il segnale radio (intorno al 3,5 GHz) sono state assegnate a fine febbraio 2008, con molto ritardo rispetto agli altri Paesi.

Un'ulteriore differenza dovuta all'uso del mezzo informatico riguarda il tempo e la forma in cui vengono veicolate le informazioni (messaggi, notizie, critica, riflessione, analisi ecc.). L'uso allargato della mail ha dato vita a mailing-list, forum, chat e blog. La possibilità di scambiarsi informazioni di ogni genere in real time e di condividerle con altri utenti trasforma questi "oggetti comunicativi" in veri e propri "ambienti virtuali" all'interno dei quali si formano delle solide comunità di persone lontane geograficamente, ma avvicinate da interessi simili. Esempi d'avanguardia sono costituiti da chat come SecondLife e Dream Domain, mailing list come Rhizome, Nettime, Empyre, Spectre e Neural, blog come Xu Jinglei, Etoy e Beppe Grillo.

Figura 1.24 - Home page di Rhizome (http://www.rhizome.org) e del blog di Beppe Grillo (http://www.beppegrillo.it).

3.2 *Scambiare, la strategia del vantaggio collettivo*

In una rete, è possibile condividere diversi tipi di risorse: risorse fisiche (stampanti, dischi, nastri ecc.), risorse di calcolo (programmi residenti su un computer "remoto"), contenuti (file audio, video, testo ecc.). Un computer che condivide una stampante in rete viene definito *print server*; se mette a disposizione dei programmi è un *application server*; se condivide dei dischi è un *file server*; se condivide contenuti è un *P2P server*.[66] È piuttosto facile trovare i primi tre tipi di server nelle reti locali, ma gli esempi di condivisione più conosciuti sono quelli nati come risposta ai mercati sempre meno accessibili della musica e del cinema. eMule, BitTorrent (BT) e LimeWire, assieme a una ricca serie di piattaforme di condivisione artistica,[67] sono al centro di costanti polemiche sulla legittimità di attingere a materiali audio-video al di fuori del patrocinio delle case produttrici (e quindi del costo imposto).[68] Tali contestazioni non sembrano tuttavia penalizzare il numero di utenti (in crescita) che utilizzano il servizio, se si considera che su eMule i download ammontavano a 300 milioni, per una quantità di dati trasmessi pari a 1180,6 Terabyte, a maggio 2007, a distanza di cinque anni dalla nascita del software. La Rete premia la teoria dell'equilibrio di Nash[69] e la logica del baratto *versus* quella del mercato.

eMule è un client P2P che permette la condivisione e lo scambio di file (*file sharing*) attraverso la rete e2dk (eDonkey) e kademlia (Kad). È un programma open source sviluppato in C++ per la piattaforma Windows, ma ne esiste una versione anche per Mac e Linux (aMule), così come sono disponibili versioni dedicate alle diverse tipologie/velocità di connessione in Rete.[70] eMule riscuote un successo così clamoroso per varie ragioni.

1. Non utilizza un server centrale da cui scaricare tutti i file, dal momento che essi risiedono esclusivamente nel disco rigido degli utenti connessi. I numerosi server, Kad e ed2k utilizzati hanno piuttosto la funzione di "indicizzare" quei file in stato di condivisione.
2. Essendo un programma interamente sviluppato sotto GNU GPL,[71] i codici sorgente sono disponibili. Ne consegue che una vasta comunità ne garantisce le costanti migliorie e la diffusione di nuove versioni.
3. Offre numerose impostazioni e funzioni attraverso un'interfaccia grafica semplice e pulita.
4. La localizzazione avviene in più di quaranta lingue.
5. Il download/upload non va mai perso, ma il programma lo riprende dal punto in cui si è interrotto appena viene riattivata una connessione Internet.
6. Permette di scaricare file da più utenti contemporaneamente, inclusi coloro che non hanno ancora ottenuto il file completo, aumentando così le fonti disponibili per uno stesso materiale.

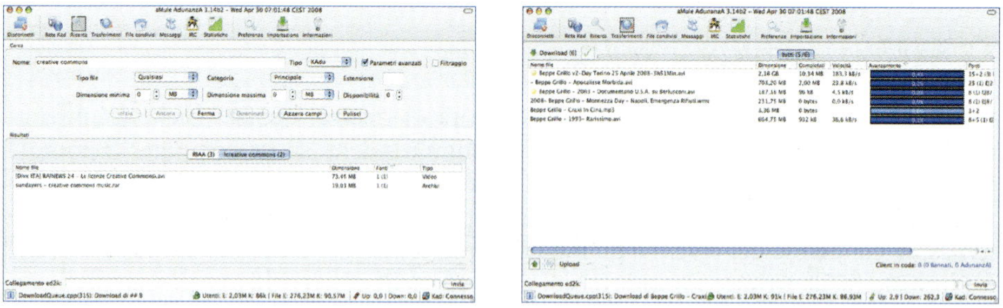

Figura 1.25 - Interfaccia di eMule nella versione per Mac nella variante Fastweb (aMule Adunanza).

Anche per gli sviluppatori di *BitTorrent*, l'obiettivo principale è fornire un sistema efficiente per distribuire lo stesso file verso il maggior numero di utenti disponibili, che lo stiano prelevando (download) o inviando (upload). È dunque un programma in grado di coordinare in automatico il lavoro di molti computer, ottenendo il miglior beneficio comune possibile. A differenza di eMule, BitTorrent utilizza un protocollo nuovo rispetto ai sistemi P2P, estremamente flessibile e adattabile il relazione al limitato consumo di banda.

Un sistema parallelo di scambio voce-video-teleconferenza-trasmissione file è costituito dai sistemi basati su *Voice Over Internet Protocol* (VoIP), ovvero su una tecnologia che consente di effettuare telefonate utilizzando una connessione Internet, senza transitare quindi dalla rete telefonica tradizionale. Skype,[72] attraverso il VoIP, rende disponibile un sistema di telefonia gratuita basato su un *network peer-to-peer*, cui è integrato un servizio a pagamento (SkypeOut) per le chiamate nazionali, internazionali e intercontinentali verso telefoni fissi e cellulari. In questo secondo caso, solo uno dei due utenti utilizza la connessione alla Rete e la comunicazione corre via Internet fino alla nazione del destinatario, dove viene instradata sulla normale rete telefonica. Il contatore del programma ha rilevato nel 2003 chiamate gratuite tra utenti di Skype per un totale di oltre 1 miliardo di minuti, dopo solo un anno di attività.

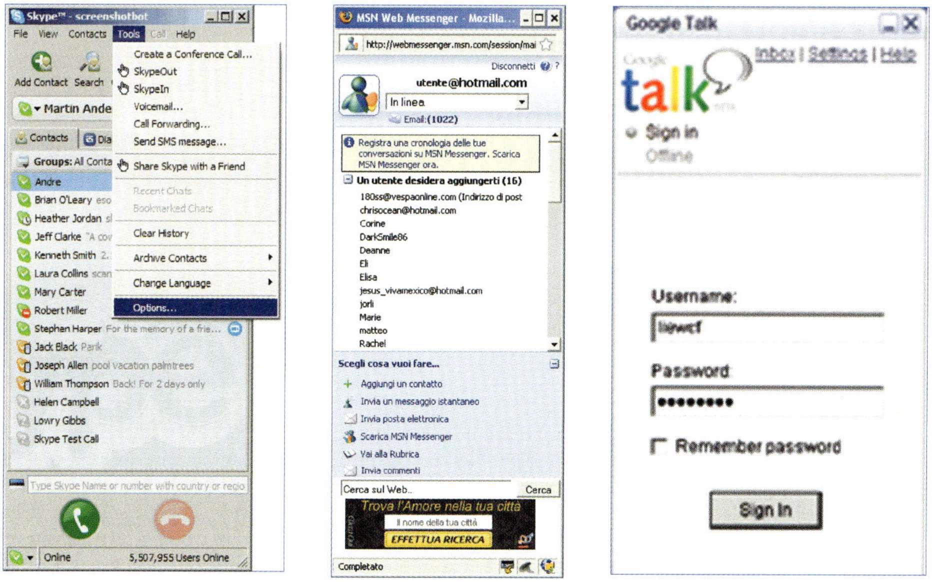

Figura 1.26 - Interfaccia di Skype, Microsoft Messenger e Google Talk.

3.3 *Ricercare, non accontentarsi delle versioni ufficiali*

L'utente del 2007 che decideva di effettuare una qualunque ricerca in Rete si trovava a dover "sfogliare" circa 40 miliardi di pagine web, secondo le stime di Yahoo, ma il numero potrebbe essere stato 750 volte maggiore rispetto a quanto stimato dalla casa americana se si dà credito a chi afferma che la maggior parte della rete resta "invisibile" ai motori di ricerca.[73] Nel *mare magnum* di Internet, dove l'informazione viene inserita, rimossa, migra e cambia di contenuto con una frequenza quotidiana, l'utente deve tenere in considerazione due problematiche principali: l'inquinamento e il sovraccarico informativo.

Le questioni principali sono dunque come determinare la qualità, la veridicità e l'affidabilità dell'informazione, e come muoversi in una mole così grande ed eterogenea di documenti (*Figura 1.28*).

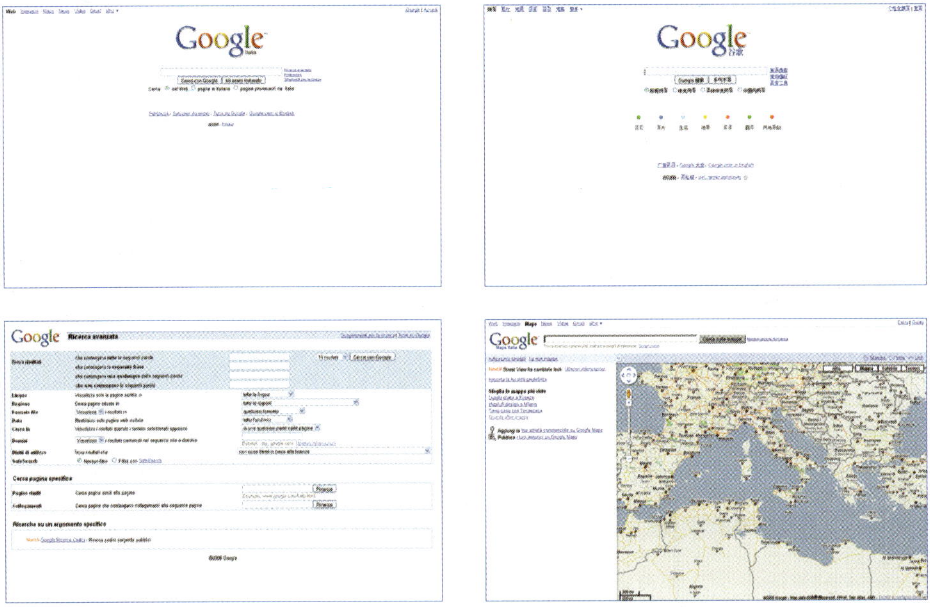

Figura 1.27 - Google nella modalità di formulazione di una query semplice italiana e cinese, e in quella di ricerca avanzata in italiano e ricerca mappe. Nei motori di ricerca è possibile inserire una singola parola chiave oppure combinarne di diverse, utilizzando gli operatori logici AND (risultati che includono entrambe le parole chiave), OR (risultati che includono entrambe le parole, oppure solo una delle due), NOT (risultati che non includono una determinata parola chiave). La query può essere già filtrata per categorie come immagini, video, musica ecc. Nei motori di ricerca è possibile affinare la ricerca attraverso l'uso di elementi che selezionino un minor numero di risultati, e tra questi vi sia una più alta corrispondenza con l'informazione cercata (*vedi anche* il capitolo 9).

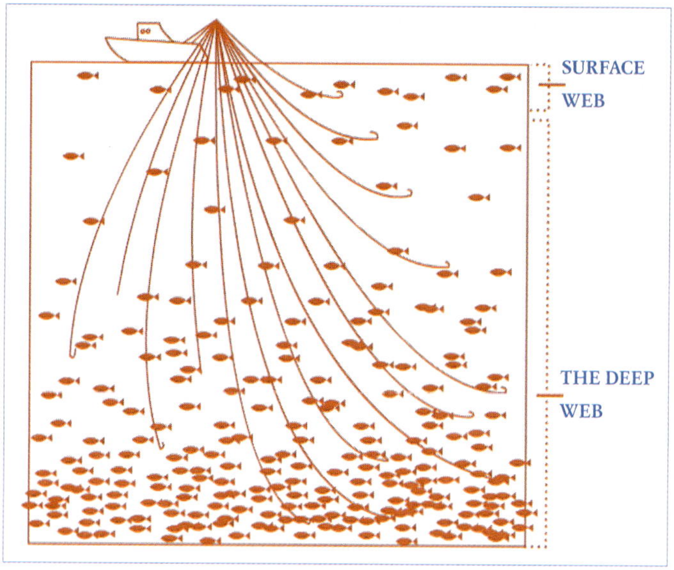

Figura 1.28 - Il rapporto tra Deep Web e Surface Web.
Fonte: http://www.motoridiricerca.it/

È chiaro che non esistono metodologie infallibili per risolvere il primo dilemma e che molto risiede nella capacità dell'utente di valutare, in base alla sua esperienza e al suo buon senso, ciò che ha individuato in Rete. È verosimile pensare che siti attendibili forniscano informazioni altrettanto veritiere e che, per esempio, i contenuti pubblicati in un sito come quello della NASA siano verificati/verificabili e di alto livello scientifico. Tuttavia, nemmeno questa fiducia può considerarsi sempre ben riposta. Gli 0100101110101101.org, un gruppo italiano di net artisti nato nel 1998 a Bologna, ha scelto l'arte come forma di critica sociale. Per tutto il 1999, digitando su qualsiasi browser l'URL più facilmente associata al Vaticano (http://www.vatican.org), gli utenti hanno potuto accedere a un sito graficamente e strutturalmente identico a quello della Santa Sede, ma con contenuti parzialmente modificati: testi eretici, canzoni degli 883, informazioni turistiche per i pellegrini completamente sballate. Per dodici mesi migliaia di persone hanno consultato il sito senza rammentare che, essendo uno Stato, anche il Vaticano possiede un dominio di riferimento (".va", quindi il vero sito è http://www.vatican.va) e senza rendersi conto della clamorosa beffa, rivelata soltanto quando, allo scadere del primo anno di contratto, la Network Solutions non ne accettò il rinnovo, rivendendolo a un'associazione cattolica.[74]

Per quanto riguarda invece il secondo problema, quello di "scoprire" le pagine esistenti che si occupano di un determinato argomento, un aiuto almeno parziale viene offerto agli utenti dagli strumenti di ricerca: cataloghi sistematici (directory) e motori (*search engine*). Non a caso, Yahoo! e Google si collocano tra i quindici siti web che hanno cambiato il mondo.[75] Secondo un modello derivato dall'archiviazione bibliotecaria, i cataloghi sistematici sono degli elenchi di siti e pagine web organizzati in base a uno schema di classificazione per argomento. La classificazione parte da categorie molto generali (per esempio: "cinema") e scende fino a categorie molto particolari (per esempio: "film, politica, Iraq, 1990"), passando per un certo numero di categorie intermedie. Dal momento che questi cataloghi vengono compilati manualmente e poiché non esistono a oggi degli standard internazionali di catalogazione unanimemente riconosciuti, la scelta delle categorie e l'inserimento di una pagina in una categoria piuttosto che in un'altra possono differire da un catalogo all'altro, e risultano soggettivi. Il principale catalogo sistematico esistente nella rete a dicembre 2007 – Yahoo! – conta 400 milioni di utenti al giorno. Per quanto riguarda l'Italia, la directory più utilizzata è Virgilio/Alice, sebbene negli ultimi anni la sua natura sia diventata ibrida e oggi si presenti per lo più come un portale di accesso a contenuti informativi disparati, organizzati in canali, e a servizi quali mail, messenger e chat. Virgilio/Alice, così come Libero, si limitano a riarrangiare i risultati forniti da Google, non sempre evidenziandone la fonte.

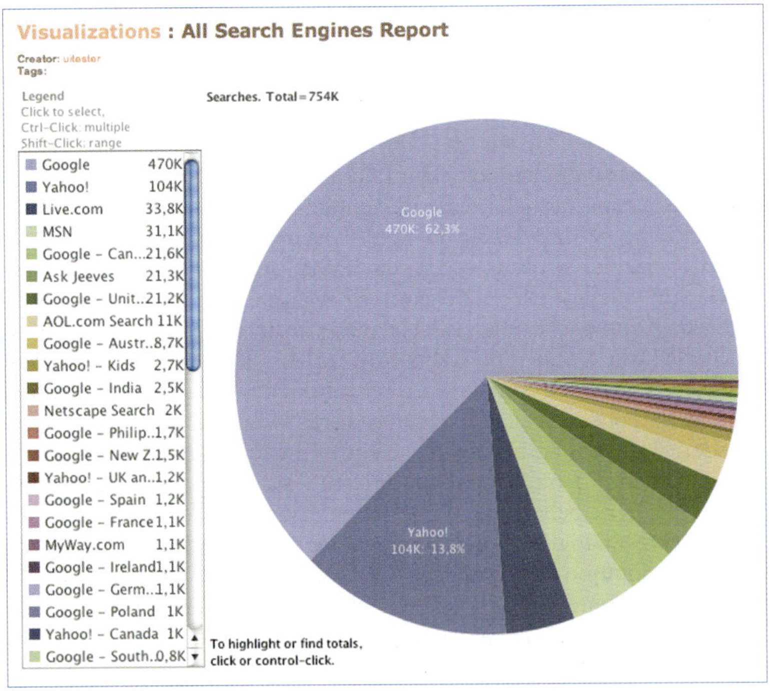

Figura 1.29 - Utilizzo dei motori di ricerca nel mondo.
Fonte: http://manyeyes.alphaworks.ibm.com/manyeyes/visualizations/all-search-engines-report

I motori di ricerca sono invece degli enormi archivi che indicizzano interamente il contenuto testuale di numerosi milioni di pagine web e che possono essere interrogati con diverse modalità. La ricerca in questo caso avviene indicando uno o più termini chiave che, a discrimine dell'utente, possono definire e delimitare l'informazione o il tema di interesse della ricerca. Tra i motori esistenti in Rete, a oggi il più utilizzato nel mondo occidentale è Google, con un indice contenente più di 8 miliardi di pagine: l'80% di tutte le ricerche vengono effettuate su Internet attraverso il suo sito. Oltre alla ricerca, Google offre una serie di servizi avanzati come il *video-sharing* attraverso YouTube (con circa 20 milioni di visitatori al mese), la ricerca su mappa attraverso Googlemaps e Google Earth, la ricerca in combinata attraverso collaborazioni con altri siti come Wikipedia,[76] una casella di posta elettronica multifunzione. Il lavoro dei motori di ricerca si divide principalmente in tre fasi:

1. analisi del campo d'azione (tramite l'uso di crawler[77] appositi);
2. catalogazione del materiale ottenuto;
3. risposta alle richieste dell'utente.

La possibilità di raffinare la ricerca varia poi da motore a motore, ma la maggior parte di essi permette di utilizzare operatori booleani.[78] Google potenzia questa possibilità, permettendo di cercare contenuti specifici presenti in un determinato sito,[79] definizioni,[80] corrispondenza tra unità di misura e valute,[81] risultati di calcoli e costanti, nuove indicizzazioni. Il successo di Google sta nella capacità di valutare approssimativamente quanto una pagina può essere considerata autorevole oppure popolare sul Web. Tra i parametri presi in esame in questa valutazione figurano il PageRank,[82] il tempo di permanenza media degli altri utenti in un determinato sito, i risultati forniti dagli altri motori e directory, le pagine ricche di contenuto e non troppo stringate in termini di testo,[83] il grado di ottimizzazione delle singole pagine,[84] i tag "title" e "h1" più che i meta tag "keywords" e "description",[85] la presenza di parole evidenziate in grassetto o di dimensioni maggiori rispetto ai testi generali. Di contro, una forte limitazione che Google sta cercando di superare è la consapevolezza che qualsiasi ricerca viene effettuata attraverso un programma e, in quanto tale, raffinata ma pur sempre automatica, priva di attenzione al significato della query formulata o dei contenuti reperiti. La via d'uscita sembra delinearsi con lo sviluppo di algoritmi e di ricerche combinate nei campi dell'*Information Retrieval,*[86] *Machine Learning,*[87] *Natural Language Processing:*[88] questo sta portando alla sperimentazione e alla teorizzazione proprie dell'analisi semantica dei termini e alla conseguente creazione di reti semantiche. Google ha già adottato sistemi per la prevenzione dell'errore e la contestualizzazione dei risultati; ma è verosimile prevedere che entro pochi anni i motori di ricerca baseranno le proprie tecnologie sia sull'analisi quantitativa dei contenuti (le parole in sé), sia su quella qualitativa (il senso delle parole).

Di fronte a tanta efficienza, va comunque tenuto in considerazione quello che alcuni hacker hanno definito come *The dark side of Google.*[89] Tra le denunce: la possibilità che il motore archivi, usi ed eventualmente venda a terzi i dati degli utenti, il loro indirizzo e-mail, i loro prodotti digitali per ricavarne informazioni sui gusti, gli stili di vita e le abitudini, violando quindi le norme sulla privacy; l'erronea convinzione che Google indicizzi tutte le pagine che si trovano in Rete *versus* un realistico 20-30%; l'inganno di una selezione di risultati qualunquista, alla portata dell'utente medio, ma non certo di una ricerca specifica e mirata.

Google e la maggior parte dei motori di ricerca che opera sul Web sono gestiti da compagnie private che utilizzano algoritmi proprietari e database segreti. Esistono comunque tentativi di dar vita a motori di ricerca fondati sul software libero, tra cui HTdig, Nutch, Egothor e OpenFTS.

Nel mondo orientale due esempi interessanti sono costituiti da Cina e Russia. Una ricerca di mercato realizzata dal China Internet Network Information Center[90] e resa pubblica ad agosto 2007, rivela una profonda diversità nel modo in cui i cinesi usano i motori di ricerca. Innanzitutto il motore di ricerca più utilizzato in Cina non è Google, ma Baidu (lo studio rivela peraltro che il 20% del campione non sapeva scrivere correttamente la parola "google"), con oltre il 51% di quota di mercato nella area metropolitana di Pechino, il 44% a Shanghai e il 48% a Guanzhou, seguito da altri motori come Sohu, oltre che da Google e Yahoo Cina. L'analisi rivela anche che circa il 60% di coloro che usano Baidu lo fa per cercare musica da scaricare, mentre quasi l'80% di coloro che usano Google lo fa per scopi di business o lavoro. Circa il 63% di coloro che usano Baidu come motore di ricerca primario è più giovane di 25 anni.

In Russia, la maggior parte delle ricerche avviene attraverso Mail.ru, basato su un motore di ricerca e una directory non proprietari, oppure Rambler e Yandex, una directory russa molto più popolare di Yahoo Russia.

Rank	Motore di ricerca	Browser unici (in milioni)
1	Baidu	171
2	Google (China)	81
3	Soso	49
4	Hao123	48
5	Gougou	28
6	Sogou	24
7	LiveSearch	15
8	Sina iAsk	11
9	Google.com	9
10	265	6

Rank	Sito web	Browser unici (in milioni)
1	Baidu	171
2	Tencent (QQ)	117
3	Sina	108
4	Google (China)	81
5	Sohu	74
6	NetEase (163)	58
7	Soso	49
8	Hao123	48
9	Youku	47
10	Ku6	46
11	Yahoo (China)	39
12	Taobao	39
13	Xunlei	38
14	Tudou	38
15	Gougou	28

Tabella 1.11 - I 10 motori di ricerca più utilizzati e i 15 siti web più visitati in Cina a settembre 2008, secondo le statistiche di Nielsen Online.
Fonte: http://www.nielsen-online.com/pr/pr_081010.pdf

Nelle strategie di ricerca non bisogna dimenticare, infine, che il Web, con la sua struttura ipertestuale, costituisce uno strumento di ricerca di per sé. Così come da un libro si può risalire a molti altri testi sullo stesso argomento attraverso l'apparato bibliografico, allo stesso modo, una volta trovata una pagina di interesse con un qualsiasi sistema (non ultimo, il consiglio di un amico o le indicazioni di una rivista specializzata), la migliore strategia può essere quella di cominciare a esplorare i link da essa forniti. La maggior parte dei siti realizzati con cura contengono al loro interno indirizzi ed elenchi di risorse sul tema a cui sono dedicate.

Note

1 Deeper Blue ottiene il punteggio di 2 a 1, conquistando così la vittoria dopo che il suo predecessore Deep Blue era stato sconfitto con il medesimo punteggio nel 1996.
Vedi: IBM Research, http://www.research.ibm.com/deepblue/

2 Nel campo degli strumenti di misura, la precisione viene a volte impropriamente definita *ripetibilità* (il grado di concordanza tra una serie di misure di una stessa grandezza, quando le singole misurazioni sono effettuate lasciando immutate le condizioni di misura), mentre con il termine *precisione* si intende la tolleranza dell'errore.

3 Il timore che il robot o il computer possano avere il sopravvento sull'uomo ha origini antiche e trova una prima risposta sociale nel Settecento, attraverso reazioni di vera e propria lotta contro le macchine (il luddismo in Inghilterra, da Ned Ludd che nel 1779 danneggiò un telaio in segno di protesta). Alan Turing, in un articolo del 1950 dal titolo *Computing Machinery and Intelligence*, illustra un nuovo tipo di test ("test di Turing") per determinare se un computer possa essere in grado di pensare e quindi in qualche momento di sopraffare l'uomo. Turing era convinto che la sua macchina potesse effettuare qualsiasi operazione logica e che, se programmata con la necessaria abilità, entro il duemila avrebbe potuto simulare l'intelligenza umana.
Vedi: http://it.wikipedia.org/wiki/Test_di_Turing
La paura che le macchine possano divenire troppo intelligenti o troppo longeve rispetto all'uomo – e quindi dominanti – è chiaramente espressa in pellicole come *2001 Odissea nello Spazio* (Stanley Kubrick, 1968), *Blade Runner* (Ridley Scott, 1982), *War Games* (John Badham, 1983), *Terminator* (James Cameron, 1984), *Matrix* (Andy e Larry Wachowski, 1999), tutte riproposizioni cinematografiche di racconti e romanzi letterari.
Un altro campo in cui l'uomo sembra volere continuamente testare il "potenziale intellettivo delle macchine" fa riferimento all'Intelligenza artificiale e allo studio dei giochi. Per lungo tempo si è creduto che la possibilità di un computer di poter superare in abilità un giocatore umano fosse un indicatore sufficiente della supremazia dell'uno sull'altro. Primo fra i giochi di test, come dimostrano l'automa di Von Kempelen (1780) e Deep Blue (1996-1997), gli scacchi. Va chiarito in questa sede che il gioco degli scacchi rappresenta una raffinata situazione matematica, dove l'abilità di un giocatore si misura sulla tipologia di mosse e varianti prevedibili in un determinato arco di tempo. Nella sfida tra uomo e macchina, pertanto, la contrapposizione avviene in termini di capacità di calcolo, ambito nel quale il calcolatore, per sua stessa natura, supera l'uomo di milioni di volte. La controprova di questa situazione è fornita da altri giochi che non sfruttano la potenza di calcolo, quali il GO, nel quale nessun software a oggi è stato in grado di superare il livello di un dilettante.
Vedi il capitolo 12.

4 Un byte composto da 4 bit risulterebbe invece insufficiente ($2^4 = 16$).

5 Non esiste un vero e proprio manifesto del Cyberpunk e si deve principalmente a Bruce Sterling l'idea di un movimento formale. Il gruppo di scrittori, che si costituisce all'inizio degli anni ottanta,

riflette un clima culturale molto favorevole alle ibridazioni di generi e alla comparsa di un nuovo codice (quello binario) nella sfera della comunicazione. Partendo da un forte interesse per la fantascienza, questi scrittori sono interessati alla componente macchinica, alla possibile compenetrazione di uomo e computer, e aggiungono ai loro scritti una forte connotazione politica e sociale. Autori cyberpunk riconosciuti sono: William S. Burroughs, Bruce Sterling, Mary Shelley, William Gibson, Greg Bear, Pat Cadigan, Paul Di Filippo, James Patrick Kelly, Marc Laidlow, Tom Maddox, Rudy Rucker, Lewis Shiner, John Shirley. *Vedi:* http://it.wikipedia.org/wiki/Cyberpunk

6 Anche nella scelta di un libro, di solito, istintivamente si preferisce quello che ha pagine con molto spazio bianco e caratteri grandi rispetto a testi con caratteri molto fitti e posizionati vicino ai margini. Lo spazio bianco permette all'occhio di riposarsi.

7 *Vedi:* Arpanet, http://www.archive.org/details/arpanet

8 I browser attualmente più utilizzati sono Microsoft Internet Explorer 7.0, Mozilla Firefox 3.0, il freeware Opera e il browser di Apple, Safari. Gli utenti possono comunque scegliere il proprio browser tra decine di prodotti. *Vedi:* http://it.wikipedia.org/wiki/Categoria:web_browser

9 CIA, *Worldwide Internet Users Top 1 Billion in 2005. USA Reach Nearly 200M Internet Users*, http://www.c-i-a.com/pr0106.htm

10 School of Management del Politecnico di Milano, Osservatorio.
Vedi: http://www.osservatori.dig.polimi.it/

11 Nielsen: http://www.acnielsen.it/site/index.shtml

12 EIAA, *Shifting Traditions: Internet Rivalling TV in Media Consumption Stakes.*
Vedi: http://www.eiaa.net/news/eiaa-articles-details.asp?lang=1&id=154

13 Legge sulla tutela dei dati personali (Legge 675/96).

14 Nel 2000 l'artista Alexander Galloway, come membro del collettivo RSG (*Radical Software Group*) realizza un software di monitoraggio del flusso di informazioni della rete, Carnivore, con lo scopo di rendere di pubblico dominio l'omonimo software di monitoraggio dell'FBI. *Vedi* l'intervista di Domenico Quaranta ad A. Galloway: http://domenicoquaranta.net/05_galloway_it.html

15 *Vedi:* http://www.privacy.it/ueechelon.html

16 Questi elementi appartengono a uno standard (Modello ISO/OSI) definito nel 1978 dall'International Organization for Standardization (ISO), il principale ente di standardizzazione internazionale, per stabilire come funziona la comunicazione in Rete attraverso una pila di protocolli in sette livelli. In particolare, il *data link* ha come scopo la trasmissione affidabile di pacchetti di dati, verifica eventuali errori nella trasmissione dei bit e li corregge. La rete gestisce l'instradamento dei messaggi; determina quali sistemi intermedi devono essere attraversati da un messaggio per giungere a destinazione; gestisce l'ottimizzazione del traffico in rete. Il *trasporto* fornisce servizi per il trasferimento dei dati *end-to-end* (cioè indipendenti dalla rete sottostante); frammenta adeguatamente i pacchetti; verifica la presenza di eventuali errori; controlla il flusso e le possibili congestioni. L'*applicazione* è il livello dei programmi applicativi, cioè di quei programmi appartenenti al sistema operativo o scritti dagli utenti, attraverso i quali l'utente finale usa la Rete.
Vedi: http://www.warriorsofthe.net/movie.html

17 Progetto di David Lyon, "The Surveillance Project".
Vedi: http://www.queensu.ca/sociology/Surveillance/?q=people/lead_researchers

18 Internet Explorer è a tutt'oggi il browser più diffuso: secondo una stima della Market Share, a novembre 2007 lo utilizzava il 77,08% degli utenti *versus* il 15,6% che usava Mozilla Firefox e il 4,62% che navigava con Safari. *Vedi:* http://marketshare.hitslink.com/report.aspx?qprid=3

19 *Vedi: Recommendation to Switch to an Alternative Browser*, http://www.kb.cert.org/vuls/id/713878

20 Una *backdoor* ("porta di servizio") è un ingresso attraverso il quale si può prendere il controllo di un computer. Quando un programma va in stallo e viene richiesto di inviare una segnalazione per ricevere eventuale assistenza su quel problema è come se vi venisse chiesto di consentire un ingresso dei programmatori nella vostra macchina. In questo caso l'"intrusione" è autorizzata.

21 *www.microsoft.com runs Linux? Up to a point?"*. *Vedi:* http://news.netcraft.com/archives/2003/08/17/www.microsoftcom_runs_linux_up_to_a_point.html; *Microsoft investe ancora in Linux*, http://punto-informatico.it/2384465/PI/News/microsoft-investe-ancora-linux.aspx; *Microsoft cerca la benedizione dell'open source*, http://punto-informatico.it/2049363/PI/News/microsoft-cerca-benedizione-dell-open-source.aspx

22 VeriSign: http://www.verisign.com/ *Vedi: VeriSign, Microsoft & Partners to Work together on OpenID + Cardspace*, http://blogs.verisign.com/infrablog/2007/02/verisign_microsoft_partners_to_1.php; *VeriSign, Microsoft To Deliver Authentication Via Windows Server…*, http://www.crn.com/security/18831456

23 Per esempio, il sistema SSL (*Secure Sockets Layer*), un insieme di protocolli che utilizzino la crittografia per fornire sicurezza nelle comunicazioni in Rete e consentano alle applicazioni client/server di comunicare evitando qualsiasi manomissione di dati, falsificazione e intercettazione.
ModSSL: http://www.modssl.org e OpenSSL: http://www.openssl.org/

24 Le tecnologie *firewall* (sia hardware sia software) sono flessibili al contesto di utilizzo e generalmente efficaci. Il loro compito è quello di ispezionare i protocolli di comunicazione dagli strati più bassi (livello fisico) a quelli più alti (livello applicativo) e di applicare controlli piuttosto rigorosi ai livelli che hanno un'implicazione diretta con la Rete.

25 Fra le tecniche utilizzate ci sono: raccogliere informazioni tipo password o recapiti telefonici dall'immondizia; far conoscenza con la vittima e parlare di informatica; spacciarsi per un esperto della società che vende programmi (Mitnick 2002).

26 Per esempio, causando il surriscaldamento della CPU mediante *overclocking*, oppure fermando la ventola di raffreddamento.

27 *Vedi:* capitolo 11 "Anatomia di un computer: l'hardware".

28 *Vedi:* Sophos, *Rapporto sulla sicurezza per il 2007*, http://www.sophos.it/security/whitepapers/

29 Le segnalazioni di vulnerabilità vengono rese note da diverse organizzazioni associate nel Computer Emergency Response Team (CERT).
Vedi: US-CERT, http://www.us-cert.gov/ e IT-CERT, http://security.dsi.unimi.it/

30 *Vedi:* http://marketshare.hitslink.com/report.aspx?qprid=9

31 Ogni virus è composto da un numero ben preciso di istruzioni (codice), individuabili all'interno dei file o delle memorie.

32 Per esempio la ricerca di file o routine di inserimento all'interno di un altro file.

33 Il ripetitore ha il compito di replicare un segnale ricevuto.

34 L'hub è un dispositivo di rete che funge da nodo di smistamento di una rete di comunicazione dati.

35 Il bridge opera sui pacchetti e non sui segnali elettrici, e permette di creare segmenti di LAN indipendenti in cui le collisioni e i ritardi restano limitati.

36 Lo switch può essere composto anche da un numero elevato di schede Ethernet e consente a ogni host di essere connesso direttamente. Allo switch vengono poi collegati uno o più cavi Ethernet ad alta velocità che, a loro volta, collegano altri segmenti di LAN.

37 Alexa: http://www.alexa.com/

38 TopTenReviews: http://Internet-filter-review.toptenreviews.com/Internet-pornography-statistics.html

39 MSNBC: http://www.msnbc.msn.com/id/10952475/from/RSS/

40 EURISPES: http://www.eurispes.it/

41 ISTAT: *Le tecnologie dell'informazione e della comunicazione delle imprese.*
Vedi: http://www.istat.it/salastampa/comunicati/non_calendario/20071210_00/

42 *EIAA Mediascope Survey*: http://www.eiaa.net/news/eiaa-articles-details.asp?lang=1&id=154

43 *OPA Europe Publishes Results Of "At Work" Media Consumption Study for 6 European Countries*: http://www.opa-europe.org/

44 Centro per la raccolta delle voci e delle leggende: http://leggende.clab.it/

45 *Vedi:* http://www.eldexchange.eu/?r24&gclid=COKIr4-m0ZACFRHkXgod5WTWNw
46 *Vedi:* http://secondlife.reuters.com/
47 *Vedi:* http://www.digicult.it/digimag/article.asp?id=455
48 *Vedi:* http://www.military.com/features/0,15240,157945,00.html
49 Assinform, *Anteprima Rapporto Assinform 2007.*
Vedi: http://www.telecomitalia.it/TIPortale/docs/gruppo/Assinform_sintesi2007_28.05.07.pdf
50 Due grandi concorrenti sono Bidville (www.bidville.com) e Overstock (www.overstock.com).
51 E-Business Lex: http://www.ebusinesslex.net/
52 *E-commerce in Italia, un Eldorado latente*: http://www.casaleggioassociati.it/e-commerce/
53 Talent AD: http://ad.bloogz.com/index.html
54 China Radio International: http://italian.cri.cn/newit/news.htm
55 Analysis International: http://english.analysys.com.cn/home/index.php
56 Un'unità dell'azienda web Alibaba: http://www.alibaba.com
57 La nascita dell'e-mail si può far risalire a Ray Tomlinson, ingegnere informatico della BBN, che nel 1971 creò il primo programma di posta elettronica.
58 È il tipo di connessione ancora più utilizzata, perché non comporta modifiche all'impianto telefonico comune. La velocità nominale di connessione è di 33 600 bps in trasmissione e di 56 000 bps in ricezione. Di fatto, questa velocità non può essere raggiunta perché il segnale analogico non è mai completamente pulito.
59 L'*Integrated Service Digital Network* è una connessione digitale di tipo simmetrico. La banda disponibile per l'ISDN è di 8 Kbytes/s, sia in trasmissione sia in ricezione. L'accesso ISDN viene preferito perché il segnale digitale è pulito, senza rumori di fondo, e consente sempre una connessione alla massima velocità garantita.
60 L'*Asymmetric Digital Subscriber Line* è in Italia, l'ultima frontiera della connessione a Internet: sfruttando il normale doppino telefonico in rame, si ottengono velocità più che doppie rispetto alla connessione ISDN. Ulteriore vantaggio di un collegamento ADSL è costituito dalla possibilità di usare contemporaneamente la linea telefonica.
61 Le reti satellitari trovano oggi applicazioni nel campo della telefonia, della televisione, nella telematica, nella navigazione marittima e nel militare. Inoltre, questi sistemi sono spesso l'unica soluzione applicabile in mancanza di infrastrutture terrestri o di difficile dislocazione.
62 Intervista completa a V. Reding: http://www.beppegrillo.it/2007/11/_testo_la_situa.html
63 ISTAT, *Le tecnologie dell'informazione e della comunicazione delle imprese*: http://www.istat.it/salastampa/comunicati/non_calendario/20071210_00/; Gandalf: http://gandalf.it/dati/dati3.htm
64 Il *Worldwide Interoperability for Microwave Access* è una tecnologia di trasmissione senza fili a banda larga, in grado di fornire elevate prestazioni in termini di velocità di trasmissione di dati e a basso costo. Il WiMax può essere utilizzato su qualsiasi tipo di territorio, a prescindere dalle caratteristiche geografiche.
65 Il *Wireless Fidelity* è l'insieme dei dispostitivi che possono collegarsi a reti locali senza fili (WLAN) basate sulle specifiche IEEE 802.11. I dispositivi Wi-Fi sono in grado di irradiare un segnale per un'area di dieci metri circa e, se installati in configurazione *mesh* (a grappolo), possono creare reti più estese ma pur sempre limitate nel raggio d'azione.
66 I server *peer-to-peer* (P2P) vengono usati come punti di accesso a una rete nella quale gli utenti condividono le risorse. Questo tipo di server si occupa anche di indicizzare i file condivisi per permetterne il reperimento e il donwload.
67 Lo stesso Rhizome: http://www.rhizome.org
68 Per quanto riguarda il rispetto della proprietà e della licenza, sia eMule sia BitTorrent hanno adottato la "Licenza per documentazione libera GNU", che permette di rendere un manuale, un testo o altri documenti scritti "liberi", assicurando a tutti la libertà effettiva di copiarli e redistribuirli, con o senza modifiche, a fini di lucro o meno. Questa licenza tutela inoltre autori ed editori permetten-

do di ottenere il giusto riconoscimento del proprio lavoro e preservandoli dall'essere considerati responsabili di modifiche apportate da altri. La GNU è una licenza "copyleft" per permettere che i lavori derivati dal documento originale siano ugualmente liberi, in linea con la più generale Licenza Pubblica Generale GNU pensata per il software libero.

69 La regola dell'equilibrio di Nash consiste in un insieme di strategie (o azioni) tali per cui ogni giocatore compie la scelta migliore date le scelte degli avversari. In altre parole, ogni giocatore massimizza il suo risultato in relazione alla strategia degli altri e non ha alcun interesse a modificare unilateralmente il proprio comportamento di equilibrio perché non esiste una strategia diversa da quella collettiva che gli consenta di ottenere un vantaggio maggiore. Nel film *A Beautiful Mind*, Russell Crowe, che interpreta proprio Nash, fornisce una chiara esemplificazione di questa regola: nel locale in cui si trova con dei colleghi di dottorato, entra una ragazza molto bella insieme ad altre quattro, meno belle ma certo non disprezzabili. Uno del gruppo lancia la sfida per la conquista della più bella, e tutti sembrano accettare. Nash, invece, obietta che così le cose probabilmente non andranno come desiderato e gli amici finiranno per ostacolarsi l'un l'altro. La ragazza più bella, infatti, dopo essere stata corteggiata da tutti, potrebbe decidere di non concedersi ad alcuno. Tutti allora ripiegherebbero sulle amiche, ma queste, ferite nell'orgoglio per essere state considerate quali seconda scelta, si dileguerebbero allo stesso modo. E in alternativa, se anche accettassero l'invito, uno dei ragazzi resterebbe comunque scoperto, avendo già bruciato la sua precedente possibilità. Nash dimostra come in questa – e in molte altre situazioni – sia molto più razionale e vantaggioso cooperare che competere. La soluzione dunque è trascurare completamente la più bella e concentrarsi fin dal primo momento ciascuno su una delle altre. Entrambi i gruppi, infatti, sono lì per lo stesso scopo, per cui le probabilità di successo aumentano notevolmente poiché nessuna delle ragazze si sentirebbe offesa e ognuna si considererebbe come una prima scelta. Ciascuno dei ragazzi, in questo modo, avrebbe a disposizione le stesse probabilità di successo degli altri, nessuno escluso.

70 *Vedi*, per esempio, AdunanzA, la versione di eMule creata *ad hoc* per utenti Fastweb. *Vedi:* http://www.adunanza.net/news.php

71 La GNU *General Public License* è una licenza per software libero, spesso indicata con l'acronimo GNU GPL. A differenza delle licenze per software proprietario, la GNU GPL permette all'utente libertà di utilizzo, copia, modifica e distribuzione; è a oggi una delle licenze per software libero più usate. *Vedi:* GNU, http://www.gnu.org/licenses/gpl.html

72 Skype: http://www.skype.com/intl/it/

73 Secondo una ricerca condotta nel 2000 dall'organizzazione americana Bright Planet, il Web risultava costituito da oltre 550 miliardi di documenti, mentre Google ne indicizzava in quel momento solo 2 miliardi, ovvero meno dell'1%. *Vedi: The "Deep" Web: Surfacing Hidden Value*, http://www.brightplanet.com/resources/details/deepweb.html; e R.J. Lackie, *The Evolving "Invisible Web": Tried-and-True Methods and New Developments for Locating the Web's Hidden Content*, 2003, http://library.rider.edu/scholarly/rlackie/Invisible/Lackie_CUL2003_Article.pdf

74 Per tutti i progetti degli 0100101110101101.org: http://www.0100101110101101.org/projects.html

75 *Websites That Changed the World*: http://www.guardian.co.uk/technology/2006/aug/13/observer-review.onlinesupplement

76 *Vedi:* http://www.nielsen-online.com/pr/pr_080514.pdf

77 Un *crawler* (o *spider* o *robot*) è un software atto a scandagliare i contenuti di una rete (o di un database) in modo metodico e automatizzato, in genere per creare e aggiornare l'indice di un motore di ricerca.

78 Gli operatoti booleani classici derivano dagli studi di insiemistica e sono fondamentalmente tre: AND, OR e NOT.

79 Scrivendo nel campo di ricerca site:nomesito.com uno spazio bianco e le parole chiave.

80 "define: TCP".

81 "1€ to USD".

82 Il calcolo del PageRank viene effettuato attraverso l'applicazione di una formula matematica che, per quanto semplice, può generare situazioni estremamente complesse nel momento in cui viene applicata a ognuna delle miliardi di pagine conosciute da Google. Il PageRank può essere considerato una versione più raffinata e complessa della "Link Popularity" (LP). La LP è uno dei tanti fattori che i principali motori di ricerca analizzano per attribuire la posizione a una pagina web e coincide col numero complessivo di link che puntano a quella pagina. Maggiore è il numero dei link che puntano a una pagina, migliore sarà la posizione di quella pagina nei risultati delle ricerche. Il PageRank viene applicato alle singole pagine, mai a un intero sito web.
Vedi: http://www.motoricerca.info/articoli/pagerank.phtml

83 *Vedi:* http://www.cduweb.com/articoli/Web-Marketing/20-regole.htm

83 Google indicizza documenti in formato HTML, .pdf (Adobe Acrobat) e .doc (file di Word) e la maggior parte dei browser oramai è in grado di visualizzarli correttamente. L'ottimizzazione di questi materiali attraverso la corretta formattazione di titoli, testi, link permette al motore di far apparire un determinato documento in testa ai risultati forniti, così come avviene con le pagine web tradizionali. Quest'accortezza contribuisce all'accessibilità dei documenti.

85 I tag sono elementi del codice HTML e servono al browser per identificare e leggere le parti che compongono una pagina web.

86 L'*Information Retrieval* (IR), "recupero d'informazioni", è un campo di ricerca interdisciplinare che si occupa dell'insieme delle tecniche utilizzate per il recupero mirato dell'informazione in formato elettronico.

87 Il *Machine Learning* (ML), "apprendimento automatico", è una delle branche portanti dell'Intelligenza artificiale e si occupa della realizzazione di sistemi che si basano su osservazioni o esempi come dati per la sintesi di nuova conoscenza (classificazioni, generalizzazioni, riformulazioni). La macchina "apprende" e modifica la sua situazione a seconda del nuovo contesto. L'ML opera nella direzione dello sviluppo di sistemi adattivi.

88 Il *Natural Language Processing* (NLP), "linguistica computazionale", è un campo di ricerca interdisciplinare, strettamente collegato allo studio dell'Intelligenza artificiale, che si occupa dell'utilizzo di strumenti informatici per l'elaborazione del linguaggio umano.

89 *Vedi:* http://www.autistici.org/bakunin/books/google.pdf

90 China Internet Network Information Center: http://www.cnnic.cn/en/index/index.htm

2. Una nuova lingua universale

Dalla rappresentazione all'esperienza

Nella nostra epoca, la cultura rinascimentale[1] sta progressivamente cambiando forma. Grazie alla rappresentazione numerica degli oggetti e alla disponibilità di sistemi che interpretano dati (*software*), la percezione del mondo attraverso la sua immagine testuale, pittorica, fotografica, cinematografica si è trasformata in possibile manipolazione.

La rivoluzione che porta alla nascita dei nuovi media, e con essi all'esperienza diretta dell'oggetto informativo, è molto più profonda e articolata di quelle conseguenti alla diffusione della stampa, della fotografia o del cinema. Se da un punto di vista storico si può affermare che le invenzioni in campo mediologico abbiano segnato svolte epocali – senza l'invenzione gutemberghiana della stampa non ci sarebbero state né lo scisma protestante, né l'Età moderna (Eisenstein 1995),[2] e che senza l'avvento del computer non sarebbero caduti i regimi comunisti dell'Europa dell'Est e il Muro di Berlino (Privitera 2006) –,[3] da un punto di vista comunicativo il cambiamento dovuto all'informatica si può ritenere ancor più radicale.

Se l'invenzione della stampa e quella dell'immagine avevano determinato la modalità di distribuzione dell'informazione e della cultura, quella dei nuovi media tocca tutti gli stadi della comunicazione, dall'acquisizione alla manipolazione, dal salvataggio alla distribuzione, e interessa non un singolo medium, ma tutti i media contemporaneamente (testi, immagini, immagini in movimento, suoni, costruzioni tridimensionali ecc.). I nuovi media diventano essi stessi oggetti culturali, caratterizzati da cinque elementi portanti: *rappresentazione numerica*, *modularità*, *automatismo*, *variabilità* e *transcodifica culturale* (Manovich 2001). Secondo la teoria di Manovich, la **rappresentazione numerica** consiste nella possibilità di trasformare tutti i media conosciuti in dati numerici (il linguaggio binario) accessibili al computer; la **modularità** è un principio simile alla "struttura a frattale" e fa riferimento alla possibilità, apertasi negli anni settanta, di scrivere in codice piccole unità autosufficienti (*subroutine*, funzioni, procedure, *script*) e di assemblarle successivamente in programmi più complessi; l'**automatismo** è la possibilità di accedere, manipolare e diffondere oggetti culturali attraverso processi automatizzati; la **variabilità** fa riferimento alla natura degli oggetti culturali propri dei nuovi media – non ultimati e definiti una volta per sempre, ma esistenti in diverse varianti, potenzialmente infinite – e rende possibile la logica post-industriale della produzione *on demand* e *just in time*; la transcodifica culturale è l'unione della cultura tradizionale (categorie umane di pensiero) con quella informatica (logica della macchina).

Passando dalla società industriale a quella elettronica, l'interazione diventa un elemento fondamentale nella variabilità dell'oggetto culturale e il ruolo giocato dagli utenti passa in primo piano: le loro scelte (e quindi i loro pensieri e i loro desideri) sono uniche piuttosto che predeterminate da un programmatore. Il grande numero di dati disponibili permette di rappresentare il mondo nella sua mutevolezza piuttosto che in uno scatto statico (*random*): le tecnologie attivano quindi un'azione, ovvero permettono all'utente di manipolare la realtà attraverso la sua rappresentazione (mappe, disegni architettonici, raggi X, teleconferenza).

Nel 1968, Douglas Engelbart presenta al genere umano il mouse, estensione meccanica del braccio in carne e ossa, capace di manipolare oggetti che stanno oltre la barriera dello schermo.[4] Lo studio delle interfacce naturali[5] e le sperimentazioni artistiche[6] di oggi ci dicono che nel prossimo futuro questa mediazione è destinata a sparire e che l'oggetto informatico sarà tangibile per le mani dell'uomo al pari di quello fisico.

L'evoluzione progressiva tipica delle nuove tecnologie interessa non solo le modalità, ma anche le finalità con cui l'utente comunica: alla ricerca del bene materiale proprio della modernità si sostituisce la ricerca della "reticolarità"; alla produzione di oggetti (una sedia, una teiera, un grattacielo, una fotografia) quella di dinamicità (flussi, network ecc.). Non è un caso che la Rete della prima decade del 2000 sia popolata da forum, blog e chat: grazie all'apporto di campi del sapere eterogenei (dal design all'ingegneria, dalle comunicazioni all'architettura, dalla linguistica alla medicina ecc.) gli spazi interattivi nascono oggi come spazi per promuovere la conoscenza, l'incontro e lo scambio, così come le esperienze di intrattenimento.

1.1 *L'interfaccia*

A fine anni sessanta, Stanley Kubrick entra in contatto con lo scrittore Arthur Clarke, alla ricerca di un buon soggetto di fantascienza per uno dei suoi primi film. *La sentinella*[7] e *2001: Odissea nello spazio* nascono e crescono in parallelo, come una delle collaborazioni più uniche e originali tra media differenti per l'epoca in cui viene attuata. Kubrick crea Hal 9000, un computer evoluto, dotato di Intelligenza Artificiale (AI),[8] capace di governare l'astronave *Discovery 1*" e di parlare.

Negli anni novanta, a seguito dell'adozione da parte delle centrali telefoniche di impianti digitali, molte aziende attivano servizi di call center automatici, sistemi in grado di riconoscere la voce ed eseguire un certo numero di scelte opzionali. A inizio 2000, le automobili possono essere guidate con l'ausilio di meccanismi di controllo vocale del sistema di navigazione satellitare o del telefono.

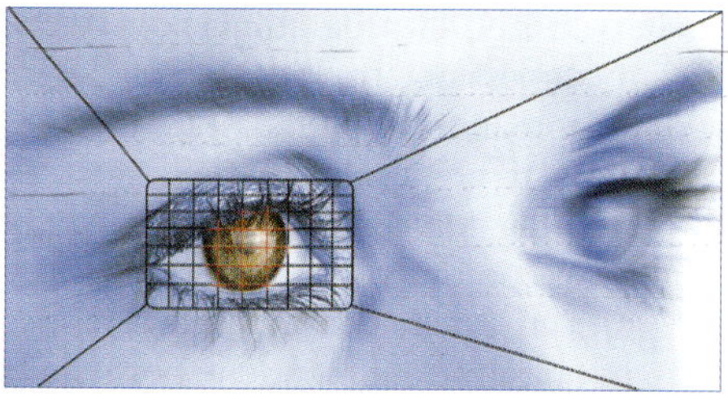

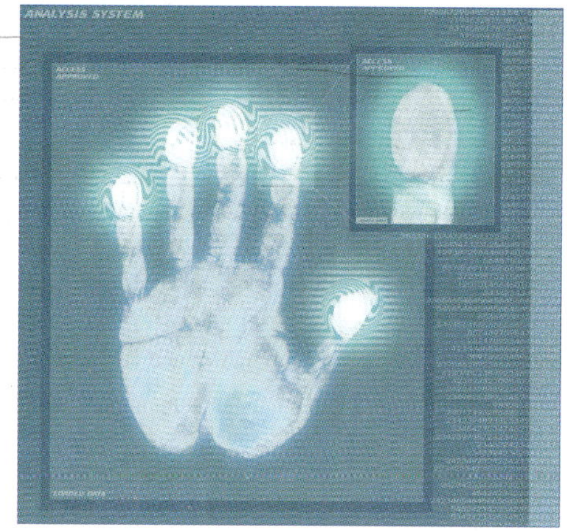

Figura 2.1 - Un esempio di sistema di riconoscimento a rilevamento oculare e tattile. La fantascienza non sempre prevede solo sogni: molti degli "artifici cinematografici" sono prototipi realmente sviluppati o tecnologie che in breve verranno rilasciate sul mercato.

Nonostante questi primi passi, lo sviluppo dell'informatica relativa al riconoscimento del linguaggio naturale[9] da parte di una macchina è piuttosto agli albori a causa della complessità e dell'intrinseca ambiguità del parlato umano. La comunicazione tra uomo e macchina, per poter funzionare, continua a basarsi su protocolli di codifica e decodifica, dal e verso il binario.

Nonostante i sogni e gli incubi della fantascienza, il computer resta dunque un oggetto elettronico, paragonabile – se non fosse per la complessità delle sue parti – a un normale elettrodomestico. Il PC non è dotato di una creatività comunicativa superiore a quella di un frullatore: entrambi possono capire un unico linguaggio, di basso livello e non ambiguo: quello della corrente elettrica. Di contro, l'essere umano è in grado di comunicare su più livelli di interpretazione, su molti strati semantici contemporaneamente, combinando lingue talvolta diverse[10] e, nonostante questo, di farsi capire dai suoi simili.

A oggi quindi, lo spazio di comunicazione diretta tra utente e sistema coincide con un'interfaccia raramente parlante[11] o sensibile,[12] ma generalmente iconica. Un secolo dopo la nascita del cinema, lo sguardo "cinematico" sul mondo, il modo di strutturare il tempo, di raccontare una storia o di legare esperienze diverse hanno costituito la base per lo sviluppo del linguaggio dell'interfaccia e dell'interazione attraverso di essa. In questo senso, il computer rende possibile l'"esperanto visuale", sogno appartenuto al cinema e obiettivo della produzione negli anni venti, da David Wark Griffith[13] a Dziga Vertov.[14]

Oggi che milioni di utenti comunicano tra di loro attraverso la stessa interfaccia, il passo in avanti rispetto al cinema è ancora maggiore, se si pensa che la maggior parte degli spettatori è capace di capire il linguaggio dei film ma non di "parlarlo", mentre il computer vede utenti che capiscono e parlano la stessa lingua informatica.

La *Graphical User Interface* (GUI) viene lanciata da Apple nel 1984 e riproposta da Microsoft solo un anno più tardi, in sostituzione dell'interfaccia a caratteri propria dei sistemi operativi precedenti.[15] Da questo momento in poi, la programmazione viene orientata secondo la prospettiva degli "oggetti"[16] in connessione tra loro: salta la logica fordista dell'assemblaggio lineare e la selezione di un comando per volta, tipica del DOS. Le GUI sono la trasposizione visiva di un ambiente noto all'utente (quello della sua scrivania/*desktop*); di strumenti a lui familiari (penna, gomma, fogli, cartelle, cestino...); di situazioni quotidiane (disegno, scrivo, ascolto musica, comunico...). L'idea di fornire un contesto operativo visivamente scontato nei significati e nelle funzionalità, semplice quanto l'uomo o la donna *isotype* che identificano in quasi tutto il mondo le porte delle toilette, innesca la curva esponenziale nella vendita di computer, portandola da 5,7 milioni di unità a livello mondiale nel 1981-1985 a 2 miliardi circa nel 2007-2008.[17]

Figura 2.2 - Il Macintosh di Apple (1984) è dotato di 128 kB di RAM, non possiede un vero e proprio hard disk, ma un floppy da 400 kB come memoria principale, e ha una CPU da 8 MHz.

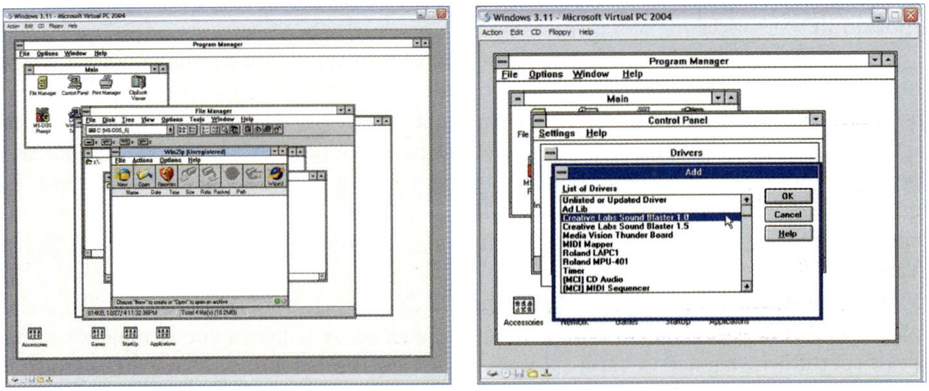

Figura 2.3 - Nel 1985, anche Microsoft adotta la veste grafica e introduce il supporto audio. La versione 3.11 del sistema operativo consente anche di creare una Intranet, per collegare più computer.

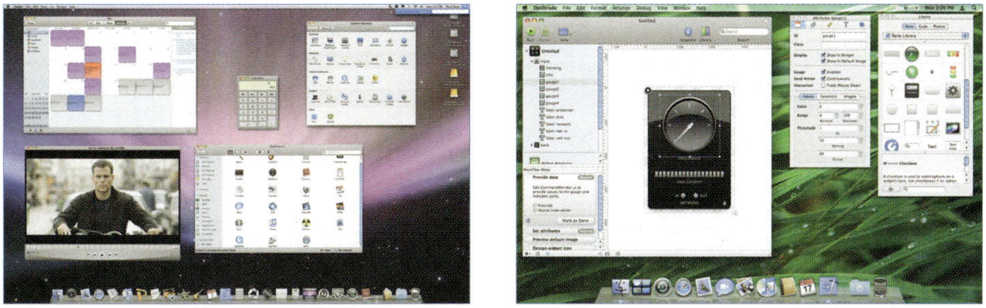

Figura 2.4 - Apple Leopard (Mac OS X 10.5, 2007) è supportato da macchine con processori PowerPC G4 e G5 ad almeno 867 MHz o processori Intel. Il sistema ha un minimo di 512 MB di RAM e 9 GB di spazio su disco nell'installazione standard.

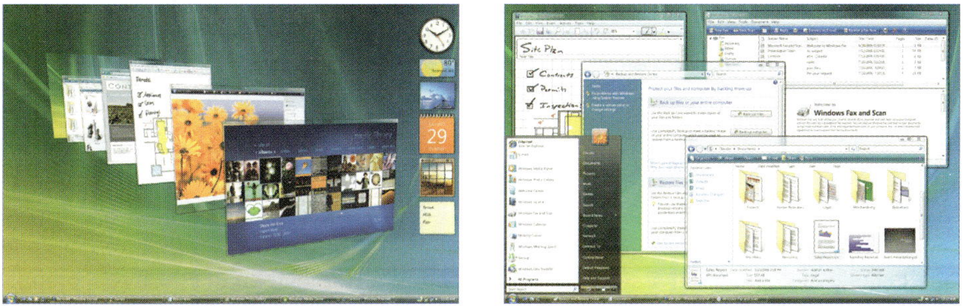

Figura 2.5 - Windows Vista (2007) è un sistema operativo con architettura a kernel ibrido; è disponibile in versioni a 32 bit per processori Intel e compatibili e a 64 bit per processori Intel e AMD. Vista ha un'interfaccia utente *task-based*.

Mappare la conoscenza

Il viaggio, la scoperta, l'avventura, la sfida degli elementi e il dominio dello spazio: di questo parlano le antiche "carte da navigare". Grandi uomini di mare le commissionavano a memoria delle loro imprese, mentre sovrani, nobili e religiosi per fini politici e amministrativi: manoscritte e riccamente decorate, spesso erano esibite come veri status symbol per esprimere potere e completa conoscenza del mondo.

Il viaggio, la scoperta, l'avventura, la sfida degli elementi e il dominio dello spazio: di questo parlano anche le odierne "mappe per navigare". Uomini "normali" hanno creato le più svariate rappresentazioni del Web, anche se, a differenza delle carte delle terre e delle acque, sono in grado di raccontare solo una piccola porzione di quel mondo.[18] A differenza del mondo reale, infatti, quello virtuale ha tra le sue principali caratteristiche

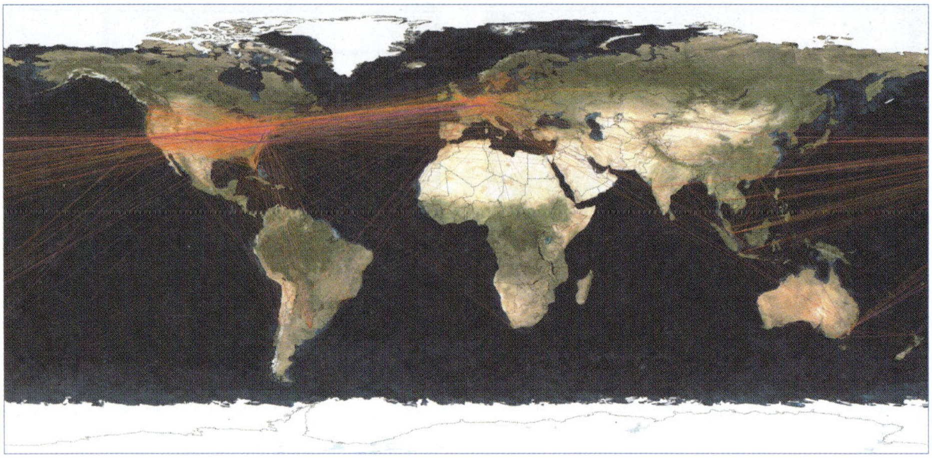

Figura 2.6 - Philippe Bourcier, *Rootzmap – Mapping the Internet*, 2002.
Fonte: http://vw.indiana.edu/07netsci/entries/#blog

la velocissima mutevolezza, garantendo a qualsiasi sistema di rappresentazione e orientamento un'utilità piuttosto breve nel tempo.

Un'ulteriore complessità nell'impresa di disegnare la Rete è imputabile alla compresenza di piani diversi: quello dei luoghi (un sito, un portale, una rete), per esempio, e quello delle molteplici attività che avvengono simultaneamente in quelle aree (comunicazione, creazione, ascolto, scrittura...).

La questione risulta forse più semplice se l'esigenza è quella di mappare aree delimitate della Rete – i siti web di buona fattura sono corredati di mappa, in modo da permettere all'utente di localizzare un contenuto nel minor tempo possibile, invece di "perdersi" nella complessità dell'albero di navigazione – ma si complica molto se a dover essere mappato è un ambiente in cui si assottiglia la distinzione tra forma e uso (Lunenfeld 1999). La criticità risiede nel fatto che l'epoca attuale vede la transizione fra due mondi inizialmente molto diversi – quello reale e quello virtuale – che si stanno avvicinando a tal punto da lasciar intuire una loro prossima fusione (Manovich 2005). Nel tentativo di rappresentare la complessità di questa convivenza, i giapponesi per primi hanno iniziato a modellare realtà complesse in semplici organizzazioni con cui interagire: non è un caso se in seno a questa cultura sono nati i videogame (Frasca 2005). Oggi siamo molto oltre: la mappa usata per muoversi in SecondLife è generata dallo stesso software che produce la visione satellitare e 3D di Google Earth.

Al di là delle affascinanti rappresentazioni immersive, una delle migliori mappature della conoscenza in Rete è rappresentata da Wikipedia, la più grande enciclopedia libera. Nata nel 2001 su idea di Jimmy Wales, si propone come strumento atto a raccogliere e ridistribuire il sapere universale, proprio come aveva fatto l'*Encyclopædia Britannica* nel secolo XVIII. Wikipedia è fra i primi venti siti web per numero di utenti al mondo, anche grazie ai numerosi servizi correlati (Wikinotizie, Wikibooks, Wikiquote, Wikispecies e Commons). Gli elementi di novità connessi all'apertura di uno spazio enciclopedico universale online sono sostanzialmente due:

1. non esistono limiti temporali o spaziali agli aggiornamenti e alle versioni (per esempio in più lingue diverse), quindi l'informazione fornita non rischia l'obsolescenza, la scarsa diffusione o l'esiguità di parole dedicate;
2. essendo un'enciclopedia libera, chiunque può collaborare creando una nuova voce o migliorando i contenuti di quelle già esistenti. Non esiste in Rete chi sa e chi non sa, chi è docente e chi studente, ma piuttosto chi vuole condividere e accrescere la conoscenza di tutti.

Wikipedia esige il rispetto di regole precise per la pubblicazione dei contenuti, non si propone né come un dizionario, né come un giornale o una bacheca, e applica a tutti i contributi la *GNU Free Documentation License* (GFDL),[19] in base alla quale i materiali possono essere copiati, modificati e ridistribuiti a patto che la nuova versione garantisca la stessa libertà ad altri e citi la fonte o gli autori delle voci di Wikipedia usate. Dopo sette anni di vita, le pagine web dell'enciclopedia cominciano a pullulare di link attivi, perché potenzialmente ogni parola usata per una descrizione o spiegazione può essere a sua volta spiegata e descritta. Se Wikipedia procederà in questa direzione, è ipotizzabile che nel giro di pochi anni l'aspetto delle sue pagine sarà simile al racconto ipertestuale di Michael Joyce *Afternoon, a Story*,[20] nel quale praticamente ogni parola diventa una voce cliccabile.

2 Interattività

Nell'uso della Rete, le tattiche seguite da quella porzione di mondo che vi ha accesso non sono uniche o casuali, ma seguono *pattern* determinati. Si parla di *information behaviour* per descrivere il modo particolare di accedere e processare l'informazione di una determinata cultura. Tale approccio può essere ideale o sovversivo, o può differire a seconda dell'esperienza/educazione dell'utente, sicché all'interno dei *pattern* esistono svariate tecniche adottate dagli individui o dai gruppi per destreggiarsi nella società del network. Le azioni consuetudinarie degli utenti (leggere e rispondere alle e-mail, caricare, scaricare e organizzare i file, utilizzare i motori di ricerca ecc.) sono legate all'informazione, ma in un modo diverso da quello definito fino a ora dalle scienze cognitive. La percezione visiva o il ricorso alla memoria possono essere considerati come un modo di processare l'informazione, ma oggi c'è molto di più che vedere, filtrare, richiamare, pianificare. La società contemporanea prevede azioni quotidiane legate alla ricerca, alla raccolta di informazioni, alla comunicazione, agli spostamenti: l'*information behaviour*, quindi, si può considerare come parte integrante dell'identità degli individui, dei veri e propri "*Data Dandies*", secondo le parole di Lovink (1998, p. 99).

Il concetto di *information behaviour* è un'ulteriore conferma di come mondo reale e mondo virtuale non siano più due dimensioni completamente scisse e come l'approccio possa essere trasversale rispetto al presente, al passato o al futuro. I primi parametri a venir messi in discussione nell'era di Internet sono proprio quelli di spazio e tempo. L'organizzazione della conoscenza in una determinata cultura avviene nello "spazio" quando i suoi individui navigano in Rete, ma anche quando visitano un museo o leggono un libro o fanno zapping televisivo o scelgono una traccia audio da ascoltare o si recano in un centro commerciale: qualunque sia il luogo in cui avviene l'azione, essi intendono l'informazione, la raccolgono e la catalogano per poi, eventualmente, rimetterla in circolo. Per quanto riguarda il "tempo", la logica è simile: artisti, lettori, critici, pensatori da sempre sviluppano tecniche cognitive per estrarre l'informazione e rappresentare la realtà. Così come Giotto e Eisenstein, in epoche molto diverse, sono stati *information designer*, proponendo modi nuovi di organizzare l'informazione nello spazio (il 3D) e nel tempo (il cinema), oggi il software permette agli utenti di sperimentare la navigazione immersiva (la quarta dimensione) e la sincronia del real time (l'azzeramento del tempo) (Manovich 2008).

La Rete rimette in discussione il concetto tradizionale di media, incentrato sulle proprietà fisiche di un particolare materiale e sulle sue capacità rappresentative. Secondo tale approccio, il focus era posto sulle intenzioni del produttore, sul contenuto e sulla forma dell'opera, piuttosto che sull'utente. L'approccio contemporaneo-digitale, invece, sposta l'accento sulle funzioni e la cultura concepita come un software, e abilita l'utente all'utilizzo di oggetti e materiali indipendentemente dalla loro natura. Lo sguardo si sposta sulle capacità e sul comportamento della persona.

2.1 *Il teletrasporto e la macchina del tempo esistono già*

La trasformazione dei concetti di spazio e tempo indica come l'uomo stia familiarizzando sempre più con una quarta dimensione, la realtà virtuale, nella quale può percorrere miliardi di vie possibili pur restando seduto sullo sgabello di casa e nella quale l'interazione è continua, sovrapposta e simultanea. A oggi otto milioni di persone possono usare il "teletrasporto" per muoversi in un mondo che probabilmente non riusciranno a esplorare nella sua interezza nemmeno nell'arco di una vita: sono gli utenti di SecondLife. Un altro miliardo di utenti usano browser e motori di ricerca per essere presenti in videoconferenza a Tokyo, mentre leggono "El País" in formato elettronico e chattano con l'amico a New York, oppure comprano scarpe all'ultima moda a Parigi da Zappo.com, mentre scaricano il film horror tedesco ancora in proiezione nei cinema e consultano l'*home banking* in Svizzera.

Non esiste lo spazio nella Rete. O meglio, lo spazio è quello del labirinto[21] e delle mappe (motori di ricerca, directory...) a cui ogni utente si relaziona in modo soggettivo quando si connette al Web. Lo spazio reale e quello virtuale vengono messi in relazione attraverso il linguaggio (testuale, visivo, acustico), poiché esso ha la capacità speciale di "creare mondi", evocando dimensioni, senza determinarle in modo definitivo e lasciando aperte più possibilità all'immaginazione dell'utente. Da questo punto di vista il potere fascinatorio della Rete può essere avvicinato a quello del libro.

Nel Web, poi, l'uso di pareti immaginarie, dimensioni "non fisiche", proiezioni, animazioni di varia natura realizzano il sogno coltivato dagli artisti sin dal Rinascimento: rendere tangibili realtà lontane.

Quindi, se Internet è un rizoma[22] realizzato,

> ogni suo punto può essere connesso e deve esserlo con qualsiasi altro punto, poiché nel rizoma non vi sono punti o posizioni, ma solo linee di connessione; un rizoma può essere spezzato in un punto qualsiasi e riprendere seguendo la propria linea; è smontabile, rovesciabile; una rete di alberi che si aprono in ogni direzione può fare rizoma, il che equivale a dire che in ogni rizoma può essere ritagliata una serie indefinibile di alberi parziali; il rizoma non ha centro (Eco 1984).

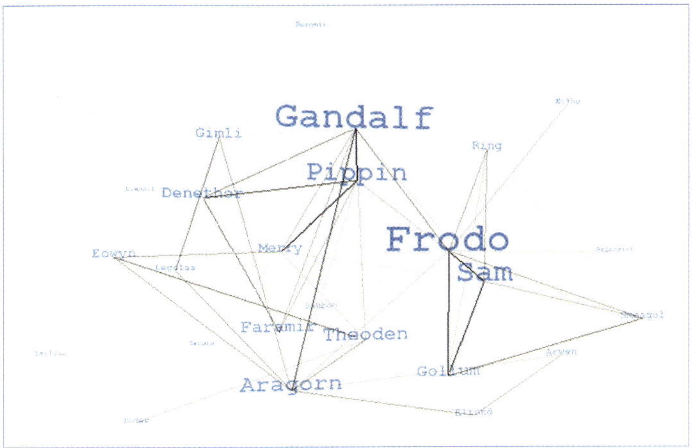

Figura 2.7 - Grafo delle relazioni sociali nel film *Il Signore degli Anellli: il ritorno del Re.*
Fonte: http://www.metaportaldermedienpolemik.net/blog/Blog/2007-03-27/rotk-social-network

Probabilmente, a oggi, un numero piuttosto esiguo di utenti potrebbe descrivere esaustivamente il mondo delle navigazioni e le scoperte quotidiane derivanti dal suo *browsing* esplorativo (*Figura 2.8*): il rizoma

> non è un meccanismo che lascia una traccia, ma una mappa con un'enorme quantità di luoghi d'accesso (Deleuze e Guattari, 1980).

La dimensione "tempo" si può scomporre in categorie: il tempo meccanico che un utente impiega per scaricare un programma, visualizzare un pagina ecc.; il tempo di navigazione, ossia il tempo che spende nel leggere o consultare una determinata pagina web; il tempo dell'interazione, cioè quello che utilizza per produrre nuovi contenuti. Anche in questo caso, si può parlare di "tempo" nel mondo reale ma non in quello virtuale. Lo

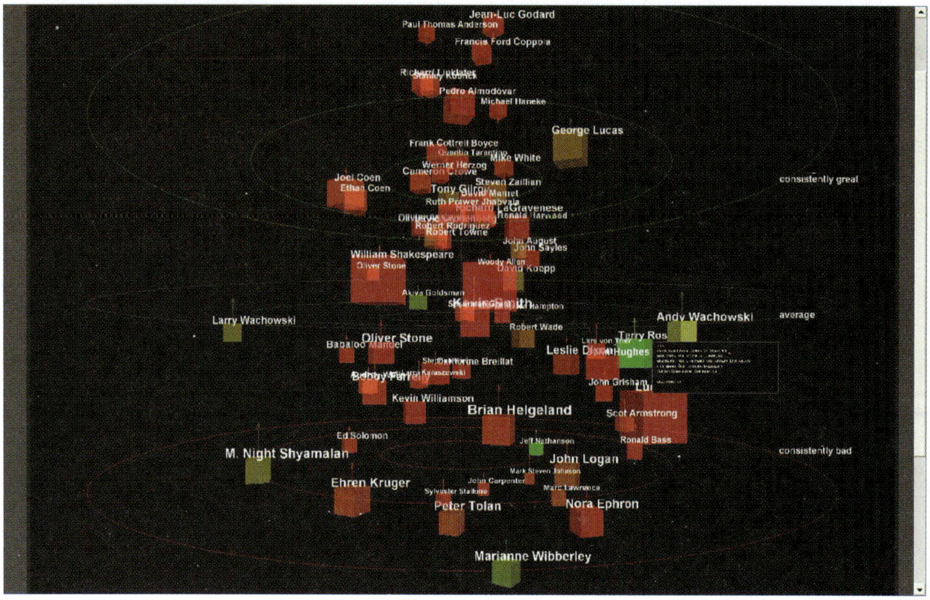

Figura 2.8 - Film Galaxy (http://scriptedlife.com/processing/film_galaxy_v2/) rappresenta in un'unica mappa il mondo del cinema contemporaneo, suddividendolo in attori, registi e scrittori. L'utente può scegliere quale è l'accesso che gli interessa come primario.

dimostra il browser, una vera e propria macchina del tempo che ci permette di navigare avanti (freccia *forward*) e indietro (freccia *back*) senza troppi sconvolgimenti rispetto al filo narrativo che stavamo seguendo per orientarci nel labirinto. Il flusso è continuo perché non è – come lo era per la cultura classica del libro – una sequenza lineare e cronologica di eventi.

Inoltre, mentre un sito si "evolve" perché ne stiamo sfogliando le pagine o perché in esso si svolge un'azione o viene apportata una modifica o subentra un aggiornamento, la stessa cosa sta succedendo in altri milioni di siti/mondi contemporaneamente. Non c'è un prima e un dopo: un'immagine creata al computer o scansionata, rielaborata, combinata con altre, cancellata, ri-pubblicata, non è collocata in nessun tempo e in nessuno spazio. Una porzione di testo "tagliato" resta in una dimensione "sospesa" fino al momento in cui viene "incollato", per un periodo che può variare dalla frazione di secondo all'infinito. Nel Web passato e futuro confluiscono in un eterno presente.

2.2 *L'utente*

Oggi, per l'utente è intuitivo interagire con il proprio computer attraverso finestre multiple, icone, menu, sistemi di puntamento,[23] spesso a prescindere dalla consapevolezza di come l'interfaccia sia il mezzo attraverso cui stanno inviando dei comandi specifici alla *shell*, lo strato più esterno del sistema operativo.[24] Le metafore e gli strumenti forniti dalle GUI, inoltre, si prestano a essere usati indifferentemente nei programmi rivolti all'ambito lavorativo (editor di testi, fogli di calcolo, programmi per database, motori di ricerca) e negli applicativi più vicini all'ambito dello svago (giochi, DVD ecc.).

Il successo delle GUI conferma che l'*Homo sapiens* ha tra le sue abilità il *multi-tasking*, come aveva già rilevato Michel Foucault (1967, p. 23) a fine anni sessanta:

> Nous sommes à l'époque du simultané, nous sommes à l'époque de la juxtaposition, à l'époque du proche et du lointain, du côte à côte, du dispersé. [...] Nous sommes à un moment où le monde s'éprouve, je crois, moins comme une grande vie qui se développerait à travers le temps que comme un réseau qui relie des points et qui entrecroise son écheveau.[25]

Alla base delle azioni multiple risiede probabilmente la capacità di collegare attività diverse tra loro, non solo in sequenze lineari di causa-effetto, ma in modo più complesso e flessibile, secondo la modalità delle reti neurali[26] e del rizoma. L'idea di eterogeneità e quella di connessione proprie del mezzo informatico e delle reti fondano un modo di pensare e percepire la cultura radicalmente nuovo: gli scienziati sociali sembrano pronti ad accettare un mondo in cui contaminazione e forme culturali ibride siano la realtà con la quale confrontarsi. Per contro, l'idea che i prodotti culturali dell'uomo, intesi nella loro accezione più ampia, debbano conservare i tratti di coerenza e coesione tipici del XIX e del XX secolo sembra essere tramontata.

L'*Homo informaticus* ha il potere di scegliere tra la vita e la morte di un'informazione attraverso uno strumento più potente del pollice dell'imperatore romano e più veloce del telecomando televisivo: il clic del mouse. Se si considera che il tempo di permanenza medio in una pagina web non supera i 45 secondi[27] e che i siti esistenti nel mondo, secondo una stima della Netcraft,[28] ammontano a 143 milioni a novembre 2007, si spiega come la probabilità di tornare a visitare un sito scartato in prima battuta sia quanto meno remota. L'utente, dunque, si muove in una matrice di oggetti potenziali – per dirla *à la* Lévy (1997) – di cui solo alcuni verranno scelti e si realizzeranno per effetto dell'interazione. Egli è quindi coautore ed esploratore/organizzatore di elementi che compongono lo spazio elettronico e che – pur non essendo privi di ordine – si trovano comunque in uno stato di continua riorganizzazione (Bolter 1991).

La molteplicità rizomatica porta in primo piano la pluralità e la moltitudine rispetto all'unitarietà, talvolta totalizzante, del pensiero occidentale: la realtà proposta all'utente è dinamica e reticolare. Come nel teatro delle marionette non è l'azione del puparo a determinarne il movimento, ma la molteplicità di fibre, lacci e giunzioni che lo legano all'oggetto, così anche nella dimensione rizomatica è necessario tenere conto dei fili che collegano le parti. Non a caso, uno dei parametri considerati da Google nel definire il *PageRank* dei risultati forniti consiste nella valutazione del *cross-linking*.[29]

Sostiene Guarrasi (2001, p. 92), rinforzando il ragionamento di Deleuze e Guattari (1980, p. 88):

> La geografia (del mondo digitale/virtuale) non è che un gioco di spostamenti e travestimenti. Il paesaggio mentale non è altro [...] che un'eco di qualcosa che accade. Il paesaggio fisico non ne costituisce che il supporto materiale. Tutto ciò che avviene, avviene nell'interazione.

Se la lettura ad alta voce dei testi sacri – come sottolinea Agostino d'Ippona[30] – eleva il libro a strumento capace di diffondere la conoscenza tra le genti e non solo di rivelarla nell'intimo al singolo, il contatto tra utenti e oggetti informatici o tra utente e altri utenti innalza i nuovi media a luogo d'interazione per eccellenza, rendendola corporea (Guarrasi 2001, p. 94).

Note

1 La cultura rinascimentale è caratterizzata da un forte antropocentrismo, da una razionalità strutturata, dalla scissione della filosofia e della scienza dalla teologia.

2 Elizabeth Eisenstein analizza le tre grandi rivoluzioni che stanno alla base dell'Era moderna: il Rinascimento, la Riforma protestante e la rivoluzione scientifica, e sostiene che le tre fasi storiche hanno un legame con l'invenzione della stampa a caratteri mobili. La diffusione del libro stampato, alla base della riscoperta e della divulgazione della letteratura classica nel 1400, permette a Lutero di produrre e distribuire centinaia di migliaia di copie della Bibbia nel XVI secolo e agli scienziati di avvicinarsi al "libro della natura" che li conduce al secolo dei Lumi.

3 Francesco Privitera, dopo un'attenta analisi del sistema economico russo, storicamente fondato sulla *mir* (famiglia) e quindi atto ad autosostenersi, arriva a ipotizzare che il computer e l'informatica siano stati i primi prodotti importati nell'impero sovietico dall'onda pressante del liberalismo economico americano-europeo. Questo avrebbe portato a un rapido crollo del sistema economico locale e alla conseguente messa in discussione dell'assetto politico e sociale, fino al suo collasso.

4 Su questa tematica esistono numerosi studi, così come numerose pellicole, da *eXistenZ* (David Cronenberg, 1999) a *Minority Report* (Spielberg, 2002) ecc.

5 Sensing Places: http://www.sensingplaces.com/Multi-Touch
Interaction Research: http://cs.nyu.edu/~jhan/ftirtouch/
Infinity Interactive Mirrors: http://www.interactivemirror.net/
Minority Report: http://www.cinemovies.fr/fiche_extrait.php?IDfilm=132

6 *Vedi:* Jeffrey Shaw, *The Legible City* (1989), http://www.jeffrey-shaw.net/html_main/frameset-works.php3; Sommerer e Mignonneau, *The Interactive Plant Growing* (1993), http://www.mediaartnet.org/works/the-interactive-plant-growing/images/3/; Mark Napier (1997-2004), http://www.potatoland.org; Casey Reas, http://www.groupc.net; Mark Novak, *Centrifuge*, http://www.centrifuge.org/marcos/

7 *La sentinella* (1951) è uno dei primi racconti di Arthur Clarke e narra di un lontano futuro, il nostro 1996, in cui l'uomo ha fondato una vera e propria colonia sulla Luna e ha avuto conferma dell'esistenza di altre civiltà nel cosmo. A prova di questo è il ritrovamento di una piramide di cristallo di natura chiaramente aliena, protetta da uno schermo di energia impenetrabile, creata per informare i suoi creatori sullo stato di evoluzione della specie umana.

8 Lo studio dell'Intelligenza artificiale, lungi dalla domanda asimoviana «Le macchine possono pensare o provare sentimenti?», si occupa di: 1. apprendimento automatico (*Machine Learning*); 2. rappresentazione della conoscenza e ragionamento automatico; 3. cooperazione tra "agenti intelligenti" sia software sia hardware; 4. elaborazione del linguaggio naturale (*Natural Language Processing*); 5. simulazione della visione e dell'interpretazione di immagini.

9 Il linguaggio naturale è il linguaggio di alto livello parlato dall'uomo e caratterizzato da semantica (il significato delle parole), sintassi (la struttura delle frasi), lessico (la forma delle parole), intenzionalità. Un branca dell'Intelligenza artificiale (*Natural Language Processing*) si occupa oggi dello studio dei meccanismi che possono portare un computer a estrarre informazioni semantiche da espressioni del linguaggio umano, scritte o parlate.

10 Italiano e dialetti, italiano e lingue straniere, spesso sostituendo o inventando parole nuove attraverso prestiti translinguistici.

11 I migliori esempi sono software sviluppati come supporto a persone con disabilità visiva, motoria ecc. *Vedi*: HANDICAP, http://www.edulinks.it/HANDICAP.htm

12 Si sta crescentemente affermando il sistema *touch screen*, ossia l'uso del monitor come dispositivo sia di *output* (lo schermo) sia di *input* (il sistema che rileva il contatto con lo schermo stesso, ricavandone la posizione). A oggi, tuttavia, il *touch screen* viene utilizzato come schermo per i palmari, come metodo di controllo delle *console* di gioco o in alcuni sintetizzatori o workstation musicali. Dal 2007, anche la telefonia ha adottato questo dispositivo in apparecchi come l'iPhone (Apple). È abbastanza frequente incontrare touch screen anche in apparecchiature informatiche pubbliche (tipo Bancomat), ma ancora piuttosto raramente in computer a uso privato e/o aziendale.

13 David Wark Griffith è considerato uno dei padri del lungometraggio americano. Fu regista, produttore e sceneggiatore, oltre che grande sperimentatore. Dobbiamo a lui le tecniche di *cross-cutting* (tecnica di montaggio di due scene distinte per ottenerne un effetto contemporaneo e simultaneo) e del *close-up* (tecnica di zoom dal campo immagine largo al particolare).

14 Dziga Vertov, documentarista d'avanguardia russo, promosse un tipo di cinema che rinunciava alla teatralità della scenografia e dell'azione e prediligeva la vita reale; appoggiò alcune importanti innovazioni, quali la *candid camera* e l'inversione attore-spettatore. L'avvento dell'audio abbinato alle pellicole gli consentì di combinare montaggio visivo e sonoro.

15 L'interfaccia a caratteri, tipica del DOS, è detta anche "a riga di comando" (CLI, *command line interface*).

16 La programmazione orientata agli oggetti è tipica di linguaggi di programmazione come C++, Java, Delphi, Python, C#, Visual Basic .NET, Perl, PHP => 5, e consiste nella possibilità di raccogliere in classi sia le strutture di dati sia le procedure che operano su di esse, creando un "oggetto" software.

17 *Vedi:* IDC *Press release*, http://www.idc.com/getdoc.jsp?containerId=prUS20914007; Il Sole 24 Ore, http://www.ilsole24ore.com/fc?cmd=art&codid=21.0.2320033950&artType=Articolo&DocType=Libero.

18 *Vedi*: Visualcomplexity, http://www.visualcomplexity.com;
An Atlas of Cyberspace, http://www.nicolas-guillard.com/cybergeography-fr/atlas/atlas.html

19 *GNU Free Documentation Licence*, http://it.wikipedia.org/wiki/Wikipedia:Testo_della_GNU_Free_Documentation_License

20 *Afternoon, a Story*, http://www.eastgate.com/catalog/Afternoon.html

21 «Il labirinto trova radici salde nei concetti di tempo e spazio. Il tempo è la ragione per la quale fissiamo, con la materia, istanti di vita. Con le pietre costruiamo cattedrali, edifici destinati a segnare un limite nello spazio e vincere lo scorrere delle lancette dell'orologio. Lo spazio è il luogo dove poniamo le nostre pietre per vincere il presente e guardare al futuro» (Sambo, 2004, p. 11). La forma del labirinto è archetipica: si ritrova nella mitologia (Cnosso, Ulisse…), nella storia (etruschi, egiziani, romani…), nelle arti (Bosch, Dürer, Borromini, Bach, Klee, Magritte, Clerici, Haring…), nel fumetto (*Dylan Dog*, *Martin Mystère*, manga giapponesi…), nel cinema (*Labyrinth*, *Shining*, *Il cubo*, *Matrix*, *Metropolis*, *Alien, Blade Runner*, *Guerre Stellari*…), nella letteratura (Borges, James, Ende, Tolkien, Calvino, Eco ecc.) e nei videogame (*PacMan*, *Mario Bross*, *Fungeons and Dragon* ecc.). Gli ambienti della Rete sono potenzialmente infiniti e l'utente può trovarsi anche a percorrere vicoli ciechi che non lo conducono all'informazione che desidera.

22 Il rizoma ideale è un sistema di punti perfettamente connessi l'uno all'altro, privo di qualsiasi gerarchia, che tende ad accorpare universi spesso molto diversi, contesti e ambiti culturali disparati. Con il termine "rizoma" (*rizhome*) i francesi Gilles Deleuze e Félix Guattari (1980) intendono un particolare modello semantico acentrico, non gerarchico e non significante da opporre ai modelli basati sull'albero di Porfirio (imperanti in tutte le discipline, dalla linguistica con Noam Chomsky, alla biologia). Umberto Eco descrive il concetto di rizoma legato a quello di enciclopedia semiotica, dove ogni punto può essere connesso e deve esserlo con qualsiasi altro punto. Roland Barthes e Jacques Derrida postulano le principali caratteristiche del rizoma entro le quali si è costituito il background culturale per la nascita dell'ipertesto elettronico. *Vedi* il sito del convegno "Filosofia del Web": http://erewhon.ticonuno.it/riv/rete/filodelweb/link/1.htm, e il capitolo 6.

23 In gergo informatico questo tipo di interfacce viene definito WIMP *(Windows, Icons, Menus, Pointing device)*.

24 La *shell* ("guscio"), o interprete dei comandi, è la parte del sistema operativo che riceve ed elabora le istruzioni impartite da un utente. È possibile utilizzare lo stesso sistema operativo con *shell* differenti: questo può rendere molto diverso il modo di impartire comandi. *Vedi* il capitolo 11.

25 «Oggi viviamo nell'epoca della simultaneità: l'epoca della giustapposizione, del vicino e del lontano, del contiguo e del disperso. [...] La nostra esperienza del mondo non è più tanto quella di un'esistenza che si dipana nel tempo, quanto piuttosto quella di una rete che connette punti e si interseca con la propria pelle» (Michel Foucault, *Dits et écrits 1984, Des espaces autres (conférence au Cercle d'études architecturales, 14 mars 1967)*, in "Architecture, Mouvement, Continuité", 5, ottobre 1984, pp. 46-49.

26 Le reti neurali sono un tentativo informatico (sia *hardware* sia *software*) di simulare il modo in cui lavorano i neuroni del cervello umano, soprattutto in quanto ad adattività. L'uomo infatti, a differenza delle macchine, una volta appresa la soluzione a un problema, è in grado di modularla diversamente se i parametri del problema o del contesto in cui viene posto cambiano.

27 *Vedi:* Nielsen/Net Ratings, http://www.nielsen-netratings.com/resources.jsp?section=pr_netv&nav=1

28 *Vedi* Netcraft, dati statistici pubblicati a novembre 2007: http://news.netcraft.com/archives/web_server_survey.html

29 Il *PageRank* è un valore numerico che Google attribuisce a ognuna delle pagine web conosciute e per determinarne la posizione nei risultati delle ricerche. L'algoritmo sfrutta la vastissima rete di collegamenti associati alle singole pagine per stabilire tale valore. Google interpreta un collegamento dalla pagina A alla pagina B come un "voto" espresso dalla prima in merito alla seconda. Tuttavia, non si limita a calcolare il numero di voti, o collegamenti, assegnati a una pagina. Oltre a effettuare tale calcolo, Google prende in esame la pagina che ha assegnato il voto. I voti espressi da pagine "importanti" hanno più rilevanza e quindi contribuiscono a rendere proporzionalmente "importanti" anche le pagine collegate.
Vedi: Guida alle funzioni di ricerca, http://www.google.com/intl/it/why_use.html

30 Secondo le parole di Manguel (1999), «sant'Agostino sapeva che ogni lettore, quando legge, crea uno spazio immaginario, uno spazio costituito dalla persona che legge e dal regno delle parole lette; e lo colloca in un tempo immaginario, un presente/passato/futuro [...]. Questo spazio/tempo di lettura esiste sia nel mezzo stesso che lo rivela o lo contiene [nel libro o nel computer], sia nella sua essenza testuale e incorporea, ossia nelle parole conservate, nel corso del tempo, in un posto speciale nella mente del lettore. A seconda del fatto che si trovi all'inizio o alla fine di una certa civiltà, o che noi la consideriamo come il risultato di un processo creativo (come facevano i greci) oppure come la sua fonte (come facevano gli ebrei), la parola scritta diventa – o non diventa a seconda dei casi – la forza trainante di questa civiltà».

3. Belli come in foto

Il potere delle immagini

Platone sosteneva che "per noi la vista è la più acuta delle sensazioni"[1] e l'informazione e la comunicazione commerciale odierne sono attori attenti all'impatto e al significato delle immagini. La scrittrice e fotografa statunitense Susan Sontag rimarca il concetto evidenziando come le società industriali abbiano il potere di trasformare i loro cittadini in "drogati di immagini", di convincerli che avere un'esperienza coincide con il fare una fotografia, che il partecipare a un evento pubblico equivale a guardarlo in formato foto/video/grafico. Italo Calvino nota come sotto il bombardamento di un'enorme quantità di immagini non si riesca più a distinguere un'esperienza diretta dalla visione televisiva, anche se breve.

La sovrapproduzione iconografica – ulteriormente potenziata dalla digitalizzazione delle rappresentazioni del mondo – richiede all'individuo una soglia più elevata di percezione critica, laddove i media operano nella direzione del suo ribasso. È il ritorno al pensiero umanistico e il riavvicinamento al sapere scientifico, ovvero la capacità di riempire di contenuti contenitori nuovi, adoperandoli con originalità, pertinenza e utilità sociale.

Grazie ai media, la stessa parola scritta diventa una sorta di quadro che va "visto" più che letto, o addirittura "brucato", assunto a bocconi, come diceva Klee parlando dell'immagine artistica. La tipografia va a braccetto con grafica e design… e forse non è un caso se il verbo "leggere" in cinese significa anche "vedere".

Lo spazio tipografico agisce sul testo definendone gli attributi principali quali il piano della scrittura, la carta, il bianco fra le lettere e intorno alla pagina, la composizione, il gioco delle spaziature, delle posizioni reciproche ecc. Paradossalmente, l'impaginazione può avere oggi molta più efficacia della concettualizzazione di un testo. Scorriamo i titoli, a volte i sottotitoli, diamo un'occhiata fugace agli annunci, indugiamo sulle immagini: si esaurisce in questo rituale frettoloso la lettura di un quotidiano da parte degli esigui lettori italiani.[2]

In un momento storico in cui la comunicazione visiva è rivolta alla massa e si appella a strategie "emozionali" in grado di trasformarla da cultura in propaganda, la conoscenza dei nuovi media (hardware e software) e dei possibili inganni perpetrati attraverso

Figura 3.1 - *Tomato* e *10 Pigeons* di Margot Quan Knight. Immagini realizzate dall'artista americana nell'ambito della sua collaborazione con Fabrica (2000-2002). Se non fosse per il contenuto assolutamente surreale delle foto, non si riuscirebbe a distinguere il confine tra veridicità e foto-ritocco.
Fonte: http://margotknight.com

Figura 3.2 - Foto della situazione nella piazza del Paradiso dove viene abbattuta, in diretta mondiale, la statua di Saddam Hussein il 9 aprile 2003. Il 10 aprile i giornali esultano: «Cade, nella piazza centrale di Baghdad, in un tripudio di folla, la statua di Saddam Hussein: "È stato come vedere il crollo del muro di Berlino", commenta Donald Rumsfeld» (http://ricerca.repubblica.it/repubblica/archivio/repubblica/2003/04/10/il-mondo.html), ma le inquadrature sono tutte piuttosto strette e ad altezza testa. *Vedi:* http://video.google.com/videoplay?docid=-5470963890728909492. Le foto e i video inerenti alle ultime guerre sono risultati più insistenti e convincenti rispetto al passato. Oltre a questa immagine sono diventate famose quelle dell'emozionante "salvataggio" di Jessica Lynch, le riprese panoramiche dei bombardamenti su Baghdad e l'atterraggio di George W. Bush su una portaerei. Altri falsi storici sono le foto "epurate" da Stalin che fece togliere l'avversario storico Trotskij e quelle della primavera di Praga da cui è stato eliminato il dissidente Dubček.
Fonte: http://www.informationclearinghouse.info/article2838.htm

di essi può costituire l'ancora di salvezza. Quindi, intendere la natura delle immagini, acquisirle attraverso dispositivi tecnologici, trattarle, conservarle e diffonderle significa sapere anche che non esiste foto di modella che non sia passata attraverso Photoshop, che i fotomontaggi e i video-montaggi di buona qualità molto difficilmente sono identificabili come falsi, che le immagini hanno un potere di comunicazione, evocazione, suggestione e convincimento altissimo (*Figure 3.1*, *3.2* e *3.3*).

Il potere comunicativo delle immagini assume un valore ancora maggiore, se possibile, quando il mezzo è la Rete, e non solo perché gli utenti sono smisuratamente maggiori. La luce, presente in monitor sempre a maggiore definizione, insieme alla dinamicità del contenuto visualizzato, rinforzano il messaggio e la percezione che l'utente ha di esso. Anche in questo caso, il contenuto è svincolato dall'aspetto e dalla modalità dell'offerta: la specializzazione delle parti ha contribuito a generare sul versante Internet importanti

Figura 3.3 - La foto della manifestazione di Roma nel 2003 (*in alto, a sinistra*) è stata pubblicata dai quotidiani nella versione ritoccata di destra. Nel 2006 la Reuters diffonde l'immagine degli edifici in fiamme a Beirut dopo il bombardamento israeliano, ma si scopre in breve che la foto è stata maldestramente ritoccata, così come l'immagine del lancio dei missili in Iran nel 2008.
Fonte: http://www.msnbc.msn.com/id/21978560/; http://www.msnbc.msn.com/id/13165165/; e http://www.ynetnews.com/articles/1,7340,L-3286966,00.html

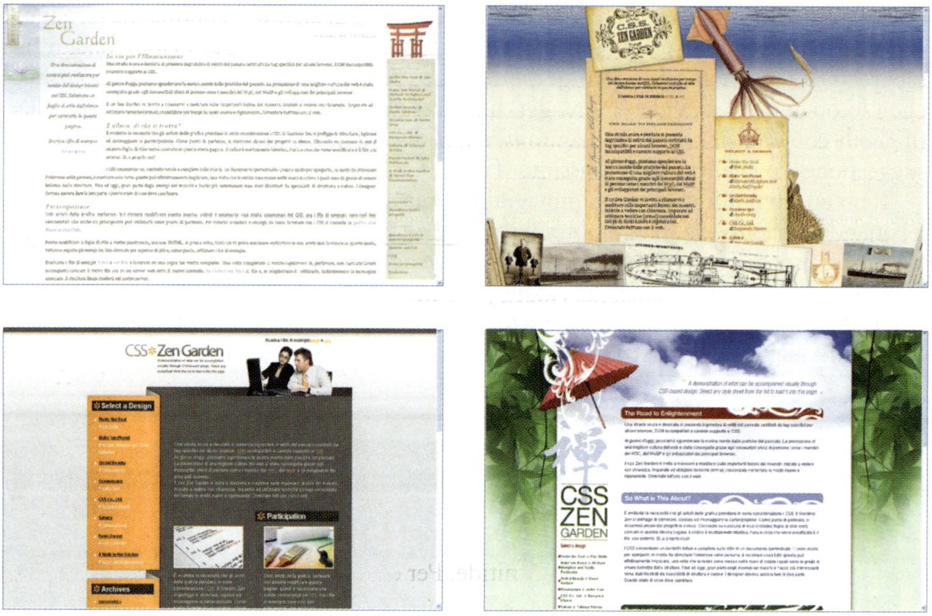

Figura 3.4 - Cambiando il foglio di stile (.css) associato al sito www.csszengarden.com, si ottiene una percezione molto diversa dei possibili contenuti che, tuttavia, restano identici nelle diverse varianti di layout.

innovazioni in fatto di codice e linguaggi. L'ultima generazione di siti web, infatti, prevede l'autonomia di aspetto e contenuto, rendendoli disponibili in due file separati (.css e .html/.xhtm/.xml). È la possibilità di creare "pelli diverse" per contenuti uguali – secondo lo stesso meccanismo delle *skin* dei cellulari – affidando all'interfaccia e non più al contenuto dell'oggetto il significato da comunicare.

La natura delle immagini

Un'immagine, sia essa cartacea o virtuale, è definibile attraverso una serie di attributi di base:

- tipologia,
- risoluzione,
- colore,
- peso,
- formato.

La miscela di queste componenti – o la predominanza di alcune – condiziona fortemente il lavoro grafico e la tipologia e qualità dei materiali in uscita. Per evitare operazioni complesse e artificiose sulle immagini e risultati poco soddisfacenti o non adatti allo scopo, è sufficiente osservare una serie di semplici regole prima di mettersi al lavoro. La fase di progettazione risulta un po' più lunga, ma permette di risparmiare molto tempo in seguito, evitando inutili operazioni di cesello o il rifacimento del lavoro nella sua interezza.

1. Valutate bene qual è lo scopo del lavoro grafico. Preparare un'immagine per Web, carta o televisione non è la stessa cosa! Supporti diversi implicano attributi diversi in fatto di tipologia, risoluzione, colori, peso in byte e formato.
2. In caso di dubbio o non conoscenza dell'obiettivo finale, acquisite l'immagine sempre alla più alta risoluzione possibile, sia che dobbiate elaborarla o modificarla, sia che dobbiate semplicemente pubblicarla. Ricampionare un'immagine – ovvero passare da una quantità grande (di pixel, di byte ecc.) a una piccola – è sempre possibile, mentre l'operazione contraria risulta molto più faticosa e non sempre attuabile.[3]
3. Se acquisite l'immagine da scanner, fissata la dimensione in centimetri, scegliete una risoluzione di almeno 300 dpi (cioè mediamente il doppio della frequenza del retino tipografico a 150 lpi),[4] ma non oltrepassate mai la risoluzione ottica della macchina, in modo da ottenere immagini più nitide. Per esempio, se la risoluzione è 600 × 600, prediligete questa soluzione.
4. L'acquisizione di un'immagine con supporti diversi (fotocamera digitale, scanner, videocamera ecc.) genera gamme cromatiche diverse. Anche gli stessi colori riprodotti da un monitor o su carta sono diversi: il risultato, per quanto siate accorti e meticolosi, non potrà mai essere esattamente lo stesso.
5. Alcuni programmi di grafica sono dedicati al fotoritocco (Photoshop, The Gimp ecc.), altri alla produzione grafica 2D e 3D (Illustrator, Maya, Autocad ecc.), altri ancora all'impaginazione (InDesign, QuarkXPress ecc.). Questo significa che ciascuno di essi offre strumenti diversi e che è più semplice trovare soluzioni specifiche per un dato lavoro in un ambiente dedicato a esso. Operare sulle immagini con Word non ha senso e dà risultati pessimi, perché si tratta di un programma di editing del testo; effettuare un fotoritocco con InDesign è possibile, ma non ideale, essendo questo un programma per impaginazione.
6. Nella fase di salvataggio ricordate di conservare sempre una copia del file nel formato proprietario del programma che state usando (per esempio, .ai per Illustrator, .psd per Photoshop ecc.), che normalmente è quello di editing, ovvero il file che potete riaprire per modificare ulteriormente l'immagine o per ripristinare stati precedenti di modifica. Il cambio di formato in fase di salvataggio o l'esportazione implicano, di contro, una fusione dei livelli o una compressione dei dati tali da non rendere più possibile una manipolazione successiva degli elementi grafici originari.
7. Anche il formato di salvataggio di un'immagine creata o elaborata dipende dall'uso che se ne deve farne. Lavorare con un file .jpg, .gif, .png oppure .bmp significa avere a disposizione oggetti molto diversi in fatto di tipologia, risoluzione, colori, pesantezza e formato: uno specifico file, cioè, si può utilizzare solo per determinati obiettivi.

2.1 Tipologia

Un'immagine può essere fondamentalmente di due tipi: bitmap/raster[5] o vettoriale. Le due tipologie si differenziano per specifiche tecniche e di utilizzo. I programmi di grafica di ultima generazione (per esempio il pacchetto Adobe CS4) permettono di agire indifferentemente sui due tipi e addirittura di produrre immagini "ibride" in parte bitmap e in parte vettoriali.

Le bitmap sono generalmente acquisite con una fotocamera digitale,[6] una videocamera, uno scanner[7] ecc., sono formate da pixel[8] e hanno una risoluzione fissa. Tanti più pixel formano un'immagine, tanto più essa sarà definita. Ecco perché le macchine fotografiche da 5-7 Megapixel permettono di scattare foto che restano nitide e molto belle in visualizzazione a monitor anche dopo parecchi livelli di zoom. Al contrario, una foto scattata a qualità medio-bassa (1-2 Megapixel) o acquisita con uno scanner a bassa definizione (72 dpi)[9] è composta da pochi pixel e consente uno scarso numero di ingrandimenti prima di visualizzare il noto aspetto a scalini. In pratica, questo significa che da un'immagine in formato poster posso ricavare un francobollo dal disegno definito, ma che da un francobollo posso ottenere solo un poster con enormi quadrati colorati.

Figura 3.5 - Bitmap a bassa e ad alta definizione.

Ogni pixel veicola dell'informazione, viene cioè associato a un codice binario che ne definisce il colore in modo univoco nella palette cromatica. Quanto maggiore è il numero dei pixel, e quindi degli zero e degli uno associati, tanto più l'immagine "pesa". Così come per la definizione del byte è stata adottata la convenzione di 8 bit, valutando che per rappresentare tutti i caratteri di tastiera siano sufficienti 256 (2^8) possibilità combinatorie, per la codifica dei colori – molto più numerosi in natura rispetto alle lettere alfabetiche – si è passati a stringhe più lunghe, fino a 16, 24 e 32 bit, generando un numero di varianti pari rispettivamente a 2^{16} (65 536 colori), 2^{24} (16 777 216 colori) e 2^{32} (4 294 967 296 colori), le stesse, peraltro, che definiscono l'aspetto dei nostri monitor.[10] Le immagini bitmap di buona qualità sono quindi piuttosto pesanti,[11] occupano più spazio nella memoria della macchina fotografica (ne potete scattare un numero più ridotto) e non risultano adeguate per la trasmissione in Rete. Questo tipo di immagini (.tif, .bmp ecc.) si prestano invece per la stampa su supporto cartaceo anche di grandi dimensioni, e vengono generalmente elaborate con computer prestanti in fatto di processore, RAM e scheda grafica.[12] Nel caso le immagini servano per una presentazione e non siano note le caratteristiche della macchina per la proiezione, è prudente produrne una copia in formato .jpg, in modo da renderle più leggere e meno definite, ma gestibili anche da sistemi poco performanti.

Le immagini bitmap a bassa definizione sono invece quelle scaricate da Internet, accettabili quando si naviga in rete ma piuttosto piccole per formato e qualità una volta salvate in locale. La manipolazione di immagini a bassa definizione porta per lo più a risultati non soddisfacenti, perché i dati su cui si può operare sono troppo esigui. Al contrario, la messa online di immagini bitmap grandi in partenza richiede una loro ottimizzazione per Web con conseguente diminuzione di dimensione, qualità e peso.

Le immagini vettoriali sono definite da una funzione matematica invece che da pixel; la grafica di questo tipo utilizza speciali algoritmi[13] per tracciare punti, linee, curve e poligoni ai quali vengono associati poi i diversi attributi (colore, sfumature ecc). Ogni punto dell'immagine viene generato da un algoritmo indipendentemente dalla dimensione dello spazio in cui è posizionato. Ne consegue che un'immagine vettoriale può essere ricampionata senza perdere in definizione e qualità.

Le immagini vettoriali occupano meno spazio-memoria rispetto alle corrispondenti *raster* e offrono il vantaggio di una maggiore compressione dei dati, sono cioè oggetti più facili da gestire e modificare per la macchina, essendo minore la quantità di infor-

Figura 3.6 - Immagini vettoriali grandi e piccole: la risoluzione non cambia.

mazioni associate. Le immagini vettoriali molto dettagliate, tuttavia (per esempio molte linee o curve, riempimenti sfumati o complessi), richiedono l'utilizzo di un computer piuttosto potente e il peso totale del file dipende dal numero e dalla complessità dei tracciati.

Lavorare con immagini vettoriali o crearne di nuove è un'operazione più complessa che elaborare delle bitmap, e i programmi dedicati offrono strumenti piuttosto raffinati, adatti in genere a professionisti. Un esempio quotidiano di immagini vettoriali è costituito dai font utilizzati dal computer: il fatto che siano vettoriali ne consente la variazione di dimensione senza perdita di definizione.

Figura 3.7 - Immagine bitmap (*a sinistra*) e vettoriale (*a destra*) a confronto.

2.2 *Risoluzione*

La risoluzione di un'immagine dipende dal modo in cui essa è stata acquisita. Normalmente le fotocamere acquisiscono immagini a risoluzioni diverse, in relazione al numero di Megapixel che possono catturare e proporzionalmente alla qualità selezionata (*low, medium, fine, extra-fine*). Quando si parla di "risoluzione di un'immagine digitale" si intende quindi il numero di pixel che la compongono, ovvero un valore fisso. Maggiore è questo numero, maggiore è la risoluzione.

Le immagini bitmap sono risoluzione-dipendenti e il loro numero di Megapixel è un valore assoluto.[14] In fase di stampa, tuttavia, modificando la risoluzione, si possono ottenere formati diversi.[15] In questo caso, per calcolare esattamente la dimensione di un'immagine da stampare, è necessario dividere il numero dei pixel che determinano l'altezza e la larghezza dell'immagine iniziale per la risoluzione che si vuole ottenere in stampa.[16] Numero di pixel, misura fisica dell'immagine e risoluzione sono valori strettamente relazionati: nel calcolo della risoluzione di un'immagine non può sussistere ambiguità di sorta.

Le immagini vettoriali, invece, essendo definite da funzioni matematiche e non da numero di pixel, possono essere considerate risoluzione-indipendenti e risultano campionabili verso l'alto o verso il basso senza alcun rischio di degradazione. Il valore di riferimento per la risoluzione di un'immagine da visualizzare sul monitor e in genere da far circolare in Rete è 72 dpi.

La dimensione con cui viene visualizzata un'immagine è legata alla risoluzione (800×600, 1024×768, 1280×1024 ecc.), se si considera che ogni pixel del monitor corrisponde a un pixel dell'immagine. Tenuta fissa la grandezza del monitor, quanto maggiore è la risoluzione – ovvero quanto più numerosi sono i pixel che ne compongono la lunghezza e l'altezza – tanto più piccola è l'immagine in visualizzazione. Viceversa, se la risoluzione viene portata da 1280×800 a 800×600 pixel, per esempio, dovendo un numero minore di pixel coprire una dimensione fisica fissa (quella dello schermo), questi devono essere più grandi e di conseguenza risulta più grande anche l'immagine. Ecco perché gli utenti ipovedenti prediligono una risoluzione bassa e perché i siti web di nuova generazione consentono la scalabilità della risoluzione per visualizzare i contenuti: scritte e immagini più grandi si leggono meglio.

Secondo un meccanismo simile, la stampante traccia una serie di minuscoli puntini di inchiostro (*dot*) che, visti nell'insieme, danno l'idea di colori e sfumature tanto più precisi quanto più sono numerosi e piccoli. In fase di stampa, la risoluzione garantita da una stampante a inchiostro può variare da 360 a 2880 dpi, ma la risoluzione di stampa media per un'immagine da portfolio è di 240-300 dpi, perché al di sopra di questi valori l'incremento di qualità sarebbe scarsamente percepibile a occhio nudo (*Figura 3.8*).

La miglior risoluzione possibile, al di là delle prestazioni della periferica, si ottiene usando valori perfettamente divisibili per un numero intero. Se, per esempio, la risoluzione massima della stampante è di 1440 dpi, i migliori risultati si ottengono a 144 - 160 - 180 - 240 - 288 - 320 - 360 dpi, tenendo a mente che più grande deve essere l'immagine, minore sia il divisore, più alta deve essere la risoluzione, maggiore sia il divisore.

				Pollici	**Centimetri**	**Pollici**	**Centimetri**
Misura in pixel	*Megapixel*	*MB (RGB)*	*MB (CMYK)*	*200 ppi*	*80 ppc*	*300 ppi*	*120 ppc*
1600 × 1200	2	6	7,5	8 × 6	20 × 15	5,5 × 4	13,5 × 10
2400 × 1800	4,3	12,5	16,5	12 × 9	30 × 22,5	8 × 6	20 × 15
3000 × 2000	6	17,5	23,5	15 × 10	37,5 × 25	10 × 6,5	25 × 17
3500 × 2500	8,75	25	33,5	17,5 × 12,5	44 × 31	11,5 × 8,5	29 × 21
4000 × 2850	11,4	32,5	43,5	20 × 14	50 × 36	13,5 × 9,5	33,5 × 24
4500 × 3200	14,4	41	54,5	22,5 × 16	56 × 40	15 × 10,5	37,5 × 27
5000 × 4000	20	57	76	25 × 20	62,5 × 50	16,5 × 13,5	42 × 33,5

Tabella 3.1 - Dimensione delle immagini in rapporto alla risoluzione in pixel, Megapixel, Megabyte e possibile formato in uscita, in pollici e centimetri.
Fonte: *Adobe Photoshop CS3 for Photographers.*

Figura 3.8 - Esempio di risoluzioni diverse in fase di scansione e stampa (*da sinistra a destra e dall'alto in basso:* 300 dpi, 100 dpi, 72 dpi e <72 dpi).

2.3 *Colore*

Ogni media (computer, TV digitale, cellulare, palmare, strumento musicale ecc.) ha un modo peculiare di trattare l'immagine e di applicare a essa caratteristiche specifiche: queste informazioni vanno conosciute prima di selezionare il programma da usare e di stabilire come procedere con l'immagine, anche in fatto di colore. Va tenuto in considerazione che la riproduzione artificiale dei colori a stampa o su monitor non riuscirà mai a includere tutto lo spettro del visibile;[17] che alcune distorsioni percettive saranno inevitabili – per quanto professionale sia il lavoro – e che i nostri occhi non sempre vedono in modo univoco un colore, una forma o un movimento (purves-lab 2008).
I colori utilizzati nelle immagini possono essere suddivisi in due grandi categorie: i colori per visualizzazione a video o RGB[18] e i colori per stampa o CMYK.

I metodi colore si differenziano nella natura, nella modalità di creazione e nel risultato finale, pertanto non possono essere né trascurati né confusi. I programmi di grafica

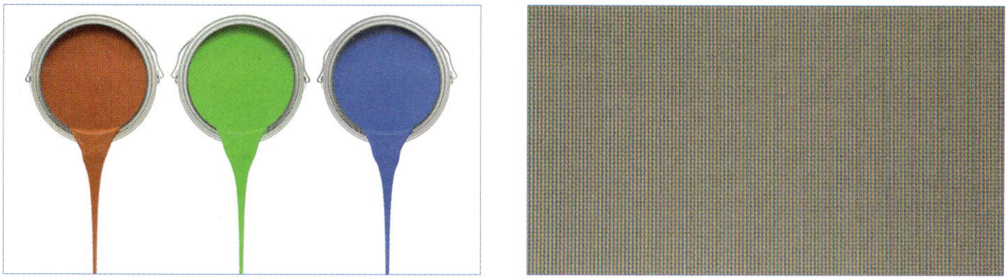

Figura 3.9 - Esempio di sintesi additiva nei colori RGB. I colori rosso, verde e blu, e un esempio di sintesi additiva in un monitor LCD.

offrono la possibilità di passare da un metodo colore all'altro attraverso un'apposita voce di menu: in questa operazione non va scordato che la conversione da RGB a CMYK, o viceversa, comporta l'alterazione dei colori di partenza e che quindi va applicata settando i parametri secondo le istruzioni del software. Alcuni programmi di ultima generazione (per esempio quelli del pacchetto Adobe CS4) consentono di verificare questa alterazione direttamente dall'anteprima di stampa e di accedere tramite questa alla regolazione dei canali colore. Infine, in fase di stampa, va considerato che le stampanti applicano una loro calibrazione colori non sempre corrispondente alle percentuali settate attraverso il programma per il file in CMYK in uscita. Apposite tabelle di valori permettono di verificare la congruenza tra percentuali colore computer e stampante.

La tricromia RGB è formata dal rosso (Red), dal verde (Green) e dal blu (Blue) e viene utilizzata per le immagini di qualsiasi natura che prevedano una visualizzazione a video, sia essa in locale sia via Web. Questa soluzione cromatica viene generata attraverso un processo di sintesi additiva[19] delle frequenze luminose, dal momento che tutti i video sono retroilluminati da una o più lampade a luce bianca. Il funzionamento è simile a quello del prisma trasparente che, se attraversato da un raggio solare, scinde le componenti cromatiche primarie e permette di percepire i colori. Avere una sintesi additiva significa quindi comporre ogni altro colore partendo dalla miscela – in percentuali diverse – dei tre canali R, G e B. La percentuale di colore esprime matematicamente l'intensità della luce fornita per la sua visualizzazione: tale valore può fluttuare da 0 a 255 perché, come per le lettere dell'alfabeto, utilizza stringhe a 8bit ($2^8 = 256$). La somma dei tre canali colore alla massima intensità (R = 255, G = 255, B = 255) produce il bianco. Al contrario, la somma alla minima intensità (R = 0, G = 0, B = 0), ovvero l'assenza totale di luce, produce il nero. La diffusione di programmi come Photoshop e la sempre migliore qualità dei monitor, degli scanner e delle fotocamere digitali comporta che il metodo RGB sia oggi il più frequentemente utilizzato.

La quadricromia CMYK è data dalla fusione dei quattro colori base ciano (Cyan), magenta (Magent). giallo (Yellow) e nero (blacK), ed è specifica per la stampa. È questo il motivo per cui nelle stampanti professionali si trovano 4 cartucce di inchiostro, create appositamente per contenere i 4 colori fondamentali. I colori per stampa vengono generati attraverso una sintesi sottrattiva, dal momento che, di norma, un supporto cartaceo non è retroilluminato. La procedura di stampa, quindi, imprime una tinta, togliendo una percentuale di luce. Il canale nero primario esiste principalmente per un motivo funzionale, ovvero risponde alla necessità di stampare più testi che immagini e quindi di sostituire una sola cartuccia di inchiostro al posto di tre. La percentuale associata ai canali colore (0-100%) indica la quantità di inchiostro utilizzata nel miscelare quel colore specifico. La somma dei colori alla massima percentuale (C = 100%, M = 100%, Y = 100%) danno il bistro, un marrone fuliggine molto scuro, vicino al nero. Viceversa, la combinazione alla percentuale minima (C = 0%, M = 0%, Y = 0%) non produce alcun inchiostro, quindi alcuna stampa. Il bianco, in stampa, non è un colore, ma l'assenza di tutti i colori. Ne consegue che non esiste una cartuccia per il bianco e che quello visibile su carta non è altro che la carta stessa lasciata intonsa in quell'area. Se il foglio utilizzato in stampante fosse, per esempio, arancio, l'area corrispondente al bianco risulterebbe arancio.

Esiste anche una terza tipologia di colori, il metodo CMYKOG, ovvero un'esacromia composta da una quadricromia CMYK più arancio (Orange) e verde (Green), ideata per stampa ad altissima qualità. Questo metodo è ancora poco diffuso, ma gli investimenti in una tecnologia dedicata sono stati notevoli, soprattutto per permettere la stampa di riviste e materiale pubblicitario. L'esacromia è il presupposto per un'evoluzione del CMYK ma anche dell'RGB. Photoshop CS4 supporta già la conversione dall'esacromia all'RGB utilizzando però un plug-in dedicato.[20]

La profondità di colore definisce la quantità di informazione disponibile per rappresentare il valore cromatico in pixel di ciascun canale colore. Maggiore è la profondità, migliore è la qualità e maggiore è il peso in byte dell'immagine. Generalmente questo valore è di 8 bit, ma alcuni programmi come Photoshop possono gestire canali colore a 16 e 32 bit.

Le immagini in bianco e nero hanno una profondità di colore molto bassa (1 bit, quindi $2^1 = 2$ colori), perché è fondamentalmente basata sulla presenza o sull'assenza di luce, quindi sul "c'è o non c'è", sull'1 e lo 0. Le immagini in RGB, utilizzano 8 bit per definire ciascun colore fondamentale, quindi la profondità di immagine è di 8 bit × 3

Figura 3.10 - Esempio di sintesi sottrattiva con i colori. I colori ciano, magenta, giallo e nero, e una prova di stampa.

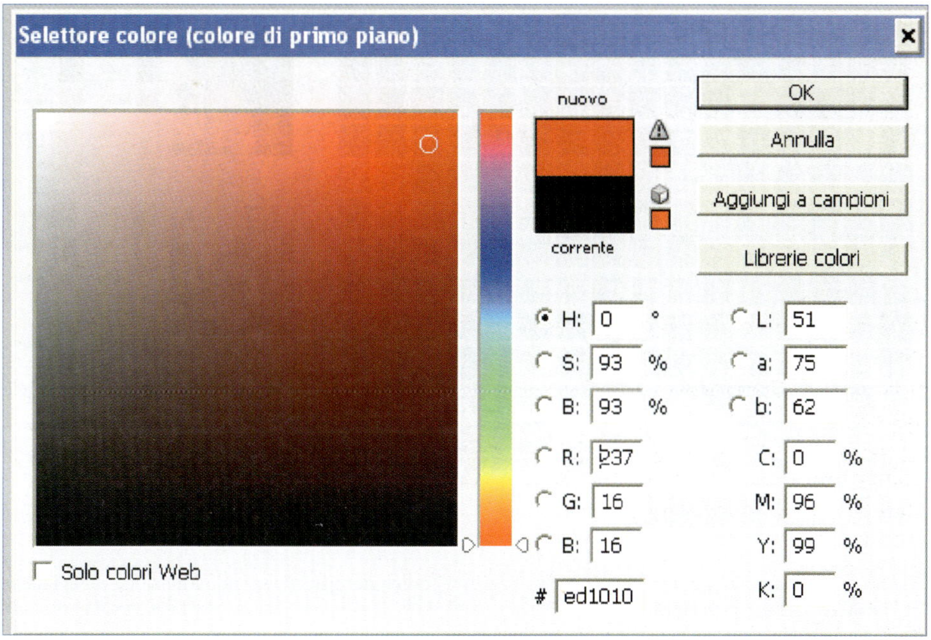

Figura 3.11 - Relazione tra percentuali colore per metodo RGB e CMYK.

colori, ovvero 24 bit (2^{24} = 16 777 216 colori) . Le immagini in CMYK, essendo formate da 4 colori, hanno una profondità di colore pari a 32 bit (2^{32} = 4 294 967 296 colori).

Le gamme di colori disponibili, con i relativi codici identificativi (un unico codice identifica un singolo colore a prescindere dal programma), vengono fornite dai programmi di grafica in palette apposite, suddivise per tipologia e raccolte in specifiche librerie. L'utente ha la possibilità di salvare e caricare set di campioni colore personalizzati (*Figura 3.12*).

2.4 *Peso*

Il "peso" di un file immagine dipende da vari elementi:

- risoluzione,
- profondità in bit,
- formato, ovvero l'algoritmo di compressione e scrittura dell'informazione (.tiff, .gif, .jpg, .png).

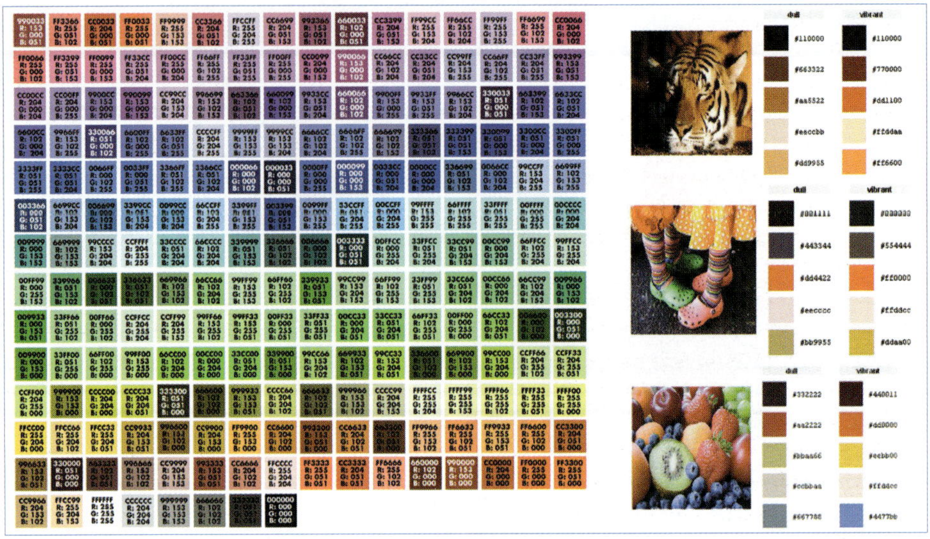

Figura 3.12 - Gamma di colori per Web con i relativi codici identificativi e individuazione della palette di riferimento di tre immagini.
Fonte: http://www.manisi.com

In fase di lavorazione va trovato un giusto compromesso tra questi fattori, tenendo in considerazione l'uso finale dell'immagine, la potenza del computer di editing e la tipologia del software. Un'immagine prodotta per il Web, dovendo essere velocemente trasmissibile e visualizzabile, richiede un peso ridotto, nell'ordine di poche decine di kB; viceversa, un'illustrazione per un libro o un catalogo, un disegno per un poster pubblicitario richiedono un'immagine nell'ordine delle decine di MB. Lavorare con un file leggero, ovvero contenente pochi dati, velocizza l'applicazione di modifiche e l'editing in generale, ma non consente di ottenere elaborazioni di alta qualità proprio perché il materiale a disposizione è piuttosto ridotto. Manipolare un file molto pesante, al contrario, ottimizza l'applicazione degli strumenti grafici e offre risultati di alta qualità, adatti anche alla stampa, ma rallenta molto i tempi di processing e di rendering. Alcuni programmi di impaginazione (per esempio InDesign, QuarkXPress ecc.) consentono oggi di lavorare su una copia a bassa risoluzione dell'immagine originaria, in modo da accelerare i tempi di lavoro, e di sostituire solo in chiusura la copia con l'originale ad alta risoluzione.

Per ottenere il peso approssimativo di un'immagine RGB, è sufficiente moltiplicare il numero di Megapixel per 3. Ovvero, una fotocamera a 6 Megapixel permette di scattare fotografie fino a 18 MB di peso. Misurare il peso di un'immagine considerando soltanto i pixel non offre comunque una misura certa (a meno che non ci si riferisca a un'immagine standard in formato .tiff), in quanto anche il numero di livelli, i canali di trasparenza e la presenza o meno di compressione possono influire sul peso finale del file.

2.5 *Formato*

La scelta del formato di salvataggio di un'immagine è un'operazione tanto importante quanto il lavoro che si è condotto fino alla versione definitiva del materiale grafico. Anche in questa fase resta fondamentale tener presente il tipo di utilizzo del file, perché ogni formato è pensato per rispondere a esigenze diverse in fatto di qualità, risoluzione, visualizzazione, peso.

Se l'immagine è stata acquisita attraverso una fotocamera digitale di buona qualità, probabilmente i formati di salvataggio possibili sono .jpg, .tif e .raw. Quest'ultimo è il più definito ed è il più adeguato per un'immagine che dev'essere successivamente elaborata con un programma di grafica. È opportuno tenere a mente che, una volta salvata l'immagine in locale, ogni modifica o ulteriore salvataggio deve avvenire su una copia dell'originale e non sull'originale stesso, in modo da non perdere il materiale originario.

Il salvataggio è un'operazione che nei lavori di grafica deve essere fatta con una certa frequenza, considerando che le azioni su una singola immagine arrivano a essere molte migliaia in un'unità di tempo piuttosto ridotta. Per tutti i programmi vale la regola della copia in formato proprietario, che mantiene livelli, elementi di libreria e strumenti appositamente settati per successive operazioni di editing su quella specifica immagine.

Se l'immagine è pensata per essere stampata, il formato va scelto tenendo a mente la dimensione e la qualità che dovrà avere in uscita. Se l'immagine deve essere invece distribuita via Internet, cioè deve essere caricata/scaricata da un server per essere visibile in un sito web oppure inviata come allegato alla posta elettronica, sono possibili soluzioni che ne ottimizzano peso e dimensione. I programmi di grafica offrono la possibilità – a monte del formato – di salvare o di salvare per Web; in questo secondo caso, offrono poi delle possibili varianti *ad hoc* per la Rete. Di seguito sono illustrati i principali formati nei quali possono essere salvate le immagini.

- **.raw**: è un formato più pesante del .jpg, ma più leggero del .tiff, e permette di gestire completamente l'immagine, senza che avvenga alcuna compressione o interpolazione in fase di salvataggio. Per visualizzare un file .raw è necessario utilizzare generalmente il software associato alla fotocamera digitale o un programma Adobe o Apple.
- **.tiff** (*Tagged Image File Format*) – stampa: è il formato di pubblicazione più diffuso insieme all'.eps e sicuramente uno di quelli riconosciuti universalmente per standard e caratteristiche, anche se questo non implica che sia il migliore. È un formato compatibile per l'esportazione da QuarkXPress, InDesign ecc. ed è abbastanza aperto per successive modifiche, anche in fase di stampa. Il formato .tiff viene spesso richiesto in produzione, dal momento che conserva un insieme di elementi, fra cui la trasparenza.
- **.eps** (*Encapsulated PostScript*) – stampa: è il formato pensato esplicitamente per la grafica ed è presente in tutti i programmi di questo tipo. Si possono salvare in .eps immagini sia bitmap sia vettoriali, e il formato supporta tutti i metodi colore e i tracciati di ritaglio, ma non il canale Alpha.

- **.pdf** (*Portable Document Format*) – stampa e Web: è un formato trasversale rispetto ai software e permette la visualizzazione di una determinata immagine esattamente come dovrebbe essere, ma indipendentemente dal programma in adozione. Le ultime versioni di Adobe Acrobat permettono di realizzare file .pdf ottimizzati per la stampa perché annidano i font all'interno dei file, comprimono l'immagine, permettono di gestire i colori e conservano alcuni degli elementi del programma proprietario (per esempio i livelli). I file di questo tipo, pur essendo leggeri, permettono una stampa ad alta risoluzione. Documenti creati indifferentemente in InDesign, Photoshop, QuarkXPress ecc. possono essere esportati in questo formato.
- **.jpeg** (*Joint Photographic Experts Group*) – stampa e Web: l'immagine viene drasticamente compressa e quanto maggiore è la compressione, tanto maggiore è la degradazione (scala di compressione: da 0, massima compressione, a 12, minima compressione, nessuna riduzione del numero di pixel). Le immagini che si ottengono sono sufficientemente piccole per peso e dimensione da poter facilmente circolare in Rete ed essere scaricate. I programmi di grafica forniscono di solito un'anteprima dell'applicazione delle diverse percentuali di compressione per poter selezionare il miglior compromesso qualità/peso. Una volta salvata un'immagine in .jpg è sconsigliabile salvarla nuovamente nello stesso formato, perché la compressione la danneggerebbe eccessivamente. Il formato .jpg viene regolarmente riconosciuto da tutti i browser, supporta i metodi colore RGB, CMYK e scala di grigi, ma non il canale Alpha (trasparenza).
- **.gif** (*Graphics Interchange Format*) – Web: è un formato utilizzato principalmente per salvare immagini grafiche o loghi, ovvero immagini a tinte piatte,[21] mentre non è adeguato per fotografie a colori, in quanto memorizza solo 256 colori. In fase di salvataggio viene fornita una palette di colori specifica a 8 bit per selezione dei colori *computer-safe*. L'algoritmo di compressione applicato in questo caso opera meglio sulla dimensione orizzontale che su quella verticale. Il formato .gif si presta per il salvataggio di animazioni.
- **.png** (*Portable Network Graphics*) – Web: questo formato è nato esplicitamente per la diffusione delle immagini in Rete e il tipo di compressione applicata preserva bene i colori RGB. Rispetto al formato .jpg, conserva i canali di trasparenza (256 livelli), consente una maggior profondità di colore (.png-8, .png-24), supporta una serie di canali e di correzioni successive. I browser più recenti supportano questo formato, ma alcuni di quelli più vecchi non visualizzano l'immagine.

3 Trattare un'immagine

"Trattare" un'immagine significa prepararla per un determinato utilizzo. I programmi di grafica si suddividono in categorie funzionali, ma molti di questi restano strettamente relazionati per permettere la condivisione di file, il lavoro di montaggio di parti diverse e l'ottimizzazione delle immagini per un dato obiettivo.

La complessità di questi programmi è piuttosto variabile e parte da livelli molto bassi, come sono quelli in genere forniti dai software associati a scanner e fotocamere, per giungere a prodotti molto complessi e di uso professionale. Photoshop, Illustrator, InDesign, QuarkXPress, The Gimp ecc. hanno numerosi elementi in comune, ma possono fornire strumenti molto diversi quando si entra nel loro specifico campo d'azione. Qualsiasi programma scegliate per trattare le vostre immagini, troverete le componenti seguenti.

- **Un piano di lavoro**: corrisponde al foglio da disegno, allo spazio dove verrà disegnata, aperta, elaborata o impaginata l'immagine. La dimensione di questo spazio è suggerita sia per Web sia per cartaceo, ma può essere settata liberamente dall'utente; il colore di sfondo è bianco, ma anche in questo caso l'utente può scegliere il colore più adeguato per lavorare (per esempio se l'immagine è un tracciato bianco, può risultare più appropriato utilizzare un piano di lavoro scuro). Al grafico vengono forniti righelli (*ruler*), griglie e guide (magnetiche e non) per poter lavorare in modo più preciso, lenti di ingrandimento (zoom) per consentire una buona elaborazione anche di dettagli molto piccoli; anteprime sull'immagine, per sapere che tipo di effetti produrrà una data operazione prima ancora di eseguirla. In grafica, alcune azioni non sono reversibili.
- **Barra dei menu**: il menu principale è estremamente dettagliato e permette la scelta tra decine di funzionalità e settaggi diversi attraverso un'apertura a tendina.[22] Alcuni menu di base e di sistema (File, Modifica, Visualizza, Finestra, Aiuto) sono comuni, ma ogni programma fornisce set di strumenti dedicati, organizzati concettualmente per tipologia di azione.
  - *Programmi di fotoritocco* (per esempio Photoshop, The Gimp ecc.): forniscono menu per la regolazione dell'immagine in fatto di dimensione,[23] posizione,[24] metodo colore;[25] per la gestione di più immagini attraverso i livelli[26] e le maschere;[27] per la selezione;[28] per la distorsione o il cambio radicale dell'aspetto dell'immagine attraverso filtri.[29] Nel menu File abilitano l'opzione di importazione immagini da periferica, quelle di salvataggio e di esportazione.
  - *Programmi di creazione grafica* (per esempio Illustrator, Maya, 3DstudioMax ecc.): forniscono menu per la vera e propria creazione di immagini in due o tre dimensioni. Gli strumenti sono dedicati alla creazione di un oggetto vettoriale, per cui sono appropriati per la definizione, la conversione, la fusione di tracciati; la creazione, la personalizzazione e il posizionamento di testi; la selezione; l'applicazione di filtri; la gestione di effetti quali il 3D, la conversione di forma e di oggetto; la creazione di nuovi oggetti; il rendering[30] in uno spazio 3D (*Figura 3.13*).
  - *Programmi di impaginazione* (per esempio InDesign, QuarkXPress, PageMaker ecc.): forniscono menu dedicati all'editoria, ovvero alla creazione di un opuscolo, di una rivista, di un libro ecc. Attraverso i menu si possono definire il layout delle singole pagine e la gestione di layout simili o diversi; la creazione, la personalizzazione, il posizionamento e il concatenamento dei testi; le creazione di nuovi oggetti vettoriali e l'importazione di oggetti/file esterni; la creazione di tabelle; la composizione e l'applicazione di pagine mastro (*Figura 3.14*).[31]
- **Barra di stato:** è lo spazio situato ai piedi della finestra destinato a visualizzare le informazioni relative al documento in lavorazione. Nel caso dei programmi di grafica,

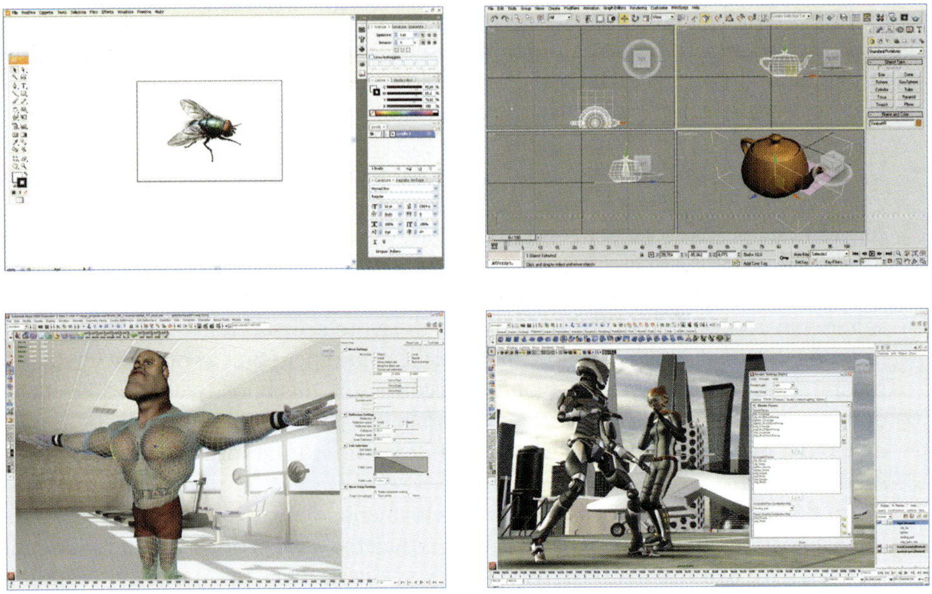

Figura 3.13 - Adobe Illustrator CS3, Autodesk 3D Studio Max 2009, Maya 2008 e 2009.

le informazioni fornite riguardano l'immagine stessa (peso, dimensione, posizionamento nel piano), il mouse (posizione e tipologia), lo strumento scelto (caratteristiche, opzioni, modalità d'uso).

- **Palette strumenti**: tutte le palette, inclusa questa, forniscono scorciatoie per avere immediatamente disponibili degli strumenti di lavoro senza cercarli nei menu (dove sono presenti in modo sistematico e contestuale): è il principio della scrivania e del cassetto... le cose che hanno un utilizzo più frequente vanno tenute sul tavolo (desktop), a portata di mano, mentre quelle che si usano solo in particolari circostanze possono essere ordinate e conservate in un altro spazio (menu).
  La palette degli strumenti è molto simile anche in programmi di grafica diversi, sebbene negli applicativi più professionali risulti più ricca e dettagliata. Generalmente gli strumenti sono organizzati per tipologia d'azione e in fase di selezione attivano uno o più menu contestuali per il settaggio delle proprietà (barra delle opzioni).
  - *Selezione*: consentono di selezionare (attivare) oggetti, punti e linee, una porzione dell'immagine. La parte selezionata può risultare una superficie geometrica (selezione quadrata, rettangolare, ovale, lineare...), un'area irregolare (lazo semplice, poligonale, magnetico...), un colore (bacchetta magica), una sezione (taglierina, sezione...).
  - *Ritocco*: strumenti che permettono di modificare un'immagine. Può trattarsi della correzione di un'area (toppa, cerotto, timbro clone e pattern), della colorazione

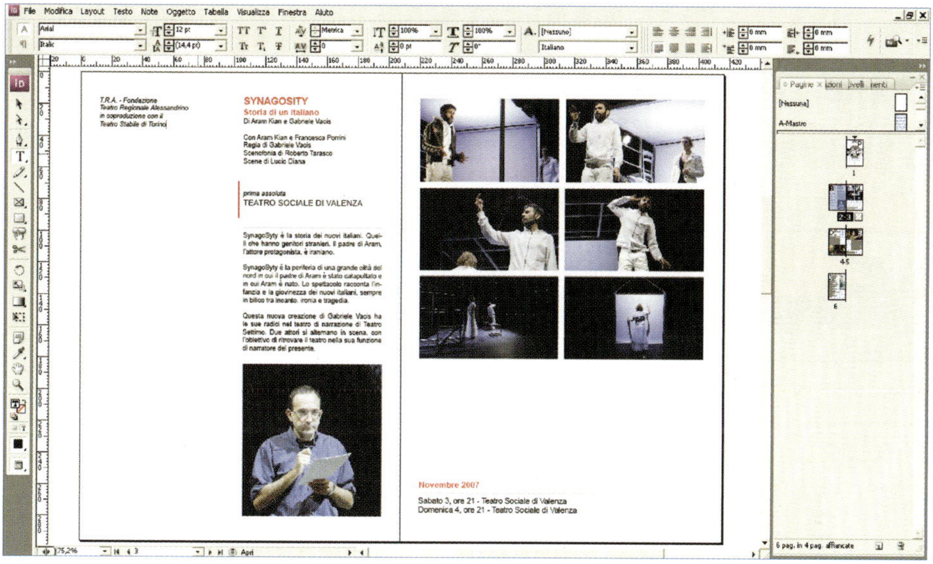

Figura 3.14 - Adobe InDesign CS3.

(pennelli), della rimozione di un colore (gomme), dell'applicazione di un gradiente (sfumatura e secchiello), della miscela colori e forme (sfumino, sfoca, contrasta, spugna...).

– *Disegno bitmap*: strumenti che permettono di operare su un'immagine, spostandola nel piano di lavoro (mano), acquisendone un colore (contagocce), impostando il colore di primo piano e di sfondo, apponendo delle note al lavoro, anche in formato audio.
– *Disegno vettoriale*: strumenti che consentono di disegnare e definire lo stile di oggetti semplici e complessi, compresi i rettangoli, le ellissi, i poligoni e i tracciati a mano libera; permettono di creare e manipolare oggetti vettoriali, selezionandoli (seleziona tracciato e selezione diretta), preparando e posizionando testi, creando maschere, tracciando vettori e punti di ancoraggio (penna).

- **Palette complementari**: i programmi di grafica nascono per la creazione di prodotti originali, e a questo scopo permettono di personalizzare il piano di lavoro e le gamme di strumenti a disposizione, fornendo centinaia di varianti. Le palette complementari riguardano ciascuno degli elementi di editing offerti in un dato programma: dal testo al colore, dalle forme alle luci, dai modelli ai rendering.[32] Le più importanti e le più utilizzate sono quella dei colori e dei livelli in programmi di fotoritocco e creazione grafica, di gestione pagine e controllo testi in programmi di impaginazione.
- **Automatismi**: i programmi di grafica di ultima generazione forniscono la possibilità di applicare veri e propri processi di elaborazione automatica alle immagini. Si trat-

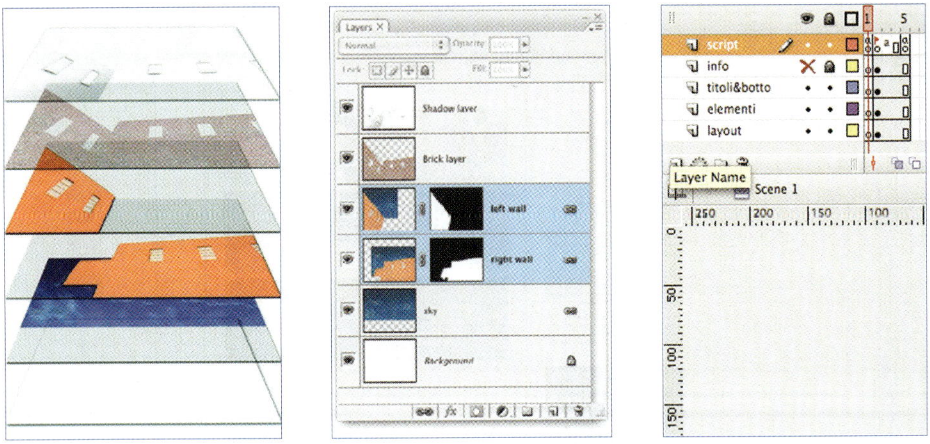

Figura 3.15 - Concetto di livelli, palette livelli in Adobe Photoshop CS3 e uso dei livelli in Flash CS3.

ta principalmente di meccanismi di standardizzazione di certe azioni sui materiali quando queste dovrebbero essere ripetute molte volte nello stesso modo (*batch*,[33] *droplet*[34]), di ottimizzazione misura/peso in previsione di una pubblicazione su Web (galleria di foto), di raccolta e archiviazione (pacchetti immagini), di standardizzazione (foto per documenti, foto per modelli), di preparazione per la stampa (provini a contatto, fusione, ritaglio ecc.) o per una presentazione (.pdf).

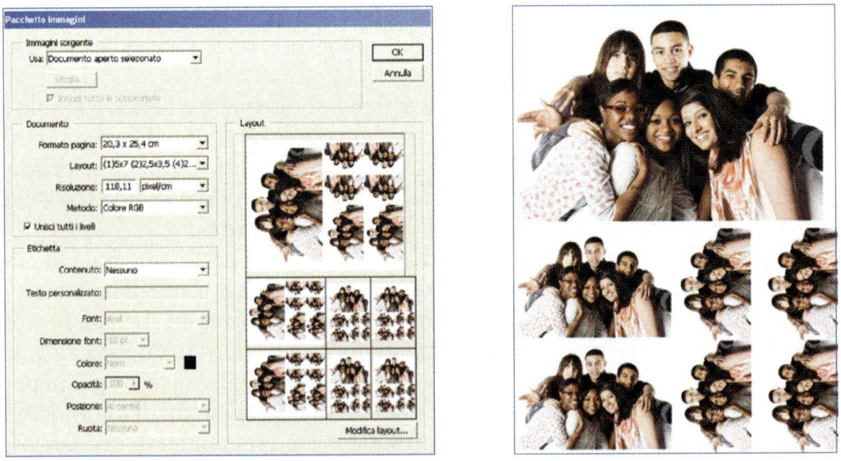

Figura 3.16 - Preparazione di pacchetto di immagini in Photoshop CS3.

4 Diffondere un'immagine

Diffondere un'immagine significa comunicare. Se la scelta e la conseguente elaborazione di una data immagine sono avvenute correttamente, il potere di tale comunicazione può condizionare la percezione e il parere di milione di persone. È questa la responsabilità che grafici e comunicatori devono assumersi nel momento in cui pubblicano un contenuto in formato cartaceo o digitale.

La semiotica, la grafica, il design e l'arte in genere insegnano che colori, forme e proporzioni non sono elementi neutri, così come non lo è il contesto in cui vengono diffusi. L'immagine (statica o in movimento) veicola messaggi relazionati alla cultura in cui nasce e assume valori specifici in un dato ambiente. Questo significa tre cose:

1. la scelta di un colore, una forma o una proporzione grafica non può avvenire secondo un gusto meramente estetico, ma deve essere affidata a professionisti istruiti sulle implicazioni individuali e sociali del messaggio associato;
2. la produzione di oggetti e situazioni grafiche in un determinato paese e la successiva diffusione di quegli elementi in un paese diverso non necessariamente porta alle stesse ricadute (sia in positivo sia in negativo);
3. essendo il mondo della produzione cartacea e quello della produzione digitale contesti molto diversi, non è scontato che lo stesso oggetto grafico funzioni con pari efficacia in entrambi, e il più delle volte ha senso affidarne la produzione/gestione a professionisti distinti.

Un campo in cui queste tre considerazioni hanno una visibilità immediata è quello del marketing. Mai come oggi la compravendita è stata legata alle immagini e non necessariamente solo a quelle che rappresentano un prodotto. Le migliori pubblicità, infatti, non si appellano a una perfetta rappresentazione della merce in vendita, ma alla percezione emozionale e sensoriale[35] che si può ottenere da un certo bene.

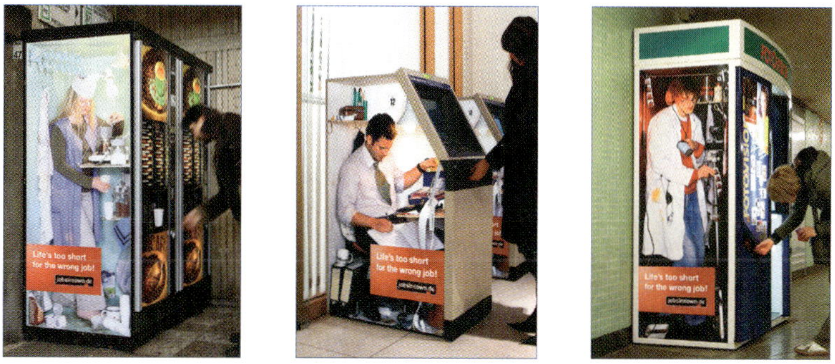

Figura 3.17 - Esempi di pubblicità con effetto emozionale: «La vita è troppo corta per fare il lavoro sbagliato!» dell'agenzia Scholz & Friends, Berlin (http://www.s-f.com/berlin/Awardsneu/tabid/1022/Default.aspx?campaignId=ZiEgvKqn0qo%3d).

I mercati globali richiedono una forte presa di posizione da parte delle aziende e la definizione di un ruolo distinto rispetto a quello della concorrenza. La necessità è dunque quella di definire il *brand* e l'*identity*, ovvero la marca e la combinazione di elementi che permettono di identificare prodotti e servizi senza confonderli con quelli della concorrenza. In questo senso, il lavoro del grafico non può essere solo tecnico, legato all'elaborazione delle immagini, ma deve includere un processo di analisi, di ragionamento e di valutazione che porti a definire gli elementi di forza (elementi distintivi) di una certa azienda e gli elementi di debolezza (elementi di confusione), per poi adottarli nella rappresentazione dell'identità del committente e nell'ottica di soddisfare le aspettative dell'utenza di riferimento. Ecco perché il lavoro del grafico normalmente è coadiuvato da quello di un'équipe di semiologi, linguisti, psicologi e comunicatori.

Il successo nell'elaborazione del logo, delle immagini, degli slogan associati, e quindi in genere di un'immagine coordinata, permette di imprimere in modo indelebile un certo messaggio nella mente dei consumatori e di erogare una comunicazione integrata tra i media. Davanti alla mela bianca morsicata, nessuno dubita che si stia parlando di Apple, né della pulizia formale e dell'efficienza dei suoi prodotti; di fronte allo *swoosh* (il baffone) non c'è chi possa attribuire quella scarpa a qualcuno diverso da Nike. Loghi come questi sono così potenti da poter funzionare anche indipendentemente dal prodotto o dal nome dell'azienda.

Definire la natura di un ente o di un'azienda comporta la creazione di un "manuale di identità",[36] ossia un vademecum che faccia da filo rosso nella preparazione e nella scelta dei materiali grafici per carta e per Web appropriati. L'applicazione metodica dei concetti e delle regole individuate durante l'analisi dell'identità aziendale, e studiate in vista del risultato finale, permette di offrire un'immagine forte, chiara e inconfondibile. Esistono alcuni passi da percorrere per definire un'immagine coordinata e conseguentemente una buona architettura comunicativa:

1. programmazione dell'immagine;
2. coordinamento degli elementi e degli attori;

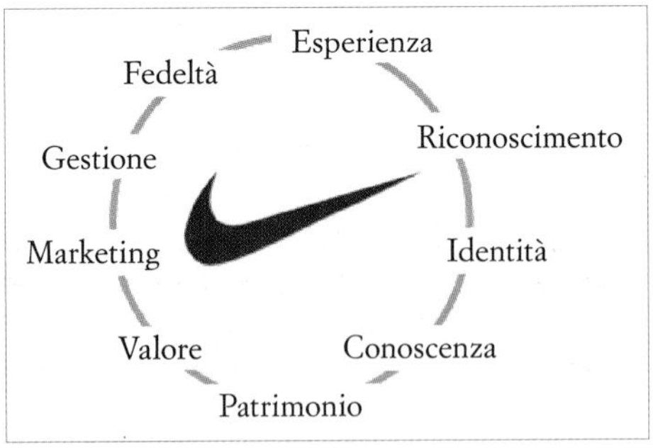

Figura 3.18 - I parametri che ruotano attorno allo studio del *brand* e al suo posizionamento sul mercato.

3. individuazione degli elementi fondamentali (attività, esigenze, obiettivi);
4. individuazione degli elementi di modularità (logo, elementi istituzionali ecc.);
5. conservazione nello spazio e nel tempo (supporti diversi in tempi diversi);
6. diffusione.

In questo processo l'obiettivo del grafico è molteplice e non prescinde dal contenuto della "scatola", ovvero un ottimo marchio non riuscirà mai a mascherare per lungo tempo un'azienda fallimentare.

- **Essere distintivi**. Un logo, un nome, un titolo non devono essere necessariamente "unici al mondo", ma risultare distintivi a sufficienza per rappresentare in modo efficace e non ambiguo una specifica istituzione nel mercato.
- **Essere pratici**. Sito, brochure, DVD, manifesti ecc. devono essere efficaci nella grafica, chiari nel contenuto, ben definiti nella finalità, coerenti con l'immagine che l'istituzione vuole dare di sé e i contenuti che offre.
- **Essere graficamente interessanti**. La maggior parte della comunicazione contemporanea è visiva e non dipende necessariamente da lunghi inserti verbali o da complicate interpretazioni intellettuali. La grafica, dunque, deve essere immediata e ben ponderata nella scelta dei colori, dei simboli e del layout.
- **Semplice nella forma**. La scelta degli elementi identificativi deve privilegiare la semplicità e l'immediatezza, il colpo d'occhio piuttosto che la complessità. Contenuti e messaggi complessi vengono di solito trasmessi in un secondo momento, dopo che l'utente è stato "catturato". Un'idea forte funziona molto meglio che mille piccoli spunti articolati.
- **Un unico messaggio**. Semplicità anche nel contenuto: puntare su pochi elementi ben identificati/identificabili non significa povertà di contenuti, ma consapevolezza dei propri punti di forza e dei propri obiettivi.
- **Appropriatezza**. Forma e contenuti devono essere adeguati l'una agli altri. Nel marketing, il grafico ha tanto potere quanto il teorico dei contenuti. Sono due armi diverse che, se usate congiuntamente, permettono di imprimere con chiarezza nella memoria dell'utente una certa identità e una serie di intenzioni molto specifiche.

5 Reperire un'immagine

I motori di ricerca ci stanno abituando a ottimizzare i tempi di ricerca di un certo contenuto in Rete e quest'operazione sta diventando sempre più efficace e puntuale soprattutto per i documenti testuali che ben si prestano all'indicizzazione. Google, Yahoo, Virgilio ecc. offrono anche buoni sistemi di reperimento immagini con la possibilità di individuarne immediatamente a bassa, media o alta definizione, e quindi di filtrare a monte i risultati che otterremo. Questo è possibile anche grazie all'attribuzione di tag quali *title* e *alt*,[37] cioè di istruzioni che permettano ai browser e ai motori di ricerca di visualizzarne il titolo o la descrizione. I motori mappano file immagine.

Tuttavia, al contrario dei programmi di editing testuale, che permettono l'individuazione di una parola specifica tra milioni di altre, consentendo, per esempio, la correzione automatica di un errore diffuso in un brano (operano cioè sul contenuto del file di testo), non esiste ancora un algoritmo altrettanto efficace che operi sul contenuto delle immagini, individuando all'interno di esse un elemento specifico (per esempio, l'oggetto "casa" in un paesaggio). Numerosi gruppi di ricerca stanno lavorando in questa direzione e sperimentando tecniche come il CBIR (*Content-Based Image Retrieval*) o QBIC (*Query By Image Content*), ovvero la possibilità di analizzare il contenuto di un'immagine a partire dai colori, dalle forme, dalle texture applicate e da altre tipologie di informazione in essa contenute. Il CBIR si muove in parallelo ad altri filoni di ricerca come il *semantic retrieval*, i software di riconoscimento facciale, quelli di identificazione delle forme geometriche ecc., che dovrebbero portarci in un futuro abbastanza prossimo a sistemi informatici in grado di leggere, vedere e interpretare il contenuto semantico di un testo o di un'immagine e di soddisfare di conseguenza una query in linguaggio naturale del tipo: «Chi ha scoperto l'America?» e «Tutte le foto contenenti il volto di Cristoforo Colombo».

Note

1 *Fedro*, 250*b*.

2 *Vedi* la statistica ISTAT sulla lettura dei quotidiani (http://www.istat.it/dati/catalogo/20071212_00/PDF/cap8.pdf) e dei libri in Italia (http://www.istat.it/salastampa/comunicati/non_calendario/20070510_00/testointegrale.pdf).

3 Il processo di "ricampionatura" di un'immagine può essere di due tipi: 1. *verso l'alto*: viene aumentato il numero di pixel che costituiscono un'immagine utilizzando algoritmi di interpolazione: il deterioramento è molto evidente; 2. *verso il basso*: viene ridotto il numero dei pixel eliminando una parte dell'informazione visiva: il deterioramento è contenuto.

4 La frequenza di retino si misura in linee per pollice (lpi) e dipende dal dispositivo utilizzato per la stampa.

5 Il termine *bitmap* è squisitamente tecnico ("mappatura dei bit"), mentre *raster* è un prestito dalla tecnologia televisiva analogica, dove indicava le linee orizzontali dei televisori o dei monitor. In informatica si riferisce a una griglia di linee orizzontali e verticali che definiscono dei micro-nodi, i pixel.

6 Le fotocamere catturano le immagini in formati standard, generalmente .jpg

7 Gli scanner acquisiscono le immagini (generalmente bitmap/raster) per riflessione e vengono gestiti da un apposito sofware per una prima elaborazione e salvataggio. Appositi *plug-in* rendono possibile l'importazione dell'immagine direttamente dai programmi di grafica senza dover utilizzare il software specifico della periferica.

8 Il termine "pixel" è una contrazione di *picture element*. I pixel sono generalmente di forma quadrata ma possono assumere una forma rettangolare quando le proporzioni dell'immagine non sono 1:1. Per esempio, nei monitor molto larghi o nel video digitale, affinché l'immagine risulti proporzionata, il rapporto – *aspect ratio* – diventa di 1,25:1. I pixel sono definiti come punti luce caratterizzati da colore e intensità.

9 *Dots per inch* (dpi), "punti per pollice": è l'unità di misura adottata per determinare la risoluzione di un'immagine nel momento dell'output, per esempio in stampa, quando i pixel tornano a essere punti di inchiostro. Generalmente le stampanti a inchiostro producono immagini con una risoluzione da 360 a 2880 dpi, mentre le stampanti tipografiche utilizzano risoluzioni molto diversificate.

10 In ambiente Windows, per visualizzare il numero di colori del monitor, clicca sopra il desktop con il tasto destro del mouse; seleziona *Proprietà > Schermo > Impostazioni*; in ambiente Mac, apri *Preferenze di sistema > Monitor > Colori*.

11 Un'immagine può arrivare a pesare anche centinaia di MB.

12 *Vedi* il capitolo 10.

13 Si tratta di primitive geometriche, ovvero di punti, linee o poligoni: tra queste il triangolo è considerato la primitiva bidimensionale, evidentemente perché ogni poligono può essere diviso in triangoli. Le primitive sono usate per creare figure in *runtime*: combinandole tra loro è possibile ottenere i modelli da renderizzare.

14 Per esempio, una figura di 1200 × 900 pixel contiene 2,16 Megapixel.

15 6" × 4,5" a 200 ppi oppure 12" × 9" a 100 ppi.

16 Questo è espresso dalla formula: dimensione fisica della foto = numero di pixel / risoluzione (ppi).

17 Per esempio, lo spazio visivo che occupa un colore CMYK è più ridotto rispetto a quello di un colore in RGB e non tutti i colori CMYK possono essere rappresentati accuratamente a causa delle limitazioni di scala del monitor.

18 L'acronimo RGB si riferisce a una gamma cromatica le cui specifiche sono state descritte nel 1931 dalla CIE (Commission Internationale de l'Enclairage). In particolare, i colori rosso, verde e blu di riferimento corrispondo a forme d'onda (radiazioni luminose) di periodo fissato (rispettivamente, a 700 nm, 546,1 nm e 435,8 nm).

19 Nel caso dei monitor si tratta, nello specifico, di una sintesi additiva in media spaziale, ovvero della percezione visiva di una mescolanza di colori che fisicamente non esiste. Il colore di ogni pixel viene infatti percepito come combinazione di tre subpixel molto piccoli e vicini, ma non sovrapposti. Lo stesso principio è utilizzato nella stampa in mezzatinta e, in parte, nella stampa in quadricromia. Alla base di questo concetto si trova l'ispirazione artistica del *pointillisme*, nata in Francia a fine Ottocento; alcuni dei primi esperimenti di sintesi additiva spaziale furono fotografici, come l'Autochrome, o cinematografici, come il Biocolor e il Technicolor Process 1.

20 Per esempio il profilo Pantone Hexachrome per Photoshop CS4.
Vedi: http://www.graphicartsonline.com/blog/1860000386/post/100037210/html

21 Per "colori dichiarati" o "tinte piatte" si intendono quei colori che non sono ottenuti per sovrapposizione di più colori fondamentali, ma da un unico colore.

22 Le voci di menu sono selezionabili direttamente da tastiera utilizzando il tasto <alt> in combinazione con la prima lettera che compone il nome della voce (in Windows questa funzione si chiama *Accelerator*), oppure attraverso combinazione di tasti (per esempio <Control>+V (Windows) e <Command>+V (Mac) permettono di incollare una selezione di testo o un'immagine).

23 La dimensione può essere definita in pixel, millimetri, centimetri ecc. a seconda dell'esigenza.

24 La posizione di un'immagine nel piano di lavoro, così come del mouse, viene definita dalla macchina attraverso coordinate cartesiane *X,Y*.

25 Il colore può variare per tipologia, saturazione, contrasto, trasparenza ecc. Ognuno di questi parametri è regolabile.

26 I livelli sono idealmente simili ai fogli di acetato utilizzati per le lavagne luminose e possono contenere intere immagini o parti di esse. Consentono di organizzare e gestire indipendentemente le varie componenti di un'immagine, senza interferire con altre aree o elementi.

27 Le maschere sono un tipo speciale di livelli che permettono di far vedere solo una porzione di immagine, nascondendone la parte restante.

28 La selezione permette di individuare e agire solo su determinate aree o elementi dell'immagine.

29 I filtri a disposizione sono numerosissimi (artistici, di distorsione, di schematizzazione, di contrasto ecc.) e ognuno può essere aggiustato nei parametri secondo le esigenze.

30 Il *rendering* è la visualizzazione dell'oggetto grafico creato. In molti programmi di creazione grafica il *rendering* avviene in un ambiente tridimensionale nel quale l'oggetto può essere spostato e ruo-

tato attraverso apposite maniglie, per essere visualizzato meglio in tutte le sue facce, illuminato o ombreggiato, scalato o distorto.

31 Le pagine mastro sono pagine modello applicabili a pagine di lavorazione simili per struttura e layout.

32 In Photoshop CS3, per esempio, le palette complementari includono: Palette Animazione; Palette Azioni; Palette Campioni; Palette Canali; Applica immagine; Calcoli; Palette Carattere e Paragrafo; Palette Colori; Palette Composizioni livelli; Palette Info; Palette Istogramma; Palette Livelli; Palette Navigatore; Palette Opzioni; Palette Pennelli; Palette Stili; Palette Storia; Palette Strumenti; Palette Strumenti predefiniti; Palette Tracciati.

33 Il *batch* permette, per esempio, di rinominare velocemente una cartella di foto digitali con una sola operazione, senza procedere file per file.

34 Il *droplet* è un piccola applicazione con azioni personalizzabili che permette di gestire una serie di file completa attraverso il drag & drop. Le immagini vengono trascinate nel *droplet* che autonomamente le apre, applica l'azione definita, le salva e richiude i file.

35 Al Salone del mobile 2008 è stata presentata la nuova pubblicità dei succhi di frutta dell'azienda americana Welch, comparsa già da febbraio sul magazine "People" e che permette di assaggiare il succo leccando una linguetta removibile. Altri interessanti esperimenti pubblicitari che si appellano ai sensi sono quelli dei Guerrilla Marketing (reggiseni in giro per Milano per il lancio della nuova serie televisiva *Californication*) e di Adidas, promossa attraverso veri e propri graffiti sugli autobus.

36 Nel manuale gli elementi presentati sono in genere: la genesi del marchio; gli elementi della comunicazione (logo e varianti); il colore e il font istituzionali; l'abbinamento marchio-logo; la cancelleria (carta da lettera, timbri...); la modulistica; i gadget; gli automezzi; la letteratura istituzionale (dépliant, brochure, atti di convegni...); la pubblicità per carta e per Web; il packaging; gli allestimenti (fiere, stand, contesti di sponsorship...).

37 Elementi del linguaggio HTML. *Vedi* il capitolo 5.

4. Il soffio vitale

1 Divinità minori

E allora il disegnatore plasmò una *silhouette* con pixel e vettori
e attivò il player, e l'omino divenne un essere vivente.

"Genesi" (1998)[1]

Che il programmatore e il grafico possano oggi sentirsi delle divinità non stupisce molto, perché nel loro atto creativo generano oggetti che, come mai prima d'ora, hanno il potere di condizionare le abitudini esplorative, comunicative e di interazione di milioni di individui.

Se la possibilità di creare un'immagine al computer si può ricondurre forse più alla tecnica dell'artigiano, del fumettista, dell'artista o del designer ed è avvicinabile al lavoro minuzioso e multi-tavola, la chance di animare quelle immagini è invece strettamente collegata al fare informatico, perché dipende dalla natura del mezzo, dalla possibilità che questo offre di percepire il movimento. La "sostanza profonda" delle nuove tecnologie ha permesso la traduzione dell'immaginario del Novecento.

2 Immagini in movimento

Le prime "immagini in movimento" sono probabilmente cinesi, ombre proiettate sui muri durante gli spettacoli, o comunque di origine orientale: scene di animazione in rappresentazione statica vengono dall'Iran e datano a circa 5000 anni fa.[2] Nel Seicento, la "macchina delle ombre" – la lanterna magica di Kircher – crea le premesse per le prime animazioni, così come la macchina calcolatrice di Babbage pone le basi per lo sviluppo del moderno calcolatore.[3] Il cinema fa proprio questo gioco e attraverso meccanismi sempre più elaborati[4] arriva al montaggio. L'animazione di inizio Novecento si ottiene in due modi:

1. producendo cartoni multipli e poi combinandoli in un film;
2. usando sagome reali posizionate in determinate posizioni, fotografate e poi spostate in situazioni diverse e rifotografate in un processo continuo.

Assieme al cinema, la fotografia e le avanguardie artistiche aprono la strada all'immagine in movimento. La voglia di dinamismo e di simultaneità futuriste, scomponendo oggetti inanimati in linee di forza per suscitare emozioni negli spettatori, influenzano e contaminano non soltanto l'arte contemporanea, ma tutta la successiva cultura elettronica e digitale.

L'opera di Balla può esser considerata un prototipo di realtà virtuale e non solo di immagine animata, perché testimonia la capacità della pittura futurista di descrivere ambienti dove lo sguardo dello spettatore può entrare e immergersi. La stessa voglia di dinamismo muove i dada. Il *Nudo che scende le scale* di Marcel Duchamp, esposto a New York nel 1913, è un esempio di movimento fermato sulla superficie della tela, così come lo erano state le foto di Eadweard Muybridge alla fine del XIX secolo.

Fontana, invece, introduce l'idea di spazio tridimensionale "attivo" nelle tele, perforandone le superfici[5] e interagendo con esse. L'arte cinetica[6] esprime un interesse concreto verso le strutture della percezione, fino ad arrivare a sfruttare le possibilità meccaniche, fisiche, luminose, elettromagnetiche delle opere e a realizzare condizionamenti psico-sensoriali del tutto nuovi.

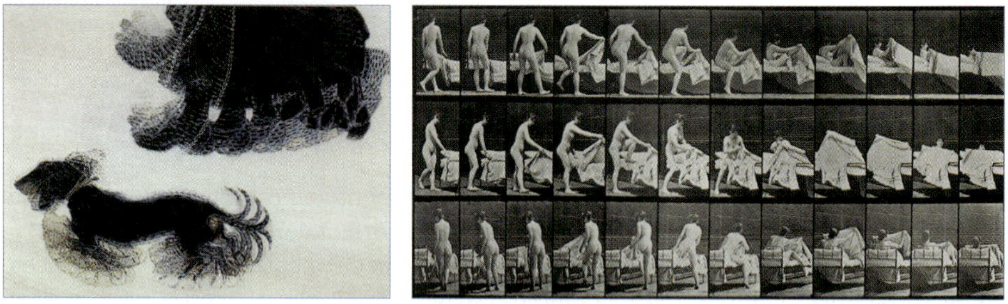

Figura 4.1 - Marcel Duchamp, *Nu descendant un escalier*, n. 2, 1912, olio su tela, Filadelfia, Philadelphia Museum of Art, The Louise and Walter Arensberg Collection (*in alto*); Giacomo Balla, *Dinamismo di un cane al guinzaglio*, 1912, olio su tela, Buffalo (New York), Albright Knox Art Gallery (*a sinistra*); Eadweard Muybridge, *Getting into Bed*, 1887, stampa fotografica, Londra, Wellcome Library (*a destra*).

Il cinema deriva quindi dalla fusione dei concetti di cattura nell'attimo fotografico e dinamismo artistico: quando i momenti "catturati" sono posti in sequenza e visualizzati alla velocità corretta[7] per l'occhio umano, si percepisce il movimento.

3 Immagini in movimento digitale

Il movimento è una percezione caratterizzante della società contemporanea, e la rende la società dell'azione *versus* quella della visione. Il grande numero di dati che si possono ottenere attraverso i nuovi media permettono di rappresentare il mondo nella sua mutevolezza (*random*) piuttosto che in uno scatto statico. Ogni costante è sostituita da una variabile.

Le situazioni quotidiane in cui ci troviamo a interagire con immagini in movimento, e in genere con animazioni, sono molteplici. Al di là della televisione e del cinema, il panorama più ampio e variegato si apre nella Rete: videogiochi, siti web, tutorial di varia natura, servizi come Google Earth, YouTube, ambienti come SecondLife sono solo alcuni degli elementi animati che fanno parte dell'esperienza di ognuno di noi.

L'animazione su computer è generata attraverso un sistema di *rendering*, un algoritmo che produce fotogrammi successivi in modo da simulare – proprio come fa la pellicola cinematografica – il movimento. L'idea che sta dietro alle animazioni più semplici è riconducibile alla tecnica dei modelli (una camera mobile riprende progressivamente

Figura 4.2 - Città da Google Earth (http://earth.google.it/) e SecondLife (http://secondlife.com/).

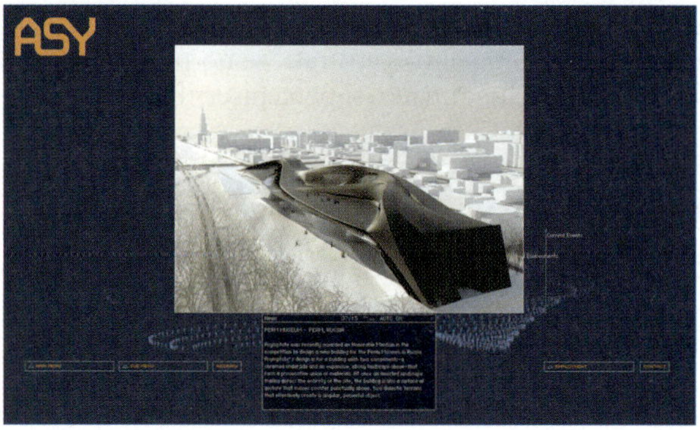

Figura 4.3 - Lo studio Asymptote Architecture (http://www.asymptote.net/) si occupa di quella che oggi viene definita "trans-architettura". Si tratta della creazione di ambienti visibili e invisibili in perpetuo movimento e mai uguali a se stessi, visioni create da software e realizzate concretamente oppure determinate solamente dalla presenza di un pubblico, dal movimento dei singoli individui, dal loro calore corporeo, dal volume e dal tono della voce.

oggetti digitali che vengono piazzati in diversi punti nella scena), ma le animazioni più sofisticate usano funzioni matematiche per determinare il comportamento di quegli oggetti e dotarli di "vita propria".

Le prime animazioni sono state opera di ingegneri, e non di artisti, e costituivano fondamentalmente un controllo del movimento che non prevedeva né anteprime né interazione. La possibilità di gestire animazioni evolute deriva dallo sviluppo di linguaggi di programmazione di alto livello – in grado di definire la complessità e la variabilità di parametri e dati – che trasformano gli oggetti in veri e propri attori. Il controllo del movimento diventa nel tempo sempre più raffinato (prevede gerarchie di controllo sulle parti) per consentire una rappresentazione più aderente al reale: per esempio, lo spostamento di un animale o di un uomo nello spazio, azioni molto più complesse di quelle di un oggetto geometrico e monolitico.

Le animazioni di ultima generazione permettono di coordinare e sincronizzare movimenti (programmazione a oggetti); di definire il movimento in un determinato arco di tempo (uso di modelli e metodi) e in successione di azioni (per esempio, un oggetto che colpisce un altro oggetto che si muove); di cambiare le forme degli oggetti durante l'animazione, ingrandendoli, rimpicciolendoli, deformandone l'aspetto, i tratti e lo spazio di rappresentazione (2D-3D); di controllare gruppi di oggetti relazionati e/o particellari (fuoco, neve, acqua...); di assegnare regole specifiche a singoli oggetti in modo da personalizzare il movimento.

Le tecniche di elaborazione del movimento portano al riavvicinamento tra cinema e informatica nei secondi anni ottanta,[8] quando gli specialisti cinematografici, generalmente artisti, lasciano spazio a fisici, matematici, ingegneri informatici ed elettronici. I successi commerciali di *Star Wars: Il ritorno dello Jedi* (con l'ologramma del protago-

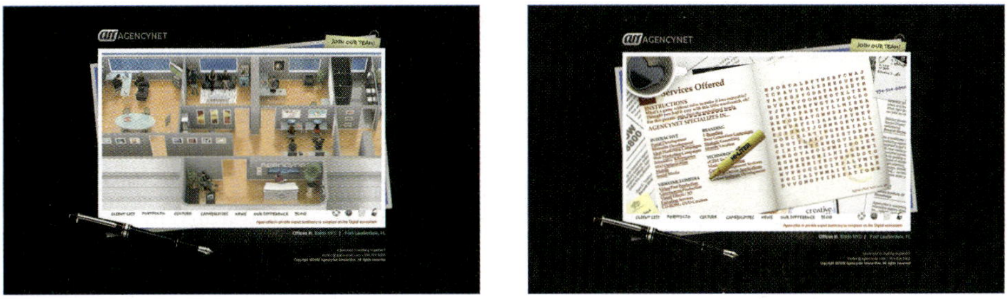

Figura 4.4 - Nel sito web dello studio di design Creaktif, la navigazione punta sull'interazione con l'utente e sull'idea di micro-mondo dotato di vita, attraverso un uso particolarmente efficace di Flash.
Fonte: http://www.agencynet.com/

nista morto), *Star Trek: L'ira di Khan* (con il progetto "Genesis"), *Young, piramide di paura* (con il cavaliere di vetro), *The Abyss* (con il volto composto d'acqua) mettono in evidenza come il digitale stia ormai conquistando un ruolo di spicco nella lavorazione e nella post-produzione. Registi come James Cameron e produttori come la Walt Disney aprono la strada e supportano l'animazione digitale promuovendo, già negli anni novanta, la produzione di pellicole come *Terminator*, *Batman Returns* (*Batman: il ritorno*), *Alien 3*, *Jurassic Park*, *The Lawnmower Man* (*Il tagliaerbe*), *Death Becomes Her* (*La morte ti fa bella*), *Toys*, *In the Line of Fire* (*Nel centro del mirino*), *The Mask*, *Forrest Gump*... fino a realizzare lungometraggi interamente digitali, a partire dal 1995 con *Toy Story*.

La realizzazione digitale di una pellicola offre molteplici vantaggi, tra i quali la possibilità di non dover girare fisicamente delle scene, di non avere attori in carne e ossa, di non dover selezionare le riprese e montarle, e la chance non indifferente di poter sostituire elementi mancanti (un protagonista morto come in *The Crow*(*Il corvo*); un personaggio inesistente come il Gollum del *Signore degli Anelli*; un ambiente virtuale come in *Matrix*) quando se ne presenta la necessità.

4 La quarta musa

Se l'arte, la fotografia e il cinema sono le tre muse che hanno portato alla concettualizzazione dell'animazione, non si può tralasciare la quarta e più recente divinità. La videoludica è forse la più giovane delle dee, ma la più conosciuta[9] tra gli utenti dei nuovi media. Lo sviluppo dell'informatica, e in particolare quello dell'animazione digitale, hanno un debito piuttosto consistente verso questo settore.

Il videogioco nasce negli anni cinquanta per affermarsi sul mercato negli ultimi anni settanta, ma la vera diffusione di massa è collegata all'avvento di Internet a partire dagli anni novanta,[10] quando la vendita dei videogiochi ha superato quella di Hollywood.[11]

La concettualizzazione dell'immagine in movimento, la possibilità di ottenere e combinare immagini digitali, ovvero unità discrete, il remix totale e l'apertura verso un'interazione sempre più efficace da parte dell'utente, tutti elementi permessi nel mondo ludico, hanno fortemente trasformato la stessa idea di cinema e le forme di produzione cinematografica.[12] L'esempio più evidente è dato dalla creazione del *machinima*,[13] una situazione "cinematografica" data dal *rendering* digitale. L'immagine in movimento è generata in tempo reale nei giochi interattivi – per esempio negli sparatutto in soggettiva,[14] come *Doom*[15] – con un motore grafico 3D, indipendentemente dall'uso di un programma proprietario. Oggi esistono interi film realizzati usando strumenti (demo recording, angolazione, editor, script editor ecc.) e risorse (background, livelli, personaggi, skin ecc.) disponibili nei giochi: si tratta di vere e proprie pellicole con attori, set, costumi, copione, musiche e quant'altro. Se i primi programmatori di videogiochi hanno pensato l'animazione prendendo ispirazione dalle pellicole, ora il processo è rovesciato.[16] Si può concludere che l'influenza tra cinema e videogiochi è reciproca: il cinema ha adottato la logica della ripetizione,[17] l'estetica digitale in termini di effetti speciali e la diegesi.[18] Il videogioco, da parte sua, ha letteralmente incorporato il cinema attraverso l'inserimento delle *cut scenes* (sequenze animate non interattive) e delle inquadrature[19] (Bittanti e Taglioretti 2006).

La natura ludica e la gestione di contenuti animati, vivi, mutanti nel tempo, rendono i nuovi media mediatori anche tra gioco e arte, sottolineando ancora una volta il rapporto dinamico tra mezzo e contenuto. Non è un caso se numerosi artisti hanno scelto di manipolare e sovvertire la forma-videogame, dando vita alla *Game-Art*,[20] un'arte che – attraverso la distorsione del videogioco – parla di pace e di guerra, di amore e di violenza, di ideologia e di tecnologia (Quaranta 2004 e 2006).

Figura 4.5 - Due esempi di Game Art: Jodi (http://wwwwwwwww.jodi.org/) e The Free Culture Game di Molleindustria (http://www.molleindustria.org/freeculturegame-eng). *Vedi anche* http://www.gamescenes.org/artists.html.

5 Animazione scientifica, informativa, didattica

Animare un'immagine è diventato indispensabile anche in contesti lontani da quelli artistici e comunicativi, e più funzionali che estetici. Per esempio, l'*Atlante stereoscopico dell'anatomia umana* apparso nel 1962 in 25 volumi e visionabile con appositi occhialini, è stato ricreato in animazione 3D dalla Scuola di Stanford. L'archivio medico sarà disponibile online e consentirà di esplorare le singole parti anatomiche degli organismi attraverso didascalie e disegni dinamici al variare della posizione del mouse.[21]

L'animazione di un oggetto o di un ambiente contribuisce all'associazione di quel contesto con il reale e, di conseguenza, consente una miglior utilizzo delle informazioni a esso connesse. Una mappa della terra cartacea e bidimensionale è una distorsione visiva e concettuale, mentre il mappamondo adotta una serie di compromessi rappresentativi[22] per ridurre la sfasatura percettiva e la complessità dell'informazione fornita necessariamente tutta in uno stesso momento. Google Earth sfrutta il mezzo digitale per l'orientamento, fornendo oggetti discreti, quindi un'immagine dinamica, modulabile, interattiva e personalizzabile.

L'aderenza con il reale è aumentata dalla navigazione in soggettiva: visualizzazione in 3D degli edifici delle diverse città del mondo, navigazione "in picchiata" che consente di sorvolare – proprio come nel volo di SecondLife – i territori desiderati grazie a specifici controlli; simulazione di luci e ombre (alternarsi del giorno e della notte sulla Terra); visualizzazione di strade e immagini panoramiche delle città a 360 gradi; possibilità di alzare gli occhi al cielo per esplorare l'universo.

In **ambito architettonico e di progettazione meccanica** vengono preferiti applicativi CAD (*Computer Aided Design*), ossia sistemi di progettazione assistita da un computer: gli oggetti 3D possono essere sia virtuali (simulazioni, prototipazioni) sia reali (proget-

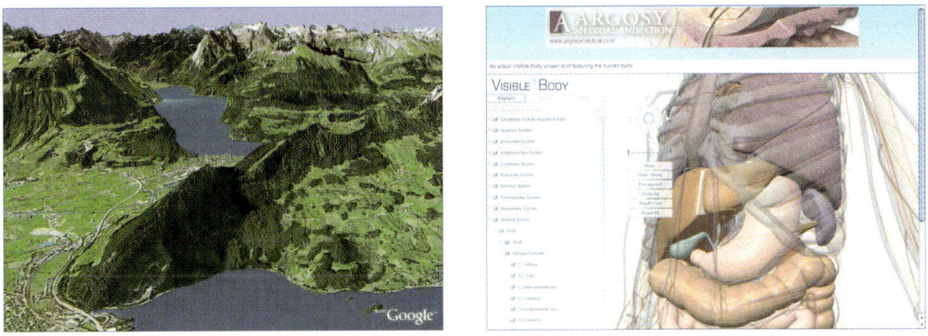

Figura 4.6 - Le Alpi svizzere viste da Google Earth e una rappresentazione in 3D del corpo umano in Visible Body. I modelli, sviluppati da un team di medici con esperienza nel campo dell'illustrazione medica, rappresentano tutti gli apparati del corpo umano.
Fonte: http://www.visiblebody.com

tazione). I sistemi CAD possono essere "orizzontali", se sono pensati per l'utilizzo in contesti applicativi variegati, o "verticali", se sono ideati per un ambito specifico di applicazione che necessita strumenti e situazioni molto dettagliate.[23]

L'adozione di programmi come AutoCAD o ArchiCAD ha consentito la realizzazione digitale di *maquette* e modellini dinamici, oltre che la contestualizzazione di una data struttura in uno specifico contesto spaziale. Le immagini prodotte sono vettoriali, tridimensionali e manipolabili dall'utente. I programmi CAD, inoltre, sono dotati di *rendering*, ovvero della possibilità di avvicinarsi quanto più possibile alla rappresentazione fotografica di un contesto architettonico attraverso la simulazione di sorgenti luminose multiple, di materiali e superfici, di ombre, riflessioni e trasparenze.

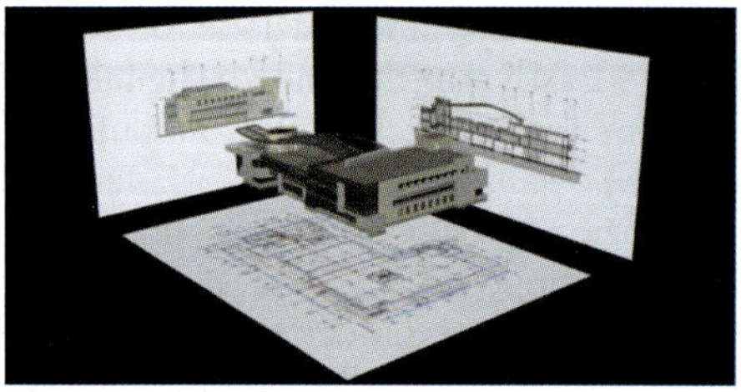

Figura 4.7 - Modelli realizzati con Autodesk AutoCAD 2009 e Graphisof ArchiCAD 11.
Fonte: http://www.autodesk.it/adsk/servlet/index?siteID=457036&id=10480677 e http://usa.autodesk.com/adsk/servlet/item?siteID=123112&id=8446271

Un altro importante settore in cui l'animazione sta cominciando a ricoprire un ruolo fondamentale è quello della didattica. Modalità di insegnamento sviluppate attraverso i nuovi media – come l'e-learning[24] – sfruttano l'integrazione tra sistemi informatici diversi e l'interattività con i materiali digitali, per favorire percorsi di studio "a distanza" e offrire modalità di apprendimento personalizzate. L'interazione umana e quella uomo-macchina vengono spesso mediate in questo processo da sistemi dinamici e animati. La disponibilità sul mercato di programmi di animazione di varia complessità e specificità (da PowerPoint ad AutoCAD, da Flash a Maya) consente agli stessi docenti di diventare autori dei propri *tutorial*, anche nella didattica presenziale.

Inserire la dimensione "tempo" permette di rappresentare processi e procedure, così come il dinamismo dei contenuti si presta all'aggiornamento, alla connessione con altri materiali, ai cambi di posizione e di forma in tempo reale, parcellizzando, correlando e semplificando di conseguenza l'informazione fornita. Il contenuto rappresentato digitalmente sostituisce e uniforma quello solo "immaginato" dall'utente classico di un testo verbale. L'immaginazione digitale si avvicina quindi all'immaginario, permettendo varianti, ovvero situazioni di editing impossibili sulla carta.

L'uso di animazioni nella didattica riconosce una certa permeabilità dell'ambito dell'apprendimento verso quello ludico, permettendo un avvicinamento più spontaneo ad al-

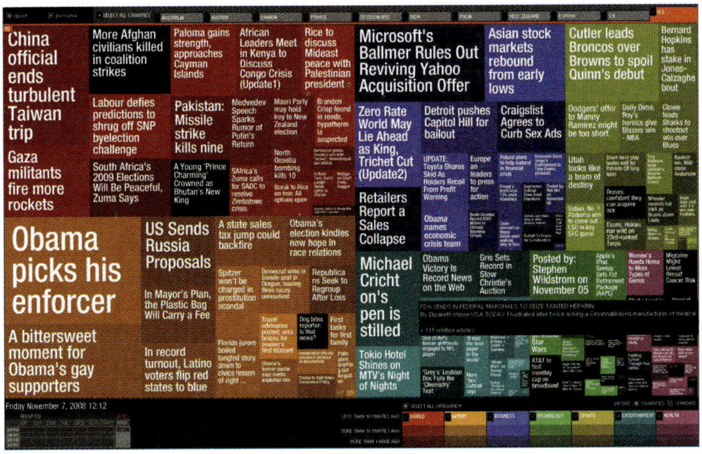

Figura 4.8 - Home page di Newsmap (http://www.marumushi.com/apps/newsmap).

cuni campi del sapere, anche complessi. Allo stesso modo, consente di trattare con un linguaggio diverso contenuti non sempre di facile presentazione (per esempio, tematiche relative alla sessualità) anche in contesti formali come una conferenza.

L'animazione consente, infine, la creazione di contesti informativi nuovi, capaci di erogare notizie in modo più coerente con le caratteristiche dei nuovi media. Sistemi di visualizzazione dinamica come *Newsmap* generano, attraverso un apposito algoritmo, un'interfaccia visiva per l'aggregatore di notizie di Google News. Le informazioni fornite sono molte di più dei semplici titoli: a colpo d'occhio si ha una panoramica degli eventi mondiali aggiornata al momento specifico della consultazione e risulta più identificabile la relazione che intercorre tra gli uni e gli altri; i colori indicano la tipologia di notizie (world, nation, business…) e il gradiente di colore identifica quanto tempo è intercorso dalla pubblicazione (meno di 10 minuti, più di 10 minuti, più di un'ora); la dimensione dei box segnala la rilevanza di quella specifica notizia calcolata in base al numero di articoli pubblicati nel mondo sull'argomento.

6 Percepire l'animazione, da medium a software

Percepire l'animazione nella società postmoderna significa qualcosa di diverso rispetto al modo in cui lo intendeva la società moderna. Se per quest'ultima il concetto tradizionale di media ne enfatizzava le proprietà fisiche e le capacità rappresentative, portando in primo piano le intenzioni dell'autore/artista, il contenuto e la forma dell'opera, l'approccio contemporaneo ne evidenzia piuttosto le funzioni: lo sguardo si rivolge alle capacità dell'utente e la cultura viene concepita come un software che lo abilita all'utilizzo di oggetti e materiali nello spazio e nel tempo.

6.1 Lo spazio

Manovich (2001) considera lo schermo come una superficie rettangolare che incornicia un mondo "virtuale" e che esiste all'interno del mondo fisico dello spettatore senza occuparne completamente il campo visivo. Gli spazi al di qua e al di là del PC vengono messi in relazione attraverso sistemi di rilevamento del movimento: l'immagine animata fuori (la nostra mano o per i disabili gli occhi, la bocca ecc.) e dentro (la freccia del mouse, un avatar ecc.) siamo noi.

Quando si utilizzano programmi di animazione, lo spazio è rappresentato da un piano di lavoro che può essere a 2 (Flash ecc.) o a 3 dimensioni (3Dstudio Max, Maya, CAD ecc.) e che include una dimensione "non visibile", esterna a quell'area, per permettere l'"entrata in scena" o l'"uscita di scena" di un determinato oggetto grafico.

Lo spazio fisico dove viene visualizzato il "foglio da disegno" – il vero e proprio "stage" più il "fuori scena"– coincide con lo schermo del computer, ovvero con un piano cartesiano di dimensione (in pixel) proporzionale alla sua risoluzione (800 × 600 = 480 000, 1024 × 769 = 786 432 ecc.). Tale piano cartesiano viene definito da:

1. origine delle coordinate, per convenzione coincidente con l'angolo superiore sinistro dello schermo;
2. sistema di ordinate rappresentante gli assi verticali;
3. sistema di ascisse, rappresentante gli assi orizzontali.[25]

Il disegnatore definisce:

- la posizione di un oggetto nello spazio attraverso i valori *x* (LEFT) = distanza dal bordo sinistro dello schermo e *y* (TOP) = distanza dal bordo superiore dello schermo;
- il movimento di un oggetto, dando le coordinate di un punto A (*x*, *y*) di inizio azione e di un punto B (*x*, *y*) di fine azione;
- l'animazione di un oggetto in un dato spazio, vincolando alla sua posizione C (*x*, *y*) l'attivazione di determinate funzioni fornite dal programma in uso.

Quando si parla di animazione creata con programmi per 3D (3D Studio Max, Maya, AutoCAD, ArchiCAD ecc.), le coordinate da considerare diventano tre, perché alla larghezza (*x*) e all'altezza (*y*) si aggiunge la profondità nello spazio (*z*). Nel piano di lavoro vengono messi a disposizione righelli,[26] griglie[27] e guide con vari attributi attivabili[28] a seconda della necessità.

Una volta che il disegnatore e il programmatore hanno animato un oggetto, lo spazio dove avviene il suo movimento si adatta allo schermo del dispositivo dell'utente (un altro computer, un palmare, un cellulare, una console, un televisore ecc.). Ecco perché nella fase creativa è importante tener conto di una serie di parametri, tra cui la grandezza dello schermo con cui verrà visualizzata l'animazione, le possibili superfici di interazione e gli ingombri fisici (struttura del dispositivo) o visivi (barra degli strumenti di navigazione,[29] barra degli strumenti di posizione,[30] barra di stato[31] e barra dei menu[32]).[33]

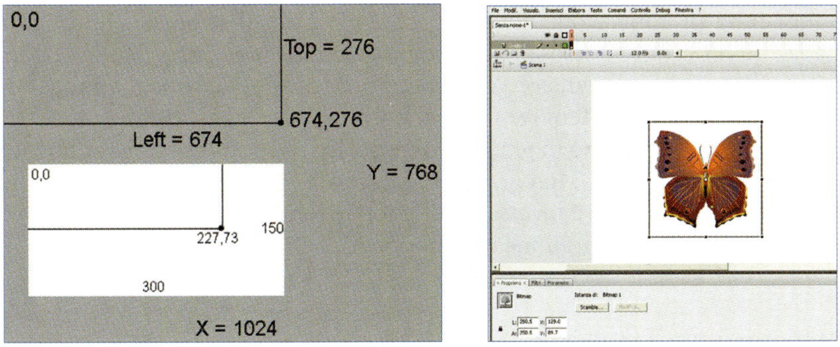

Figura 4.9 - Coordinate e misure di un oggetto nello spazio-schermo.

6.2 *Il tempo*

Il tempo, concepito come "flusso continuo", ha influenzato a lungo fotografi, pittori, coreografi, video-maker nell'ultimo secolo. Il filosofo francese Henri Bergson considerava il tempo come il fulcro della metafisica e la realtà come il flusso del tempo: «Il passato dura vivendo nel presente ed entrambi durano prolungandosi nel futuro».

Rispetto ai programmi di grafica, in quelli di animazione compare una quarta dimensione: il tempo. Si può quindi aggiungere una nuova coordinata nella definizione del movimento, oltre a x, y, z: t = tempo. La linea temporale, generalmente composta da fotogrammi, indica il passato, il presente e il futuro di un determinato movimento e consente di programmare la sincronia tra eventi indipendenti per natura e azione, posizionati anche su livelli diversi.[34]

Il tempo viene misurato in modo diverso a seconda dell'utilizzo di una data animazione: i formati per video usano in genere 24 fotogrammi al secondo (fps), quelli per Web 12 fps. La quantità di fotogrammi al secondo è un dato relativo, personalizzabile a seconda delle esigenze di realizzo di un determinato prodotto e del formato in uscita. La barra di stato generalmente associata alla timeline mostra:

- il numero del fotogramma in selezione, per cui come un orologio, indica in che momento del tempo ci si trova;
- la frequenza dei fotogrammi, cioè quanto velocemente scorre il tempo nel mondo che abbiamo creato;
- il tempo trascorso fino all'attimo presente, ossia qual è il passato, quanto lunga è stata la storia di quell'animazione.

La linea del tempo serve quindi a capire quando inizia e quando termina una determinata azione (fotogrammi chiave),[35] quanto dura (numero di fotogrammi impiegati), con quali altri elementi interagisce (livelli), come si comporta (interpolazione di movimento, di forma ecc.) e con quale coordinazione temporale (ordine fotogrammi).[36]

I programmi di animazione nascono, come molti degli strumenti informatici, per automatizzare procedure e risparmiare tempo-lavoro, soprattutto quando l'operazione è ripetitiva. Rispetto al disegnatore di fumetti o di cartoni, destinato a preparare centinaia di tavole con lievi differenze per consentire la percezione del movimento, i software come Flash o Maya sono in grado di interpolare o riempire automaticamente – per produrre movimenti fluidi – i fotogrammi compresi tra i fotogrammi chiave definiti. La lunghezza di un'animazione è inversamente proporzionale al numero di fotogrammi visualizzati dal *player* del programma in un secondo.

7 Animare, quindi muovere

Animare un'immagine significa padroneggiare una serie di conoscenze e di strumenti, a prescindere dal programma di animazione (Flash, Maya, 3D Studio Max ecc.) che verrà adottato; dar vita alle immagini vuol dire anche essere coscienti di chi le utilizzerà e come.

L'idea di movimento è ancora oggi principalmente associata all'utilizzo standard di periferiche dedicate (mouse, joystick, tastiera), ma le modalità di interazione più evolute consentono di personalizzare le funzioni di queste periferiche e di inventare nuove modalità capaci di andare oltre lo standardizzato "Point and Clic" o "Press Key".

Il **puntatore**, per esempio, può indicare se l'utente è fermo o si sta muovendo in una certa porzione di spazio, a che velocità lo fa, se si avvicina o allontana da un determinato punto, se temporeggia in una certa zona e per quanto. Un esempio di movimenti non consuetudinari con il mouse è dato dal gioco *Rayman Raving Rabbidts* (sviluppato per la console Nintendo Wii e disponibile anche per PC) dove, in mancanza dei controller e delle periferiche della Wii, diventa essenziale l'uso del mouse. Le modalità di gioco sono variegate e includono il drag & drop di oggetti, il movimento circolare del mouse sul tappettino (al fine di lanciare il più lontano possibile una mucca incatenata), l'uso dei tasti dx e sx a tempo di musica e in sincronia con bottoni luminosi che scorrono sullo schermo ecc. Esiste anche un'estensione di Firefox[37] che permette di combinare i movimenti del mouse per gestire direttamente un browser, con largo spazio alle personalizzazioni.

La **tastiera** può accrescere l'interazione attraverso gestori presenti in certi programmi (per esempio Flash) che verificano quando un tasto è schiacciato (KEYDOWN) o rilasciato (KEYUP), quante volte e per quanto tempo. Un tasto può attivare o sospendere un'azione, ereditare una funzione specifica (KEY.GETCODE, per esempio un suono o un'animazione).

La **webcam** sta diventando sempre di più uno strumento strettamente collegato al controllo e alla gestione del movimento, perché in grado di mappare sia lo spazio sia il puntatore che ne controlla gli eventi. Nella *natural interaction* il mouse può essere costituito da un qualsiasi oggetto (anche di uso comune come una palettina da mosche), oppure da esseri umani in carne e ossa che si muovono su una superficie sensibile o semplicemente in un ambiente specifico. Lo sviluppo della tecnologia ha permesso che

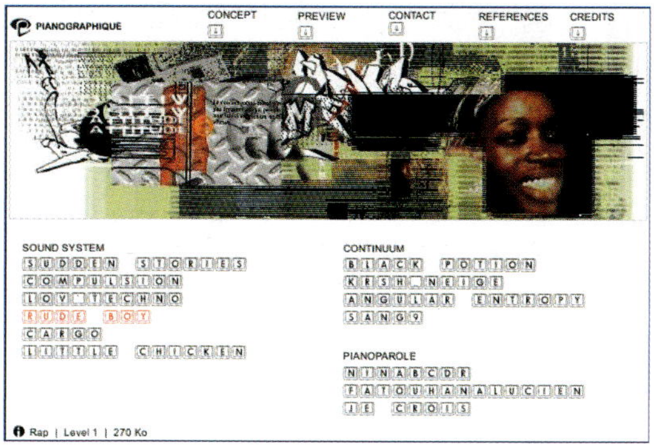

Figura 4.10 - Associazione di suoni e immagini ai tasti della tastiera di "Rude Boy" in Pianographique (http://www.pianographique.net) e *Moschea* di Lorenzo Pizzanelli (per gentile concessione di Daniele Ugolini Contemporary). Sullo sfondo decorato che richiama i "merletti" dei luoghi sacri all'Islam ronzano e svolazzano inquietanti MGM (Mosconi Geneticamente Modificati). Con una normale palettina da mosche l'utente può eliminarne qualcuna, effetto che si crea grazie a un sistema di rilevamento del movimento dell'oggetto nello spazio. Esempio di interazione in uno spazio museale.
Fonte: http://www.sensingplaces.com/public_spaces.html e http://www.pizzanelli.com

quest'interazione avvenga senza cavi e l'ha resa disponibile per applicazioni anche molto diverse tra loro, dalla sorveglianza all'intrattenimento, dalla riabilitazione medica alla performance artistica, dai musei al marketing, dalla domotica al commercio (*Figura 4.11*).

Secondo Flavia Sparacino (2008), i sistemi di rilevamento sono strettamente collegati allo sviluppo di spazi "intelligenti" che non solo sono tangibili come il mondo reale, ma che sono in grado di integrarsi con esso. Le forme di "intelligenza" possono essere di tre tipi:

1. *percettiva*, attraverso sistemi informatici in grado di rilevare la presenza degli utenti e il loro movimento in uno spazio;
2. *interpretativa*, grazie a dispositivi che "capiscono" le azioni degli utenti e "ipotizzano" aspettative e relative azioni successive;
3. *narrativa*, in grado di interagire con gli utenti direttamente attraverso l'organizzazione dell'informazione, delle storie, delle immagini, delle animazioni nel contesto giusto e al momento giusto, soddisfacendone tutti i bisogni e le preferenze.

Attraverso le webcam e i sensori di movimento lo spazio fisico accresce il suo ruolo di semplice "contenitore di esseri viventi" per diventare uno "spazio comunicativo" e di interazione (*Figura 4.12*).

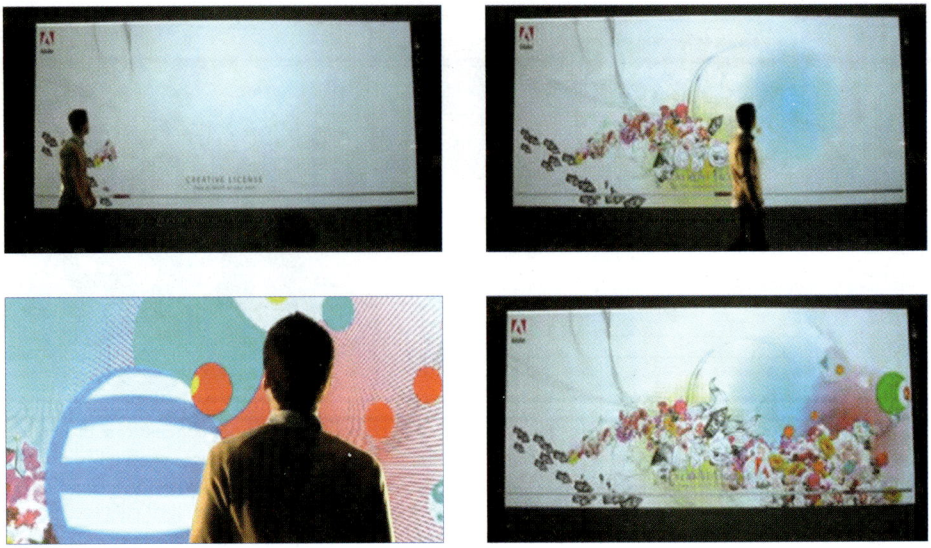

Figura 4.11 - Animazione commerciale con rilevatore del movimento. Il cartellone si anima al passaggio delle persone e propone loro non solo l'aspetto grafico, ma anche un messaggio audio. L'esperienza pubblicitaria – come già preconizzava *Minority Report* – diventa interattiva e *ad personam*. Tra i meccanismi di questo tipo già esistenti e in grado di rendere l'esperienza dello shopping "sensazionale" rientrano sistemi luminosi, ritratti reattivi, muri ricettivi.

Fonte: http://www.youtube.com/watch?v=LZpTGMvDRag&eurl=http://vook.wordpress.com/2007/07/18/adobe-cs3-interactive-billboard/

Figura 4.12 - Tipologie di sistemi di interazione in "ambienti intelligenti".

Fonte: http://www.naturalinteraction.org/ e http://www.ichim.org/

8 Il processo dell'animazione

8.1 *Preliminari*

Creare un'animazione non significa solo usare un programma specifico, ma pianificare una serie di passi che conducano ad avere a disposizione tutti gli elementi necessari in fase di lavorazione e a essere appropriati in fase di diffusione del prodotto creato.

- **Pianificare il lavoro**: definire l'obiettivo dell'animazione (ludico, commerciale, comunicativo...); valutare a chi si rivolge (target) e quindi a quali parametri culturali e gusti; individuare il linguaggio comunicativo (stile del racconto) e informatico (scelta del programma da utilizzare) più appropriati per raccontare una certa storia.
- **Definire lo storyboard**: scrivere una storia o una sequenza di eventi che dovranno presentarsi nell'animazione; individuare i personaggi coinvolti e le loro caratteristiche; definire gli oggetti presenti nell'animazione (grafica, audio, video...).
- **Preparare le bozze**: disegnare i passaggi fondamentali dell'animazione in modo da concretizzare strutture, forme e sequenze principali.
- **Preparare elementi complementari**: registrare l'audio, scattare le fotografie, girare i video...
- **Produrre il layout**: settare tutti i parametri del programma selezionato per lo sviluppo dell'animazione; sviluppare l'ambiente in cui avverrà l'animazione; inserire nelle librerie gli elementi raccolti e definire eventualmente le relazioni tra essi (per esempio, tra immagini e audio).
- **Creare l'animazione**: creare i fotogrammi chiave e impostare le relative azioni mediante script: il programma genera autonomamente i fotogrammi semplici.
- **Prestare attenzione alle scelte tecniche**: non tutti i programmi di animazione si comportano allo stesso modo, ma quasi tutti utilizzano elementi di base simili e set di strumenti dedicati.

8.2 *Elementi di base*

- **Immagini vettoriali**: le azioni, le interpolazioni di forma e movimento ecc. si basano su funzioni matematiche e necessitano quasi sempre di immagini vettoriali per venire applicate. Inoltre, le immagini vettoriali sono in genere più leggere delle bitmap e non presentano problemi di scalabilità.
- **Legge della semplicità**: la configurazione di default per un'animazione segue le leggi elementari della fisica, quindi per far spostare un oggetto da un punto A a un punto B il programma sceglierà di fargli compiere il tragitto più breve possibile. Questa situazione non sempre corrisponde agli attributi di un oggetto, dal momento che in natura le traiettorie rettilinee e perfettamente uniformi per velocità esistono soltanto in laboratori di sperimentazione. Gli attributi di base sono altamente personalizzabili e vanno adattati alla necessità dell'animazione.

- **Legge del risparmio**: praticamente tutti i programmi di animazione sono dotati di librerie di due tipi:
  – librerie di strumenti, per permettere la personalizzazione di palette e settaggi;
  – librerie di oggetti, campione o creati dall'utente stesso.

  La possibilità di attingere a elementi di libreria consente di non moltiplicare inutilmente lavoro e pesi in byte: il programma può utilizzare un determinato oggetto molte volte "caricandone il peso" e quindi renderizzandolo una sola volta. I programmi CAD, per esempio, offrono ricche librerie di immagini 2D per materiali e parti di costruzioni; Maya fornisce materiali e dettagli anatomici ecc.; SecondLife rende disponibili poliedri, texture e molti altri oggetti nelle "Sandbox" di sviluppo.

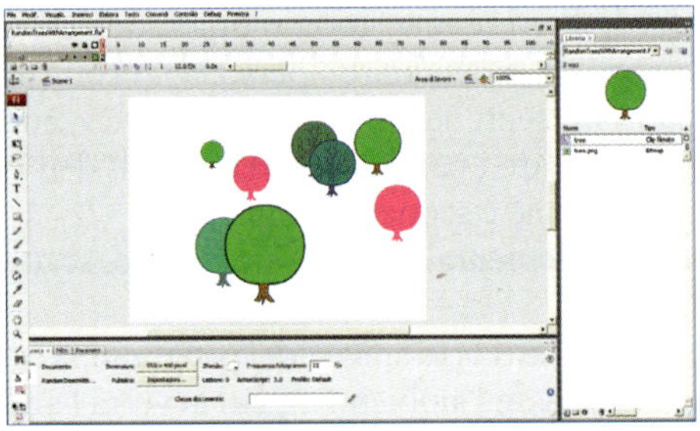

Figura 4.13 - La legge del risparmio. L'uso delle librerie permette di ottenere infinite istanze partendo da un dato set di oggetti predefiniti o creati dall'utente.

- **Output**: alcuni programmi di animazione sono nati per produrre oggetti web (Flash), altri per produrre animazione *tout court* (Maya, 3D Studio Max ecc.). L'uso di animazioni in contesti diversi implica lavorazioni, qualità e parametri specifici.
- **Cross-platform**: non tutti i programmi di animazione funzionano indifferentemente su Windows, Mac e Linux, sebbene la direzione sia quella di andare verso il cross-platform. Considerando la necessità di un lavoro di team nello sviluppo di animazioni complesse, va verificata la compatibilità programmi-sistemi operativi prima di adottare una certa soluzione software. L'assenza di cross-platform a volte viene supplita dalla compatibilità di alcuni dei formati di salvataggio dei file. Per esempio, AutoCAD permette di salvare in .dxf (*drawing exchange format*), uno degli standard di interscambio di dati CAD tra diverse applicazioni.
- **Player e sistema proiettore**: quasi tutti i programmi di animazione forniscono un player o un formato di salvataggio "proiettore". Il player permette all'utente di visualizzare un'animazione sulla propria macchina indipendentemente dall'avere installato o meno un determinato programma, ed è generalmente un software di pochi kB (*plug-in*) fornito in modo automatico via Web in caso di necessità. Il formato proiettore annida il player, aumentando il peso del file salvato, ma permettendo la visua-

lizzazione dell'animazione anche su macchine dove non sia consentita l'installazione del *plug-in* (per esempio su PC dove non siano abilitati i privilegi di installazione).

8.3 *Principi dell'animazione*

Prima di animare un oggetto, bisogna disegnarlo. Come nei programmi di grafica, anche in quelli di animazione viene resa disponibile una palette con gli strumenti principali per disegnare, colorare, selezionare e modificare immagini; scrivere e personalizzare dei testi; visualizzare il lavoro e settare in modo molto specifico gli strumenti selezionati.

La presenza dei livelli resta altrettanto fondamentale perché permette di organizzare, gestire e separare facilmente le immagini e le animazioni di un documento. I livelli possono essere semplici contenitori, maschere o guide che veicolano l'azione, semplificando l'applicazione di effetti sofisticati. Il numero di livelli creabili in un programma è limitato in genere solo dalla memoria a disposizione nel computer e non influisce sulle dimensioni di salvataggio del file.[38] Per una questione di quantità e dettaglio degli elementi trattati in un lavoro di animazione, si tende a nominare accuratamente i livelli in modo da individuarne il contenuto nel minor tempo possibile e riservarne alcuni esclusivamente al codice o alle tracce audio e video.

Una volta disegnato un oggetto, è necessario assegnargli delle istruzioni in modo che il computer possa "attivarlo" nello spazio e nel tempo. A questo fine i programmi di animazione forniscono una parte di istruzioni più vicina ai linguaggi di programmazione (per esempio, Actionscript in Flash). Le azioni vengono in genere assegnate a un fotogramma chiave sulla linea temporale se l'evento è istantaneo, definito in un certo momento (per esempio, l'apertura di una finestra pop-up), o direttamente a un oggetto se questo deve rispondere costantemente nel tempo a delle sollecitazioni da parte dell'utente (per esempio, un pulsante).

Molti programmi di animazione funzionano basandosi sulla cosiddetta "programmazione a oggetti", cioè sulla possibilità di assegnare un'azione direttamente all'istanza di un oggetto appartenente a una certa classe. In Flash, per esempio, gli elementi grafici sono organizzati in simboli, ovvero nelle classi "clip filmato", "pulsante" e "grafico". Ogni simbolo è dotato di una timeline dedicata che può venire "nidificata" all'interno della linea temporale principale del documento o di quella di un oggetto "padre", superiore in gerarchia. Il principio è lo stesso delle directory e delle sottodirectory di normale utilizzo nei computer (cartella che contiene altre cartelle, che a loro volta contengono altre cartelle). Inoltre, ogni simbolo può essere trascinato dalla libreria sullo stage infinite volte, creando duplicati di se stesso senza compromettere il peso del file, ma permettendo un controllo specifico – attraverso il codice – di ogni singola istanza.

La libreria è lo spazio dove vengono forniti oggetti già pronti, memorizzati e organizzati i simboli creati con un determinato programma, inclusi i file importati (per esempio audio e video). È possibile quindi catalogare gli elementi in cartelle, verificarne la frequenza di utilizzo, ordinarli per tipologia, visualizzarne un'anteprima di aspetto e animazione prima dell'importazione sullo stage.

Generalmente nei programmi di animazione, così come in quelli di grafica, si tende a salvare le modifiche piuttosto frequentemente, in modo da non perdere lavoro in caso di chiusura inaspettata del file o di stallo del sistema operativo. Anche in questo caso i formati di salvataggio sono doppi. Questo è dovuto a più ragioni:

1. l'ambiente di editing (*back office*) è di solito molto complesso e mira a fornire quanti più strumenti possibile al disegnatore e al programmatore; questi stessi strumenti non sono di alcuna utilità per l'utente;
2. l'ambiente di visualizzazione (*front office*) deve fornire all'utente elementi dinamici per interagire, che ostacolerebbero invece il disegnatore in fase di creazione e sviluppo (per esempio, un pulsante sempre attivo, un movimento sempre visibile ecc.);
3. l'utente deve poter interagire con l'animazione in modo più o meno avanzato, ma non può modificare il file sorgente;
4. un'immagine o un'animazione salvata deve conservare tutti gli elementi utilizzati nella creazione (dalla timeline, ai livelli, alla libreria completa) per essere successivamente ri-editata e risulta molto pesante in byte. Viceversa, un'animazione da pubblicare in Rete deve potersi scaricare e visualizzare velocemente.

Per soddisfare queste esigenze, i programmi di animazione offrono la possibilità di salvare in formato proprietario (per esempio, .fla per Flash) e in formato di pubblicazione (per esempio, .swf, .html, .mov per Flash) oltre che proiettore (.exe per Win, .hqx per Mac). Ognuno di questi formati è personalizzabile ed è caratterizzato da specifici attributi che comportano l'eliminazione, la compressione o il mantenimento di tutte le parti del file originario.

Note

1 Nascita delle gif a immagine multipla, ovvero delle immagini animate.

2 "First Animation of the World Found In Burnt City" (30 dicembre 2004). *Vedi:* http://www.netnative.com/news/04/dec/1249.html

3 *Vedi* il capitolo 12.

4 Taumatropio, Fenachistiscopio, Stroboscopio, Zootropio, Cineografo, Prassinoscopio, Teatro ottico, Cinetoscopio, Cinematografo.

5 Fontana si muove nell'ambito dello Spazialismo. La dimensione tridimensionale era stata introdotta in pittura da Giotto, ma solo dal punto di vista percettivo-visivo: una tridimensionalità "passiva", che si impone all'osservatore. Quella di Fontana invece è l'esito di un'azione voluta, spesso connotata in senso tragico o violento.

6 In particolare, il richiamo è ad artisti come Gabo, Archipenko, Max Bill, Calder, che avevano già sperimentato produzioni cinetiche e cercato un'integrazione tra individuo, opera e ambiente.

7 Questa velocità è di circa 24-25 ftp.

8 Le prime sperimentazioni avvengono in film di scarso successo: nel 1980 in *Flash Gordon* di Frank Vander Veers; nel 1981 in *Looker* (*Troppo belle per vivere*) di Michael Crichton con la rappresentazione in 3D del corpo perfetto di Susan Dey; in *Futureworld* (*Futureworld: duemila anni nel futuro*) di Richard T. Heffron e in *Tron* di Steven Lisberger. Tuttavia, i traguardi raggiunti grazie al Digital

Scene Simulation System e al Pixar Image Processing Computer (sviluppato nel 1982 dalla Lucasfilm Computer Division) permettono che il digitale venga adottato come uno degli strumenti di lavorazione standard a Hollywood.

9 Secondo le statistiche della Interactive Digital Software Association, oggi gli utenti dei videogiochi sono circa 130-145 milioni persone di tutte le età.

10 La varietà dei videogiochi è piuttosto alta e presenta una notevole complessità tematica, estetica e ideologica: la differenza tra *The Sims* e *Grand Theft Auto*, ICO e *World of Warcraft* è facilmente percepibile.

11 Secondo i dati raccolti dall'Associazione editori software videoludico italiana - AESVI (http://www.aesvi.it) – su un campione di 1270 punti vendita in Italia (circa il 70% dei distributori), l'industria dei videogiochi nel nostro paese ha superato il miliardo di euro nel 2007 (+ 39,9% rispetto al 2006) grazie alla vendita delle console di ultima generazione come la Wii della Nintendo, la PlayStation 3 della Sony, l'Xbox 360 della Microsoft. La console spicca anche per vendite software dedicato (+80%) rispetto a quello per PC (–5,2%). L'Italia si evidenzia per un forte ritardo in fatto di sviluppo e vendita rispetto agli altri paesi europei: il mercato dei videogame è cresciuto molto di più in Francia, Olanda e Spagna, dove ha superato il 50%, toccando in Svezia il suo record con il 60%. Nel 2007 la vendita dei videogiochi ha superato anche quella della musica. *Vedi*: Repubblica online, http://www.repubblica.it/2005/i/sezioni/scienza_e_tecnologia/videogiochi/rapporto-italia/rapporto-italia.html; Il Sole 24 Ore: http://www.ilsole24ore.com/art/SoleOnLine4/Economia%20e%20Lavoro/2008/04/videogiochi.shtml?uuid=0935d586-063f-11dd-a01c-00000e251029&type=Libero; *Rapporto annuale sullo stato dell'industria videoludica in Italia*, http://www.aesvi.it/cms/view.php?dir_pk=1100&cms_pk=19; Corriere della Sera online, http://www.corriere.it/scienze_e_tecnologie/07_dicembre_27/sorpasso_videogiochi_eada0810-b48a-11dc-82b4-0003ba99c667.shtml

12 Queste forme includono database cinema, narrazioni interattive o film non narrativi così come il machinima- filmmaking all'interno dei videogame o dei mondi virtuali in 3D, come SecondLife, con il controllo umano di personaggi, script e ambienti

13 *Machine cinema* o *machine animation*: è un insieme di tipologie di film creati mediante le tecniche di animazione e interazione. Il Machinima è nato nel 1996 con il primo capitolo della serie di *Quake*. La maggior parte degli utenti, tuttavia, ha conosciuto il Machinima a fine 2005, grazie a videogiochi come *The Movies* (http://www.themoviesgame.com/) di Activision e Lionhead Studios.

14 Sparatutto in prima persona (FPS, *First Person Shooter*): sono una categoria specifica di videogiochi che prevedono come scopo principale quello di affrontare livelli ambientati in esterni o interni con la visuale di gioco che simula la vista del personaggio principale (in prima persona).

15 Diffuso dalla piccola azienda texana ID SOFTWARE nel 1993.

16 Tra questi, senza considerare i film animati: *Super Mario Bros.* (1993), *Street Fighter* (1994), *Wing Commander: Attacco alla Terra* (1999), *Doom* (2005), *Alone in the Dark* (2005), *Resident Evil* (2002), *Resident Evil: Apocalypse* (2004), *Silent Hill* (2006), *Lara Croft: Tomb Raider* (2001), *Lara Croft Tomb Raider: The Cradle of Life* (2003), *Final Fantasy VII: Advent Children* (2005), *Mortal Kombat* (1995), *Mortal Kombat: Annihilation* (1997), *Double Dragon* (1994), *House of the Dead* (2003), *DOA – Dead or Alive* (2006).
Vedi: http://it.wikipedia.org/wiki/Categoria:Film_tratti_da_videogiochi

17 *Vedi*: *Lola Corre* di Tom Tykwer (1998).

18 Il flusso narrativo nel suo complesso. *Vedi*: *Matrix* dai fratelli Wachowsky (1999) o *Kill Bill vol.1* di Quentin Tarantino (2003).

19 «In alcuni generi, come il survival horror», sostiene Aglioretti, «il fenomeno è particolarmente evidente – giochi come *Resident Evil* o *Silent Hill* sono stati costruiti a partire da un immaginario filmico che si fonda su convenzioni linguistiche precise – dalla posizione della macchina da presa, al "taglio", fino all'accompagnamento sonoro. Alcuni critici dei media, come David Jay Bolter e Richard Grusin, parlano di "rimediazione", l'idea secondo la quale i media incorporano letteralmente

un altro medium a livello diegetico ed estetico».

20 Tra gli artisti confluiti in questo movimento figurano Mauro Ceolin, Coniglioviola, Piero Gilardi, Cory Arcangel, Jonathan Haddock, Eddo Stern e Carlo Zanni.

21 *Vedi*: Republica online, http://www.repubblica.it/interstitial/interstitial1167610.html

22 Per esempio, la grandezza dei continenti, la loro posizione rispetto ai mari ecc.

23 Per esempio, per la progettazione di interni offrono comandi per creare e posizionare differenti tipi di pareti e collocarvi porte e finestre.

24 Per *e-learning* si intende un'attività formativa (rivolta a utenti adulti, studenti universitari, studenti delle superiori, insegnanti ecc.) che prevede l'erogazione di contenuti in rete; il monitoraggio continuo del livello di apprendimento, attraverso il tracciamento del percorso e frequenti momenti di valutazione e autovalutazione; la relazione tra le parti attraverso una piattaforma di gestione (*Learning Management System*, LMS), oltre che un sistema di personal computer eventualmente integrato da altre interfacce e dispositivi. *Vedi*: http://www.web-learning.org/

25 Nella maggior parte dei programmi di grafica e animazione le coordinate possono essere di due tipi: *assolute*, quando sono riferite allo schermo del computer e quindi calcolate a partire dall'origine nell'angolo superiore sinistro; *relative*, se sono riferite a un oggetto (per esempio, un'immagine) e quindi con origine nell'angolo superiore sinistro di quell'oggetto.

26 L'unità di misura predefinita dei righelli è il pixel, ma può essere cambiata in cm, mm ecc.

27 La griglia viene visualizzata come una serie di linee dietro le immagini e funziona come le righe o i quadretti in un quaderno.

28 Guide magnetiche, bloccate, visibili ecc.

29 *Barra degli strumenti di navigazione.* È la barra del browser che contiene i pulsanti Indietro, Avanti, Inizio e Ricarica.

30 *Barra degli strumenti di posizione.* È la barra del browser che contiene la casella di testo dell'indirizzo.

31 *Barra di stato.* È l'area che occupa la parte inferiore della finestra del browser e in cui vengono visualizzati i messaggi (per esempio, il tempo di caricamento residuo e gli URL associati ai collegamenti).

32 *Barra dei menu.* È l'area della finestra del browser (Windows) o della Scrivania (Macintosh) in cui appaiono i menu come File, Modifica, Visualizza, Vai e Guida in linea. L'attivazione di questa opzione permette ai visitatori di navigare dalla nuova finestra. Se questa opzione non è selezionata, il visitatore può solo chiudere o ridurre a icona la finestra (Windows) oppure chiudere la finestra o l'applicazione (Macintosh).

33 Per esempio un'animazione pensata per la visualizzazione in un monitor a risoluzione 800 px × 600 px ("area sicura") dovrà essere progettata con una dimensione reale di 720 px × 540 px, se si vuole evitare che compaiano le barre di navigazione e di scrolling orizzontali e laterali ("area di offset"). Un escamotage per evitare l'ingombro delle barre è quello di permettere che l'utente visualizzi la pagina a full monitor: questa soluzione resta comunque poco consigliata, perché implica la perdita degli strumenti di orientamento da parte del navigatore e di solito il repentino ricorrere al tasto ESC per tornare a un ambiente noto.

34 Come nei programmi di grafica, i livelli sono paragonabili a più pellicole sovrapposte, ciascuna contenente un'immagine diversa che viene visualizzata nello stage.

35 Un fotogramma chiave è un fotogramma nel quale è possibile definire un cambiamento delle proprietà di un oggetto per un'animazione o includere del codice (in Flash il codice è ActionScript) con il quale controllare determinati aspetti dell'evento.

36 L'ordine in cui i fotogrammi semplici e i fotogrammi chiave appaiono nella linea temporale determina l'ordine in cui vengono visualizzati. Per modificare la sequenza degli eventi in un'animazione, è sufficiente variare la disposizione dei fotogrammi chiave nella linea temporale.

37 Mouse Gestures: http://www.mousegestures.org/index.html

38 Solo gli oggetti che vengono inseriti nei livelli incrementano le dimensioni del file.

5. La parte nascosta del Web

1 Andare alla sorgente

Spesso le cose si capiscono meglio se ci si focalizza sulla loro origine, se ci si chiede da dove derivano. Fare informatica e operare su macchine o reti non significa dare per scontato che certi elementi "funzionano così e basta", ma avere la consapevolezza del perché funzionano così. Un personaggio disegnato sulla carta o su un foglio digitale non può muoversi da solo, ha bisogno di un programma di animazione che gli dia delle istruzioni da eseguire. Un'immagine scaricata dalla fotocamera nel computer resta un'immagine, non diventa necessariamente un'area sensibile al mouse, né attiva programmi o apre finestre: per fare questo necessita di una serie di comandi che le attribuiscano determinate funzioni.

Navigare in Rete è un'operazione quotidiana, piuttosto semplice, durante la quale le scritte sono cliccabili, le immagini ingrandibili, i video e l'audio possono essere visti, scaricati o ascoltati attraverso la funzione "play", i paragrafi selezionati per il copia e incolla. Quello che si perde di vista o si ignora del tutto di questi elementi ormai tipici nel Web è ciò che vi sta "dietro", il perché dinamismi e interazioni diventano possibili e l'immagine dello schermo, per esempio, non resta un bellissimo ma immobile desktop.

La parte del Web comunemente conosciuta è quella del *front office*, il lato pubblico dei siti, ovvero l'aspetto grafico e funzionale di una mole di contenuti e codici scritti da uno o più redattori e programmatori. Le parti di un sito meno note all'utente di un sito sono proprio lo scheletro portante del codice, visualizzabile dalla barra del browser,[1] lo stile, definito da un file specifico (CSS) e l'organizzazione dei contenuti, disponibile attraverso la mappa.

Il codice, lo stile e la mappa spiegano numerosi meccanismi: il reperimento dei siti da parte dei motori di ricerca, l'indicizzazione, l'aspetto di una pagina, l'adattabilità a sistemi di visualizzazione diversi (PC, palmari, cellulari, console), le modalità di navigazione disponibili. La conoscenza di tutti questi elementi, non obbligatoria per il navigatore, risulta fondamentale per il progettista.

La natura aperta della Rete, inoltre, comporta la possibile infinita crescita del numero delle pagine web esistenti e dei legami che intercorrono tra esse: la potenzialità del codice e delle architetture indica, quindi, la via verso narrative e interazioni con contenuti sempre diversi. Se da un punto di vista informatico il trattamento dei dati, il loro inserimento e la loro organizzazione stanno diventando sempre più semplici, tanto da non necessitare più una competenza specificamente ingegneristica, dall'altro emerge la necessità di creare redazioni in grado di stimare il potere della comunicazione e della diffusione della conoscenza in Rete, di trasformare la collezione di dati da database in narrative e linguaggi. Un ottimo esempio di questa traduzione si ha nei videogiochi, ormai sempre più spesso disponibili in modalità online *real-multiplayer.* La storia, che si svolge nel giocare con altri utenti collegati nello stesso momento a una piattaforma comune, è unica e irripetibile, e genera un vero e proprio mondo alternativo dove gli eventi possono succedere una sola volta, come nella vita reale, con quelle caratteristiche. Questo ha permesso ad artisti come Marco Cadioli di diventare web-foto-reporter e di immortalare attraverso la fotografia la storia e il fascino del mondo virtuale.[2]

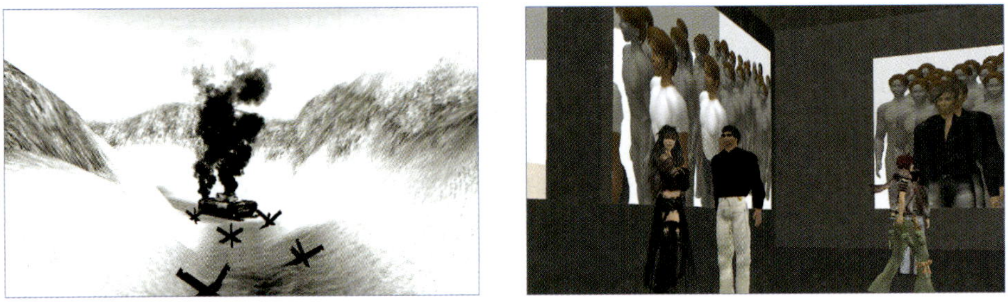

Figura 5.1 - Marco Manray Cadioli in *Enemy Territory* come reporter di guerra e in occasione della mostra personale "Marco Manray@Photography Museum Moya" in SecondLife.
Fonte: www.internetlandscape.it

Il Web ha subito in questi anni importanti evoluzioni, trasformandosi da un ambiente dove un piccolo numero di editori pubblicavano per molti lettori contenuti solo consultabili ma non modificabili (Web 1.0) a un contenitore di pagine dinamiche, in grado di rigenerarsi a ogni singola elaborazione anche da parte dell'utente poiché il loro contenuto dipende dall'esecuzione di un programma inglobato nelle pagine stesse. È questo il motivo per cui mentre i primi siti web erano semplicemente la trasposizione su un medium nuovo di pagine cartacee, con un contenuto che non variava nel tempo proprio come quello del libro, i siti consultabili oggi sono collegati ad archivi (database) interrelati e in continua variazione. La prima e più importante modifica introdotta dal Web 2.0 consiste nella sistematizzazione dei contenuti web (*syndication*) attraverso l'uso di protocolli standard (RSS, RDF, Atom ecc.), tutti derivati dalla famiglia XML.[3] Fondamentale per l'evoluzione della Rete è stato lo sviluppo di protocolli di messaggi a due sensi (*Simple Object Access Protocol* - SOAP), attivabili attraverso le API (*Application Program Interface*), ovvero programmi che consentono di postare messaggi su un blog, accedere a database privati. Amazon, Google, Yahoo, eBay, Skype, Microsoft e molte altre società utilizzano oggi le API per permettere agli sviluppatori di creare nuove applicazioni e migliorare le performance di quelli esistenti.[4]

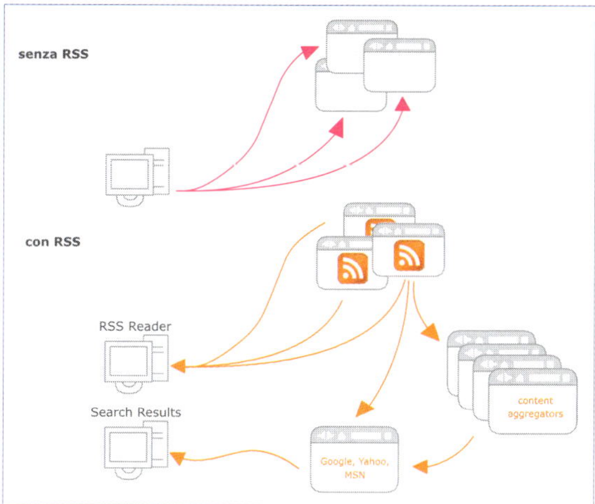

Figura 5.2 - Funzionamento degli RSS. La navigazione senza RSS implica che l'utente deve consultare sito per sito per verificare se ci sono novità. Attraverso gli RSS, invece, i contenuti nuovi gli vengono recapitati direttamente: molti siti e portali caratterizzati da un aggiornamento molto frequente (per esempio, i quotidiani online o i blog) mettono a disposizione questo strumento.
Fonte: http://www.thesociety.it/rss_help.html

2 Sigle sconosciute: HTML, XHTML, XML, CSS

L'*HyperText Markup Language*, come dice il nome, non è un linguaggio di programmazione,[5] ma un linguaggio di contrassegno o "di marcatura" indipendente dalla piattaforma, che permette di definire la disposizione degli elementi all'interno di una pagina web e di indicare ai browser come interpretarli e visualizzarli. Sebbene il linguaggio a oggi più diffuso resti l'HTML4,[6] esistono numerose evoluzioni (XHTML,[7] XSL,[8] FML[9] ecc.) del linguaggio base, tutte appartenenti alla famiglia dell'XML. I contenuti di una pagina web vengono descritti attraverso *tag*,[10] attributi[11] e metodi[12] (*Figura 5.3*), ovvero brevi elementi di sintassi che associano a un dato testo l'attributo di titolo, paragrafo, grandezza, larghezza, link o a un'immagine le misure, la posizione, il titolo o la descrizione (*Figura 5.4*).

Figura 5.3 - Alcuni semplici tag che regolano il funzionamento del sito zeloot.nl (http://www.zeloot.nl/main/home.html), nell'ordine: l'head, il body, il colore del carattere, quello dello sfondo e quello dei link attivi.

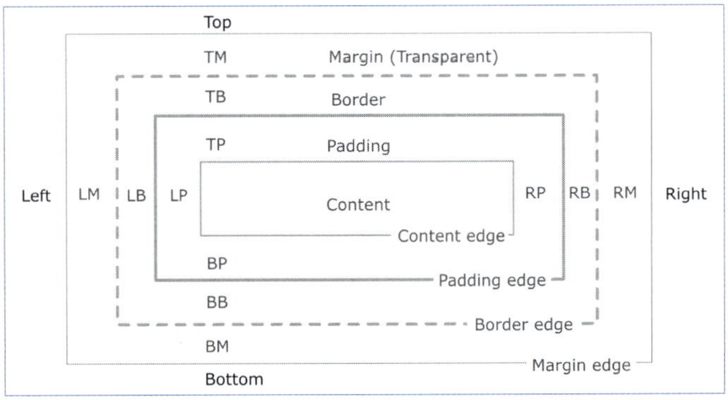

Figura 5.4 - Una pagina HTML non è altro che un insieme di box rettangolari. Tutto l'insieme di regole che gestisce l'aspetto di "stile" fa riferimento ai diversi elementi.
Fonte: http://www.w3.org/TR/CSS2/box.html

L'HTML da solo non è in grado di controllare e gestire tutti i dinamismi di una pagina web, proprio per la sua natura di linguaggio descrittivo. Per gestire i meccanismi di azione vengono affiancati al codice linguaggi di *scripting*[13] in grado di far funzionare un elemento in un dato modo (per esempio, l'apertura di una finestra al clic su un pulsante) o di fargli compiere delle iterazioni (ripetizione di un'azione fino all'attivazione di un altro evento) o delle interpolazioni (di forma, di movimento ecc.).

Come tutte le lingue, anche quelle di marcatura, *scripting* e programmazione sono dotate di una loro sintassi, ovvero di un modo per esprimere correttamente le istruzioni da far eseguire a un dato elemento. I linguaggi di *markup*, tuttavia, essendo rivolti alla mera descrizione, non necessitano di logiche rigide, e gli errori che si possono generare in fase di sviluppo o aggiornamento di una pagina web provocano nel peggiore dei casi problemi di visualizzazione, ma non malfunzionamenti del sistema.[14]

I file prodotti per il Web hanno estensione .html,[15] dall'acronimo del codice che li descrive. Quasi tutti i programmi a oggi in uso (Blocco Note, Word, Excel, Photoshop, Flash ecc.) permettono di salvare un file con estensione .html e di predisporne i contenuti per la visualizzazione su Web. Di fatto, quello che avviene è la creazione di una pagina web .html che fa da contenitore (*frame*, "cornice") al file prodotto con un determinato applicativo. Per esempio, Flash pubblica i contenuti in formato proprietario .swf e questo file viene richiamato dal codice HTML della pagina; i dinamismi della pagina sono quelli dettati dal codice Actionscript di Flash, mentre la visualizzazione su browser è consentita dall'HTML che fa da intermediario.[16]

Uno dei principali problemi sorti in seguito alla crescita del Web riguarda l'accettazione e la corretta rappresentazione dell'HTML da parte di tutti i browser. Essendo la Rete nata in un ambiente concorrenziale, dal 1993 Microsoft ha opposto Internet Explorer a Netscape Navigator e in genere ogni produttore ha dettato le sue regole e definito specifici tag proprietari non compatibili con i browser concorrenti. Ancora oggi un contenuto gestito da Internet Explorer non viene necessariamente visualizzato allo stesso modo da Mozilla Firefox o da Opera o da Safari.[17]

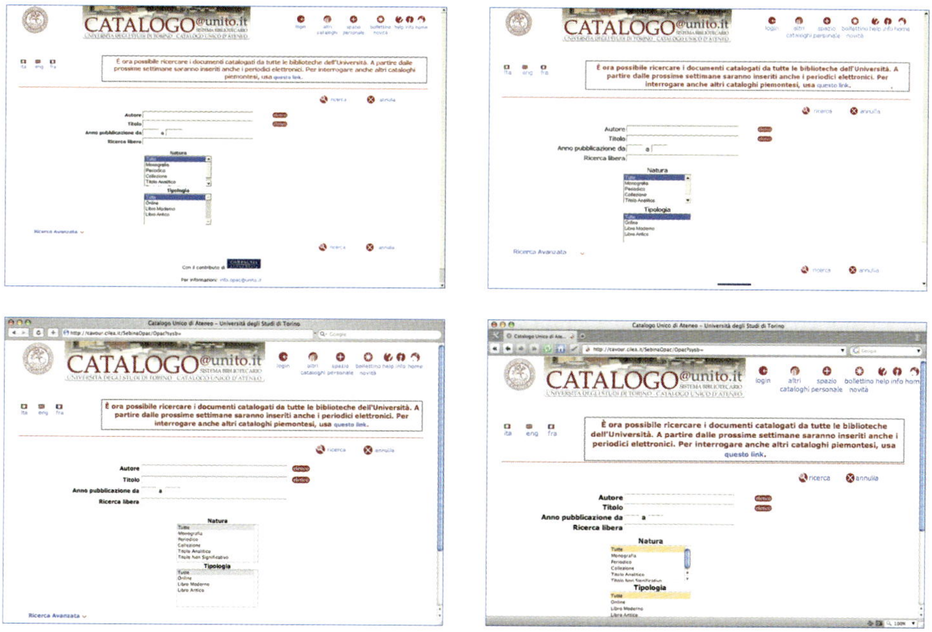

Figura 5.5 - Differenza di gestione del codice da parte dei diversi browser: catalogo@unito.it (http://cavour.cilea.it/SebinaOpac/Opac?sysb=) visto con Explorer 7.0 e Mozilla 3.0 per PC, Safari 3.2 e Opera 9.6 per Mac.

Sebbene oggi molti attori sul mercato dei browser stiano producendo programmi aderenti ai principali standard del W3C,[18] che vanno in direzione della standardizzazione, quelli di uso comune continuano a poter leggere milioni di pagine scritte in HTML4 o non valide rispetto alle raccomandazioni del Consorzio. Il browser che non parsasse[19] queste pagine, infatti, sarebbe presto abbandonato dagli utenti a favore di uno capace di supportare i siti preferiti.

Il linguaggio XHTML non prevede un set diverso da quello dell'HTML in fatto di tag, attributi o metodi, ma fornisce una possibilità in più: l'*estensibilità* (*eXtensible*: X), aprendo la strada verso il codice di marcatura del futuro prossimo, l'XML (*Extensible Markup Language*). Cambiano invece le regole sintattiche. La direzione è quella di una standardizzazione (*standard compliant*) e "pulizia" del codice in modo da garantire un buon funzionamento, indipendentemente dagli elementi proprietari, ovvero dai browser in adozione (*forward compatibility*). Inoltre, l'estensibilità permette l'integrazione di documenti scritti in uno qualsiasi dei tanti linguaggi della stessa famiglia XML.[20]

Adottare degli standard significa anche usare linguaggi appropriati per le singole funzioni e integrarle solo in un secondo momento. Ecco perché oggi non si usa più soltanto l'HTML per definire layout grafico, stile e contenuto, ma ognuno di questi elementi viene trattato con linguaggi dedicati e comunicanti: **il contenuto viene separato dalla sua rappresentazione**, in modo da poter essere facilmente modificabile ed erogabile su media diversi con attributi specifici (PC, PDA, cellulari WAP/GPRS, WebTV ecc.) a seconda delle necessità.[21] Un utente che consulti un sito da cellulare sicuramente non ha interesse a visualizzare contenuti troppo lunghi (che richiederebbero un numero eccessivo di clic sulla freccina *down*), né grandi immagini (che non sarebbero visualizzabili per intero nel piccolo schermo e occuperebbero troppa memoria); un utente che vuole stampare una pagina è interessato al contenuto ma non ai *banner*,[22] alle pubblicità e alla miriade di colori di una pagina web, quindi necessita di un foglio adeguatamente formattato per la stampa ecc.

L'evoluzione dei codici verso una maggiore flessibilità permette di realizzare progetti più gestibili, di reperire più facilmente l'informazione, di ottenere siti aderenti agli standard dell'accessibilità e dell'usabilità e adatti al *multi agent*.[23] Questo comporta un modo nuovo di pensare un sito o una singola pagina web. L'XHTML, quindi, descrive solo la struttura di una pagina web e non più elementi di stile come i font, la larghezza e l'altezza delle immagini, il colore dei titoli ecc. Questa funzione viene invece delegata a un nuovo tipo di file associato, il CSS (*Cascading Style Sheet*)[24] (*Figura 5.6*).
Per essere definito XHTML, il codice deve possedere alcuni attributi:

- essere **valido**, ossia rispettare le raccomandazioni date nelle 3 DTD (*Document Type Definition*) dal W3C. Ogni DTD (da dichiarare obbligatoriamente all'apertura del documento) specifica quali attributi associare ai tag, quali tag sono consentiti e quali no;
- essere **ben formato**, ossia rispettare la sintassi XML (presenza di un elemento radice, corretto annidamento degli elementi, chiusura obbligatoria dei tag vuoti ecc).

Sebbene l'XML utilizzi la stessa modalità <TAG></TAG> dell'HTML, i due linguaggi sono profondamente diversi. L'HTML nasce per la visualizzazione delle pagine web,[25] mentre

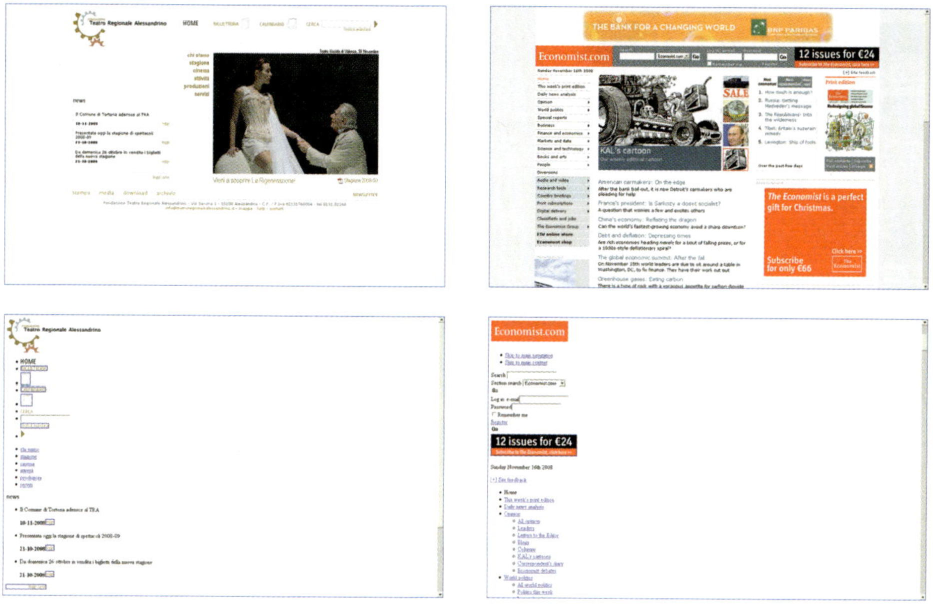

Figura 5.6 - Home Page del Teatro Regionale Alessandrino e dell'"Economist" in visualizzazione con e senza fogli di stile (CSS).

l'XML invece è un meta-linguaggio, un insieme standard di regole sintattiche per modellare la struttura di documenti e dati, ma non per definirne il tipo o la presentazione.[26]

In pratica un documento XML è un *file di testo* che contiene una serie di tag, attributi e testo secondo regole sintattiche molto chiare. I tag di questo linguaggio non sono predefiniti, ma la personalizzazione degli elementi e l'organizzazione della struttura spettano allo sviluppatore. L'XML è oggi lo standard più utilizzato per lo scambio di dati, la pubblicazione e l'integrazione di applicazioni.

Le principali differenze tra XML e HTML risiedono nel fatto che il primo è pensato per definire la natura dei dati, mentre il secondo per rappresentarli; che l'uno ha il compito di descrivere l'informazione e l'altro di visualizzarla. In pratica, l'XML struttura, conserva e spedisce l'informazione e non nasce dunque per sostituire l'HTML, ma come linguaggio *cross-platform* per trasmetterla, indipendentemente dal software o dall'hardware.

L'XML porta in primo piano la struttura gerarchica e la gestione degli elementi/componenti logici secondo un albero (dalla radice alle foglie). Da un certo punto di vista è la stessa gestione dell'informazione fornita dai sistemi operativi attraverso directory e sotto-directory, oppure della programmazione a oggetti con elementi padri e figli. La struttura logica di un documento XML viene tradotta in una corrispondente struttura fisica composta di elementi sintattici (tag) e ciascuno di questi viene definito da attributi che ne descrivono le caratteristiche.

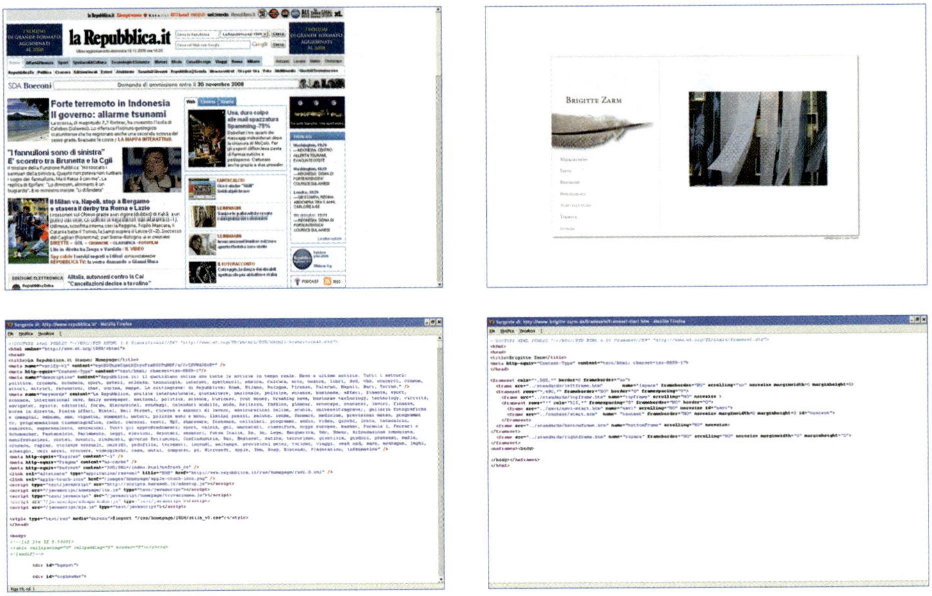

Figura 5.7 - Differenza tra i linguaggi di markup: codice sorgente in XHTML per il sito della "Repubblica" (http://www.repubblica.it) e HTML per quello di Brigitte Zarm (http://www.brigitte-zarm.de/framesets/frameset-start.htm).

Nonostante i numerosi passi in avanti, il percorso verso l'adozione completa dell'XML resta ancora piuttosto lungo e la situazione odierna testimonia il persistere di spinte contrastanti. Il linguaggio XHTML viene interpretato dai browser ancora come HTML e non come XML, perché quest'ultimo si rivelerebbe troppo rigoroso in fatto di errori e non permetterebbe l'accesso alla maggior parte dei documenti. Il browser a oggi più diffuso, Internet Explorer,[27] non supporta il *content type* raccomandato per l'XHTML 1.0[28] – sebbene sappia interpretare genericamente l'XML – e quindi non visualizza la pagina, nemmeno associandole il foglio di stile di default. Per ovviare a queste limitazioni l'XHTML serve i documenti come "text/html", e non come XML in modo da renderli retrocompatibili. Gli stessi motori di ricerca non indicizzano i documenti XHTML come XML; esistono relativamente pochi strumenti per sviluppare questo linguaggio e le piattaforme di gestione (CMS)[29] non sono in grado di supportalo correttamente.

I linguaggi in via di sviluppo sono quindi due: HTML5 e XHTML2. Il W3C sta lavorando a entrambi,[30] ma seguendo criteri diversi, e mentre il primo si configura come un'evoluzione dell'HTML4 voluta dai maggiori produttori di browser (Mozilla, Opera e Apple – gruppo di lavoro WHATWG) e tenta di definire nuove e specifiche modalità di interazione con il Web (sviluppo form, interattività, storage dei dati in locale; nuovi meccanismi di *parsing* dei browser e di elementi semantici),[31] il secondo si propone di superare sia l'HTML4 che l'XHTML1 e di essere un linguaggio completamente nuovo, con una sintassi e una logica diverse, non retrocompatibili rispetto ai linguaggi diffusi. L'XHTML2 non è ancora supportato dai browser, dai motori di ricerca, dai CMS e dagli strumenti di authoring. Un terzo gruppo di sviluppo, l'*Hypertext Coordination Group*, sta lavorando come referente per gli enti interessati a questo settore e come cerniera tra i due gruppi di ricerca.

Più lineare sembra invece la direzione presa per lo sviluppo dei fogli di stile (CSS), ormai giunti alla terza versione.[32] Il compito dei CSS è quello di gestire autonomamente la formattazione di una pagina web e dal CSS2 in poi anche di un documento per palmare e altri tipi di dispositivo mobile. Dal 2004, tutti i browser supportano i CSS e l'ultima versione, non ancora rilasciata dal W3C, dovrebbe risolvere alcuni bug soprattutto nella visualizzazione fornita da Internet Explorer. I browser obsoleti, tuttavia, applicano ai documenti formattati con i CSS una pagina gestita dalle opzioni di default del browser (per esempio uno sfondo grigio, il font Times New Roman ecc.).

I CSS, così come l'XML, adottano la gestione ad albero e il meccanismo dell'ereditarietà degli attributi dai padri ai figli. Il termine "a cascata" (*cascading*) richiama una delle caratteristiche principali di questa tecnologia, ovvero la possibilità di incorporare nel documento differenti fogli di stile, ognuno dei quali, in base a regole gerarchiche, prevale sull'altro. Un foglio di stile può essere *interno* alla pagina web, se il codice è compreso in quello del documento, o *esterno*, se è definito come un file di testo indipendente, creato con un Blocco Note o un TextEdit e salvato in formato .css. Le diverse situazioni comportano caratteristiche sintattiche e modalità di inserimento diverse: i fogli di stile possono essere collegati,[33] incorporati[34] o in linea.[35]

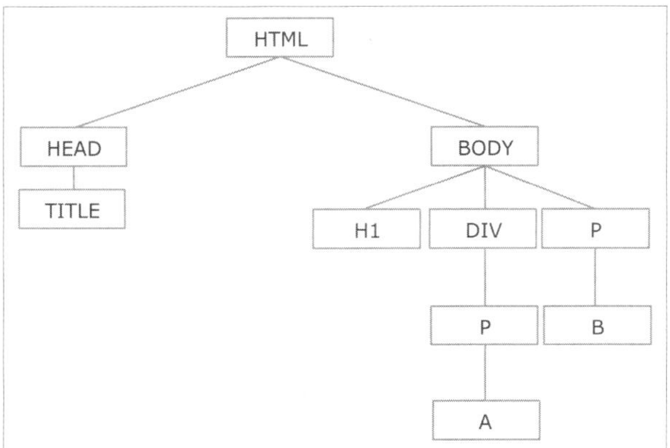

Figura 5.8 - Struttura ad albero di un CSS. Un elemento si dice "genitore" (*parent*) quando contiene altri elementi. Si dice "figlio" (*child*) quando è racchiuso in un altro elemento. Questo permette che le proprietà impostate per un elemento vengano ereditate dai suoi discendenti. BODY, per esempio, è figlio di HTML, ma è anche genitore di H1, DIV e P. Quest'ultimo è a sua volta genitore dell'elemento B. HTML, in questo caso, è l'elemento originario, definito "radice" (*root*), dal quale si dirama l'intero albero.
Fonte: http://www.porteapertesulweb.it/css/index.htm

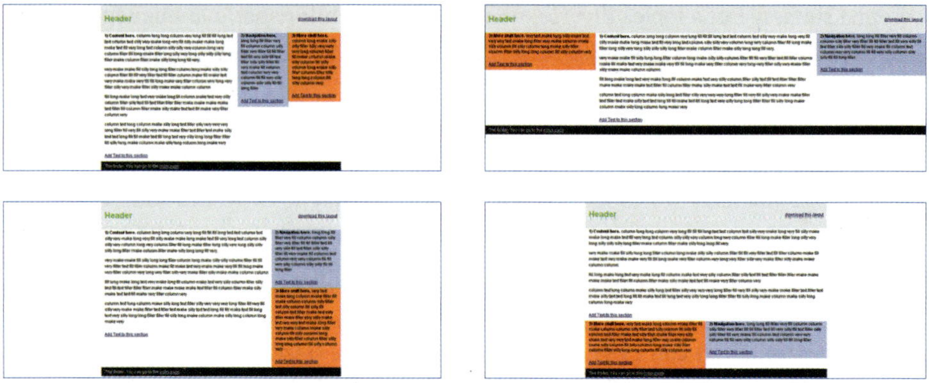

Figura 5.9 - Usando i fogli di stile il contenuto della pagina resta identico, ovvero il codice HTML è sempre lo stesso, ma cambia la veste con cui si presenta: lo stile, appunto.
Fonte: http://blog.html.it/layoutgala/

3 La pagina web

3.1 *Chi scrive: il Webmaster*

L'(X)HTML è dunque la lingua franca per la pubblicazione degli ipertesti nel WWW, e come tale va studiata, capita e scritta, prima di poterla "far parlare" a una macchina. L'(X)HTML può essere definito come una serie di istruzioni testuali usate dai browser per visualizzare e attivare un certo tipo di contenuto e dai motori di ricerca per il reperimento di una data pagina. Gli editor che consentono di produrre queste istruzioni si dividono in due grandi famiglie: editor testuali ed editor visuali o WYSIWYG (*What You See Is What You Get*),[36] ma esistono anche altri tipi di editor più complessi (CMS) o dedicati alla definizione dello stile (CSS).

- **Editor di testo**: sono programmi semplici come il Blocco Note di Windows o il TextEdit del Macintosh, oppure più complessi, come TopStyle, 1st Page 2000, BBEdit ecc., dotati di librerie e di comandi disponibili per lo sviluppatore,[37] oltre che di un interfaccia di simulazione sui browser. L'uso di questi editor prevede una conoscenza almeno di base dell'(X)HTML.
  Gli editor testuali permettono di intervenire direttamente sul codice (X)HTML e di vederlo come appare dal codice sorgente dato in pasto ai browser. È lo scheletro vero e proprio dove un testo in grassetto è racchiuso dai tag <b>...</b>,[38] ma non è visualizzato in neretto; un'immagine è richiamata da un <img src>, ma non compare visivamente e le sue proprietà di larghezza, grandezza, posizione sono definite solo a livello di codice. Per visualizzare il risultato della scrittura è necessario salvare il file e aprirlo all'interno di un browser.

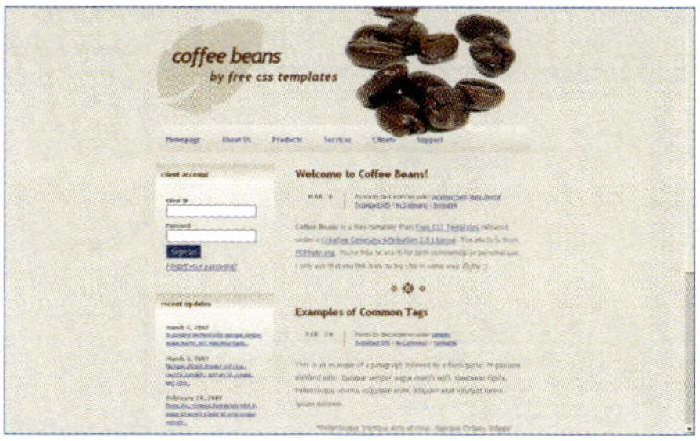

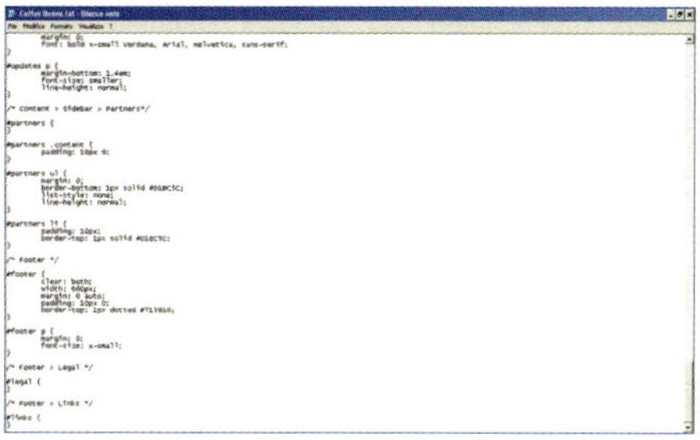

Figura 5.10 - Il layout del sito Coffee Beans e il relativo foglio di stile, visualizzato con il Blocco Note.

Molti editor di testo permettono di gestire – a patto che se ne conoscano i linguaggi – anche i fogli di stile, l'XML e il linguaggio di *scripting* JavaScript,[39] mentre alcuni consentono di integrare dei client FTP[40] per comunicare con server remoti, soprattutto per agevolare l'upload dei contenuti. Gli editor testuali a oggi in circolazione sono circa 80 e sono pensati per sviluppare codice a partire da sistemi diversi: Windows, Mac, Linux, console, palmare, iPod ecc.

- **Editor visuali**: sono programmi come Dreamweaver, FrontPage, Golive, TopStyle ecc., che permettono di inserire direttamente dall'interfaccia – senza passare dal codice – testi, immagini, tabelle, frame, elementi multimediali ecc. Molti editor visuali sono dotati di anteprima su browser per controllare la correttezza e l'efficacia del risultato raggiunto. L'uso di questi editor è più intuitivo rispetto agli editor testuali, ma può penalizzare anche seriamente il prodotto finale in fatto di "pulizia" di codice generato,[41] di conformità agli standard del W3C, di compatibilità con i diversi browser[42] e di reperibilità per i motori di ricerca.[43] Si può concludere che gli editor visuali non mantengono sempre la promessa *ciò che vedi è ciò che ottieni* e che il risultato è condizionato da molti parametri. Le modalità di editing fornite sono in genere tre:
  1. *Codice*: come per gli editor testuali, questa soluzione permettere di visualizzare direttamente il codice e di operare su di esso. La maggior parte degli sviluppatori, venendo da un ambiente scientifico, si trova molto più a suo agio con il lato "tecnico" della pagina web in lavorazione.
  2. *Interfaccia*: la lavorazione avviene sugli elementi che compaiono nella pagina, posizionandoli, ridimensionandoli e definendoli attraverso azioni di drag & drop, clic ecc., ossia, in generale, direttamente da mouse o da tastiera. È un a visualizzazione più immediata, basata sul motore di rendering del layout dei normali browser e sull'impatto grafico-visivo degli elementi. Permette la manipolazione degli oggetti pur generando nel livello codice i tag, gli attributi e i metodi necessari affinché un determinato elemento sia visualizzato esattamente come lo sviluppatore voleva. Il codice c'è sempre, ma non si vede.
  3. *Mista*: nel piano di lavoro sono visibili sia il codice sia l'interfaccia. In questo modo le modifiche sul codice sono immediatamente visibili nell'interfaccia e i cambiamenti dell'interfaccia producono variazioni percettibili nel codice.

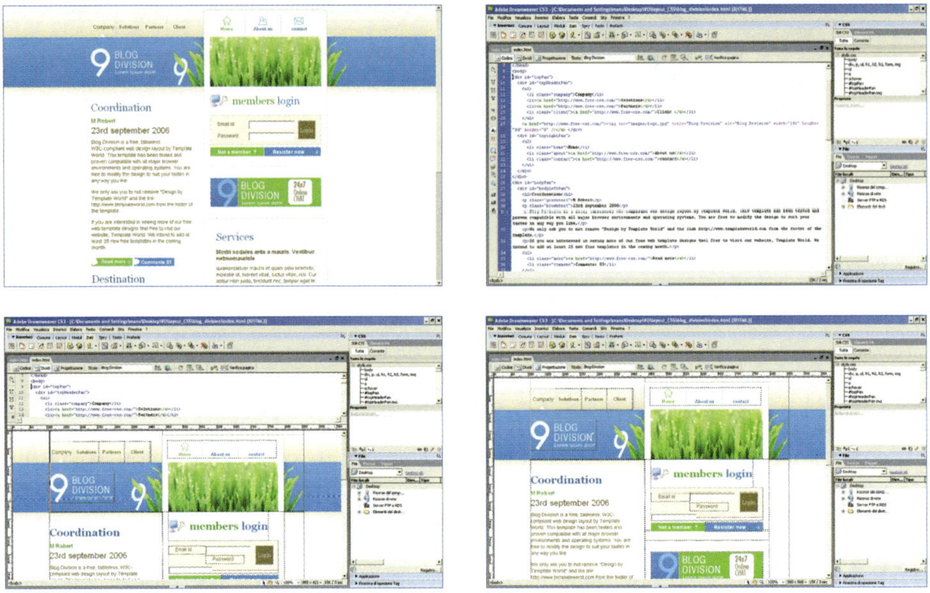

Figura 5.11 - Il layout "Blog Division" e il relativo foglio di stile, visualizzati con Dreamweaver nelle modalità progettazione, dividi e codice.

- **Content Management Systems (CMS)**: i sistemi di sviluppo a oggi più interessanti sono le piattaforme di Content Management System (CMS), sistemi che consentono di costruire e aggiornare un sito dinamico, anche molto complesso, personalizzando sia il *front office* sia il *back office* attraverso CSS e permettendo l'inserimento dei contenuti senza dover necessariamente passare dai linguaggi di marcatura.
  La tipologia di piattaforme esistenti sul mercato[44] è piuttosto variegata per funzionalità (e-learning, blog, siti veri e propri, portali ecc.), costo (da gratuite a molto costose, soprattutto nell'ambito learning), complessità di programmazione e personalizzazione, presenza o meno di un database associato (adatte anche a piccoli siti e generalmente *open source*).[45] Un CMS è tanto più efficiente quanto più è specializzato.
- **Editor di CSS**: come per l'HTML, esistono degli editor semi-visuali anche per i fogli di stile che permettono di identificare più velocemente certi elementi nel codice, utilizzare funzioni come l'autocompletamento, avere un'anteprima di *front-office* e quindi dell'applicazione di una certa regola ecc. Gli editor di questo tipo più diffusi sono TopStyle (solo Win), BBEdit (solo Mac), ma anche Dreamweaver e altri.

3.2 Che cosa scrive: la sorgente

Lo scopo dell'HTML è quello di fornire, attraverso i tag, una formattazione al documento, oltre all'inserimento di immagini e altri elementi multimediali (filmati, applet ecc.). Il codice HTML costituisce lo scheletro su cui si regge un sito ed è costituito principalmente da due parti.

1. La **testa (intestazione) <HEAD>** contiene alcune informazioni invisibili all'utente, ma necessarie ai browser per una corretta interpretazione del documento e ai motori di ricerca per reperirlo. Prima dell'head si trova:
   – *il tipo di HTML supportato <DOCTYPE>*: secondo il W3C questa informazione deve essere il primo elemento che apre il documento e va posto prima del tag <HTML>. Le informazioni fornite da DOCTYPE riguardano il tipo di documento visualizzato e sono necessarie alla comunicazione tra browser e server.

```
<!DOCTYPE html PUBLIC "-//W3C//DTD XHTML 1.0 Strict//EN" "http://www.w3.org/TR/xhtml1/DTD/xhtml1-strict.dtd">
<html xmlns="http://www.w3.org/1999/xhtml">
<head>
<meta http-equiv="content-type" content="text/html; charset=utf-8" />
<title>Industrial by Free CSS Templates</title>
<meta name="keywords" content="blog, arte, letteratura, archeologia industriale, società contemporanea" />
<meta name="description" content="" />
<link href="default.css" rel="stylesheet" type="text/css" media="screen" />
</head>
```

Figura 5.12 - HTML PUBLIC: il documento è pubblico; DTD XHTML 1.0 Strict: la versione di XHTML supportata è la 1.0 Strict; EN: la lingua del documento è l'inglese; vengono rispettate le raccomandazioni del W3C.

```
<!DOCTYPE html PUBLIC "-//W3C//DTD XHTML 1.0 Strict//EN" "http://www.w3.org/TR/xhtml1/DTD/xhtml1-strict.dtd">
<html xmlns="http://www.w3.org/1999/xhtml">
<head>
<meta http-equiv="content-type" content="text/html; charset=utf-8" />
<title>Industrial by Free CSS Templates</title>
<meta name="keywords" content="blog, arte, letteratura, archeologia industriale, società contemporanea" />
<meta name="description" content="" />
<link href="default.css" rel="stylesheet" type="text/css" media="screen" />
</head>
```

Figura 5.13 - HTML XMLNS: il linguaggio adottato è l'XHTML secondo le specifiche date dal W3C al momento del rilascio nel 1999.

   Nell'head si trovano:
   – *l'inizio dell'head vero e proprio <HEAD>*: racchiude tutte le informazioni necessarie al browser, al Webserver e ai motori di ricerca; è il primo elemento letto dal browser e per questa ragione è il luogo migliore per inserire sintassi script (*Figura 5.14*);
   – i *metatag*, che contengono informazioni di authoring, come l'*editor* con cui il documento è stato generato (*Figura 5.15*);

```
<!DOCTYPE html PUBLIC "-//W3C//DTD XHTML 1.0 Strict//EN" "http://www.w3.org/TR/xhtml1/DTD/xhtml1-strict.dtd">
<html xmlns="http://www.w3.org/1999/xhtml">
<head>
<meta http-equiv="content-type" content="text/html; charset=utf-8" />
<title>Industrial by Free CSS Templates</title>
<meta name="keywords" content="blog, arte, letteratura, archeologia industriale, società contemporanea" />
<meta name="description" content="" />
<link href="default.css" rel="stylesheet" type="text/css" media="screen" />
</head>
```

Figura 5.14 - L'HEAD, l'intestazione di un documento.

```
<!DOCTYPE html PUBLIC "-//W3C//DTD XHTML 1.0 Strict//EN" "http://www.w3.org/TR/xhtml1/DTD/xhtml1-strict.dtd">
<html xmlns="http://www.w3.org/1999/xhtml">
<head>
<meta http-equiv="content-type" content="text/html; charset=utf-8" />
<title>Industrial by Free CSS Templates</title>
<meta name="keywords" content="blog, arte, letteratura, archeologia industriale, società contemporanea" />
<meta name="description" content="" />
<link href="default.css" rel="stylesheet" type="text/css" media="screen" />
</head>
```

Figura 5.15 - Il content-type fornisce informazioni al browser sul contenuto (text/html) e la codifica della pagina (utf=8).

– *il titolo della pagina* <TITLE>: è il più utilizzato all'interno del tag <HEAD>, fornisce il titolo alla pagina e viene solitamente visualizzato dai browser nell'intestazione di pagina; dà il nome al collegamento "Aggiungi a preferiti" o a "Aggiungi segnalibro". Il contenuto tra i tag <TITLE></TITLE> è utilizzato da alcuni motori di ricerca (per esempio, Altavista) per indicizzare la pagina e trovare parole chiave;

```
<!DOCTYPE html PUBLIC "-//W3C//DTD XHTML 1.0 Strict//EN" "http://www.w3.org/TR/xhtml1/DTD/xhtml1-strict.dtd">
<html xmlns="http://www.w3.org/1999/xhtml">
<head>
<meta http-equiv="content-type" content="text/html; charset=utf-8" />
<title>Industrial by Free CSS Templates</title>
<meta name="keywords" content="blog, arte, letteratura, archeologia industriale, società contemporanea" />
<meta name="description" content="" />
<link href="default.css" rel="stylesheet" type="text/css" media="screen" />
</head>
```

Figura 5.16 - Il TITLE, il tag più utilizzato dell'head.

– *parole chiave per i motori di ricerca* <*KEYWORDS*>: sono termini che descrivono il contenuto di una pagina web. Il motore di ricerca considera il numero di ricorrenze del termine all'interno della pagina e nelle keywords (*Figura 5.17*);
– *la descrizione del contenuto del documento*, che permette di visualizzare nei motori di ricerca il breve trafiletto descrittivo associato ai risultati. Il tag descrizione può venire a volta affiancato dal tag *author*, che permette di indicare la proprietà intellettuale di un dato documento (*Figura 5.18*);

```
<!DOCTYPE html PUBLIC "-//W3C//DTD XHTML 1.0 Strict//EN" "http://www.w3.org/TR/xhtml1/DTD/xhtml1-strict.dtd">
<html xmlns="http://www.w3.org/1999/xhtml">
<head>
<meta http-equiv="content-type" content="text/html; charset=utf-8" />
<title>Industrial by Free CSS Templates</title>
<meta name="keywords" content="blog, arte, letteratura, archeologia industriale, società contemporanea" />
<meta name="description" content="" />
<link href="default.css" rel="stylesheet" type="text/css" media="screen" />
</head>
```

Figura 5.17 - Le keywords, informazioni necessarie per il ritrovamento di una pagina web.

```
<!DOCTYPE html PUBLIC "-//W3C//DTD XHTML 1.0 Strict//EN" "http://www.w3.org/TR/xhtml1/DTD/xhtml1-strict.dtd">
<html xmlns="http://www.w3.org/1999/xhtml">
<head>
<meta http-equiv="content-type" content="text/html; charset=utf-8" />
<title>Industrial by Free CSS Templates</title>
<meta name="keywords" content="blog, arte, letteratura, archeologia industriale, società contemporanea" />
<meta name="description" content="sito che tratta di archeologia industriale nell'Unione Europea dal 1990 ad oggi" />
<link href="default.css" rel="stylesheet" type="text/css" media="screen" />
</head>
```

Figura 5.18 - La descrizione del contenuto del documento.

– *i link ad altri documenti* <LINK>, per esempio a un foglio di stile esterno.

```
<!DOCTYPE html PUBLIC "-//W3C//DTD XHTML 1.0 Strict//EN" "http://www.w3.org/TR/xhtml1/DTD/xhtml1-strict.dtd">
<html xmlns="http://www.w3.org/1999/xhtml">
<head>
<meta http-equiv="content-type" content="text/html; charset=utf-8" />
<title>Industrial by Free CSS Templates</title>
<meta name="keywords" content="blog, arte, letteratura, archeologia industriale, società contemporanea" />
<meta name="description" content="" />
<link href="default.css" rel="stylesheet" type="text/css" media="screen" />
</head>
```

Figura 5.19 - Il link per richiamare un foglio di stile.

2. Il **corpo del documento <BODY>** contiene il testo, le immagini, gli applet Java, il codice Javascript e tutti gli altri elementi che consentono al browser di visualizzare la pagina per la consultazione e l'interazione da parte degli utenti, mentre i loro attributi vengono definiti dal foglio di stile associato (CSS) (*Figura 5.20*). I richiami tra i due codici vengono effettuati tramite due particolari attributi: *class* e *ID.* Il tag <BODY> viene utilizzato, oltre che per fornire al browser indicazioni sulla posizione degli oggetti nel documento, anche per impostare i diversi attributi di visualizzazione (colore, background ecc.).

```
<body>
<!-- start header -->
<div id="logo">
    <h1><a href="#">Industrial</a></h1>
    <p>By Free CSS Templates</p>
</div>
<div id="menu">
    <ul id="main">
        <li class="current_page_item"><a href="#">Homepage</a></li>
        <li><a href="#">Products</a></li>
        <li><a href="#">Services</a></li>
        <li><a href="#">About Us</a></li>
        <li><a href="#">Contact Us</a></li>
    </ul>
    <ul id="feed">
        <li><a href="#">Entries RSS</a></li>
        <li><a href="#">Comments RSS</a></li>
    </ul>
</div>
<!-- end header -->
<!-- start page -->
<div id="page">
    <!-- start content -->
    <div id="content">
        <div class="post">
            <h1 class="title"><a href="#">Welcome to Our Website!</a></h1>
            <p class="byline"><small>Posted on October 1st, 2007 by <a href="#">Free CSS Templates</a></small></p>
            <div class="entry">
                <p><strong>Industrial</strong> is a free, fully standards-compliant CSS template designed by <a href=
"http://www.freecsstemplates.org/">Free CSS Templates</a>. This free template is released under a <a href=
"http://creativecommons.org/licenses/by/2.5/">Creative Commons Attributions 2.5</a> license, so you're pretty much free to do
whatever you want with it  (even use it commercially) provided you keep the links in the footer intact. Have fun with it :)</p>
                <p>This template is also available as a <a href="http://www.freewpthemes.net/preview/industrial/">WordPress theme
</a> at <a href="http://www.freewpthemes.net/">Free WordPress Themes</a>.</p>
                <p class="links"><a href="#" class="more">Read More</a>     <a href="#" class="comments">No
```

Figura 5.20 - BODY, quello che si vede in una pagina web.

3.3 *Che cosa si vede: lo stile*

Lo scopo dei CSS è quello di determinare lo stile degli elementi strutturati dall'(x)HTML una volta caricati su un browser o inviati a una stampante, attraverso l'uso di classi, attributi ecc. Un foglio di stile è, quindi, un insieme di regole accompagnate talvolta da qualche nota di commento. I CSS permettono, per esempio, di formattare una pagina come se si stesse utilizzando un word-processor: interlinea, decorazioni, spaziatura tra lettere e parole, impostazione diversi stili per titoli e paragrafi, rientro di paragrafo, giustificazione ecc.

Uno dei vantaggi più evidenti dei CSS è che consentono allo sviluppatore di controllare lo stile e il layout di una molteplicità di pagine attraverso un unico file: è quindi possibile definire lo stile di ogni elemento HTML e applicarlo a tutte le pagine. Secondo la stessa logica, per operare una modifica globale è sufficiente cambiare un singolo elemento nello stile.

L'attributo <MEDIA> può essere abbinato sia all'elemento <LINK> che all'elemento <STYLE> e indica su quale dispositivo (PC, palmare, cellulare, sintetizzatore vocale, stampante…) verrà caricato quel foglio specifico. In assenza di una dichiarazione specifica, un singolo CSS viene caricato per tutti i lettori, indistintamente.

```
.wrapper
{
    padding: 10px;
    margin: 0;
    background: #eeeee0;
}

div.wrapper {
  width:660px;
  voice-family: "\"}\"";
  voice-family:inherit;
  width:640px;
}

html>body .wrapper {
  width:640px;
}

.grey { color: #777777; }
.box_right { float: right; }

.box_400
{
    float: left;
    width: 400px;
}

.box_300
{
    float: left;
    width: 280px;
}
```

Figura 5.21 - Il foglio di stile CSS del sito Underware (http://www.underware.nl/site2/index.php).

Le regole dei CSS riguardano:

- **selettore**: definisce l'elemento o il gruppo di elementi a cui verrà applicata una certa regola (per esempio il titolo o i paragrafi ecc.): body {color: red} *oppure* h1,h2,h3,h4,h5,h6 {color: green}
- **blocco delle dichiarazioni**: racchiude tra parentesi graffe una sola proprietà e i valori che deve avere il selettore: p {font: 13px Verdana, arial;} oppure p {text-align: center; color:black; font-family:arial}

Classi e ID sono i due elementi fondamentali dei CSS. Per definire una classe si usa far precedere il nome da un semplice punto: .nome_della_classe, mentre per l'ID è sufficiente far precedere il nome dal simbolo di cancelletto #: #nome_id

La differenza sostanziale tra classi e ID si rifà al concetto di gerarchia. Un attributo impostato per una classe, infatti, si ripercuote su tutti gli elementi che quella classe contiene e può venire applicato a elementi diversi, mentre un attributo abbinato a un ID è effettivo solo per quell'elemento specifico.

3.4 *Chi legge: il browser*

Il browser è un programma che permette la visualizzazione e la gestione delle pagine web: in pratica legge l'(X)HTML, lo interpreta e lo fornisce sotto forma di ipertesto. Esistono browser con specifiche diverse a seconda del dispositivo da cui vengono utilizzati: PC, palmari, cellulari ecc.

Il WWW[46] può essere considerato a tutti gli effetti il primo "browser" perché nel 1991 consentì la visualizzazione delle poche pagine scritte nel nuovo linguaggio HTML. Furono poi Mosaic[47] e Netscape Navigator a raggiungere una diffusione apprezzabile. Negli anni novanta i browser hanno subito una forte evoluzione in seguito all'alta concorrenzialità tra i produttori, fino all'integrazione di Internet Explorer nel sistema operativo Windows.[48] Dal 1998, comunque, gli utenti della Rete possono utilizzare il browser alternativo Mozilla, rilasciato come *open source* da Netscape.

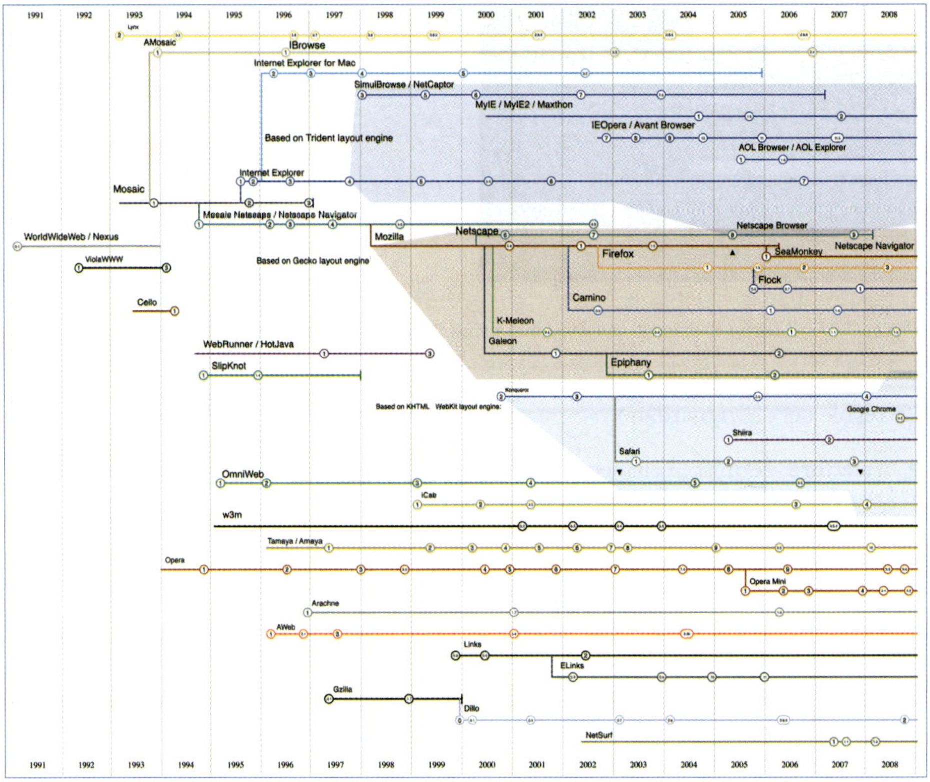

Figura 5.22 - Timeline dell'evoluzione dei browser.
Fonte: http://it.wikipedia.org/wiki/Immagine:Timeline_of_web_browsers.svg#filehistory

La predominanza netta di utilizzo di un browser rispetto agli altri ha favorito la scelta di sviluppare siti ottimizzati solo per una delle possibili visualizzazioni, penalizzando in questo modo servizi e potenzialità di altri sistemi. È questa la ragione per cui a volte, utilizzando Mozilla Firefox o Opera o Safari, non si riesce a caricare tutte le parti di un sito o a utilizzare correttamente funzionalità come quelle legate all'e-commerce. Spesso, eseguendo la stessa procedura con Internet Explorer, questa viene portata a buon fine: è evidente come questa pratica penalizzi non solo i sistemi, ma anche un buon numero di utenti, e confligga con l'idea di libera accessibilità propria dei contenuti in Rete. Nonostante tutto, le statistiche prodotte dalla W3 School e dalla XiTi Monitor attestano comunque una crescita evidente di browser come Mozilla Firefox a livello sia nazionale sia europeo tra il 2007 e il 2008 (*Tabella 5.1*).

Oltre a consentire la navigazione in Rete, i browser offrono anche la possibilità di muoversi offline tra le pagine salvate nella cache, di selezionare direttamente una pagi-

2008	IE7	IE6	Chrome	Fx	Moz	S	O
Dicembre	26,1	19,6	3,6	44,4	0,4	2,7	2,4
Novembre	26,6	20,0	3,1	44,2	0,4	2,7	2,3
Ottobre	26,9	20,2	3,0	44,0	0,4	2,8	2,2
Settembre	26,3	22,3	3,1	42,6	0,5	2,7	2,0
2008	**IE7**	**IE6**	**IE5**	**Fx**	**Moz**	**S**	**O**
Agosto	26,0	24,5	0,1	43,7	0,5	2,6	2,1
Luglio	26,4	25,3	0,3	42,6	0,5	2,5	1,9
Giugno	27,0	26,5	0,5	41,0	0,5	2,6	1,7
Maggio	26,5	27,3	0,7	39,8	0,7	2,4	1,5
Aprile	24,9	28,9	1,0	39,1	0,9	2,2	1,4
Marzo	23,3	29,5	1,1	37,0	1,1	2,1	1,4
Febbraio	22,7	30,7	1,3	36,5	1,2	2,0	1,4
Gennaio	21,2	32,0	1,5	36,4	1,3	1,9	1,4
2007	**IE7**	**IE6**	**IE5**	**Fx**	**Moz**	**S**	**O**
Dicembre	21,0	33,2	1,7	36,3	1,4	1,7	1,4
Novembre	20,8	33,6	1,6	36,3	1,2	1,8	1,6
Ottobre	20,7	34,5	1,5	36,0	1,3	1,7	1,6
Settembre	20,8	34,9	1,5	35,4	1,2	1,6	1,5
Agosto	20,5	35,7	1,5	34,9	1,3	1,5	1,7
Luglio	20,1	36,9	1,5	34,5	1,4	1,5	1,9
Giugno	19,7	37,3	1,5	34,0	1,4	1,5	1,8
Maggio	19,2	38,1	1,6	33,7	1,3	1,5	1,7
Aprile	19,1	38,4	1,7	32,9	1,3	1,5	1,6
Marzo	18,0	38,7	2,0	31,8	1,3	1,6	1,6
Febbraio	16,4	39,8	2,5	31,2	1,4	1,7	1,5
Gennaio	13,3	42,3	3,0	31,0	1,5	1,7	1,5

IE = Microsoft Internet Explorer, Chrome = Google Chrome, Fx = Firefox (identificato come Mozilla prima del 2005), Moz = Mozilla Suite (Gecko, Netscape), S = Safari (e Konqueror, entrambi identificati come Mozilla prima del 2007), O = Opera

Tabella 5.1 - Statistiche sulla diffusione e l'utilizzo dei browser nel 2007 e nel 2008 (percentuali).
Fonte: http://www.w3schools.com/browsers/browsers_stats.asp

na dai bookmark (segnalibri), di scaricare contenuti attraverso la funzione di download manager, di utilizzare i tasti tab[49] per muoversi tra i contenuti di una pagina, di integrare feed RSS[50] e client di posta elettronica. Esistono numerosi strumenti associati ai browser per permettere la visualizzione "personalizzata" di una pagina, attraverso l'attivazione o la disattivazione di certe funzioni. Per esempio:

- può essere disattivato il foglio di stile, consentendo la visualizzazione della nuda struttura della pagina;
- possono venire disabilitati i linguaggi di *scripting* come Javascript, filtrando, per esempio, il caricamento di immagini in *pop-up/pop-under* come quelle pubblicitarie;

- si può scegliere di non caricare le immagini, rendendo più leggera la pagina e più veloce il caricamento di un certo contenuto;
- si può scegliere di non mantenere le pagine visualizzate nella cache o di accettare o meno i cookie;
- si può scegliere di visualizzare risoluzioni di monitor diverse, caratteri più grandi o più piccoli; di verificare se il codice è valido, accessibile e ben formato.

Generalmente, i browser reperiscono dal web-server i file HTML, li interpretano e li visualizzano, ma se il codice contiene un script dedicato al server, questo viene eseguito prima del caricamento del file HTML. L'uso degli script può agevolare molte procedure e favorire la dinamicità di una pagina web. In particolare, essi possono intervenire in fase di:

- editing dinamico, con conseguente aggiornamento o aggiunta di contenuto nelle pagine web;
- risposta alle query o ai dati somministrati attraverso i form;
- accesso a dati o database ed erogazione dei dati richiesti attraverso il browser;
- personalizzazione di una pagina web a seconda dei profili utente;
- sicurezza, in modo da rendere il server invisibile ai browser.

Secondo le statistiche del W3 School, i linguaggi di programmazione più usati sono ASP (*Active Server Pages*) e PHP (*Hypertext Preprocessor*). A differenza dell'HTML, questi tipi di linguaggi non sono visibili da menu e se ne può apprezzare l'applicazione solo dal lato server come output HTML, dal momento che gli script vengono eseguiti dal server prima che i risultati siano inviati al browser come HTML semplice.

D'altra parte, esistono anche linguaggi di scripting *client-side oriented*, come JavaScript, che permettono di gestire la parte dinamica dei contenuti web: migliorare il design, validare i form, riconoscere i browser, creare cookie ecc. Secondo i dati del 3W School, Javascirpt è oggi il linguaggio di scripting più diffuso e in grado di operare con qualsiasi browser. Grazie alla sintassi non troppo complicata e alla possibilità di inserirlo direttamente sotto forma di brevi stringhe di codice all'interno dell'HTML, gli sviluppatori lo utilizzano per gestire i testi in modo dinamico o per far eseguire determinate azioni a oggetti specifici (clic su bottoni, aperture di finestre, meccanismi di download ecc.).

3.5 *Chi controlla l'accessibilità: i validatori*

Per essere adeguatamente navigabile e fruibile in tutte le sue parti a prescindere dal tipo di utente, un sito deve rispettare due parametri importanti: l'*usabilità* e l'*accessibilità*.

Usabilità. L'usabilità è la condizione che permette all'uomo di utilizzare una macchina correttamente, di interagire con essa ottenendo i risultati desiderati.[51] Secondo Jacob Nielsen (2000, 2006), l'usabilità è anche legata alla qualità dell'esperienza dell'utente. Pertanto, un qualsiasi prodotto – quindi anche un sito Internet – risulta usabile nella misura in cui è facile da apprendere, è efficiente, permette una veloce memorizzazione di funzioni e contenuti, genera o induce l'utente a commettere pochi errori in fase di interazione, risulta piacevole all'utilizzo. Questo tipo di interpretazione presuppone di mettere a sistema due tipi di dati: quelli oggettivi e misurabili, determinati dalla conformità del sistema o dell'oggetto informatico a certi standard (quelli della ISO 9241), e quelli soggettivi, generati dall'esperienza dell'utente stesso. L'attenzione a questo secondo set di parametri ha portato a sviluppare ambiti di studio come l'*Interaction Design* e a teorie che lo supportano, anche in ambito Web. Progettare tecnologie usabili significa perciò progettare sistemi che siano di reale supporto all'attività umana, che rispondano ai bisogni di determinati utenti, per particolari attività, svolte in un determinato contesto d'uso (Rizzo, Marti, Bagnara 2001).

L'usabilità di un sistema risulta migliore quando parti simili vengono espresse in modo simile: la coerenza consente un efficiente trasferimento di conoscenze a nuovi contesti, l'apprendimento rapido di nuovi contenuti e la concentrazione dell'attenzione sugli aspetti rilevanti di un'attività.

La coerenza può essere di quattro tipi:

1. *estetica* (stile e aspetto: logo, font, colori, grafica coerenti): rende l'identità riconoscibile, comunica un senso di appartenenza e definisce le aspettative emotive;
2. *funzionale* (significato e azione): migliora l'usabilità e l'apprendimento, consentendo l'ottimizzazione e la modularità delle conoscenze;
3. *interna* (uniformità): educa gli utenti alla fiducia ed è indice di una progettazione accurata;

Figura 5.23 - Usabilità come esperienza d'uso, studio di Jacob Nielsen.

4. *esterna* (ambiente): l'integrazione nel contesto d'uso estende la coerenza interna a più sistemi indipendenti, quando uniformi.

Un elemento chiave nel definire l'usabilità di un sistema è il meccanismo del feedback, ovvero la tecnica che consente di evitare azioni non intenzionali mediante una richiesta di conferma dell'operazione prima che questa venga eseguita. Nei sistemi informatici alcune richieste di conferma possono essere multiple per evitare situazioni di perdita definitiva dei dati o di danneggiamento del sistema. Per esempio, sistemi di sicurezza come i *firewall* utilizzano questa procedura per impedire l'apertura di finestre o l'attivazione dei contenuti, previa approvazione da parte dell'utente.

Accessibilità. L'accessibilità è una condizione definita in Italia dalla Legge Stanca 04/2004; in particolare, l'articolo 2 comma 1 afferma che essa è «la capacità dei sistemi informatici, nelle forme e nei limiti consentiti dalle conoscenze tecnologiche, di erogare servizi e fornire informazioni fruibili, senza discriminazioni, anche da parte di coloro che a causa di disabilità necessitano di tecnologie assistive o configurazioni particolari».

Tale legge si basa sulle 14 raccomandazioni stilate dal W3C (WCAG) e sulle 16 regole della Section 508 americana, ma è più restrittiva di entrambe messe assieme. Il Parlamento Europeo ha indicato le raccomandazioni prodotte dal WAI-W3C, come le regole di accessibilità da applicare per i siti europei.[52]

In forza di questa legge, le pubbliche amministrazioni sono obbligate a rendere i loro siti accessibili: ecco perché quelli delle Poste italiane, delle Ferrovie dello Stato o delle banche sono cambiati radicalmente negli ultimi anni. Le aziende private, le associazioni, le istituzioni legate all'educazione (per esempio, le università) non sono invece costrette a rispettare le linee guida dell'accessibilità, ma sono fortemente incoraggiate a considerare l'esigenza di rendere fruibili a tutti e in modo comprensibile i contenuti erogati.

Un sito accessibile ben progettato è generalmente più efficace degli altri, comunica meglio e a un più vasto pubblico, rispetto a un sito tradizionale; viene più facilmente indicizzato e sicuramente viene privilegiato nel reperimento dai motori di ricerca; può essere utilizzato da dispositivi diversi (PC, palmari, cellulari ecc.); segnala l'attenzione per i problemi di accesso al Web da parte dei disabili e la volontà di garantire la disponibilità dei contenuti indipendentemente da disabilità temporanee, attrezzature obsolete, sistemi poco diffusi, connessioni particolarmente lente.

Non va tralasciato di sottolineare come la necessità impellente di garantire un accesso universale alle risorse web si sia presentata in un momento in cui gli equilibri di mercato stavano cambiando e proprio quando alcune case produttrici di software dedicati allo sviluppo di contenuti per la Rete (per esempio, Macromedia) stavano superando i leader indiscussi di quel settore (per esempio, Microsoft). Pertanto, allo scopo nobile e importante va forse affiancata la consapevolezza di altri interessi, non sempre umanitari e buonisti. Inoltre, un sito accessibile permette di allargare il mercato delle aziende: gli utenti che vengono esclusi dalla possibilità di utilizzare un sito commerciale per difetti di accessibilità sono infatti dei potenziali clienti persi.

Creare un sito accessibile significa tener conto dei parametri definiti dalla legge e poterli validare, ovvero verificare ed eventualmente correggere, attraverso gli appositi strumenti forniti dal WAI[53] e dal CNIPA.[54] Secondo questi parametri, i documenti scritti in XHTML e validati sono naturalmente più accessibili.

La validazione deve tenere in considerazione una serie di condizioni legate da un lato al sistema e dall'altro all'utente:

- tipologia di browser in utilizzo e versione (Internet Explorer 5-6-7 o Mozilla Firefox 1.5-3.0, Netscape 4-7, Opera, Safari, Camino, Konqueror);
- sistema operativo in utilizzo (Windows, Macintosh o Linux);
- grandezza e tipologia delle periferiche (monitor, dispositivi di input/output);
- settaggi (grandezza finestra browser, profondità di colore ecc.), necessità di ingrandire o rimpicciolire i caratteri del testo;
- possibilità di cambiare il tipo di font;
- possibilità di cambiare i colori di primo piano e di sfondo;
- ridimensionabilità della finestra del browser, ottenendo che i contenuti della pagina si adattino alle nuove dimensioni della finestra;
- possibilità di visualizzare il contenuto a diverse risoluzioni di schermo;
- adattabilità di una pagina a monitor di dimensioni anche molto diverse, da molto grandi (21 pollici) a minuscole (agendina elettronica, cellulare), e uguale successo nel reperimento dell'informazione;
- possibilità di utilizzare un sintetizzatore vocale che legga il contenuto della pagina;
- possibilità di consultazione attraverso dispositivi manuali tipo una barra braille;
- possibilità di stampare un contenuto con una normale stampante o con una stampante braille.

Quattordici raccomandazioni. Le *Linee guida per l'accessibilità dei contenuti Web* (WCAG)[55] prevedono il rispetto di una serie di regole. Le quattordici raccomandazioni riguardano la chiarezza e la fruibilità del contenuto, quindi interessano sia lo sviluppatore – per quanto concerne gli interventi tecnici sul codice – sia il responsabile editoriale e l'esperto di accessibilità per tutto il resto, e forniscono una serie di punti di controllo (*checkpoint*) per verificarla.

1. *Separare la struttura dalla presentazione del documento.* Per esempio:
   - H1 > H6 per definire l'esatta gerarchia dei titoli presenti nel testo;
   - P (paragrafi) singoli per differenti blocchi di testo al posto un unico elemento P intervallato da elementi BR (break = a capo) per generare le interruzioni di riga;
   - BLOCKQUOTE e Q per le citazioni;
   - UL e OL per marcare degli elenchi di dati puntati o numerati;
   - TABLE e i suoi sottoelementi per strutturare opportunamente dati di natura tabellare;
   - DL, DT e DD per marcare elenchi di definizioni, DFN per marcare definizioni isolate;
   - CODE per specificare frammenti di codice di programmazione;

   - CSS per controllare l'impaginazione e la presentazione (punto di controllo 3.3), ma i documenti vanno organizzati in modo che possano essere letti anche senza i fogli di stile associati (punto di controllo 6.1).
2. *Non progettare per uno specifico tipo di hardware*: progettare pagine "liquide", non bloccare le altezze e le larghezze dei box a grandezze fisse, ma usare misure relative (punto di controllo 3.4 delle WCAG 1.0).
3. *Fornire equivalenti testuali* per i contenuti grafici e multimediali e per convogliare informazioni testuali; usare testo modificabile e appositi linguaggi di marcatura, se esistono, piuttosto che immagini grafiche contenenti scritte (punto di controllo 3.1). Per esempio:
   - ALT: secondo la definizione data dal WCAG 1.0, punto di controllo 1.1,[56] è il testo alternativo per le immagini e non va considerato come una rappresentazione alternativa di un'immagine, quanto come rappresentazione alternativa di uno stesso contenuto (Flavell 2002).
4. *Creare alternative equivalenti per i contenuti* che si rivolgono a un solo canale sensoriale (la vista o l'udito), quindi sottotitolare contenuti audio e video, tenere in considerazione software come i sintetizzatori vocali.
   - ABBR e ACRONYM: le sigle sono un elemento piuttosto delicato in fatto di accessibilità perché possono risultare criptiche o ambigue. L'uso degli attributi ABBR e ACRONYM mira a disambiguare il significato di certi elementi e ad aiutare gli *screen reader* a leggere delle parole sensate e non dei suoni incomprensibili. ABBR e ACRONYM non sono usati solo in caso di sigle il cui significato sia già definito all'interno del testo visibile del paragrafo e sono obbligatori soprattutto la prima volta in cui compare una sigla nel testo. Per esempio:
     <acronym title="Host Identity Payload"> HIP </acronym>; <abbr title="IP Security Protocol"> IPsec </abbr>;
   - LANG (XML:LANG in XHTML 1.1): indica nel codice un cambio di lingua rispetto a quella generale del documento in modo da permettere una lettura corretta del ter-

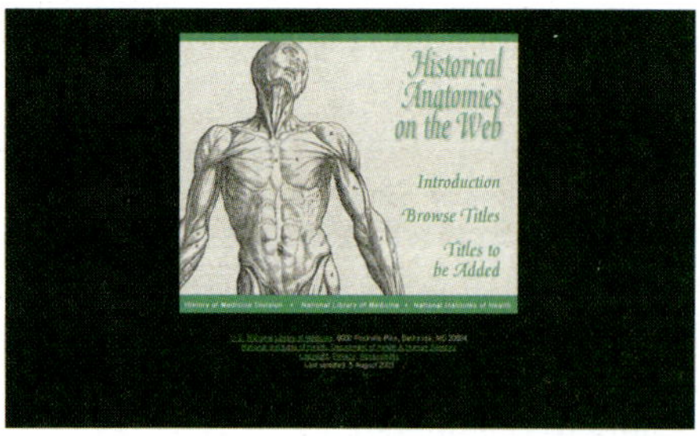

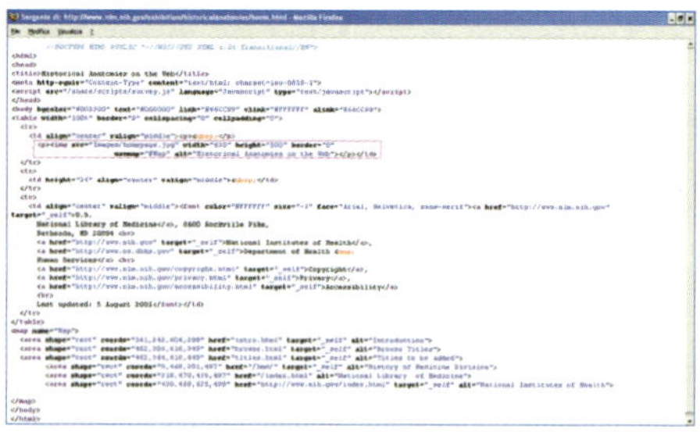

Figura 5.24 L'immagine "homepage.jpg" presente nella home del sito Historical Anatomies on the Web (http://www.nlm.nih.gov/exhibition/historicalanatomies/home.html) viene richiamata dalla cartella "Images", misura 630 × 500 px e genera un ALT, su passaggio del mouse, che la descrive come *Historical Anatomies on the Web*.

mine in questione da parte del sintetizzatore vocale. All'uso di termini stranieri o molto specialistici va di solito associato un glossario che ne definisca il significato. Si possono invece evitare di marcare come cambi di lingua quelle parole che sono state assorbite dalla lingua italiana. Per esempio:
<dl> <dt lang="en"> Buffer overflow</dt>;
<dd> sovraccarico di un'area di memoria del computer, dovuto al tentativo di immagazzinare una stringa più grande dello spazio utile a disposizione. </dd>.

5. *Non affidare le informazioni esclusivamente al colore.* Per esempio:
   - *colore*: il colore è uno degli elementi in assoluto più arbitrari in fatto di percezione, per cui non soltanto gli ipovedenti o coloro che hanno problemi alla vista vedono colori diversi,[57] ma anche un normodotato può differire nella visione da un altro. Il WCAG 1.0, linea guida numero 2,[58] raccomanda di non basare un'informazione esclusivamente sul colore e di assicurarsi che testi e grafica siano comprensibili anche se visti senza colore. Inoltre i colori, soprattutto in combinata, devono rispettare il criterio dell'alto contrasto, in modo da garantire la massima leggibilità dei contenuti e la non mescolanza percettiva degli elementi. In questa stessa direzione va la raccomandazione di evitare sfondi grafici sotto ai testi;
   - *fornire informazioni contestuali e di orientamento*: la massima fruibilità dei contenuti va contro l'uniformità e la generalizzazione delle presentazioni. L'idea è quella di fornire contenuti per tutti, non pagine uguali su tutti i browser, e chiari meccanismi di navigazione.
6. *Rendere i documenti il più possibile chiari e semplici.* La linea guida 14 delle WCAG 1.0 afferma: «Assicuratevi che i documenti siano chiari e semplici in modo che possano essere compresi più facilmente», e il secondo il punto di controllo 14.1 aggiunge: «Usate il linguaggio più chiaro e più semplice, appropriato ai contenuti di un sito».

VALIDAZIONE. Un documento valido e ben formato deve essere verificato e convalidato attraverso appositi strumenti forniti dal WAI e dal CNIPA. Qualsiasi sito presente in Rete può essere validato attraverso la pagina fornita dal W3C (http://validator.w3.org), semplicemente copiando e incollando nell'apposito campo l'URL del sito. Se invece la pagina è in locale e non ancora disponibile online, la validazione può avvenire attraverso l'upload del file direttamente sui server del W3C (http://validator.w3.org/file-upload.html).

La validazione di accessibilità, tuttavia, non dipende unicamente da un codice ben formato ma dal rispetto di tutti i punti di controllo identificati nelle WCAG 1.0 pertinenti agli elementi contenuti in quel sito specifico. Le WCAG 1.0 individuano tre livelli di priorità perché non tutti i punti di controllo hanno la stessa rilevanza. Alcuni sono obbligatori al fine di non erogare contenuti totalmente inaccessibili (priorità 1), altri eliminano barriere d'accesso per certi utenti (priorità 2), altri infine consentono di migliorare l'accessibilità delle pagine e facilitano il reperimento dell'informazione (priorità 3):[59] tanto maggiori sono i suggerimenti rispettati, tanto più alto sarà il livello di accessibilità di una data pagina web. A seconda del tipo di validazione quindi, il WAI fornisce un bollino da esporre nel sito che ne identifica il grado di conformità (A-AA-AAA) con relativo link allo strumento di validazione.

Dal momento che l'accessibilità è richiesta per legge alle pubbliche amministrazioni, un secondo ente, il Centro Nazionale per l'Informatica nella Pubblica Amministrazione (CNIPA), opera presso la Presidenza del Consiglio per l'attuazione delle politiche del ministro per le Riforme e le innovazioni nella PA. Il CNIPA, che assiste le pubbliche amministrazioni nel corretto uso dei sistemi informatici e nella modalità di erogazione dei contenuti, ha contribuito alla redazione della legge Stanca ed è incaricato del controllo del mantenimento dei requisiti di accessibilità dei siti e dei servizi presso soggetti pubblici e privati. La verifica può avvenire – secondo quanto stabilito dal regolamento –[60] in più modi: verifica tecnica condotta da esperti o verifica soggettiva condotta dal destinatario, anche disabile, sulla scorta di valutazioni empiriche. Anche la validazione operata dal CNIPA prevede il rilascio di un logo che qualifica l'accessibilità dei siti esaminati.

4 Progettare e gestire un sito web

Nella progettazione di un sito web, va tenuta in considerazione una serie di elementi fondamentali, in modo da non sprecare risorse umane e finanziarie e non dar vita a un prodotto penalizzato già sul nascere.

4.1 *Ruoli*

La convinzione diffusa che creare un sito Internet non sia difficile e che chiunque possa avvicinarsi al Web Publishing senza particolari specializzazioni è per lo meno discutibile. Alla sempre maggiore facilità di utilizzo dei sistemi informatici, infatti, si affianca un'altra tendenza in crescita: quella che vede la trasformazione dei siti web da "vetrine" di aziende, prodotti e servizi in "strumenti" utili alla comunicazione, alla gestione, all'erogazione e alla conservazione dei contenuti. Per soddisfare queste esigenze si profila la necessità di nuove figure professionali che sappiano gestire appropriatamente contenuti, contenitori e modalità di interazione. In particolare, proporzionalmente alla complessità del sito, le persone che possono essere coinvolte sono:

- *coordinatore*: si interfaccia con il committente e tra gli altri membri del team di design; amministra le risorse, i budget, i tempi;
- *progettista*: definisce il progetto a livello concettuale;
- *esperto di comunicazione*: studia i mezzi più appropriati per diffondere un determinato contenuto;
- *creativo*: definisce lo stile grafico;
- *esperto di usabilità*: definisce i requisiti dell'utenza, le architetture informative, le modalità di interazione;
- *esperto di accessibilità*: definisce requisiti di accessibilità, valida il codice;
- *redattore*: definisce e ricerca il materiale, programma la tempistica di aggiornamento;
- *programmatore*: sviluppa il codice.

È improbabile che un singolo soggetto possa gestire professionalmente tutte queste attività, così come risulta inappropriato affidare questi ruoli specifici a persone prive di una specializzazione specifica. In pratica, un bravo grafico cartaceo non è necessariamente un buon disegnatore di layout per Web, perché si tratta di ambiti e oggetti diversi.

4.2 *Conoscere il sistema*

La rappresentazione gerarchica è il modo più semplice per conoscere a fondo la struttura di un sistema: le strutture ad albero sono utili nelle rappresentazioni qualitativamente elevate di gerarchie di media complessità; le strutture nidificate per la rappresentazione di sistemi naturali; semplici relazioni gerarchiche o informazioni o funzioni raggruppate e le strutture a scala per la rappresentazione di gerarchie complesse, soprattutto se il sistema è instabile o cresce in modo imprevedibile.

Un'altra gerarchia da valutare è quella dei bisogni: per avere risultati soddisfacenti è necessario soddisfare anzitutto i bisogni primari – per esempio, il sistema deve essere funzionale – e solo in secondo luogo quelli di livello superiore, come la creatività. Un buon progetto dovrebbe rispondere a cinque bisogni fondamentali di complessità crescente:

1. *funzionalità*: capacità di soddisfare i requisiti essenziali di un progetto;
2. *affidabilità*: capacità di garantire prestazioni stabili e costanti;
3. *usabilità*: facilità d'uso e grado di tolleranza;
4. *miglioramento delle competenze*: capacità da parte degli utenti di eseguire determinate attività con maggiore efficienza rispetto al passato;
5. *creatività*: livello in cui gli utenti iniziano a interagire con il design in modo innovativo.

Valutazione della scalabilità. È errato supporre che, aumentando o riducendo la scala di un sistema, la sua efficacia resti invariata. I migliori esempi in questo senso sono forniti dal mondo animale. L'errata stima della scalabilità è evidente nel volo (su piccola scala il battito delle ali è una soluzione efficiente per spostare l'aria e quindi volare, mentre su scala grande la forza di gravità ostacola il movimento delle ali stesse) o nel sollevamento pesi (una formica è capace di trasportare un carico 50 volte superiore al suo peso, ma questo non significa che una formica di dimensioni umane, quindi di circa 90 kg, potrebbe sollevare un peso di 4,5 t: subentra infatti una maggiore forza di gravità in proporzione alla massa). Al variare della scala, le variabili cambiano.

Il funzionamento e l'efficacia di un sito pensato per qualche centinaio di utenti cambiano radicalmente quando questi diventano milioni; un sito progettato per erogare contenuti solo testuali non è adatto a divulgare in modo efficiente documenti video.

Effetto GIGO (*garbage in, garbage out*). La qualità dei risultati di output di un sistema dipende dalla qualità dei dati in esso immessi. Maggiore è l'attenzione alla tipologia e alla qualità dei dati, migliore sarà il risultato raggiunto da quel sistema sull'utenza.

Ciclo di vita. Come tutti i prodotti, anche i siti web sono caratterizzati da un ciclo di vita che comprende quattro fasi: introduzione, crescita, maturità, declino. L'aggiornamento continuo e la capacità di ripensarsi costituiscono punti di forza.

4.3 *Conoscere l'utente*

La definizione del target è uno degli elementi fondamentali per capire come erogare un certo tipo di contenuto e rientra nei parametri di base per poter progettare strumenti usabili. Conoscere l'utente significa aver consapevolezza dei meccanismi del sistema cognitivo, delle attività, delle abitudini e delle aspettative delle diverse fasce di utenza; essere aperti alla collaborazione, anche in fase di sviluppo, con campioni di utenti; e prevedere la delega delle attività attraverso l'interazione con il sistema. Per progettare strumenti usabili, inoltre, è necessario tenere in considerazione le abilità e i limiti fisici e cognitivi delle persone, le attività che esse devono svolgere attraverso lo strumento progettato, il contesto culturale, fisico e organizzativo in cui lo useranno.

A questo scopo, è fondamentale considerare un'ampia varietà di punti di vista su un dato problema, poiché persone con ruoli diversi utilizzano uno stesso sistema in modi differenti e ne individuano di conseguenza pregi e difetti in relazione alla loro percezione e attività. Le strategie usate in questa direzione possono essere di vario tipo: dall'indagine diretta con intervista al *focus group*,[61] dalle osservazioni etnografiche allo *storytelling*, dalla formulazione di scenari alla *task analysis* ecc.

La conoscenza di alcune leggi fondamentali può aiutare a capire come funziona l'utenza di un sito.

- **Modello mentale**: la comprensione e l'interazione con sistemi e ambienti si basa su rappresentazioni mentali che si sono sviluppate con l'esperienza: significa che facciamo determinate azioni in un certo modo perché abbiamo imparato a farle in quel modo. Di solito i modelli mentali sono di due tipi: quelli basati sulle modalità operative dei sistemi (modelli di sistema) e quelli basati sulle modalità di interazione (modelli interattivi).
- **Aspettativa**: la percezione e il comportamento cambiano in relazione alle aspettative personali o altrui. La semplice convinzione che un certo prodotto generi determinati effetti è sufficiente per creare la possibilità che questo avvenga realmente, a prescindere dall'efficacia reale.
- **Legge della pregnanza**: è la tendenza a interpretare le immagini ambigue come semplici e complete, invece che come complesse e incomplete. Secondo la psicologia della Gestalt, gli elementi ambigui possono essere intesi in modi diversi e la semplicità è la soluzione migliore perché fa riferimento alle disposizioni contenenti il minor numero di elementi possibile, alle composizioni simmetriche invece che asimmetriche e in genere alla conformità con altri principi della percezione.
- **Rilevamento delle minacce**: è la capacità naturale di rilevare gli stimoli di minaccia in modo più efficiente rispetto agli altri stimoli. Vanno pertanto evitati elementi

dalla forma o dal colore troppo aggressivi o connotati negativamente. Per esempio, un sito nero verrà facilmente interpretato come qualcosa di politicamente schierato o dal contenuto oscuro.

- **Memoria di riconoscimento e di rievocazione**: il processo di memoria necessario per riconoscere gli oggetti è più efficiente rispetto a quello necessario per richiamarli alla memoria. Questo significa che se rivedo un determinato oggetto, in una determinata posizione, riassocierò a esso una funzione specifica: per questo motivo, il rientro alla HOME nei siti è sempre in alto a sinistra. La posizione di un elemento nello spazio ne facilita o ostacola la memorizzazione: gli elementi presentati all'inizio e alla fine di un elenco verranno ricordati con maggiore probabilità rispetto a quelli centrali. Le informazioni analizzate a un livello più profondo vengono ricordate meglio rispetto a quelle analizzate superficialmente. A questo scopo giocano un ruolo fondamentale la *peculiarità* (unicità delle informazioni rispetto al contesto), la *rilevanza* (percezione del grado di importanza delle informazioni) e il *grado di elaborazione* delle informazioni (quantità di riflessione necessaria per interpretare e capire le informazioni). Nei contesti in cui la memorizzazione dei contenuti è importante, una presentazione originale reintegra attività stimolanti per coinvolgere gli utenti in un'elaborazione profonda delle informazioni.

4.4 *Definire l'architettura dell'informazione*

I siti Web che funzionano meglio hanno una chiara ed efficiente architettura dell'informazione alle spalle e risultano facili da navigare. Organizzare i contenuti significa:

- definire i contenuti e la tipologia dei dati (testi, immagini, audio, video ecc.);
- definire la loro gerarchia e i collegamenti che intercorrono tra le diverse informazioni (lineari,[62] ad albero,[63] ipertestuali,[64] a matrice,[65] in corrispondenza,[66] in *overlay*,[67] a zoom[68] ecc.);
- individuare le modalità organizzative più adeguate alle caratteristiche dei dati (*Figura 5.25*).

Una volta definiti contenuti, gerarchie e modalità organizzative, è necessario disegnare una mappa e un albero che facciano da linea guida nello sviluppo della vera e propria architettura informatica (*back office*, codice) e di navigazione (*front office*, interfaccia).

La mappa di navigazione (*Figura 5.26*) è un elemento che viene generalmente utilizzato anche nel *front office*, in quanto reso disponibile all'utente come voce di menu, in quanto strumento adeguato per l'orientamento all'interno dei contenuti e dei rami di un sito. Esistono numerosi software[69] adatti al disegno delle "mappe mentali" e molti di questi consentono di identificare le gerarchie padri-figli, i link, le connessioni, le classi ecc., quindi di disporre di un piano completo e dettagliato dell'architettura da creare.

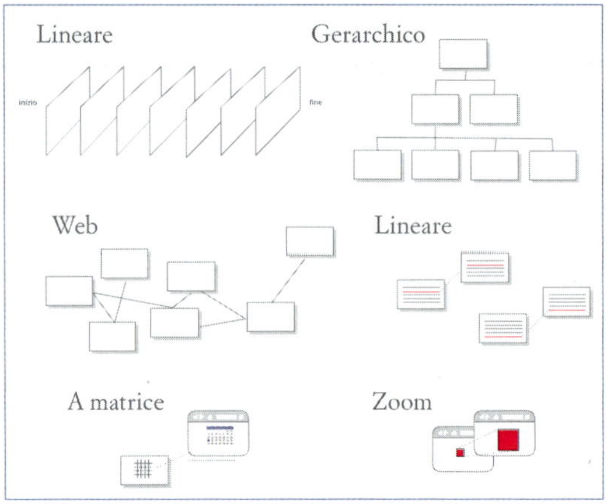

Figura 5.25 - Modalità organizzative lineare, gerarchica, a ipertesto, lineare, a matrice e a zoom.

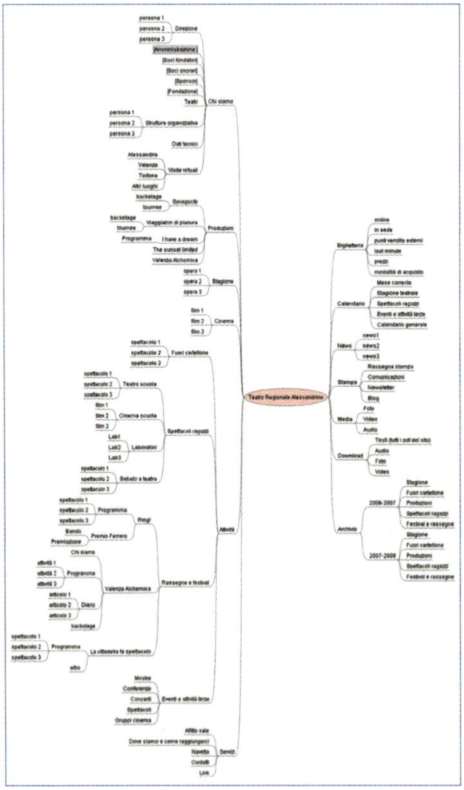

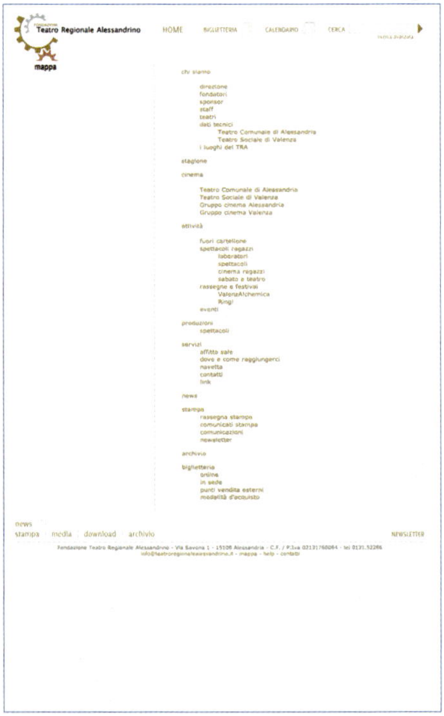

Figura 5.26 - Mappa del sito del Teatro Regionale Alessandrino, progettazione e navigazione.

4.5 *Disegnare il layout*

Prima di procedere allo sviluppo del codice è necessario sapere che interfaccia avrà il sito in progettazione. Una buona prassi è disegnare con un software dedicato (Adobe Illustrator, per esempio) una serie di pagine campione per tipologia che possano aiutare poi a definire i parametri del CSS (misure, proporzioni, codici colore, spazi ecc.).

Nella scelta degli elementi grafici e nel loro posizionamento nelle pagine è importante conoscere valori, spazi e significati degli oggetti, perché il messaggio legato al sito deriva da questi parametri. Esperimenti condotti su campioni di utenti da aziende come il Poynter Institute[70] attestano come i contenuti di una pagina vengano "letti" con maggior efficacia se hanno caratteristiche peculiari. Per esempio, in una home page di quotidiano online, i menu in testa alla pagina attirano l'attenzione molto di più di quelli in spalla sinistra o destra; le scritte a ridosso di titolature importanti sono lette più frequentemente di quelle staccate da uno spazio bianco; il lato sinistro della pagina viene osservato meglio del destro;[71] le pagine con maggiore contenuto e opzioni di clic contestuali vedono un uso modesto degli strumenti di navigazione (menu) e un percorso di navigazione alternativo a quello standard; al contrario, in pagine orizzontali e con pochi contenuti la lettura è rapida e i menu vengono privilegiati per l'accesso in profondità; i caratteri piccoli invitano a focalizzare su un'informazione, quelli grandi suggeriscono il "colpo d'occhio" ecc.

Certi elementi, poi, hanno ormai delle caratteristiche codificate nel mondo web: la casetta indica l'Home Page ed è l'elemento più a portata di mouse, sempre in alto a sinistra; le frecce laterali indicano il *back* e il *forward*, le sottolineature indicano link ecc.

4.6 *Preparare il contenuto*

Una delle operazioni più difficili per il redattore di un sito web è tenere a mente che sta lavorando con un mezzo di comunicazione nuovo, diverso dalla carta, dalla radio o dalla televisione, e che pertanto è dotato di requisiti e linguaggi diversi. L'utente infatti si relaziona alle pagine web in modo frettoloso, curioso, oppure esplorativo, a seconda dei casi: in ambo i casi, la necessità è quella di non perdere nessuna di queste tipologie di lettore e attore. Esistono perciò alcune strategie che possono spingere in questa direzione.

Le persone, in genere, giudicano i libri dalla copertina, i siti Internet dalla Home Page e gli edifici dall'ingresso: l'impressione iniziale suscitata da un sistema incide notevolmente su percezioni, atteggiamenti e interazioni successive. Elementi chiave di un buon punto di ingresso sono barriere minime, punti di prospettiva, richiami progressivi, tempi e spazio sufficienti per garantire l'interazione.

Il Web ha un suo "modo" di espressione – anche se, per la sua natura, può veicolare documenti di ogni tipo – e prevede una scrittura chiara, sintetica, spesso schematica, volta a catturare velocemente l'attenzione del lettore. Il linguaggio della Rete prevede la possibilità di trattare contenuti ibridi, multimediali e fornisce modalità inedite di pubblicazione e diffusione. L'aggiornamento dei contenuti, anche testuali, avviene in tempo reale e siti come quello di Repubblica online aggiornano i lanci d'agenzia circa ogni 5 minuti.

Riprendendo gli insegnamenti di Italo Calvino in fatto di letteratura, potremmo considerare come attributi di riferimento per i contenuti da erogare in Rete cinque parametri fondamentali:

1. *leggerezza* (di stile, di lunghezza, di peso in byte);
2. *rapidità* (di pensiero, di ritmo, di visualizzazione);
3. *esattezza* (di linguaggio, di informazione, di struttura);
4. *visibilità* (di immaginazione, di intuizione, di reperibilità);
5. *molteplicità* (di stili, di idee, di percorsi, di link).

Piramide rovesciata: è un metodo di rappresentazione delle informazioni in base a un ordine di importanza decrescente. È consigliata quando i testi devono offrire una serie di informazioni anche lunghe e complesse, ma presupponendo che la maggioranza degli utenti ne legga solo la prima parte. L'ordine di importanza degli argomenti deve quindi essere decrescente, in modo da fornire per primi quelli fondamentali. La struttura a piramide rovesciata è di solito affiancata dall'uso di layout interessanti o supporti interattivi che affiancano le informazioni e coinvolgono in modo attivo i destinatari.

Rappresentazione iconica: l'uso di immagini statiche (foto) o in movimento (video) all'interno di un contenuto catalizza l'attenzione e semplifica la comprensione, mentre la presenza costante di segnali e controlli facilita il riconoscimento, l'apprendimento e la memorizzazione di azioni, oggetti e concetti.

Chunking: il *chunk* indica un'unità informativa nella memoria a breve termine, come una stringa di lettere, una parola o una serie di numeri: consente di ovviare ai limiti della memoria a breve termine organizzando le informazioni in un numero inferiore di unità. Il chunking diventa fondamentale nel richiamare e ricordare le informazioni oppure per condurre operazioni di ricerca, per questo è fondamentale l'utilizzo di paragrafi brevi, link su parole chiave e in genere testi depurati di elementi narrativi "estetici" quali la ridondanza aggettivale, le virgole ecc.

Leggibilità: la chiarezza visiva del testo è fondamentale per la consultazione del contenuto ed è determinata dalle dimensioni, dal tipo di carattere, dal contrasto cromatico, dai blocchi di testo e dalla spaziatura. Da ricordare è che su web è deprecato l'uso di certe famiglie di caratteri (font non di sistema o poco diffusi), di certi colori ecc.

Comprensibilità: il grado di intelligibilità dei testi e il livello di complessità di parole e frasi (lunghezza, ordinarietà, numero di proposizioni e sillabe ecc.) devono essere tarati sul bacino d'utenza.

In linea di massima vale la regola generale di "scrivere per farsi capire", adottando un linguaggio e un lessico il più adatti possibile all'argomento e al pubblico di riferimento; facendo attenzione agli errori grammaticali e sintattici (esistono i correttori automatici, ma i testi vanno riletti, possibilmente da più persone); definendo i termini tecnici adoperati (soprattutto in siti molto specialistici). I paragrafi e le frasi brevi sono preferibili a quelli lunghi perché attirano maggiormente l'attenzione. I contenuti devono essere completi e controllati alla fonte.

4.7 *Scelte comunicative strategiche*

Infine, a seconda dell'utilizzo previsto per il sito, vanno operate opportune scelte strategiche. Un sito deve essere il più semplice possibile anche se non banale perché, in base al principio del rasoio di Occam, in una gamma di soluzioni funzionalmente equivalenti, la scelta ricade sulla più semplice. La presentazione di contenuti complessi deve essere progressiva, privilegiando una strategia di gestione della complessità delle informazioni che consenta di visualizzare in un dato momento solo le informazioni necessarie o espressamente richieste. La presentazione progressiva comporta la suddivisione delle informazioni su più livelli, presentati solo se necessari o rilevanti, e serve soprattutto per impedire il sovraccarico informativo.

La pratica di erogazione di servizi può essere ottimizzata secondo la **tecnica del "modellamento"**, una strategia basata sulla semplificazione di comportamenti complessi in azioni di difficoltà inferiore. Tali comportamenti vengono rinforzati e poi concatenati fino a ottenere il risultato desiderato.

Va portata in primo piano la narrazione, vale a dire la creazione di immagini, emozioni ed eventi ottenuta mediante l'interazione tra un narratore e un pubblico. Requisiti fondamentali di una buona narrazione sono:

- *ambientazione*: orienta il pubblico e offre alla storia un senso del tempo e del luogo;
- *personaggi*: permettono di definire le modalità di coinvolgimento del pubblico nella storia e nella sua evoluzione;
- *trama*: crea un rapporto tra gli eventi narrati;
- *invisibilità*: si dimentica la presenza del mezzo o del narratore;
- *atmosfera*: fornisce la dimensione emotiva;

Figura 5.27 - Google e gli archi della Serie Silent Yamaha rispettano il principio del rasoio di Occam, scegliendo l'essenzialità della forma e privilegiando le prestazioni e l'usabilità.

- *movimento*: in una narrazione di qualità la sequenza e il flusso degli eventi sono chiari e interessanti e la trama non è statica.

La **tecnica del framing**, cioè l'uso strumentale di immagini, parole e contesto può rivelarsi utile per influirere sul giudizio degli utenti (le informazioni possono essere presentate accentuando gli aspetti positivi o negativi, secondo il metodo del "bicchiere mezzo pieno o mezzo vuoto"). La modalità di presentazione delle informazioni incide notevolmente sull'adozione di decisioni e sulla formulazione di giudizi, condizionando quindi il comportamento in modo significativo.

È bene, infine, prestare attenzione all'**armonia cognitiva** perché la coerenza tra atteggiamenti, pensieri e convinzioni, così come la concordanza tra due cognizioni, produce consonanza e quindi buon feedback da parte dell'utente.

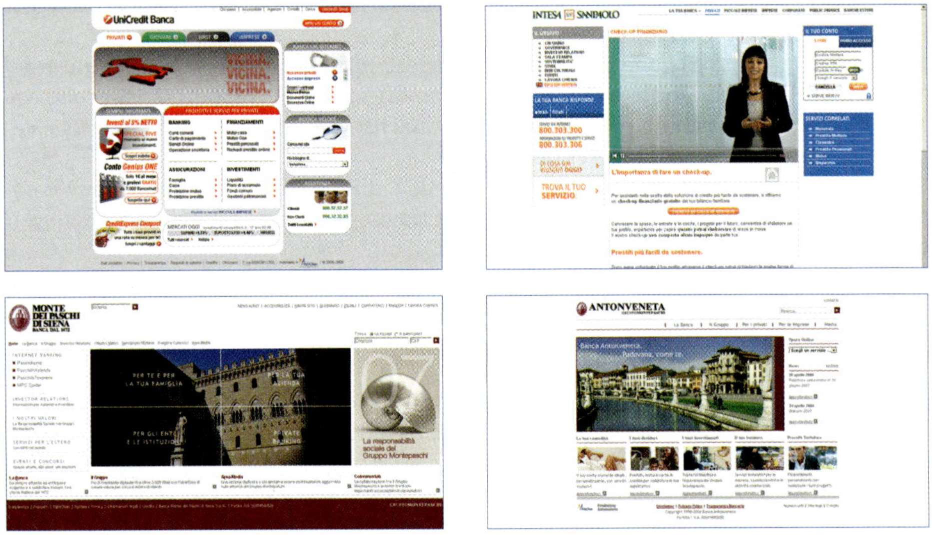

Figura 5.28 - L'uso della tecnica del framing è più evidente in siti che veicolano grandi flussi di denaro o di interessi, come quelli delle banche. In piena crisi economica quattro su quattro spingono a investire attraverso elementi grafici e comunicativi accattivanti.

Note

1 *Visualizza/view > html/codice sorgente/source*. Si può effettuare la stessa operazione, utilizzando il tasto destro del mouse per visualizzare il menu a tendina, e scegliendo poi la voce corrispondente.

2 «Marco Cadioli è un fotografo che dirige il proprio obiettivo verso i pixel che danno vita alle immagini che si materializzano sugli schermi dei computer. Fotografa paesaggi, volti, gesti, quella che si direbbe vita quotidiana; la particolarità e la novità di tale lavoro consistono nel fatto che i soggetti

dei suoi scatti abitano il Web. Cadioli stesso abita – in qualche modo – in un metamondo. Sebbene risieda in un luogo fisico preciso, che è Milano, alcune sue estensioni hanno sviluppato una propria identità e hanno tessuto reti di relazioni sociali che saremmo tentati di definire autonome. Testimoniare attraverso la fotografia i luoghi della Rete e le entità che la popolano è un'operazione che richiede un'autentica fusione tra il fotografo e l'oggetto della propria ricerca. Così è stato per Cadioli che non ha mai indugiato in un punto di osservazione lontano e distaccato, ma si è letteralmente immerso in profondità: si è interfacciato, per utilizzare un termine caro al linguaggio tecnologico.
L'artista non giudica i fenomeni che si presentano alla sua vista, piuttosto li interpreta e li rappresenta; ogni creazione artistica diventa dunque una finestra spalancata sulla realtà e un invito ad affacciarvisi. Le fotografie di Cadioli sono un invito a superare quel labile confine rappresentato dal monitor del computer e a scoprire che ciò che ci ostiniamo a chiamare virtuale è spesso più reale di ciò che ci circonda e di cui possiamo avvertire la materialità.
Si tratta di un invito a strappare il velo della virtualità, per scoprire come dietro ciascuna delle forme che si disegnano sul nostro schermo è possibile intravedere nuove manifestazioni della personalità di uomini per i quali il mondo, così come lo conosciamo, è diventato un habitat insufficiente» (*Internet landscapes. Forme e luoghi della Rete nell'opera di Marco Cadioli*, a cura di V. Campanelli, Edizioni MAO – Media & Arts Office ONLUS, di prossima pubblicazione).

3 L'XML è una sorta di "linguaggio-sorgente" dal quale è possibile creare altri linguaggi di marcatura; rispetta tutte le specifiche del W3C ed è attualmente considerato lo standard nell'ambito dello sviluppo informatico. Le finalità di un linguaggio come l'XML sono il suo utilizzo in rete, la facilità di creazione di documenti, il supporto ad applicazioni diverse, la flessibilità e la semplicità d'utilizzo.

4 Una delle tecniche a oggi più diffuse per sviluppare applicazione web dinamiche è AJAX (*Asynchronous JavaScript and* XML).

5 Lo sono invece C, C++, Pascal, Java, mentre sono linguaggi di scripting PHP, ASP, PERL, JavaScript.

6 Ultima versione rilasciata: HTML 4.01 del 24 dicembre 1999.

7 XHTML è la riformulazione di HTML come applicazione XML nella prima versione rilasciata il 26 gennaio 2000. Attualmente sono disponibili e pubblicate come raccomandazioni dal W3C tre versioni dell'XHTML (1.0: è la riscrittura in XML di HTML 4.0; basic: è versione "ridotta" del linguaggio, specificamente pensata per dispositivi mobili come PDA e cellulari; 1.1: rilasciata nel 2002 è la prima formulazione pratica del concetto di modularità, cioè gli elementi fondamentali (l'insieme di tag che definiscono la struttura di un documento) sono raggruppati in una serie di moduli indipendenti, che possono essere implementati o esclusi secondo le necessità.

8 L'*Extensible Stylesheet Language Family* (XSL) è un meccanismo per trasformare un documento XML in un altro.

9 Il *Form Markup Language* (FML) è un linguaggio basato su XML usato per descrivere l'aspetto delle animazioni. *Vedi:* http://img.csit.carleton.ca/iface/fml.html

10 I *tag* sono elementi costituiti da informazioni specifiche racchiuse da due parentesi angolari, cioè i segni minore e maggiore. Quasi sempre gli elementi della pagina su cui "opera" il tag devono essere racchiuse fra un tag di apertura e uno di chiusura (il markup interno richiede sintassi particolari per distinguere il markup dal contenuto), per cui la struttura è <TAG>...</TAG> dove il primo termine è l'inizio dell'istruzione e il secondo è la fine dell'applicazione di quell'istruzione. Per esempio, per attribuire il valore di titolo di pagina, quello che compare nella barretta blu sopra al browser: <TITLE> La parte nascosta del Web</TITLE>.

11 Gli attributi vengono inseriti nei tag per definirne alcune caratteristiche specifiche. Per esempio, l'allineamento di un paragrafo: <p align="right">testo</p>.

12 I metodi sono dei "sottoprogrammi" che vengono usati nella programmazione a oggetti per controllare una singola classe di oggetti e conseguentemente a tutte le loro istanze.

13 I linguaggi di scripting sono dei linguaggi di programmazione destinati a compiti di automazione come, per esempio, i batch o le macro del pacchetto Microsoft Office.

14 Un errore dovuto invece ai linguaggi di *scripting* o programmazione, al contrario, può generare problemi rilevanti alla macchina.

15 L'uso dell'estensione .htm invece di .html era dovuto all'incapacità dei sistemi operativi come il DOS di gestire nomi di lunghezza superiore a otto caratteri e di estensione superiore alle tre lettere. Per lo stesso motivo, .jpeg si trova anche come .jpg. Il problema è stato ampiamente superato dal rilascio di Windows 95 ed è oggi possibile usare indifferentemente l'estensione .htm o .html.

16 Per visualizzare correttamente un contenuto sviluppato in Flash è però necessario "potenziare" il browser aggiungendo lo specifico "plug-in" che permette di visualizzare correttamente quel tipo di applicativo (nel caso di Flash, per esempio, occorre installare il Flash Player).

17 Per una panoramica dei browser più diffusi, *vedi*: http://marketshare.hitslink.com/report.aspx?qprid=2

18 W3C (World Wide Web Consortium): organizzazione nata per la standardizzazione della sintassi del linguaggio HTML.

19 "Parsare" un documento (per esempio XML) significa manipolarlo attraverso un linguaggio utilizzato come interfaccia. In generale, il *parsing* riguarda la lettura, la modifica e l'interrogazione del file.

20 Per esempio, è possibile inserire in una pagina web delle formule matematiche complesse, dichiarando il NAMESPACE relativo al linguaggio matematico in uso (per esempio MathML) e utilizzando nella pagina i tag specifici di quest'ultimo.

21 Gli stessi produttori di telefonia mobile si sono orientati verso la soluzione XHTML + CSS, con il supporto delle tecnologie necessarie sul lato server.

22 Elementi generalmente pubblicitari presenti in una pagina web.

23 Media diversi per tipologia e concezione di utilizzo: dal palmare al PC, dal touch monitor all'iPod.

24 Il CSS1 è stato rilasciato nel 1996 dal W3C, come tecnologia pensata per definire la presentazione dei documenti.

25 Caratteristiche tipiche dell'HTML sono la facilità di comprensione/creazione; l'uso molto diffuso; l'assenza di elementi semantici; l'impossibilità di essere riconosciuto e processato da qualsiasi programma; la difficoltà di mantenimento/aggiornamento delle pagine; l'assenza di standard comuni e condivisi; la difficoltà di estenderne l'utilizzo.

26 Caratteristiche tipiche dell'XML sono: la possibilità di personalizzare gli elementi di marcatura; l'integrazione (come l'HTML) nelle tecnologie legate alla rete; la separazione dei dati dalle istruzioni per la presentazione; l'applicabilità a qualsiasi mezzo e scenario.

27 *Vedi* il capitolo 1.

28 application/xhtml+xml.

29 Il "Content Management System" è un software installato su un server web e adibito alla gestione dei siti web, in modo che l'utente non debba necessariamente avere competenze tecniche.

30 HTML Working Group e XHTML Working Group.

31 L'HTML5 opera in due modi: fornisce istruzioni per creare documenti validi e definisce come dovrebbe avvenire il *parsing* di documenti non validi o mal formati. L'obiettivo è ottenere una piena interoperabilità tra i browser. Quanto al trend evolutivo, sebbene l'XHTML2 abbia apportato un deciso miglioramento semantico rispetto all'XHTML 1.0, resta oscuro quale sarà il suo futuro, giacché browser come Internet Explorer non supportano a oggi nemmeno la versione 1.0. La via sembra piuttosto aperta all'HTML5, già supportato da diversi browser e dallo stesso staff di sviluppo Microsoft.

32 La prima specifica ufficiale di CSS, il CSS1è stata rilasciata nel 1996; la seconda, CSS2, a maggio 1998; è ancora in fase di *working draft* la CSS3.

33 Un foglio di stile può essere collegato alla pagina web attraverso l'elemento <LINK> oppure usando la direttiva @import:

```
<head>
  <link rel="stylesheet" type="text/css" href="mystyle.css" />
</head>
```

34 I fogli di stile incorporati vengono inseriti direttamente nel documento (X)HTML attraverso l'elemento <style>:

```
<head>
  <style type="text/css">
    hr {color: sienna}
    p {margin-left: 20px}
    body {background-image: url("images/back40.gif")}
  </style>
</head>
```

35 I fogli di stile in linea sono gestibili attraverso l'attributo style, che fa parte della collezione di attributi (X)HTML: <p style="color: sienna; margin-left: 20px"> Questo è un paragrafo </p>.

36 "Quello che vedi è esattamente quello che otterrai": ciò che si vede sullo schermo è ciò che si ottiene in un browser web.

37 Sono strumenti che permettono di evidenziare elementi di sintassi, correggere gli errori, gestire i tag direttamente da librerie o barre, usare scorciatoie da tastiera per l'inserimento dei tag, definire il layout, completare il codice attraverso suggerimenti (tipo il T9 nei cellulari), autocompletare i tag.

38 Quasi tutti i tag sono scritti in inglese, per cui <b> sta per bold = grassetto e <img src> = image source = immagine sorgente ecc.

39 Il linguaggio Javascript viene usato in milioni di pagine web per gestire il design, validare i form, riconoscere i browser, creare i cookie ecc.

40 L'FTP (*File Transfer Protocol*, cioè "protocollo di trasferimento file") è un protocollo usato per la trasmissione di dati.

41 Molti editor visuali tendono a "sporcare" il codice inserendo tag non necessari (*table*, *p*, *font*, *center*), anziché utilizzare i fogli di stile che sono predisposti per la stilizzazione dei contenuti.

42 I browser possono interpretare in modo anche molto diverso una pagina web e alcuni supportano fogli di stile propri che sostituiscono quelli predisposti da chi ha generato la pagina. Ne consegue un aspetto diverso e spesso non congruente con le esigenze grafico-comunicative dello sviluppatore.

43 Una sintassi inappropriata può risultare incomprensibile agli *spider* dei motori di ricerca e ostacolare quindi il reperimento di una pagina o di un contenuto.

44 Tra questi Drupal, Flex, Joomla, Moodle ecc. *Vedi*: http://it.wikipedia.org/wiki/Content_management_system

45 Un esempio è costituito da Flatnuke, un CMS che non fa uso di DBMS, appoggiandosi esclusivamente a file di testo.

46 Il WorldWideWeb fu sviluppato da Tim Berners-Lee a scopo "dimostrativo".

47 Sviluppato da NCSA.

48 Questo è uno dei motivi delle numerose battagli legali contro Bill Gates e il suo tentativo di monopolizzare il mercato informatico, ostacolando la libera concorrenza. La scelta di integrare un browser e quindi di venderlo congiuntamente al sistema operativo ha costituito un grosso ostacolo alla proposta di browser alternativi.

49 La *cache* (dal francese *caché*, "nascosto") è un tipo di memoria in grado di tenere a disposizione un insieme di dati in una posizione temporanea, dalla quale possono essere recuperati velocemente su richiesta.

50 Il tasto tab è quello con le freccine sx-dx posizionato in alto a sinistra nella tastiera italiana.

51 Lo standard ISO 9241 definisce l'*usabilità* come «la misura in cui un prodotto può essere usato da determinati utenti per raggiungere determinati obiettivi con efficacia, efficienza e soddisfazione in un determinato contesto d'uso».

52 *Vedi*: http://www.diodati.org/scritti/2002/sec508/sec508_stam.asp

53 WAI è l'acronimo di *Web Accessibility Initiative*, cioè "Iniziativa per l'Accessibilità del Web": il WAI è un gruppo di lavoro nato all'interno del W3C. *Vedi:* http://www.w3c.it/wai/

54 Il CNIPA è il Centro Nazionale per l'Informatica nella Pubblica Amministrazione. *Vedi*: http://www.cnipa.gov.it/site/it-IT/

55 La versione attuale è la 1.0, rilasciata dal WAI-W3C come documento ufficiale con valore normativo in data 5 maggio 1999, ma è ormai in avanzata fase di elaborazione la versione 2.0 delle WCAG, disponibile in formato bozza nel sito del W3C: http://www.w3.org/TR/2003/WD-WCAG20-20030624/

56 «Fornite un equivalente testuale per ciascun elemento non testuale (per esempio per mezzo di "alt", "longdesc" o nel contenuto di un elemento). *Ciò include*: immagini, rappresentazioni grafiche di testi (comprendenti simboli), regioni di mappe immagine, animazioni (per esempio GIF animate), applet e oggetti di programmazione, arte ASCII, frame, script, immagini usate come pallini in un elenco, spaziatori, pulsanti grafici, suoni (eseguiti con o senza l'interazione dell'utente), file audio indipendenti, tracce audio di video, e video».

57 La *protanopia* è una cecità più accentuata per il colore rosso, che colpisce una percentuale non trascurabile della popolazione maschile (la cecità ai colori è meno diffusa tra le donne); la *deuteranopia*, ovvero una cecità più accentuata per il colore verde (gli appartenenti a questi due gruppi confondono tra loro il rosso e il verde, i protanopi confondono anche il rosso con il blu); la *tritanopia*, che fa sì che chi ne è affetto confonda tra loro il giallo e il blu; l'*acromatopsia*, ossia estrema sensibilità alla luce, completa (o incompleta) cecità ai colori e bassissima acuità visiva.

58 2.1: «Assicuratevi che tutte le informazioni veicolate per mezzo del colore siano disponibili anche senza colore, per esempio attraverso il contesto o la marcatura» [Priorità 1]. 2.2: «Assicuratevi che le combinazioni di colore di primo piano e di sfondo forniscano un contrasto sufficiente quando viste da qualcuno affetto da deficit percettivi dei colori o quando viste su uno schermo in bianco e nero» [Priorità 2 per le immagini, Priorità 3 per il testo].

59 *Vedi*: http://www.w3.org/TR/1999/WAI-WEBCONTENT-19990505/full-checklist.html

60 Regolamento di attuazione, DPR 1° marzo 2005, n. 75 (G.U. 3 maggio 2005, n. 101).

61 Il *focus group* è una forma di ricerca qualitativa, in cui viene chiesto a un gruppo di persone di raccontare le proprie esperienze, sensazioni e pensieri rispetto un certo prodotto, concetto, evento. Lo scopo è quello di ottenere un oggetto *user oriented*, pensato per l'esigenza e il gusto dell'utente o, più frequentemente, del consumatore. I focus group sono spesso utilizzati nel marketing.

62 È il collegamento delle informazioni in sequenza: i contenuti vengono predisposti in modo che l'utente li scopra per passi successivi e che un certo oggetto presupponga la conoscenza di quello precedente. È il caso delle presentazioni.

63 Viene portata in primo piano la gerarchia tra gli oggetti e l'utente può navigare i contenuti in modalità *top-down* e *bottom-up*.

64 È la situazione tipica del web, dove qualsiasi oggetto può essere relazionato a infiniti altri. L'utente ha la possibilità di scegliere tra percorsi diversi di consultazione e accresce la propria interattività con il sistema.

65 È la presentazione dei contenuti organizzati in uno schema.

66 Le informazioni sono presentate in parallelo per portare in primo piano le relazioni tra i contenuti.

67 È la sovrapposizione di contenuti diversi per poter visualizzare più informazioni contemporaneamente.

68 Un particolare viene portato in primo piano senza perdere la visione generale.

69 Per esempio, Freemind, Pimki, WikkaWiki, VUE. *Vedi*: http://en.wikipedia.org/wiki/List_of_Mind_Mapping_software

70 La Eyetools Inc, in collaborazione con il Pointer Institute e l'Estlow Center, ha condotto un'analisi su un campione di 46 soggetti nel dicembre 2003 (risultati pubblicati a settembre 2004). Durante il test sono stati somministrati agli utenti diversi siti web di informazione giornalistica. *Vedi*: http://www.poynterextra.org/eyetrack2004/main.htm

71 Va tenuta in considerazione, in questa analisi, la pratica di lettura da sinistra a destra del mondo occidentale.

6. Scrivere... e non solo

1 Premessa doverosa

A partire dagli anni novanta, un datore di lavoro può chiedervi di dimostrargli la vostra competenza informatica attraverso il patentino ECDL (*European Computer Driving Licence – core, advanced, specialized*).[1] Questo tipo di certificazione consiste nella verifica – attraverso prove a pagamento – della vostra conoscenza di base e avanzata dello strumento informatico, delle reti e fondamentalmente della vostra abilità nell'eseguire una serie di procedure con i programmi Microsoft Office: Word, Excel, Access, PowerPoint. Solo nella modalità *specialized* il patentino prevede l'insegnamento di programmi come CAD, GIS, Health e Banking.[2] È presumibile pensare, visti gli argomenti di verifica, che se qualcuno è interessato al vostro ECDL, probabilmente stia cercando una segretaria o al massimo personale d'ufficio amministrativo.

Conoscere l'informatica non significa saper utilizzare a perfezione tutti gli applicativi offerti da una stessa casa produttrice, soprattutto se si considera che un singola azienda non sempre eccelle in tutta la gamma dei suoi prodotti e che l'offerta sul mercato software è molteplice e variegata (dal più semplice al più complesso, dal più costoso al completamente gratuito, dal più generico al più specialistico ecc.). Difficilmente un esperto di un certo settore lavorativo conoscerà tutti i software disponibili per quell'ambito e più probabilmente sarà abile nell'usare gli strumenti che gli servono di più. Attualmente il pacchetto Office è usato dalla maggior parte degli utenti, proporzionalmente alla diffusione di Windows (circa il 90% degli utenti)[3] e per questo nel panorama informatico viene percepito come l'unica alternativa possibile. È, ancora una volta, un problema di mercato.

Va rammentato che il pacchetto Office ha un costo di licenza e che non viene dato in dotazione all'acquisto del computer, inducendo la diffusione di copie "autenticate" attraverso seriali fasulli. Tollerando la circolazione di programmi duplicati e vincolando contemporaneamente il sistema operativo Windows all'acquisto dell'hardware – quindi incorporandone il costo –[4] Microsoft può abbassare i prezzi di mercato delle macchine in aperta concorrenza con Apple Macintosh, disponibile nello scaffale del negozio con molti programmi originali, licenziati e utilizzabili immediatamente *out of the box*.

I capitoli 6, 7, 8 e 9 sono pensati per mettere in luce le soluzioni software disponibili sul mercato in fatto di programmi di elaborazione dei testi, presentazione, calcolo, archiviazione dati, e per valutare i pro e i contro delle possibili scelte.

Molte delle possibili alternative al pacchetto Office sono equivalenti per funzioni e servizi, sono gratuite e disponibili per qualsiasi sistema operativo in uso (*cross-platform*: Win, Mac, Linux, Palm).

2 Siamo tutti scrittori

I testi che scriviamo, elaboriamo e diffondiamo oggi sono molto diversi da quelli prodotti 10, 20, 50 anni fa. I motivi fondamentali sono quattro:

1. la struttura dei testi è reticolare;
2. il mezzo che utilizziamo per creare la scrittura è completamente nuovo;
3. la finalità dei testi prodotti non è unica ma molteplice;
4. il modo di usufruire di un testo è soggettiva e interattiva.

La stessa idea di testo è cambiata radicalmente nella storia, passando dal testo non materiale (figuratività), al testo orale (acquisizioni omeriche), al testo scritto (oggetto materiale visibile e lineare), fino all'ipertesto (oggetto virtuale iconico e reticolare).

2.1 *L'ipertesto, scheletro del sapere multimediale*

L'avvicendamento dell'ipertesto sul testo non è stato indolore. Lo dimostrano le prese di posizione di eminenti intellettuali come Jacques Derrida (1969):

> I libri rimarranno indispensabili non solo per la letteratura, ma per ogni circostanza nella quale si deve leggere attentamente, non solo per ricevere informazioni ma anche per riflettere e meditare su di esse.

E Umberto Eco (1996);

> La scrittura in senso stretto [...] è radicata in un passato di scrittura non lineare. [...] Una guerra si è installata, e una rimozione di tutto ciò che resisteva alla linearizzazione. [...] La fine della scrittura lineare è esattamente la fine del libro.

L'ipertesto sconvolge la linearità moderna, proponendo di sostituirla con il "disordine organizzato" del random. Nelson (1990) definisce l'ipertesto come la forma più generale di scrittura e di linguaggio:

> Scrittura non sequenziale, testo che si dirama e che consente al lettore di scegliere; qualcosa che si fruisce al meglio davanti a uno schermo interattivo. Così come è comunemente inteso, un ipertesto è una serie di brani di testo tra cui sono definiti legami che consentono al lettore differenti cammini.

Delany e Landow nel trattare l'ipertesto letterario sostengono:

> L'utilizzo del computer per superare il carattere lineare, circoscritto e stabilizzato dei testi scritti, perché – contrariamente al libro che ha una forma statica – un ipertesto può essere composto e letto in modo non sequenziale; ha una struttura variabile, formata da blocchi di testo (quello che Roland Barthes chiama *lexia*) e da legami elettronici che li collegano.

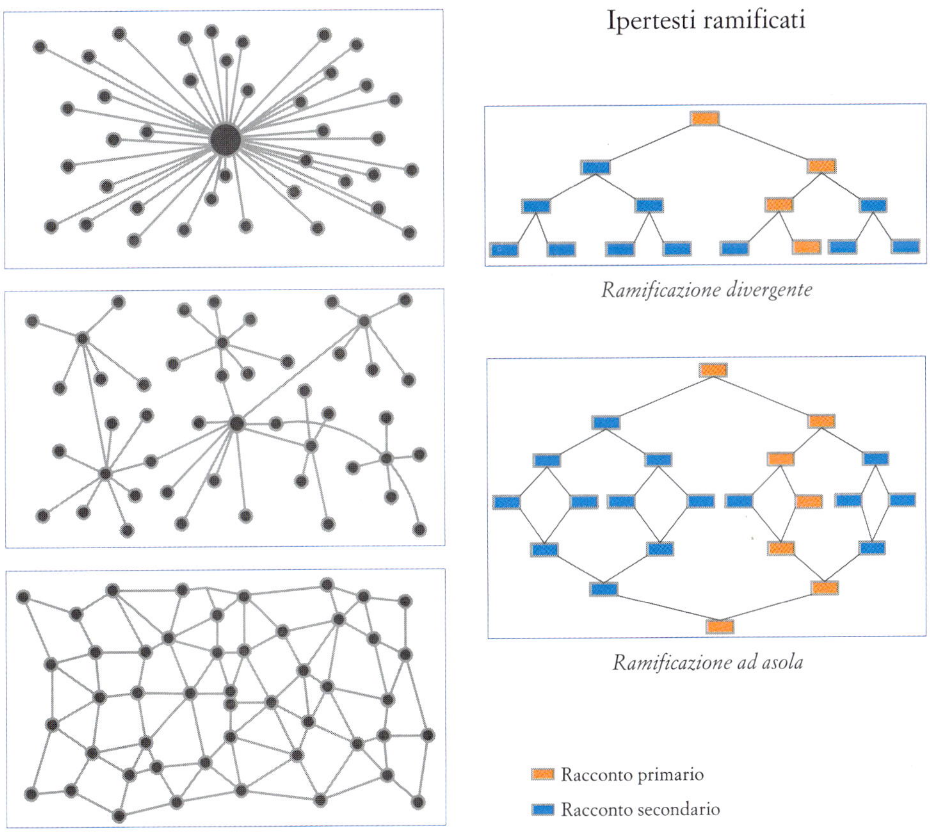

Figura 6.1 - Esempio di reticolarità centralizzata, decentralizzata, distribuita e di ramificazione divergente e ad asola.

Nielsen (1990) («L'ipertesto è una scrittura non sequenziale: un grafo direzionato, dove ciascun nodo contiene una quantità di testo o altre informazioni») e Poulet (1975) puntualizzano sulla rottura della linearità, suggerendo come sia molto più naturale per l'uomo formulare un pensiero strutturato ed evocativo piuttosto che uno lineare e consequenziale:

> I testi sono dunque come i pensieri degli uomini; il loro filo è continuamente interrotto. Ci rinviano in avanti, indietro, ad altri testi con i quali annodano legami a distanza.

Lévy (1997) mette invece l'accento sull'interattività, ovvero sulla trasformazione implicita da lettore di un testo a co-autore di un ipertesto:

> Un ipertesto è una matrice di testi potenziali, di cui solo alcuni si realizzeranno per effetto dell'interazione con un utente.

2.2 *Sistemi informatici, forme letterarie e ludiche*

La parola *hypertext* viene utilizzata per la prima volta da Ted Nelson nel 1965,[5] ma l'ipertesto nasce dalla fusione di più progetti, di idee diverse e di percorsi intellettuali operati in campi molto specifici del sapere nel tempo. Da un lato, lo studio e lo sviluppo dell'informatica, producono la "struttura ipertesto" come la utilizziamo oggi. È Vannevar Bush[6] ad avere l'intuizione alla base della realizzazione di un nuovo tipo di testo in grado di funzionare «as we may think». L'Augmentation Research Centre (ARC) di Douglas Engelbart,[7] il connubio fra Ted Nelson e Andries van Dam,[8] la coppia Donald McCracken-Robert Akscyn,[9] Janet Walker,[10] Bill Atkinson,[11] Tim Berners-Lee[12] sono le menti che concretizzano la visione di Bush, mettendo le fondamenta per la creazione del meccanismo ipertestuale. L'obiettivo che li accomuna è quello di dar vita a un software che permetta la comunicazione diretta tra gruppi di lavoro situati in aree diverse del pianeta.

Dall'altro lato, lo scrivere e la letteratura in genere sembrano confermare come l'ipertesto sia un modello concettuale molto più vicino al pensare umano del testo lineare, fin dalle sue radici storiche. Il Talmud, la Bibbia, i testi medievali sono manoscritti che contengono commenti di commenti, note al margine, rimandi incrociati e multipli che si moltiplicano al passare di mano in mano.

Il *Decameron* offre un esempio trecentesco di ipertesto realizzato mediante personaggi che si richiamano di giornata in giornata e di racconto in racconto senza una logica lineare e consequenziale. Non è un caso se una delle prime sperimentazioni di ipertesto letterario digitale, operata dalla Brown University,[13] riguarda proprio la riproposizione dell'opera di Boccaccio in modalità navigabile via Web.

William Burroughs, Raymond Queneau e il gruppo dell'Oulipo, Mark Saporta, Vladimir Nabokov, Julio Cortazar, Robert Coover, Italo Calvino, sono solo alcuni degli scrittori-inventori di situazioni letterarie ipertestuali.

Nel 1959, William Burroughs scrive *Ê Cut-ups*, usufruendo principalmente della tecnica del "taglia" e "incolla" delle parole e del linguaggio tipiche del decostruttivismo. Burroughs cerca un'interazione con l'ambiente della Visual Art – e in particolare con Byron Gysin – per sviluppare un approccio frammentario e non lineare alla narrativa contemporanea; acquisisce la tecnica del collage per sviluppare connessioni inedite e inaspettate tra i blocchi di testo, salti logici non immaginabili, con lo scopo di provocare la coscienza e la reazione del lettore. Borroughs si autodefinisce «disegnatore di mappe, esploratore di aree psichiche» e per lui la narrativa è una raffigurazione della reticolarità mentale, della capacità di stabilire collegamenti al di là del tempo e dello spazio, focalizzando su connessioni e contatti prima inesplorati.

Nel 1961 Raymond Queneau compone *Cent mille milliards de poèmes*, un lavoro composto da dieci sonetti, ognuno dei quali è stampato su un singolo foglio tagliato in quattordici strisce, ciascuna delle quali corrisponde a un verso. Mescolando casualmente le strisce il lettore crea un nuovo e personale sonetto: il numero delle composizioni possibili è dato da 14^{10}, ossia cento trilioni di poemi. Queneau stimò che se un lettore avesse trascorso ogni giorno otto ore di fronte al suo lavoro, per una media di duecento giorni l'anno, considerando che non impiegasse più di un minuto per ogni striscia testuale, gli sarebbero occorsi più di un milione di secoli per coprire l'intera lettura. In omaggio all'opera innovativa di Queneau, William Gillespie scrisse *11.112.006.825.558.016 Sonetti*, un poema che si ripropone a ogni consultazione con nuove rime e strutture.

Il movimento Oulipo (Ouvroir de Littérature Potentielle) nasce a Parigi come gruppo eterogeneo di scrittori e matematici, interessati a esplorare gli utilizzi del testo e a scoprire nuove forme di scrittura. Tra i membri spiccano Raymond Queneau, François Le Lionnais, Claude Berge, Georges Perec, e Italo Calvino. Le linee guida del movimento sono:

Figura 6.2 - *Cent mille milliards de poèmes* di Raymond Queneau e *11.112.006.825.558.016 Sonetti* di William Gillespie.

Fonte: www.hrc.utexas.edu/research/fa/queneau.html e http://spinelessbooks.intenex.net/cgi-bin/sonnets/sonnet.cgi.

- nuove regole di produzione e organizzazione testuale;
- canoni precisi che interessano tutti gli aspetti del testo: dalla trama alla struttura, dallo stile alle caratteristiche delle singole lettere;
- concezione strutturalista del linguaggio, sino a raggiungere la precisione matematica.

Gli scrittori dell'Oulipo concepiscono il linguaggio come un sistema complesso, costituito da un numero finito di elementi, nel quale forze costrittive agiscono limitandone i naturali percorsi.

Au long des mois
Par la Savoie
Six reines, alors riant,
Paraissaient.
L'une, saoule et nue
et tard, osa ces mots:
"S'en va l'heure,

Oh, l'onde et moi",
Parla sa voix,
quot;Sirénes à l'Orient
Paressaient !
Lune sous les nuées,
ta rose a ses maux
Sans valeur !"

L A N G E S O U R I T L'ange sourit.
A L O R S G E I N T U Alors geint un glas tiré ou
N G L A S T I R E O U grelot a su nier salut.
G R E L O T A S U N I
E R S A L U T O N G I On gisait.
S A I T O L U R N E G O, l'urne, gourant le si guignart,
O U R A N T L E S I G le sorti sang, élu, oint, eu, gras,
U I G N A R T L E S O lotion à sûr gel!
R T I S A N G E L U O
I N T E U G R A S L O
T I O N A S U R G E L

Figura 6.3 - Una poesia di Louise de Vilmorin e una "possibile poesia" da *Alphabets* di Georges Perec. Nel primo caso viene applicato uno degli artifici più ricorrenti nei testi oulipiani, ovvero l'omofonia: ciascun verso della prima strofa ha la stessa lettura fonetica del corrispondente verso della seconda strofa. Nel secondo caso si parla di una "traduzione in prosa della poesia": la raccolta include 176 testi, ognuno di 11 versi e ciascun verso di 11 lettere. Le poesie condividono le stessa serie di lettere, di cui 10 sono le più frequenti nella lingua francese (E-S-A-R-T-I-N-U-L-O) e l'undicesima è una delle 16 rimanenti. Ci sono quindi 11 poesie potenziali nella lettera A, 11 nella B ecc. (16 × 11 = 176).
Fonte: http://www.oulipo.net/ e http://www.oplepo.it/oulipo.html

Nel 1962 Marc Saporta pubblica *Composition No. 1: Card Shuffling Machine.* La teoria di Dšblin, secondo la quale un testo epico sarebbe stato leggibile anche se ridotto in frammenti separati, porta Saporta – come poi Calvino – a organizzare una novella in forma di gioco di carte. La narrazione non è lineare, ma fondata sulla rottura di ogni possibile intreccio prestabilito. L'autore ricorre a un contenitore di pagine sciolte, che dunque non hanno alcuna numerazione; ciascuna di esse racchiude una possibile sequenza narrativa, limitata dal numero di righe previste per ogni pagina. Le combinazioni sono sempre nuove e irripetibili e possono essere "stabilizzate" solo "legando" tra loro le pagine messe in sequenza dal lettore. Nella presentazione editoriale dell'opera, Saporta afferma:

> Dall'ordine in cui si susseguiranno i singoli episodi dipende anche che la storia finisca bene o male. Una vita si compone di parecchi elementi. Ma infinito è il numero delle possibili combinazioni.

Figura 6.4 - *Composition No. 1: Card Shuffling Machine*, di Marc Saporta, edizione francese.

Nel 1962 Vladimir Nabokov compone *Pale Fire*, un poema in distici eroici, composto da 999 versi, diviso in quattro canti: *canto 1*: 166 versi su 13 fogli, *canto 2*: 334 versi su 27 fogli, *canto 3*: 334 versi su 27 fogli, *canto 4*: 166 versi su 13 fogli. La struttura ipertestuale è evidente immediatamente, anche a un livello superficiale: il testo è separato da commento + prefazione + indice; i link non sono evidenti, ma solo suggeriti. L'unico aiuto al lettore è dato dalla numerazione dei versi, che permette anche il collegamento all'apparato di commento.

Nel 1963 Julio Cortázar scrive *Rayuela,* un libro composto da 155 capitoli, gli ultimi 99 dei quali appartengono alla sessione "capitoli aggiungibili". Il lettore può seguire un percorso lineare o scegliere di saltare da un capitolo all'altro, seguendo l'ordine suggerito dallo stesso Cortázar o inventandone uno proprio. Cortázar affermò in più di una circostanza che, se avesse posseduto i mezzi tecnici per stampare i suoi stessi libri, avrebbe probabilmente creato dei collage testuali tra libri diversi.

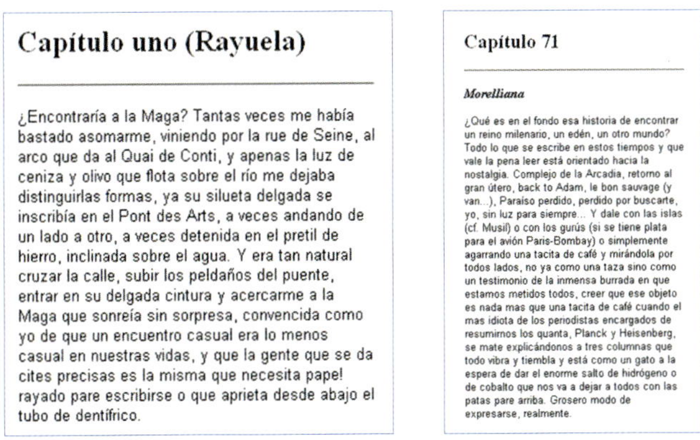

Capítulo uno (Rayuela)

¿Encontraría a la Maga? Tantas veces me había bastado asomarme, viniendo por la rue de Seine, al arco que da al Quai de Conti, y apenas la luz de ceniza y olivo que flota sobre el río me dejaba distinguirlas formas, ya su silueta delgada se inscribía en el Pont des Arts, a veces andando de un lado a otro, a veces detenida en el pretil de hierro, inclinada sobre el agua. Y era tan natural cruzar la calle, subir los peldaños del puente, entrar en su delgada cintura y acercarme a la Maga que sonreía sin sorpresa, convencida como yo de que un encuentro casual era lo menos casual en nuestras vidas, y que la gente que se da cites precisas es la misma que necesita papel rayado pare escribirse o que aprieta desde abajo el tubo de dentífrico.

Capítulo 71

Morelliana

¿Qué es en el fondo esa historia de encontrar un reino milenario, un edén, un otro mundo? Todo lo que se escribe en estos tiempos y que vale la pena leer está orientado hacia la nostalgia. Complejo de la Arcadia, retorno al gran útero, back to Adam, le bon sauvage (y van...), Paraíso perdido, perdido por buscarte, yo, sin luz para siempre... Y dale con las islas (cf. Musil) o con los gurús (si se tiene plata para el avión Paris-Bombay) o simplemente agarrando una tacita de café y mirándola por todos lados, no ya como una taza sino como un testimonio de la inmensa burrada en que estamos metidos todos, creer que ese objeto es nada mas que una tacita de café cuando el mas idiota de los periodistas encargados de resumirnos los quanta, Planck y Heisenberg, se mate explicándonos a tres columnas que todo vibra y tiembla y está como un gato a la espera de dar el enorme salto de hidrógeno o de cobalto que nos va a dejar a todos con las patas pare arriba. Grosero modo de expresarse, realmente.

Figura 6.5 - *Rayuela* di Julio Cortázar.

Fonte: http://www.juliocortazar.com.ar/obras.htm

Tra il 1976 e il 1977, Robert Coover pubblica *Quenby and Ola, Swede and Carl.* Brian McHale (1987) parafrasa l'opera di Coover con queste parole:

> Carl, un uomo d'affari in vacanza per andare a pesca, allo stesso tempo dorme o non dorme con una delle donne che gli fanno da guida durante la pesca; se dorme con una di esse, lei è allo stesso tempo Quenby, la moglie di Swede e la figlia di Ola; chiunque sia la donna con cui egli dorme (ammettendo che dorma con una di esse), allo stesso tempo Swede scopre e non scopre il fatto; se lo scopre, allo stesso tempo progetta di uccidere Carl per vendicarsi e di non farlo. Tutte queste possibilità sono realizzate nel racconto di Coover.

Figura 6.6 - Durante la sua carriera, Robert Coover evolve la sua idea di ipertesto, passando dal libro alla realtà virtuale. Tra il 2002 e il 2005 insime a Sascha Becker, Josh Carroll, Shawn Greenlee, e Andrew McClain realizza *Screen*, nell'ambito del progetto "CaveWriting". Si tratta di uno spazio virtuale ipertestuale nel quale il corpo dell'utente può interagire direttamente con il testo, leggendo o scrivendo.
Fonte: http://www.hyperfiction.org/screen/ e http://www.uiowa.edu/~iareview/tirweb/feature/cave/

Nel 1973, Italo Calvino compone *Il castello dei destini incrociati*, un racconto costruito attraverso l'intreccio dei tarocchi: le carte appoggiate sul tavolo si intersecano in righe e colonne, formando sempre nuove storie. Quasi senza che il lettore se ne renda conto, i tarocchi cambiano il loro significato a seconda della posizione in cui si trovano: automaticamente si innesca una lettura multilineare (*Figura 6.7*).

Per Calvino, come per la Jackson, si può parlare di "letteratura ergodica" o di "letteratura autogenerativa": la stessa idea formulata anche dal gruppo Oulipo. Lo sviluppo delle teorie riguardanti l'ipertesto, infatti, ha portato alla nascita di nuove categorie e tipologie di testo. Si parla oggi di:

- letteratura digitale,
- letteratura ipertestuale,
- *hyperfiction*,
- *hypernovel*,
- *hyperbook*,
- letteratura interattiva,

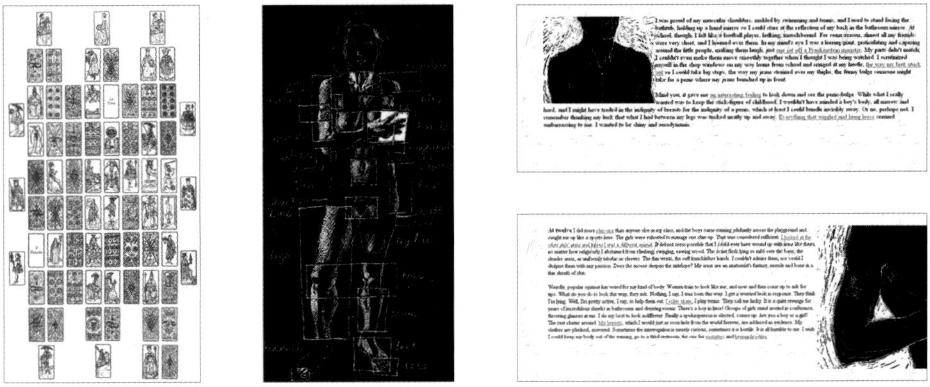

Figura 6.7 - *Il castello dei destini incrociati* di Italo Calvino (*a sinistra*) e *Patchwork Girl* di Shelley Jackson (*a destra*), un testo cartaceo e un ipertesto multimediale hanno la stessa struttura. *Patchwork Girl* è creato dalla mescolanza di testi quali *Frankenstein*, testi propri della Jackson, citazioni femministe e idee di filosofi francesi ecc. Le mappe ipertestuali vengono talvolta usate (come nella sezione "Crazy quit!") per orientare il lettore.

- scrittura topografica,
- testo non lineare,
- testo multilineare,
- seconda specie di oralità.

Espen Aarseth, un esperto norvegese di ipertesti letterari e videogiochi, ha stilato una teoria sistematica delle nuove forme di narratività. Lo studioso considera come deviante la differenziazione testo/ipertesto e ritiene privo di senso il concetto di narrativa se svincolato da quello di interattività. Aarseth (1997) definisce nuove categorie – come quella della letteratura – che includono sia testi a stampa sia documenti digitali: secondo tale definizione, il *cybertext* è «una prospettiva su tutte le forme di testualità» che si lega direttamente all'aspetto ergodico.[14] I testi vengono classificati in base alle loro qualità funzionali. Nel testo a stampa l'aspetto funzionale è spesso stato considerato un'anomalia e visto come un artificio dell'età postmoderna. Aarseth, invece, nei suoi studi più recenti, identifica il *cybertext* con «la tipologia multi-dimensionale dei giochi» (2003).

Laddove la letteratura "classica" richiede al lettore un approccio di due tipi – meccanico, attraverso il movimento degli occhi e lo sfoglio delle pagine, e interpretativo – la letteratura ergodica richiede uno sforzo in più: quello della scelta, enfatizzando il ruolo attivo del lettore (*Figura 6.8*).

Nel 1990 Mychael Joyce pubblica *Afternoon, A Story*, grazie alla Eastgate Systems: è il primo iper-romanzo. Trama, intreccio e discorso narrativo vengono messi in Rete e nelle mani del lettore. Negli anni successivi, intorno alla Eastgate si crea una vera e propria scuola che raccoglie personaggi carismatici e autori di ipertesti letterari: oltre allo

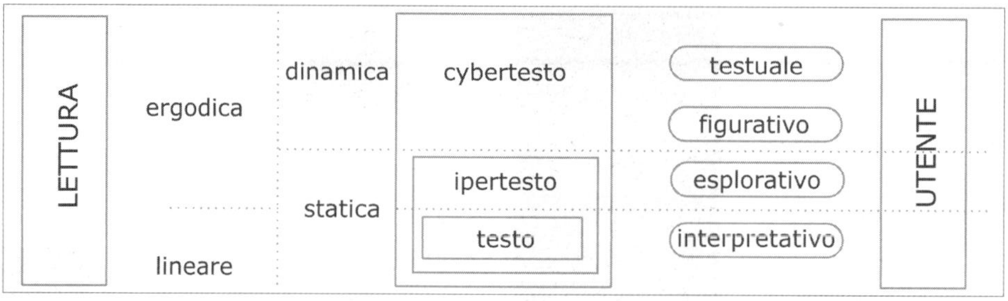

Figura 6.8 - Lettura ergodica di Espen Aarseth in relazione alle altre tipologie di testo e lettura.

stesso Michael Joyce,[15] Stuart Multhrop,[16] Shelley Jackson,[17] Tim McLaughlin,[18] Mark Amerika.[19] Tra i primi ipertesti narrativi in Rete vanno ricordati anche i MUD (*Multi User Dungeon*) veri e propri giochi di ruolo online. Tra gli autori più conosciuti: Roy Trubshaw, Richard Bartle[20] e James Aspnes.[21]

2.3 *Tutti i testi prodotti oggi per il Web sono ipertesti*

La lettura degli ipertesti si concentra soprattutto sulla struttura, ancor prima che sui suoi contenuti, e per questo è importante essere consapevoli della loro natura. L'**ipertesto è un labirinto**. Alcuni lettori preferiscono focalizzare l'attenzione sulla mappa[22] in modo da accedere da un punto preciso e non perdersi; altri scelgono un *browsing* esplorativo lungo i diversi percorsi permessi dal labirinto ipertestuale.

Bolter (2001) sostiene che un libro elettronico è un testo frammentario e virtuale, una serie di unità incastrate l'una nell'altra e non un entità organica e in evoluzione. La frammentazione, però, non significa disintegrazione e gli elementi che compongono lo spazio elettronico dello scrivere non sono privi di ordine, si trovano piuttosto in uno stato di continua riorganizzazione. L'unità o la coerenza del testo elettronico deriva dalla relazione continuamente cangiante tra gli elementi verbali di cui si compone. L'**ipetesto è composizione dinamica**.

L'ipertesto ha le sue radici lontane nei modelli di organizzazione della conoscenza e in particolare nell'"albero di Porfirio" e nell'*Enciclopedia*. Nel primo, descritto da Porfirio nell'*Isagoge* (III secolo d.C.), ai vertici di ogni nodo vi sono i generi, da cui si diramano varie specie, che ne costituiscono la definizione. L'albero consente la rappresentazione di un universo possibile in cui possono essere previsti e collocati molti generi naturali ancora ignoti. I generi e le specie sono nomi separati da differenze; l'albero può essere continuamente riorganizzato secondo diverse prospettive gerarchiche riposizionando le diverse parti che lo costituiscono. Le caratteristiche degli elementi non postulano necessariamente quelle del nodo superiore e l'albero non può essere finito: tutte le differenze possono essere riorganizzate a seconda della descrizione sotto la quale un

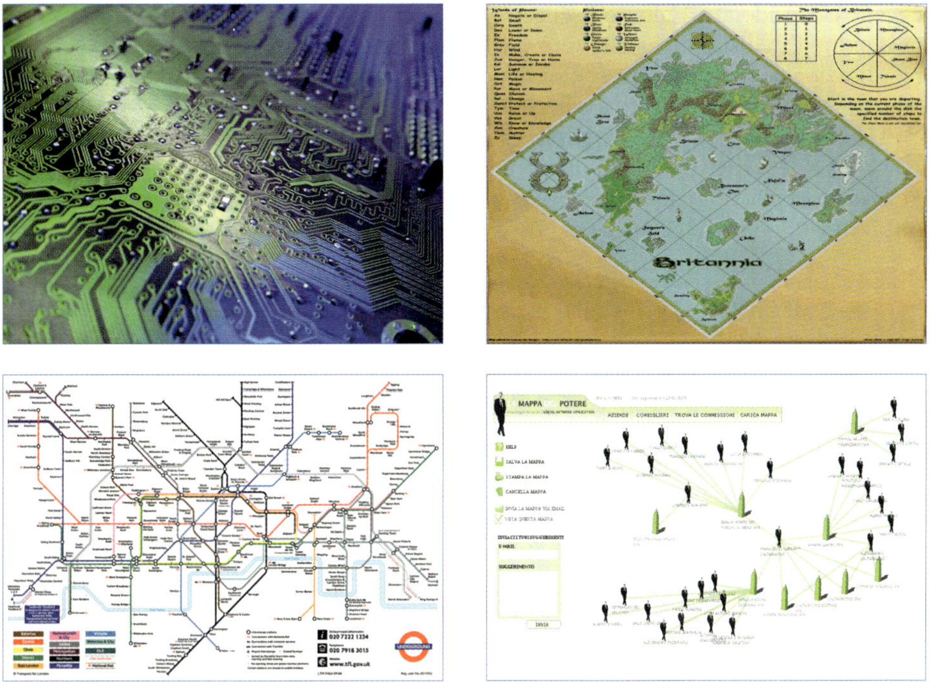

Figura 6.9 - Labirinti e mappe: i circuiti di una scheda madre, la mappa del gioco *Britannia*, quella della metropolitana di Londra e le relazioni di potere della banca Monte dei Paschi (http://mappadelpotere.casaleggioassociati.it/).

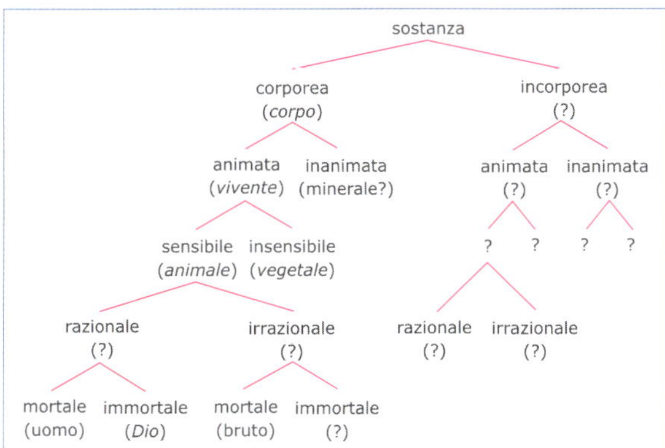

Figura 6.10 - L'albero di Porfirio.

oggetto è considerato. L'albero è sensibile ai contesti. Nel momento in cui si inizia ad approfondire l'analisi di ogni differenza, queste si moltiplicano all'interno degli alberi: le ramificazioni si intrecciano e confondono, perciò la struttura armonica dell'albero non sembra la più adatta a descrivere la conoscenza.

Umberto Eco (1975, 1983) sottolinea la necessità di trovare nuovi modelli di rappresentazione del sapere perché l'interpretazione della conoscenza secondo gli alberi di Porfirio, cari alla tradizione medievale, non può dare una rappresentazione esaustiva di tutti i rimandi possibili e per ogni possibile concetto:

> Esso genera una serie di differenziazioni infinite e disordinate. L'albero dei generi e delle specie, comunque venga costruito, esplode in un pulviscolo di differenze, in un turbine infinito di accidenti.

L'**enciclopedia**, invece, **è il repertorio di tutte le conoscenze collegate insieme**. È soltanto un postulato semiotico, esiste nella teoria e anche nella pratica di tutti i giorni, ma non è rappresentabile graficamente. Varia a seconda delle culture e delle competenze di coloro che interpretano segni e parole. La prima *Encyclopédie* di Diderot e D'Alembert, molto diversa dagli attuali dizionari enciclopedici, metteva in gioco un sistema di riferimenti incrociati diverso dai modelli ad albero: ogni lemma ne richiamava cento altri e la lettura di una singola voce, anche per ragioni di censura, non esauriva il processo interpretativo. Spesso, solo il rimando a una voce secondaria chiariva le vere intenzioni degli autori.

L'ipertesto si basa sul "rizoma" (*rizhome*), ovvero un particolare modello semantico da opporre ai modelli basati sull'albero (Deleuze e Guattari 1976) e presente in tutte le discipline, dalla linguistica (Chomsky) alla biologia. Il modello ad albero prevede una gerarchia, un centro, e un ordine di significazione. A differenza degli alberi o delle loro radici, secondo i due studiosi,

> il rizoma collega un punto qualsiasi con un altro punto qualsiasi, e ciascuno dei suoi tratti non rimanda necessariamente a tratti dello stesso genere, mette in gioco regimi di segni

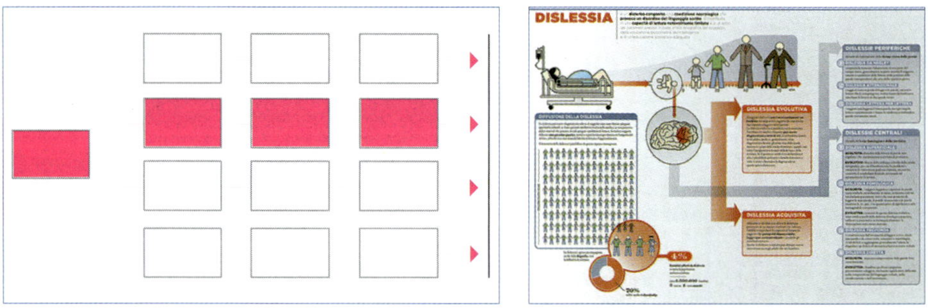

Figura 6.11 - Modello enciclopedico e applicazione alla voce "Dislessia".

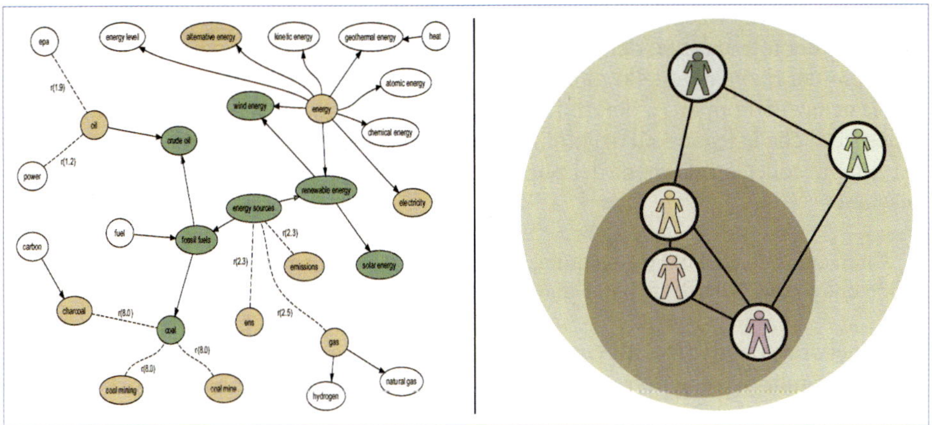

Figura 6.12 - Modello rizomatico, applicato al progetto IDIOM.
Fonte: http://www.idiom.at/

> molto differenti e anche stati di non-segni. Il rizoma non si lascia ricondurre né all'Uno né al multiplo. [...] Rispetto ai sistemi centrici (anche policentrici), a comunicazione gerarchica e collegamenti prestabiliti, il rizoma è un sistema acentrico, non gerarchico e non significante.

Anche Eco (1984), sulla scia della lezione dei filosofi francesi, descrive il concetto di "rizoma":

> Il modello dell'enciclopedia semiotica non è dunque l'albero, ma il rizoma: ogni punto del rizoma può essere connesso e deve esserlo con qualsiasi altro punto, e in effetti nel rizoma non vi sono punti o posizioni, ma solo linee di connessione; un rizoma può essere spezzato in un punto qualsiasi e riprendere seguendo la propria linea; è smontabile, rovesciabile; una rete di alberi che si aprano in ogni direzione può fare rizoma, il che equivale a dire che in ogni rizoma può essere ritagliata una serie indefinibile di alberi parziali; il rizoma non ha centro. L'idea di una enciclopedia a rizoma è conseguenza diretta dell'inconsistenza di un albero di Porfirio.

L'**ipertesto è una forma di conoscenza aperta**.

Il rizoma ideale è un sistema di punti perfettamente connessi l'uno con l'altro. È un sistema privo di qualsiasi gerarchia, e tende ad accorpare universi spesso molto diversi, contesti e ambiti culturali disparati. L'idea di eterogeneità e quella di connessione fondano un modo di pensare la cultura radicalmente nuovo. Gli scienziati sociali sembrano pronti ad accettare un mondo in cui contaminazione e forme culturali ibride siano la realtà con la quale confrontarsi: l'idea che il prodotto culturale, inteso nella sua accezione più ampia, debba conservare i tratti di coerenza e coesione, tipici del XIX e del XX secolo, sembra essere tramontata. L'**ipertesto è dispersione**.

La molteplicità rizomatica rappresenta la pluralità e la moltitudine rispetto all'unitarietà, talvolta totalizzante, del pensiero occidentale. Il miglior modo per intuire questo principio del rizoma è quello di osservare il teatro delle marionette. Certamente non è la sola azione del puparo a determinarne il movimento, ma la molteplicità di fibre, lacci e giunzioni che lo legano all'oggetto. Pensare in modo rizomatico significa tenere conto dei fili che collegano le mani del puparo al corpo della marionetta. L'**ipertesto è connessione**.

> Un rizoma può essere rotto, frantumato in un dato momento, ma si riprenderà ancora secondo una traccia precedente o una nuova (Deleuze e Guattari 1987).

In un network rizomatico, movimenti e flussi possono essere ri-ruotati intorno alle rotture. In seguito la sezione recisa potrà rigenerarsi e continuare a crescere, formando nuove linee e percorsi.

La distruzione di parte dell'universo culturale del rizoma non implica la sua completa eliminazione, mentre la conoscenza costruita attorno agli alberi di Porfirio non ammette alcuna amputazione. Cambiare parte di un albero significa, infatti, stravolgerne il senso complessivo. Questo non accade nei sistemi a rizoma. Nel 1716 il dizionario cinese *K'anghsi* comprendeva 40545 ideogrammi; combinazioni di lettere e immagini elaborate da secoli di tradizione culturale erano state fermate in un grandioso e poco consultato vocabolario.

Oggi relativamente pochi webmaster riescono a creare quotidianamente un numero dieci volte superiore di loghi, icone, disegni stilizzati con testo e grafica: risulterebbe impossibile un'altrettanto veloce codifica su supporto stampato.

Il linguaggio digitale è in continua trasformazione, progetta e consuma voracemente i propri segni e simboli. L'**ipertesto è fluidità**.

L'interazione, la possibilità combinatoria degli elementi, la tecnica a collage già tipica delle avanguardie artistiche vengono ereditate e realizzate completamente dall'ipertesto. La possibilità di manipolare materiali eterogenei, sempre più spesso visuali (immagini, video, ecc) rinforzano l'idea che l'**ipertesto è gioco** (*Figura 6.13*).

Lo spazio dell'ipertesto non è più la carta, né la pagina, anche se impropriamente continuiamo a chiamare così gli ambienti web. Gli ipertesti più antichi usano una rappresentazione spaziale estesa, per esempio sui muri dei templi egizi – connessioni bidimensionali su un singolo muro o tridimensionali da muro a muro o da stanza a stanza – (Aarseth, 1997). Lo spazio della Rete è un *augmented space*. L'**ipertesto è spazialità** (*Figura 6.14*).

2.4 *Questione di autorship*

L'**ipertesto è ibridazione autore/lettore**. La flessibilità del linguaggio digitale permette di mettere insieme materiali diversi per obiettivi simili. La visione sincretica di file audio, video, grafici, testuali, statici e dinamici permette di arricchire la propria esperienza di

Figura 6.13 - Il sito di Radio Papesse (http://www.radiopapesse.org/w2d3/v3/view/radiopapesse/home/index.html), di 7 Designers (http://www.7designers.com/), della Nike (http://www.nike.com) e di Abracadabra (http://www.abrakadabra.hr/)

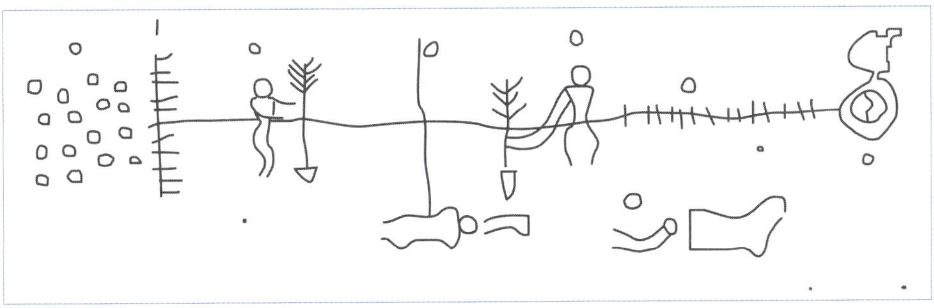

Figura 6.14 - Bolter propone l'immagine di una battaglia avvenuta nel 1858 tra Ojibwa e Sioux come esempio di scrittura nello spazio, simile concettualmente alla scrittura ipertestuale. Non c'è voce narrante e la simultaneità è forzata al punto tale che la marcia degli Ojiba sembra contemporanea alla battaglia al fiume. La stessa situazione è presente in molte iconografie religiose, in sequenza di icone o in immagini raggruppate in una stessa raffigurazione.

lettura. Viene meno la differenza – fondamentale nel passato – tra testi destinati a essere letti interamente e testi destinati unicamente alla consultazione (Landow 1992, 2006).

> Nel momento in cui opera un continuo e (spesso) casuale passaggio di documento in documento, il critico-lettore che utilizza le potenzialità dell'ipertesto arriva a un risultato finale non molto differente da quello raggiunto quando, nell'ascolto di un testo musicale, si imposta il lettore di CD-audio sul comando *random* o si premono i pulsanti di riproduzione dei singoli brani di un CD-audio indipendentemente da una successione precisa (Cadioli, 1998).

L'unitarietà di un testo frammentato è data quindi dal percorso compiuto attraverso la lettura e il lettore dell'ipertesto può scegliere la sua modalità: estrapolare una porzione di contenuto che gli interessa (*chunk* o *lexia*), oppure interagire con quel testo diventando co-autore.

Questa dinamica letteraria funziona perfettamente nel quadro dalla comunicazione in Rete, dove l'*authoring* collettivo, la possibilità di costruire un corpus unico di sapere a partire dal contributo di più persone sta diventando una pratica fondamentale. Il lettore è guidato dalla costruzione grafica della pagina, divenendone allo stesso tempo giudice e, a seconda del tipo di ipertesto, uno dei creatori. **L'ipertesto esige un lettore attivo** (Joyce, Aarseth, Cadioli, Manovich). Alcuni studiosi (Ong 2002 e altri) hanno visto nel coro di voci che accompagnano le opere in Rete un ritorno all'autorialità collettiva propria dei popoli antichi. I lettori-scrittori siedono in circolo, fisicamente separati, ma accomunati dalla condivisione di un unico spazio, un luogo virtuale. Le opere di Michael Joyce, per esempio, sovvertono la topografia del testo, facendo in modo che ogni parola sembri poter avere delle conferme o smentite e lasciando che il lettore le immagini. È un'attività che rinforza l'ipertesto, rendendolo ricco di significati potenziali, ma che allo stesso tempo può determinarne il fallimento nel momento in cui le aspettative create nell'utente/lettore non vengono soddisfatte. Wikipedia segue lo stesso principio.

3 Scrivere un testo

Nel momento in cui usate un programma di videoscrittura, state scrivendo un ipertesto, per tre motivi:

1. il file può essere salvato in formato .html e quindi essere disponibile per la Rete;
2. il testo può contenere elementi attivi, per esempio link, in grado di collegarlo a un altro documento (testuale, audio, video ecc.);
3. il programma può gestire contenuti pubblicati con applicativi diversi, integrarli e rimandare al programma sorgente in caso di necessità di modifica (per esempio, in un testo scritto in Word si possono trovare tabelle e grafici prodotti in Excel ecc.).

I programmi di editing del testo sono la categoria di software più utilizzata in assoluto, proprio perché la scrittura fa parte delle nostre modalità comunicative. La videoscrittura permette di creare semplici annotazioni, lettere o volantini, ma anche testi più lunghi e complessi. Contrariamente a quanto in genere si crede, l'impaginazione di un libro, di una rivista o di materiali grafici come una brochure, un poster ecc. implica invece l'uso di programmi specifici, i cosiddetti *desktop publisher* (InDesign, QuarkXPress ecc.), dotati di strumenti specifici per l'impaginazione dei contenuti e la gestione delle funzionalità correlate.

Nel corso degli anni i programmi di videoscrittura hanno subito una forte evoluzione: i primi disponibili sul mercato erano semplici editor di testi che operavano in modo simile alla macchina per scrivere e permettevano un numero limitato di operazioni, pur offrendo notevoli vantaggi:

- *non più intere pagine da riscrivere*, nel caso di errore o per la necessità di aggiungere un brano o eliminare un blocco di testo. Nell'editor esistono le funzioni: cancella, copia, taglia, incolla;
- *non più "bianchetti" o correttori da applicare*, nel caso di errore di battitura. Nell'editor esistono i tasti Del (*delete*, cancella a cominciare dal primo carattere a destra del cursore)[23] e BkSp (*backspace*, cancella a cominciare dal primo carattere a sinistra del cursore), entrambi pensati per la cancellazione di elementi nella pagina;
- *non più carta e ingombro*. L'editor è dotato della funzione stampa in caso di necessità di copia cartacea; se il documento viene conservato in formato digitale non esiste ingombro fisico (archivi, mensole, faldoni ecc.) se non quello nella memoria del computer;
- *non più fotocopie*, in caso di necessità di copia multipla di uno stesso documento. L'editor permette di stampare direttamente le copie necessarie o di salvare il file in più formati diversi (per stampa, per spedizione ecc.);
- *non più riscrittura* di documenti simili ma con qualche, seppur minima, differenza (per esempio l'anno o l'intestazione). L'editor permette di aggiornare i dati e salvare il documento con un nuovo nome, creando di fatto una copia diversa del file originario;
- *non più documenti irrecuperabili*, perché il cartaceo ha subito danni, è andato perso, qualcuno se n'è appropriato: la funzione "salva" permette di conservare il documento in una certa directory.

Gli editor di base non producono un documento complesso, ma gestiscono (creano, visualizzano e modificano) un semplice testo ASCII e in questo si differenziano dai word processor, perché producono un testo senza formattazione, ovvero privo di parole in grassetto, allineamento, tabelle ecc. Gli applicativi più diffusi oggi sono quelli associati ai diversi sistemi operativi e possono venire usati per funzioni complesse come configurare il sistema operativo stesso o semplici come scrivere appunti. Windows offre il Blocco Note (Notepad),[24] ma prevede anche editor pensati per la programmazione come TextPad o SciTE.[25] Mac mette a disposizione TextEdit[26] e BBEdit.[27] Linux (sistemi basati su Unix o Unix-like) gestisce VI,[28] Emacs[29] e Nano,[30] tutti software liberi. Esistono anche editor evoluti, cross-platform, con funzionalità aggiunte come IDE[31] o Outliner.[32]

Microsoft Word è attualmente il word processor più diffuso, con 500 milioni di persone che lo utilizzano nel mondo, disponibile a pagamento sia per Windows (dal 1989) sia per Macintosh (dal 1984). Da metà degli anni ottanta fino ai primi novanta un grande concorrente in ambiente Windows è stato WordPerfect, ma oggi esistono sul mercato alternative di pari valore, gratuite e open source come Open Office,[33] NeoOffice e Kword.[34] Google, da parte sua, sta sviluppando invece un nuovo applicativo per la gestione testi, Google Docs, gestibile interamente online, con possibilità di salvataggio offline e successiva risicronizzazione degli aggiornamenti.[35] Quest'ultima soluzione aggiunge al trattamento dei testi tutti i vantaggi offerti dal Web, quale la condivisione di documenti e l'authoring multiplo.

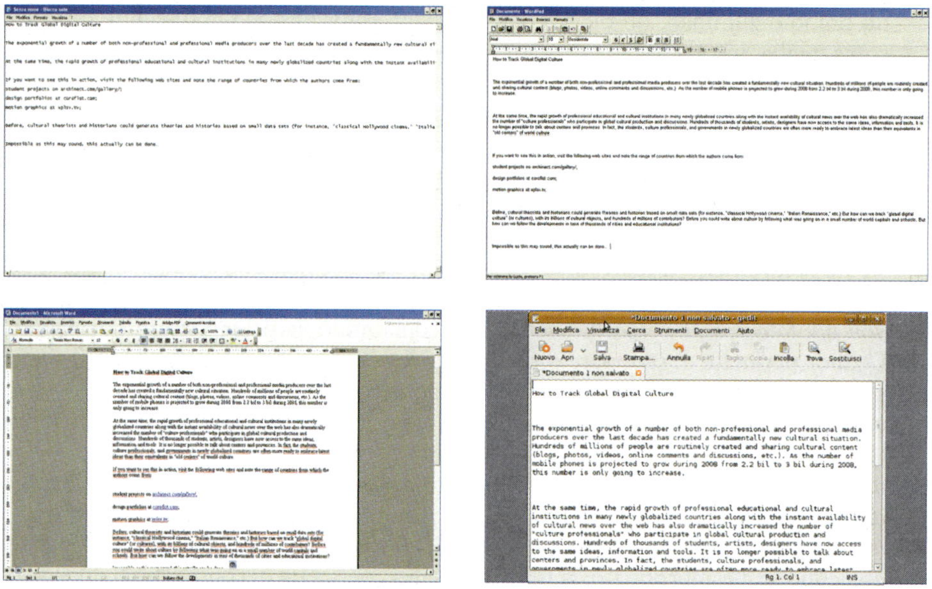

Figura 6.15 - Interfaccia del Blocco Note, di WordPad, di Word 2003 per Windows e di Gedit per Linux.

3.1 Strumenti comuni

Nei word processor si trovano elementi e funzioni standard che, se utilizzati in modo appropriato, permettono di ottenere un testo corretto, ben formattato e accessibile. Tutti questi comandi sono raccolti e organizzati all'interno di menu a tendina (barra del menu), ma alcuni di questi, generalmente quelli di uso più frequente, vengono resi disponibili anche nella barra degli strumenti. La metafora della scrivania-desktop è presente anche in questi programmi, nati proprio nel momento della diffusione delle interfacce grafiche. Uno strumento che si usa con una certa abitudine di solito si trova sul tavolo, pronto all'uso, e non in fondo a un cassetto. Viceversa, una funzione che si usa solo in determinate occasioni può essere appropiatamente catalogata e conservata in un contenitore a parte, in modo da non ingombrare l'ambiente di lavoro. È questa in genere la filosofia delle barre degli strumenti.

NON PERDERE IL LAVORO: SALVA E SALVA CON NOME. Ricordarsi di salvare un documento con una certa frequenza è una buona prassi, soprattutto se il lavoro che si sta facendo è lungo e complesso come una tesi, per esempio. Al lancio di Word, questo viene caricato nella RAM,[36] una memoria temporanea in grado di permetterne il funzionamento. Allo stesso modo, i documenti prodotti vengono conservati come file temporanei nella memoria volatile fino al loro primo salvataggio su disco. Se il programma viene inavvertitamente o accidentalmente chiuso prima di quest'operazione, il documento va perso. Pertanto, la miglior scelta è quella di salvare il documento con un nome appropriato il prima possibile, facendo attenzione alla directory in cui si salva (in modo da poterlo poi ritrovare) e all'estensione (non tutti gli elementi inseriti nel documento verranno conservati con le stesse caratteristiche nei diversi formati); ogni 10-15 minuti di lavoro, ripetere il salvataggio (questa volta un salvataggio semplice, che sovrascrive il file con le caratteristiche assegnategli nel precedente salvataggio con nome).

Un'opzione alternativa e piuttosto comoda è quella di impostare un salvataggio automatico periodico: in questo modo è il programma stesso ad aggiornare la copia del file salvato[37] con la frequenza decisa dall'utente. Va tenuto a mente che ogni processo richiesto alla macchina implica l'uso di risorse e che pertanto un salvataggio automatico troppo frequente può rallentare l'esecuzione degli altri applicativi in uso. Per creare una copia di un dato documento con diversa estensione o per cambiarne la directory, va replicato invece il comando "Salva con nome".

FORMATI DI SALVATAGGIO. Gli editor evoluti permettono di salvare i file con estensioni specifiche: i documenti risultanti hanno caratteristiche e funzioni diverse l'uno dall'altro.

- **.txt** (*text*): è un formato universale – cioè riconosciuto da ogni word processor – per documenti che comprendono soltanto il testo semplice; non vanno salvati in questo formato documenti che prevedono formattazioni, immagini o tabelle, perché verrebbero perse;
- **.rtf** (*rich text format*): è un formato universale che permette di includere nel documento anche elementi non testuali come immagini e tabelle; genera file di piccole dimensioni adatti per la spedizione via e-mail;
- **.doc** (*document*): è il formato proprietario di Microsoft, ma viene letto dalla maggior parte dei programmi in commercio; permette di inserire e conservare nel documento moltissimi elementi, inclusi file creati con altri programmi Microsoft. È per questo che si chiama "documento" e non più "testo".
- **.html** (*hypertext mark-up language*): questo formato di file, pur non essendo tra quelli specifici degli elaboratori di testi, viene utilizzato sempre più spesso per creare do-

cumenti che possano essere pubblicati in Rete. L'HTML,[38] essendo il linguaggio universale degli ipertesti, permette di includere nel documento non soltanto immagini fisse o tabelle, ma anche video e suoni.

VELOCIZZARE IL LAVORO: COPIARE, SPOSTARE, TAGLIARE. Nella fase di editing di un testo, capita spesso di dover cambiare una frase, spostare una parola, inserire un paragrafo o eliminare una riga. Per compiere queste operazioni agilmente, i word processor forniscono una serie di comandi piuttosto intuitivi. "Copia" duplica la porzione di testo selezionata e la mantiene in memoria provvisoria; "Incolla" posiziona nel testo un qualsiasi elemento (parola, frase, tabella ecc.) precedentemente copiato nella memoria; "Copia formato" replica gli attributi di un elemento selezionato su un altro elemento scelto; "Taglia" rimuove tenendo in memoria o elimina gli elementi selezionati. Per spostare una frase, quindi, è necessario selezionarla, tagliarla dalla posizione originaria e incollarla nella posizione finale; per replicare un titolo si deve selezionarlo, copiarlo e incollarlo nella seconda posizione ecc. Per spostare o copiare un elemento nella pagina, si può utilizzare anche la funzione Drag & Drop, che permette, tenendo premuto il pulsante sinistro del mouse, di trascinare la parte selezionata fino al punto desiderato, oppure di copiarla se, durante il trascinamento, viene tenuto premuto il tasto Ctrl (Alt in Macintosh).

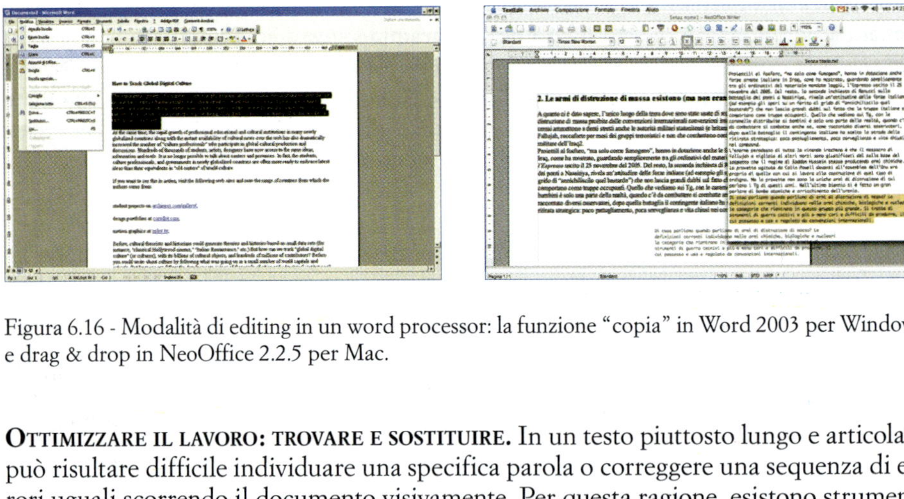

Figura 6.16 - Modalità di editing in un word processor: la funzione "copia" in Word 2003 per Windows e drag & drop in NeoOffice 2.2.5 per Mac.

OTTIMIZZARE IL LAVORO: TROVARE E SOSTITUIRE. In un testo piuttosto lungo e articolato può risultare difficile individuare una specifica parola o correggere una sequenza di errori uguali scorrendo il documento visivamente. Per questa ragione, esistono strumenti come il "Trova" e il "Trova e sostituisci" in grado di individuare o di sostituire in modo automatico la porzione di testo richiesta in tutto il documento. L'output di queste funzioni è una sequenza progressiva di oggetti – che rispondono al criterio di ricerca – evidenziati, editabili o sostituibili in modalità automatica o manuale.

FORMATTARE UN DOCUMENTO. Da non confondere con la formattazione di un disco (che ne cancella completamente il contenuto e ne riorganizza i registri), quella di un documento è una delle operazioni più importanti in fase di editing, perché permette di conferirgli l'aspetto grafico e di impaginazione. I word processor mettono a disposizione una lunga serie di strumenti per impostare la pagina (bordi, rilegatura, intestazione ecc.); giustificare il testo (sinistra, centro, destra, giustificazione completa); per cambiarne l'aspetto (grassetto, corsivo, sottolineato, normale) o la forma (tipo di font); organizzarlo in paragrafi, elenchi, tabelle; sceglierne il colore o lo sfondo ecc. Una buona formattazione rende un documento più leggibile. Va ricordato che i font adatti alla stampa su carta sono diversi da quelli pensati per web, che gli spazi bianchi in una pagina (bordi, interlinea ecc.) non sono aree vuote, ma zone di luce che aiutano la lettura (pensate a quali libri preferite in libreria!), che i testi su sfondi colorati sono meno evidenti di quelli su sfondo bianco.

Rendere un documento accessibile. L'accessibilità è importante anche quando si prepara un testo. Affinché un documento sia accessibile è necessario far sì che chi lo legge, uomo o macchina, possa interpretarlo correttamente in tutti i suoi elementi e parti, cioè possa sapere se una scritta è un titolo, se una porzione di testo è una citazione e se un'altra è una nota a piè di pagina ecc. Per fare questo è necessario utilizzare gli stili,[39] ovvero un sistema di "etichettatura" dei diversi elementi, secondo i parametri (tipo di font, grandezza del font, paragrafo, posizione, aspetto) offerti dal programma o impostati manualmente. Creare una libreria di stili all'interno di un file permette di scrivere un testo completo senza preoccuparsi troppo dell'aspetto e di applicarlo una volta terminata la stesura, evidenziandone le parti e abbinando gli stili definiti. Tutte le copie del file originario con gli stili impostati ereditano la libreria creata in precedenza. Permettere al

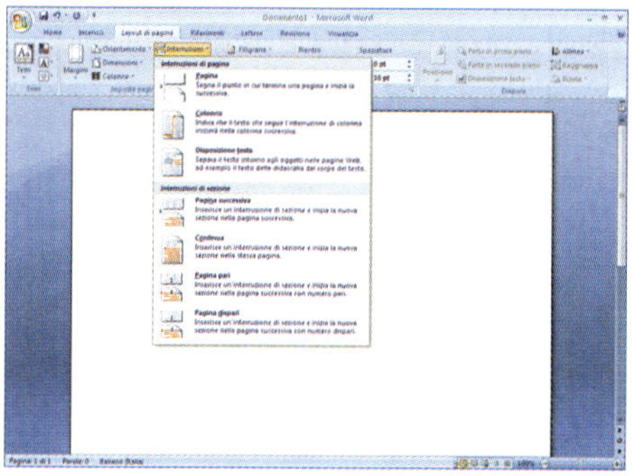

Figura 6.17 - Esempio di formattazione del testo.

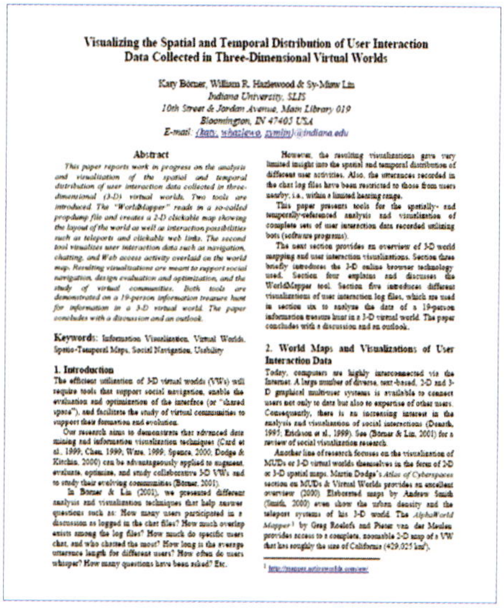

Visualizing the Spatial and Temporal Distribution of User Interaction Data Collected in Three-Dimensional Virtual Worlds

Katy Börner, William R. Hazlewood & Sy-Miaw Lin
Indiana University, SLIS
10th Street & Jordan Avenue, Main Library 019
Bloomington, IN 47405 USA
E-mail: {katy, whazlewo, sylin}@indiana.edu

Abstract

This paper reports work in progress on the analysis and visualization of the spatial and temporal distribution of user interaction data collected in three-dimensional (3-D) virtual worlds. Two tools are introduced. The "WorldMapper" reads in a so-called propdump file and creates a 2-D clickable map showing the layout of the world as well as interaction possibilities such as teleports and clickable web links. The second tool visualizes user interaction data such as navigation, chatting, and Web access activity overlaid on the world map. Resulting visualizations are meant to support social navigation, design evaluation and optimization, and the study of virtual communities. Both tools are demonstrated on a 19-person information treasure hunt for information in a 3-D virtual world. The paper concludes with a discussion and an outlook.

Keywords: Information Visualization, Virtual Worlds, Spatio-Temporal Maps, Social Navigation, Usability

1. Introduction

The efficient utilization of 3-D virtual worlds (VWs) will require tools that support social navigation, enable the evaluation and optimization of the interface (or "shared space"), and facilitate the study of virtual communities to support their formation and evolution.

Our research aims to demonstrate that advanced data mining and information visualization techniques (Card et al., 1999; Chen, 1999; Ware, 1999; Spence, 2000; Dodge & Kitchin, 2000) can be advantageously applied to augment, evaluate, optimize, and study collaborative 3-D VWs and to study their evolving communities (Börner, 2001).

In Börner & Lin (2001), we presented different analysis and visualization techniques that help answer questions such as: How many users participated in a discussion as logged in the chat files? How much overlap exists among the log files? How much do specific users chat, and who chatted the most? How long is the average utterance length for different users? How often do users whisper? How many questions have been asked? Etc.

However, the resulting visualizations gave very limited insight into the spatial and temporal distribution of different user activities. Also, the utterances recorded in the chat log files have been restricted to those from users nearby, i.e., within a limited hearing range.

This paper presents tools for the spatially- and temporally-referenced analysis and visualization of complete sets of user interaction data recorded utilizing bots (software programs).

The next section provides an overview of 3-D world mapping and user interaction visualizations. Section three briefly introduces the 3-D online browser technology used. Section four explains and discusses the WorldMapper tool. Section five introduces different visualizations of user interaction log files, which are used in section six to analyze the data of a 19-person information treasure hunt in a 3-D virtual world. The paper concludes with a discussion and an outlook.

2. World Maps and Visualizations of User Interaction Data

Today, computers are highly interconnected via the Internet. A large number of diverse, text-based, 2-D and 3-D graphical multi-user systems is available to connect users not only to data but also to expertise of other users. Consequently, there is an increasing interest in the analysis and visualization of social interactions (Donath, 1995; Erickson et al., 1999). See (Börner & Lin, 2001) for a review of social visualization research.

Another line of research focuses on the visualization of MUDs or 3-D virtual worlds themselves in the form of 2-D or 3-D spatial maps. Martin Dodge's *Atlas of Cyberspaces* section on MUDs & Virtual Worlds provides an excellent overview (2000). Elaborated maps by Andrew Smith (Smith, 2000) even show the urban density and the teleport systems of his 3-D world. The *AlphaWorld Mapper*[1] by Greg Roelofs and Pieter van der Meulen provides access to a complete, zoomable 3-D map of a VW that has roughly the size of California (429,025 km²).

[1] http://mapper.activeworlds.com/aw/

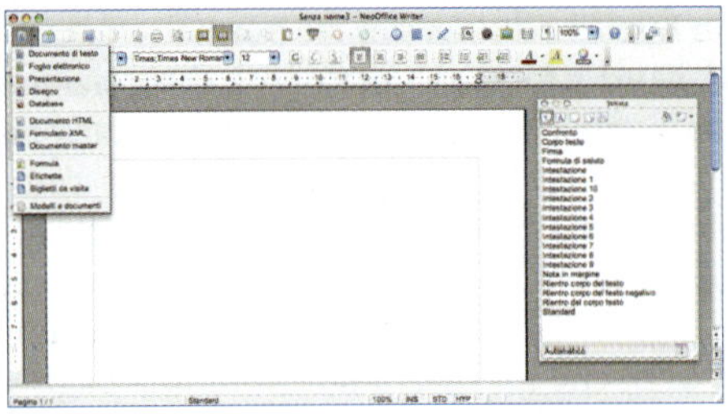

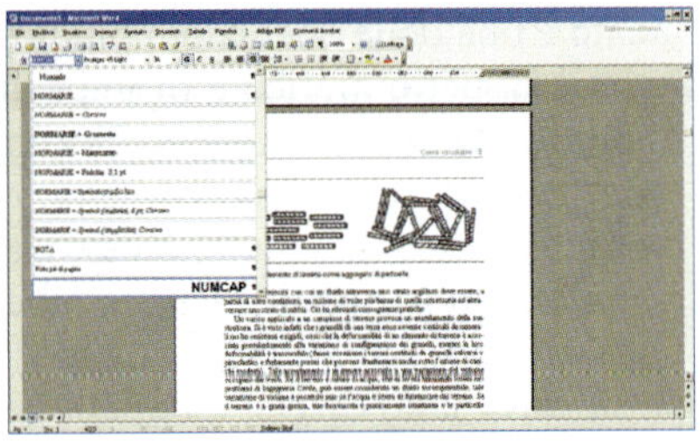

Figura 6.18 - Gli stili in Word 2003 per Windows e NeoOffice Writer 2.2.5 per Macintosh.

programma di riconoscere un preciso elemento testuale, inoltre, significa rendere possibili una serie di automatismi come l'inserimento di un indice, di un sommario, di un indice delle figure[40] senza doverlo fare manualmente.

Correggere gli errori: revisioni e correzioni. Altri due strumenti molto utili ma spesso trascurati dagli utenti sono il correttore ortografico-grammaticale e il sistema di revisioni. Il correttore si basa sul dizionario della lingua selezionata e sottolinea in rosso le parole che non rientrano tra quelle in esso presenti e che di conseguenza non sono note e/o sono errate. Parole nuove possono essere aggiunte manualmente. Viene messo a disposizione anche uno strumento di correzione grammaticale, sempre disponibile concordemente alla lingua di editing.

Le revisioni, invece, permettono di far correggere un documento a una o più persone e di mantenere traccia dei loro appunti e note senza cambiare immediatamente il testo originario. È poi l'autore, una volta ricevute le bozze, a poter decidere se accettare o ignorare le revisioni operate dai collaboratori: il word processor rende automatico questo processo. Un testo revisionato una volta visualizza una seconda o terza revisione con un colore diverso, non le sovrappone e non le confonde.

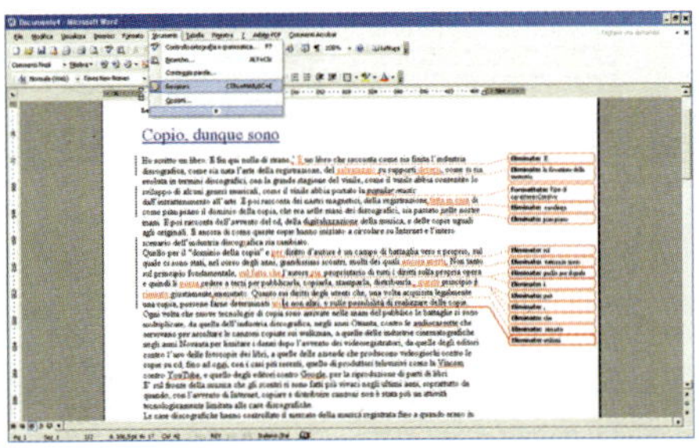

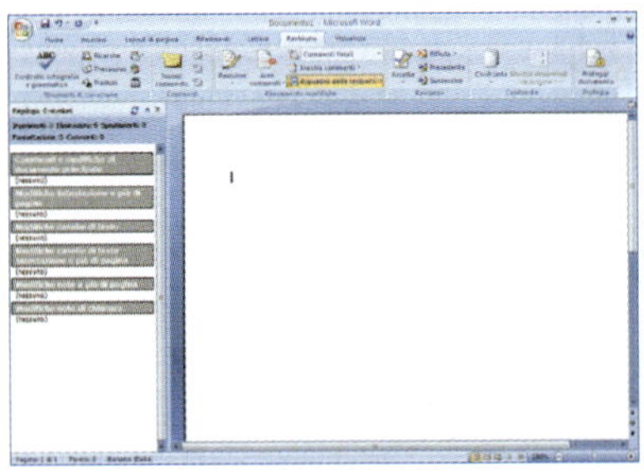

Figura 6.19 - Lo strumento revisioni in Word 2007 e un'applicazione delle correzioni in Word 2003 in ambiente Windows.

Formati di esportazione e sicurezza. Oltre ai formati di salvataggio, i word processor permettono di esportare anche file verso programmi diversi. Per esempio, da Microsoft Word per Windows è possibile salvare una copia del documento in .pdf attraverso la funzione "Salva su file" o "Stampa" ereditata dall'installazione di Adobe Acrobat. Il documento risultante è uguale a quello prodotto, ma il formato .pdf permette di applicare parametri più avanzati, per esempio in fatto di sicurezza: possono essere visualizzate le pagine in formato icona sul lato sinistro della pagina, può essere utilizzato l'indice navigabile (ogni elemento stilato in word come titolo, sottotitolo ecc. diventa un link attivo), possono essere applicati alcuni "diritti d'autore" come il divieto di copia, di stampa o la limitazione di accesso tramite password.

Modelli automatici. I word processor aiutano l'utente a preparare il documento appropriato per un determinato scopo, fornendo una serie di *template* (modelli) ad applicazione guidata.[41] Tra questi, il modello per lettere e fax, curriculum, promemoria, pagina web, calendari, etichette ecc. I word processor proprietari (per esempio Microsfot Word) offrono intere librerie di template a pagamento, mentre quelli liberi (come OpenOffice.org) permettono in genere di scaricare gratuitamente una larga selezione di modelli.

4. Libri, riviste, giornali, tesi

Non tutti i testi sono uguali. I *word processor* nascono come applicativi specifici per produrre documenti, ma non per prepararne i contenuti o per trattarli in modo avanzato, soprattutto se gli aspetti editoriale e grafico devono essere molto elaborati. I principali programmi di editoria professionale (*desktop publishing* – DTP), disponibili sul mercato per creare, elaborare, pubblicare testi sono Adobe InDesign, successore di PageMaker, QuarkXPress, GNU Scribus, Latex.

Questi applicativi hanno una forte integrazione con altri software: InDesign, per esempio, in combinazione con database relazionali e InCopy, costituisce un buon siste-

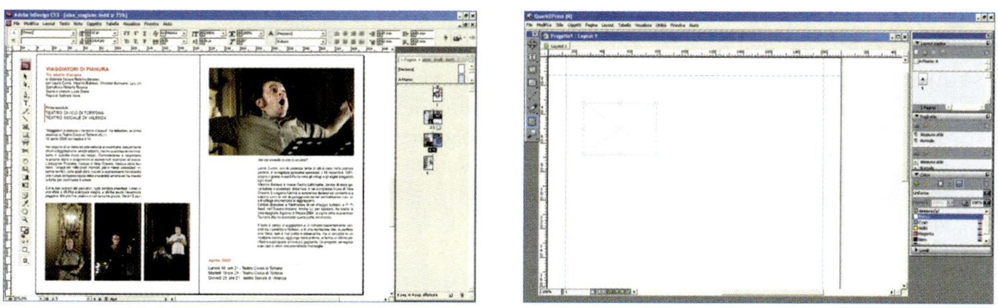

Figura 6.20 - Interfaccia di Adobe InDesign CS3 e QuarkXPress 8 (entrambi per Windows).

ma di pubblicazione per riviste, giornali e prodotti editoriali di varia natura e consente l'esportazione in .pdf, come funzionalità integrata e personalizzabile. Tali programmi sono inoltre capaci di gestire funzionalità avanzate come la funzione multilingua o i caratteri OpenType e, oltre a permettere il trattamento dei testi – consentendo di creare e formattare il testo in blocchi o tracciati standard o personalizzati –, forniscono strumenti di disegno e pittura per disegnare e definire lo stile di oggetti semplici e complessi (rettangoli, ellissi, poligoni e tracciati a mano libera); strumenti di selezione per selezionare (attivare) oggetti, punti e linee; strumenti di trasformazione per modificare la forma degli oggetti, riorientarli o ridimensionarli; strumenti di navigazione, zoom e misura per spostarsi, controllare la visualizzazione e misurare le distanze all'interno di un documento; strumento pulsante per creare pulsanti che attivano varie azioni all'interno di documenti interattivi ecc.

Attraverso l'uso di un programma di *desktop publishing* è possibile controllare singolarmente il posizionamento degli elementi (testi, immagini, layout ecc.) in una pagina sia in orizzontale (spazio fisico) sia in verticale (spazio di profondità, livelli), automatizzare molti processi e applicare funzioni di scripting evolute. Uno degli elementi più distintivi per questi programmi è la possibilità di creare pagine mastro, ovvero una specie di sfondo applicabile rapidamente a più pagine: gli elementi presenti nella pagina mastro[42] compaiono in tutte le pagine a cui è applicata, così come le modifiche apportate alla mastro si ripercuotono a tutte le pagine corrispondenti. I contenuti (testi, immagini ecc. in un vasto numero di formati)[43] vengono in genere caricati dentro apposite cornici e la formattazione avviene attraverso la creazione di stili, riutilizzabili in un secondo momento. Tutti i dettagli di un oggetto (posizione, dimensioni, trasparenza, forma, interazione con altri elementi, disposizione sui livelli) possono essere definiti in modo intuitivo.

Altri elementi che spiegano il largo utilizzo di programmi come InDesign sono la stabilità, la produttività elevata e la precisione che sono in grado di offrire, oltre all'estrema flessibilità nella creazione di sistemi redazionali personalizzati per la gestione del materiale e l'impaginazione semi-automatica. Le versioni recenti sono sempre più attente sullo sviluppo del web design, alla creazioni di documenti PDF e al supporto XML.

Note

1 Vedi: http://www.ecdl.it/

2 Al di là della scelta discutibile di testare le competenze informatiche attraverso l'uso di un pacchetto proprietario, va anche sottolineato come i programmi del pacchetto Office siano strutturati secondo processi lineari e consequenziali di azione: sono gli stessi applicativi che, attraverso vincoli (*constrains*) e suggerimenti (*affordances*), conducono l'utente a operare determinate scelte e a seguire specifici percorsi (per esempio: *Installa* > *Avanti* > … > *Avanti* > *Fine*). Anche da questo punto di vista perciò, la verifica della conoscenza informatica e la capacità di utilizzo dello strumento risulta viziata.

3 Secondo le statistiche di Market Share (*Net Applications*) in fatto di sistemi operativi, ad aprile 2008 Windows XP la fa ancora da padrone, con il 73,07%, seguito da Windows Vista (14,57%) e Windows 2000 (2,38%) in quinta posizione. I sistemi MacIntel e Mac OS sono in terza e quarta posizione con di utilizzo rispettivamente pari al 4,59 e al 2,79%. Linux si situa al settimo posto

con lo 0,63%. In totale, i sistemi Windows coprono il 92,9% dell'installato, quelli Mac il 7,38%. *Vedi*: http://marketshare.hitslink.com/report.aspx?qprid=10

4 Con la diffusione di Windows Vista e dei consistenti problemi connessi a questo sistema operativo, i distributori hanno esplicitamente chiesto e ottenuto da Microsoft di poter posticipare al 2010 il ritiro completo del sistema operativo precedente (Windows XP), più stabile e affetto da molti meno bug. È la prima volta che questo avviene dall'avvento del computer nel mercato pubblico: normalmente i PC in vendita prevedono la diffusione dell'ultimo sistema operativo sviluppato. Secondo il comunicato dell'Associazione per i diritti degli utenti e consumatori (ADUC) del 21 agosto 2006, oggi deve essere possibile acquistare un computer letteralmente "vuoto" (cioè privo di sistema operativo preinstallato) e richiedere al negoziante il corrispondente rimborso.
Vedi: http://www.aduc.it/dyn/comunicati/comu_mostra.php?id=152591 e ...id=197413

5 Ted Nelson fonda il progetto Xanadu nel 1960 con l'intento di creare una rete di computer collegati e dotati di un'interfaccia utente semplice: il risultato non è quello sperato. Oggi Nelson non riconosce il WWW, l'XML e tutti i *markup embedded*, considerandoli una grossolana semplificazione della sua idea, e sta lavorando a una nuova struttura informatica, ZigZag, che non implica l'uso di sistemi gerarchici o simili a quelli della carta stampata. *Vedi*: http://jodi.tamu.edu/Articles/v05/i01/Nelson/

6 Nel 1945 Vannevar Bush scrive l'articolo *As We May Think*, nel quale descrive un sistema di informazione interconnesso chiamato Memex.

7 Nei primi anni sessanta, Douglas Engelbart fonda l'Augmentation Research Center (ARC), presso lo Stanford Research Institute. Assieme ai suoi colleghi William K . English e John F. Rulifson, crea l'On-Line System o NLS, come diventa noto. L'On-Line System introduce novità di importanza essenziale per lo sviluppo dell'ipertesto: outline editors, hypertext linking, tele-conferencing, word processing, e-mail.
In particolare, assume un ruolo rilevante l'abilità dell'utente nella fase di programmazione e configurazione del sistema. Per soddisfare le nuove esigenze, vengono introdotti nuovi "componenti": on-line help systems, windowing software environment, il "mouse", puntatore per la selezione diretta da video, sistemi di interfaccia grafici.

8 Andries van Dam, insieme con Ted Nelson, crea nel 1968 l'Hypertext Editing System (HES), ma con scarso successo.

9 Nel 1981, Donald McCracken e Robert Akscyn fondano la Knowledge Systems, appoggiandosi a stazioni operative fornite dalla Sun e da Apollo (conosciute già per l'alta definizione grafica). L'interfaccia utente del KMS è essenziale e di immediato apprendimento per l'utente.

10 Nel 1985, Janet Walker crea il Symbolics Document Examiner, ovvero il primo sistema basato sulla struttura ipertestuale volta all'utilizzo di massa. Il sistema fornisce interi manuali per i Symbolics Computers, riassumendo in un ipertesto migliaia di pagine a stampa. È il primo passo verso un utilizzo più sistematico di database e informazioni di diversa natura tra loro interconnesse. Nello stesso anno la Xerox realizza NoteCards, un sistema ipertestuale costituito da finestra a scorrimento per ogni notecard, modelli preformattati di notecard e finestra del browser indipendente.

11 Il programmatore Bill Atkinson realizza nel 1980 Apple HyperCard, un software elementare per gestire grandi moli di informazioni (testi, immagini ecc.), dotato di un nuovo linguaggio di programmazione ipertestuale (HyperTalk). Sebbene l'applicativo sia disponibile solo per Mac OS, rappresenta la soluzione più diffusa prima dell'avvento del WWW.

12 È il padre del WWW. Nel 1989 Tim Berners-Lee inventa un sistema che permette la condivisione delle informazioni all'interno della comunità scientifica internazionale, compatibile con Windows e Mac OS. La diffusione è consequenziale all'invenzione dei browser e dell'interfaccia grafica. In soli due anni (1993-1994) i web server che utilizzano il sistema di Berners-Lee passano da 500 a 10 000.

13 *Vedi:* http://www.brown.edu/Departments/Italian_Studies/dweb/dweb.shtml

14 Un processo si dice *ergodico* se presenta lo stesso andamento in ripetizioni successive.

15 Michael Joyce pubblica anche *Twilight: A Simphony, Twelve Blue*. *Vedi:* http://www.eastgate.com/TwelveBlue

16 Stuart Multhrop pubblica *Victory Garden, Hegirascope*. *Vedi:* http://raven.ubalt.edu/staff/moulthrop

17 Shelley Jackson pubblica *Patchwork Girl*.

18 Tim McLaughlin pubblica *Notes Toward Absolute Zero*.

19 Mark Amerika pubblica *Grammatron*. *Vedi*: http://www.grammatron.com

20 È uno scrittore e un ricercatore nel campo dei videogiochi. È coautore, con Roy Trubshaw, del primo e più diffuso MUD e uno dei pionieri nella diffusione massiva dei giochi multiplayer.

21 Nel 1989 crea TinyMUD, uno dei primi MUD "sociali", ovvero la possibilità per i giocatori di costruire un mondo virtuale condiviso.

22 La mappa di un ipertesto corrisponde all'indice di un libro.

23 Il cursore o punto di inserimento è la sbarretta verticale intermittente visualizzata nel punto in cui si sta editando un testo. Per poter scrivere in un punto qualsiasi della pagina, il cursore va spostato in quel punto. Quando si inizia un nuovo lavoro il cursore lampeggia in alto a sinistra, cioè all'inizio del foglio. Di solito il cursore può essere spostato solo dove è già presente del testo: non può venir posizionato invece in una zona vuota (bianca) della pagina. Partendo da una pagina vuota, per scrivere in mezzo alla pagina è necessario premere "invio" più volte, finché si arriva nel punto desiderato (vengono inseriti degli spazi di digitazione).

24 Esistono numerose versioni del Blocco Note, anche per supporti diversi dal PC, come i palmari. Notepad crea testi in formato di testo MS-DOS e salva in formato .txt

25 SciTE (*SCIntilla based Text Editor*) è un editor di testo libero multipiattaforma scritto da Neil Hodgson usando il componente di editing libero Scintilla.

26 TextEdit è un editor di testo fornito con Mac OS che utilizza alcune funzioni del sistema operativo, come il controllo ortografico, ed è in grado di leggere e scrivere i documenti generati con Microsoft Word, gestire il formato OpenOffice.org XML, leggere e scrivere documenti OpenDocument. I file prodotti hanno estensione .rtf, .txt, .html.

27 BBEdit è un programma per Macintosh che permette di editare HTML, codici di tipo PHP, CSS e testo.

28 VI nasce nel 1976 per opera di Bill Joy come editor di testo orientato allo schermo per una delle prime versioni di Unix (Berkeley Software Distribution - BSD). Si tratta di un editor modale, ovvero di un programma che assegna azioni specifiche ai tasti in relazione alla modalità attiva nel momento della pressione. VI è stato largamente usato dagli utenti Unix fino all'avvento di Emacs nel 1984, ma si trova ancora in circolazione perché viene eseguito più velocemente di Emacs, occupa meno memoria ed è sufficientemente leggero da essere usato anche su floppy come "programma di emergenza" in caso di danni al disco.

29 Emacs è un editor di testo libero, sviluppato da Richard Stallman nel 1976, evolutosi nel tempo e adottato da molti utenti esperti. Le versioni più popolari sono GNU Emacs e XEmacs.

30 Nano è un editor di testo libero, creato nel 1999 Chris Allegretta con il nome di TIP, ribattezzato nel 2000 e distribuito con licenza GNU GPL dal 2001.

31 IDE (*Integrated Development Environment*) è un software che usano i programmatori nello sviluppo: è formato da un editor di codice sorgente, un compilatore e/o un interprete, un tool di building automatico e (solitamente) un debugger. Alcuni IDE, rivolti allo sviluppo di software orientato agli oggetti, comprendono anche un navigatore di classi, un analizzatore di oggetti e un diagramma della gerarchia delle classi. Esistono IDE multilinguaggio, ma utilizzano linguaggi di programmazione come Visual Basic o Delphi.

32 Outliner è uno strumento di organizzazione del testo potente e abbastanza complesso: utilizza la tecnica di scrittura denominata *outline*, che permette di definirne le parti (capitoli, paragrafi ecc.)

e di determinarne la gerarchia. I software di questa tipologia più diffusi sono Freemind, Treepad, Jreepad, Keynote, ListPro, PocketPC, Palm.

33 OpenOffice.org 3.0 è una suite di proprietà di Sun Microsystems distribuita come software libero: è compatibile con i formati di file di Microsoft Office, ma dispone anche di formati nativi basati su XML. OpenOffice.org è disponibile in versioni per Linux, Microsoft Windows, Solaris e Mac OS X e in circa 70 versioni linguistiche ufficiali, a cui si aggiungono progetti di localizzazione "regionali" come, per esempio, la traduzione nei dialetti della lingua zulu sponsorizzata dal governo sudafricano.

34 Kword è un software gratuito simile, per la gestione dei testi, ad Adobe FrameMaker.

35 Quando viene ripristinato il collegamento alla Rete i documenti più vecchi vengono aggiornati con le versioni più recenti.

36 *Vedi* il capitolo 10.

37 In Microsoft Word per Windows questa funzione si trova nel menu *Strumenti > Opzioni > Salva.*

38 *Vedi* il capitolo 5.

39 In Microsoft Word gli stili si trovano nel menu *Formato > Stile* e in OpenOffice.org nel menu *Formato > Stilista.*

40 In Microsoft Word questa funzione si trova in *Inserisci > Indici e sommario* e in OpenOffice.org nel menu *Inserisci > Indici.*

41 In Microsoft Word e in OpenOffice.org 3.0 questa possibilità viene offerta ogni volta che si crea un nuovo documento.

42 In genere le pagine mastro contengono elementi come loghi ripetuti, numeri di pagina, intestazioni e piè di pagina, cornici di testo o grafica vuote come segnaposto nel documento.

43 CSV, DOC, HTML, ODT, PDB, SXW, TXT per i testi, GIF, JPEG, PNG, XPM, TIFF per le immagini.

7. Relatore per un giorno

1 Buongiorno, mi presento

La diffusione di media come la radio, la televisione, il computer e la Rete hanno portato in poco più di quarant'anni alla necessità di relazionarsi con il grande e il piccolo pubblico per presentare notizie, discutere argomenti, comunicare e spiegare eventi, intrattenere. Ogni mezzo ha risposto in modo diverso e specifico a questa necessità, e nel tempo ha affinato gli strumenti per ottenere una soddisfacente reazione degli ascoltatori.

I nuovi media rappresentano la convergenza delle vie intraprese dai media classici – potendo erogare contenuti in video, voce, audio e testo contemporaneamente – e uniscono a questa le tecniche di diffusione del sapere scientifico, la didattica (una lezione, un seminario) e la divulgazione (una conferenza, un congresso). Attraverso l'uso della Rete, poi, la possibilità di illustrare un contenuto viene amplificata nello spazio, perché non è necessario trovarsi in una città determinata per assistere a uno *speech* e la presentazione può aver luogo anche in un ambiente virtuale come SecondLife;[1] nel tempo, perché è possibile decidere a che ora ascoltare l'intervento a prescindere da quando questo è realmente avvenuto (Podcast) oppure scegliere di ascoltarlo in *real time*; nelle modalità di interazione, perché via mail, chat, VOIP, web-cam è possibile interagire con il relatore.[2]

Anche gli strumenti che permettono di allestire una presentazione si sono evoluti nel tempo e se la lavagna di ardesia ha impiegato almeno un secolo per lasciare spazio a quella luminosa dotata di lucidi, a questi è bastato un decennio per essere scalzati da PC e video proiettori. In parallelo alla crescita dell'hardware si è sviluppato il software, fino a rendere disponibili oggi programmi come Microsoft PowerPoint, OpenOffice.org, Presentation, Apple KeyNote, Flash o le numerose applicazioni web come Google Docs o 280Slides.

Conoscere il potere comunicativo del mezzo, il target di riferimento, l'hardware e il software utilizzati risultano quindi gli elementi fondamentali per preparare e utilizzare con successo una presentazione.

2 Comunicare efficacemente

L'uso sempre più massivo dei sistemi PC + Rete comporta la disponibilità di blog, RSS, contenuti a richiesta, sistemi di gestione di tali contributi, podcasting, distribuzione P2P dei file, Wi-Fi: nel preparare una presentazione è fondamentale ricordare che il pubblico, soprattutto quello delle fasce più giovani, comincia ad avere una buona familiarità con questi elementi e li ricerca. I creatori di news, gli educatori e i bibliotecari digitali hanno di fatto a disposizione una vasta gamma di prodotti e risorse per l'informazione.

Di fronte a un sistema come quello offerto dai nuovi media, la redazione di un contenuto, la sua composizione e le forme con cui questo sarà diffuso assumono una pari importanza, proprio come McLuhan aveva intuito: «Il mezzo è il messaggio». Se, da un lato, lo spostamento di attenzione dal contenuto al contenitore è la conseguenza di sistemi educativi che non formano alla curiosità e al senso critico, spiegando il numero particolarmente basso di lettori in Italia o la propensione a scegliere un libro esclusivamente dalla copertina, dall'altro non vanno trascurate le modalità fascinatorie e coinvolgenti con cui i sistemi informatizzati sono in grado di distribuire l'informazione, al punto da creare forme di dipendenza.[3]

La potenzialità comunicativa di una presentazione è cresciuta con l'avvento di tecnologie integrate concepite per l'educazione e l'insegnamento a distanza (*e-learning*) e quindi non solo per la consultazione passiva dei contenuti di una lezione, per esempio, ma per l'interazione diretta, la collaborazione e la simulazione dei processi di apprendimento e delle dinamiche di gruppo. La necessità di distribuire la conoscenza online, la modalità di erogazione e la specificità dei materiali da trattare hanno trasformato una presentazione: dalla sequenza di informazioni accessorie a un relatore, a un vero e proprio ambiente, fino a costituire un'aula scolastica (virtuale) dove è possibile "vedere" il docente e i compagni, formulare domande, prendere appunti, o una sala di conferenza, dove viene mostrato un video, effettuata la simulazione in 3D di un assemblaggio, fatto ascoltare un brano musicale sperimentale e alla fine, consegnati gli atti e il gadget di turno.[4]

2.1 *Strategie comunicative*

Una presentazione passa per diverse fasi – progettazione, design, esposizione di fronte a un pubblico – e per ciascuna di esse vanno tenute in considerazione alcune importanti regole della comunicazione. Preparare una presentazione è pensare a una storia da raccontare e a come raccontarla. Al narratore sono richiesti chiarezza espositiva e contenuti ben strutturati e significativi, ma l'esito può essere talvolta stanchezza, noia e tempo perso.

Garr Raynolds (2008) cita Leonardo da Vinci e a Charles Mingus per ricordare che nel processo comunicativo la cosa più difficile da ottenere è la semplicità e che rendere difficile qualcosa di facile è all'ordine del giorno, mentre saper rendere semplice qualcosa di complesso, pur risultando difficile, entra nell'ambito della creatività. Un esempio efficace è dato da Google, un oggetto particolarmente articolato dal punto di vista tecnico e di sviluppo ma estremamente semplice per l'utente che deve utilizzarlo.

Un'efficiente comunicazione non può essere quindi né prolissa, né eccessivamente difficile, né troppo astratta o vaga. Esempi come TED[5] fanno capire che in una ventina di minuti non si può dire tutto e che da qualche parte bisogna tagliare, scegliere le priorità. Il design deve essere semplice, preferire pochi elementi ben definiti e contestuali all'argomento della presentazione. Il fine è quello di ottenere il massimo effetto con il minimo mezzo, sia esso finanziario, tecnologico o fisico. Il messaggio deve essere trasmesso con naturalezza, come in una conversazione, sia in un ambiente formale sia in uno informale. Il problema, infatti, non è quello di commettere degli errori, ma di avere il coraggio di valutare angoli visuali diversi, complementari, a volte inediti o inaspettati, senza timore di sbagliare. Più ampia è la visuale, più ampio è anche il numero di persone che può condividerla, perché in essa rientrano sfumature che appartengono anche alla loro cultura (Godin 2007 e 2008).

Si tratta, quindi, di raccontare una storia, in modo semplice e non troppo esteso, evitando che il pubblico si annoi, preferisca leggere le diapositive piuttosto che ascoltare e non colga il significato della presentazione. Secondo i fratelli Heath (2007), per essere efficace la comunicazione deve possedere sei attributi:

1. semplice,
2. inaspettata,

Figura 7.1 - Nelle presentazioni, Hans Rosling, oltre alla sua personalità, utilizza una tecnica mista e molto efficace: il software Gapminder (http://www.gapminder.org/) per la preparazione di grafici e mappe, affiancato da animazioni in Flash e slide di Powerpoint.

3. concreta,
4. credibile,
5. emozionante,
6. una storia che a sua volta contiene delle storie al suo interno.

Il design non è funzionale al solo aspetto estetico, ma veicola dei significati, per questo deve essere intuitivo; la narrazione è un tutt'uno e non una sequenza di argomenti sganciati gli uni dagli altri, deve emozionare, stupire; esiste una "sinfonia" complessiva e non solo il focus su un unico aspetto, se formano un insieme gli elementi funzionano e sono credibili; la consequenzialità logica va di pari passo con l'empatia e la serietà si alterna al gioco, allo scherzo o alla battuta (Pink 2006).

2.2 *Preparare una presentazione*

Nel preparare una presentazione è necessario riflettere sull'argomento che si vuole trattare, sullo scopo del discorso – e non sulle cose in sé e per sé –, sulla finalità del discorso e sulle attese del pubblico. La scelta di includere o escludere certi elementi dalla narrazione, per esempio, può risultare fondamentale perché il discorso sia basato su punti veramente importanti e non su dettagli accessori. Una presentazione deve essere una condivisione di conoscenza e non una mera rassegna di informazioni.

Per chi ha una cultura latina come gli italiani o gli spagnoli ed è abituato a essere estremamente loquace nel parlare e prolisso nello scritto, questa operazione risulta di solito molto complessa. Un buon meccanismo per ottenere una sintesi efficace è quello di stendere l'intera storia su un foglio, lasciando che le pagine si riempiano naturalmente fino a esaurire l'argomento. Evidenziare in colore le parole fondamentali, quelle ricorrenti o particolarmente significative nel discorso. Prendere quindi il testo e ricavarne un sunto di 1000 battute, facendo attenzione a conservare le parole chiave individuate in precedenza. Successivamente, ottenere da questo una sintesi di 300 battute e poi di 50. Esprimere l'intero testo con 10 parole. A questo punto si avranno a disposizione:

- titolo della presentazione (10 parole);
- argomenti chiave attorno a cui ruota l'argomento (parole chiave);
- alcune frasi descrittive di ciascun concetto (sunto di 50 e 300 battute).

Le migliori slide, secondo Reynolds (2008), non contengono testo: il risultato infatti deve essere una comunicazione funzionale e non un rumore generato dall'eccessiva quantità di informazione (*Figura 7.2*).

La progettazione della comunicazione può richiedere anche molto tempo e può avvenire anche "in analogico" – per esempio su cartaceo – perché implica correzioni, ripensamenti, tagli, aggiunte, rimescolamenti dell'informazione fino a identificare il nocciolo della storia e la sua sequenza. Successivamente, la trasposizione in digitale risulta molto più facile e veloce.

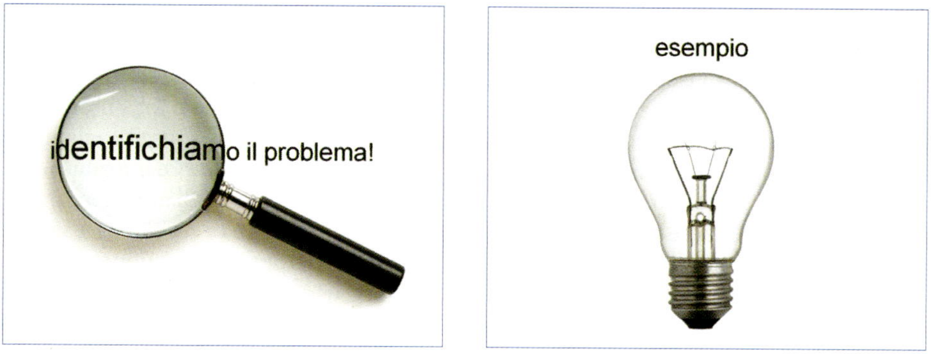

Figura 7.2 - Diapositiva senza testo.

Il rispetto di alcuni regole come "1 concetto per slide, 7 linee di testo per slide, 7 parole per riga" può aiutare, ma è un'accortezza insufficiente se sganciata dagli altri elementi coinvolti nella presentazione. È preferibile che ogni diapositiva contenga un singolo punto di interesse e, quindi, che una presentazione abbia un numero maggiore di slide piuttosto che una quantità eccessiva di informazione nella stessa slide (Ken Ronbinson).

Una presentazione non si legge: un relatore che guarda esclusivamente il monitor del computer dà l'impressione di non conoscere l'argomento che illustra, diventa poco incisivo e annoia il pubblico. Le slide servono da supporto per gli ascoltatori e non da *vademecum* per l'oratore. Se i dati sono particolarmente complessi o articolati è preferibile disporre di appunti su carta, diffonderli eventualmente in forma di dispense cartacee o digitali a corredo della presentazione e integrarli in essa. Argomenti teorici complessi vanno accompagnati da esempi pratici e tangibili in grado di aiutare la comprensione e chiarire a colpo d'occhio quello che mille dati non saprebbero comunicare se non dopo una meticolosa analisi.

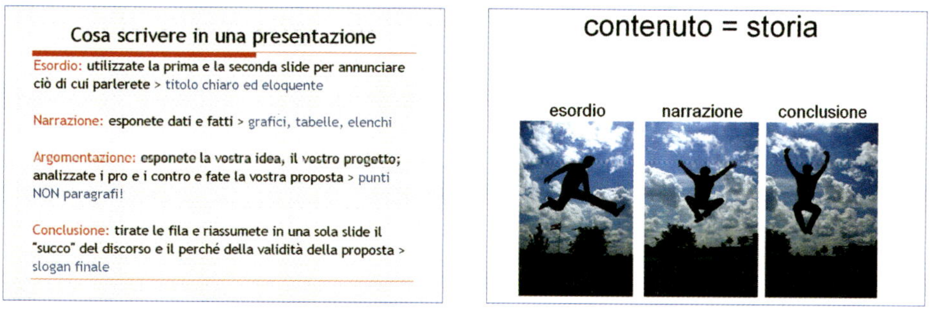

Figura 7.3 - Lettura *vs* visione.

L'apparato grafico di una presentazione non è un oggetto estetico, ma ha la funzione di sostenere un argomento e suggerire all'audience che il messaggio da cogliere è semplice. Da questo punto di vista, sembra non essere molto importante la quantità di tempo a disposizione né la specializzazione del target. Abili relatori come Steve Jobs usano presentazioni molto simili per illustrare un prodotto indifferentemente ai giornalisti o a tecnici del settore. **L'elemento chiave è essere "presenti mentalmente" e interiormente** mentre si parla, essere concentrati su quel momento specifico e quell'argomento, non avere timore di scendere dal podio, di avvicinarsi agli ascoltatori e di comunicare in modo diretto ed energico con le persone. L'uso di tecnologie troppo evidenti può fungere talvolta da barriera rispetto al messaggio: è preferibile usare telecomandi molto piccoli o non usarne affatto.[6]

PowerPoint, Flash o qualsiasi software utilizzato per spiegare un argomento non costituisce la presentazione: il relatore *è* la presentazione. Il resto ruota attorno a una storia che dev'essere il più possibile semplice, naturale, onesta, fresca, visiva e aperta. Una storia deve sempre vissuta, interpretata, condivisa, seguita o inframmezzata dalla possibilità di intervento da parte degli ascoltatori.

3 Occhi diversi vedono cose diverse?

Nel momento della progettazione di una presentazione va tenuto in considerazione il tipo di pubblico a cui è rivolta, anche se idealmente la trattazione dovrebbe risultare sufficientemente chiara per qualsiasi tipo di utenza (gli studenti presenti in aula, i partecipanti a una conferenza o a un evento commerciale). Progettare accuratamente contenuti e linguaggi non costituisce uno spreco di risorse, ma un investimento ad ampio spettro, pensato anche per coloro che il relatore non ha di fronte mentre parla, né può conoscere o identificare.[7]

Domande fondamentali in questa fase sono: «Chi è il pubblico?», «Qual è il suo background rispetto all'argomento trattato?»; ma anche: «Qual è lo scopo dell'evento? Educativo? Informativo? Pubblicitario?» e «Perché la relazione è stata affidata proprio a me? Qual è l'aspettativa nei miei confronti?». Si possono quindi considerare due strategie di comunicazione in relazione al tipo di pubblico.

1. *Target universale*: le presentazioni pensate in modo strategico possono raggiungere utenti anche molto diversi tra loro per tipologia (studenti, professionisti, giovani, adulti), spazio e tempo, e sono caratterizzate da:
   - poche scritte, con parole molto grandi – anche una sola per slide – e pochi tipi di font; in questo modo le scritte diventano quasi immagini e le immagini vengono ricordate meglio rispetto alle parole (*Figura 7.4*);
   - un massimo di tre concetti, esposti secondo la tecnica del *chunking*, della piramide rovesciata e della narrazione: il pubblico solitamente non ricorda più di questo;
   - design minimale e contestuale, pensato secondo la regola dell'80/20,[8] ovvero utilizzando solo gli elementi che hanno una reale importanza, preferendo richiami a

Figura 7.4 - Diapositiva con poche scritte, con parole molto grandi.

elementi archetipici, con pochi colori contrastanti (per aumentare la leggibilità) e foto originali al posto di elementi grafici standardizzati e di uso comune.

- strategie comunicative come quella dell'organizzatore propedeutico, che utilizza conoscenze note per introdurne di nuove attraverso un sistema espositivo o comparativo.

2. *Target specifico*: se la presentazione è pensata per un gruppo molto specifico di persone, per esempio un gruppo di ingegneri nucleari a cui viene introdotta una nuova apparecchiatura o uno staff strategico come l'*entourage* di un presidente, i principi comunicativi illustrati per il target universale restano invariati, ma vanno presi in considerazione due aspetti ulteriori:

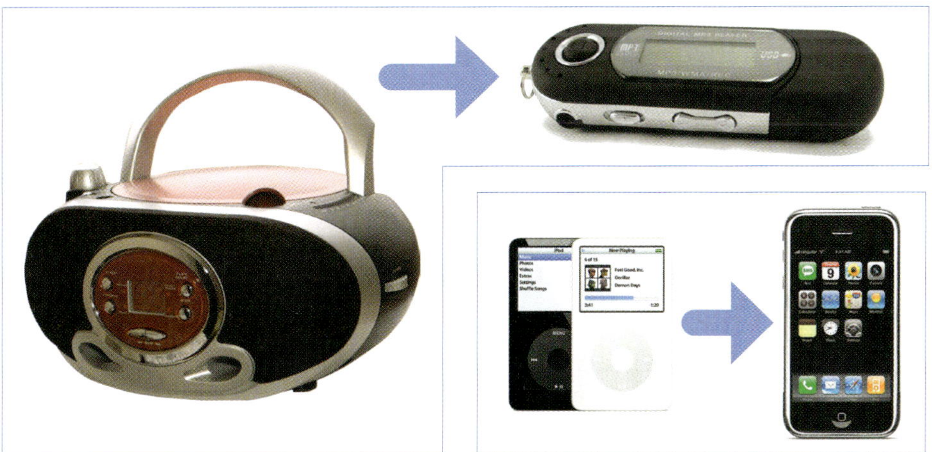

Figura 7.5 - L'organizzatore propedeutico può essere di due tipi: espositivo e comparativo. Nel primo caso (apparecchio radio e player MP3) un dato oggetto viene descritto richiamando conoscenze già note e successivamente aggiungendo informazioni specifiche sul suo funzionamento; nel secondo (iPod e iPhone), l'oggetto viene comparato a un altro della stessa tipologia per evidenziarne differenze e novità.

- la specificità del linguaggio aiuta l'immediatezza e la coerenza del messaggio; le parole utilizzate restano poche in numero ma devono appartenere all'ambito semantico del gruppo: si tratta di "parlare la stessa lingua";
- la presentazione deve essere accompagnata da materiali di approfondimento o complementari, in formato digitale o cartaceo, ma non coincidenti con la stampa delle slide, che nascono con lo scopo di fissare dei concetti, non di approfondirne i minimi dettagli.

4 Hardware e software

Quando si prepara una presentazione, non importa molto l'hardware o il software che si utilizzano per la sua composizione, quanto quelli che saranno a disposizione al momento dell'esposizione. Slide preparate con un PC possono non funzionare o avere una visualizzazione diversa su Mac, presentazioni preparate in Flash possono risultare ingestibili in macchine che non abbiano il programma installato. La verifica della strumentazione a disposizione rientra nelle buone pratiche di un relatore.

Per quanto riguarda l'hardware, l'attrezzatura normalmente necessaria è un computer (desktop, portatile, palmare ecc.), un videoproiettore, una superficie di proiezione ed eventualmente un dispositivo di stampa, mentre per il software esistono in commercio o in uso/condivisione gratuita molti programmi.

La diffusione di una grande varietà di strumenti per la creazione di presentazioni garantisce la possibilità di liberare la creatività personale, pur assicurando la portabilità del file grazie alla presenza di formati proiettore (.exe ecc.) o gestibili via browser (.html, .xml ecc.). Nel primo caso il programma associa una piccola porzione del software con funzione di player alla presentazione, consentendo la modalità di autorun/autoplay in assenza del programma specifico. Flash e PowerPoint, per esempio, prevedono formati proiettori per ambiente Windows e Apple. Nel secondo caso, viene generato un file compatibile per la Rete e quindi visualizzabile anche in locale utilizzando un qualsiasi browser.

4.1 *Il contributo del software*

A prescindere dalla differenza di casa produttrice, i programmi di presentazione offrono la possibilità di organizzare i contenuti testuali, audio, video, animati in slide (diapositive), ovvero in unità narrative piccole, di montarli in strutture lineari o ipertestuali, di condividerli in rete locale o in Internet. La visualizzazione di una slide corrisponde a una schermata (di computer o di proiezione) e può contenere tutti gli elementi di editing (menu, righelli, strumenti, icone, anteprime) se ci si trova in ambiente di lavorazione, oppure solamente il contenuto se si avvia la modalità di presentazione (*Figura 7.6*). La grandezza delle slide può essere regolata in fase di stampa, creando pagine che ne raggruppano, scalandole in dimensione, da 1 a 9.

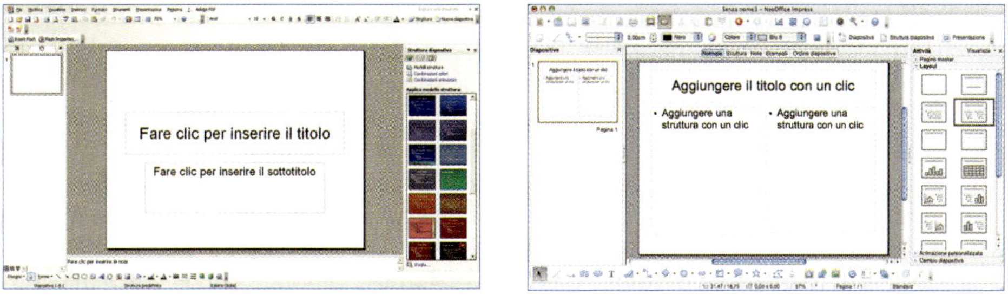

Figura 7.6 - Strumenti per preparare una presentazione in Microsoft Office e NeoOffice Presentation 2.2.5.

Il layout è la struttura che regola la disposizione degli elementi grafici della diapositiva, indipendentemente dalla loro natura. I programmi forniscono librerie con un certo numero di layout disponibili, ma molti altri possono essere scaricati dalla Rete o creati *ex novo* dal relatore, i template elementi grafici coordinati predisposti e palette di colori già calibrate in fatto di contrasto.

Il titolo è l'elemento principale per indicare il contenuto di una slide e ha la funzione di "segnalibro", indicando nell'indice il punto della trattazione in cui ci si trova. A volte, se la sintesi in fase progettuale è stata efficace, il titolo può essere così significativo da coincidere con l'intero contenuto della pagina, creando un forte impatto visivo e facilitando la memorizzazione di un concetto. L'uso di un titolo uguale in slide diverse è invece sconsigliabile, perché crea un'incongruenza tra argomento e trattazione e non definisce in modo chiaro il fluire della linea narrativa.

Il corpo pagina è costituito da uno o più campi paragrafo ed è dotato di strumenti di formattazione molto simili a quelli di un editor di testo. Va tenuto a mente, tuttavia,

Figura 7.7 - Uso dei titoli.
Fonte: http://www.brainybetty.com

che l'utilizzo dei testi in una presentazione è diverso da quello di un documento Word, perché una slide non ha la necessità di essere esaustiva come la pagina di un libro, né autonoma come una pagina web. Le parti accessorie del discorso (aggettivi, avverbi, congiunzioni, articoli ecc.) possono essere tralasciate a favore di sostantivi e verbi con un significato chiaro ed esauriente.

Il testo deve essere ben leggibile (sono preferibili i caratteri da 22 punti o più), scritto con un numero molto limitato di font ben distanziati (interlinea di almeno di 1,5 : 1 rispetto al corpo) e a loro volta molto semplici da decifrare (per esempio quelli delle famiglie Sans Serif, detti anche bastoni, come Arial, Mangal, Tahoma, Tunga, Verdana; altri della stessa tipologia sono Humanist, Optima e Swiss/Helvetica) ed essere posizionato in un'area luminosa, possibilmente sgombra da altri elementi.

I punti elenco che programmi come PowerPoint rendono disponibili in composizione assistita sono da utilizzare, come dice il loro nome, per gli elenchi e non per una spiegazione strutturata in modo discorsivo. È preferibile che dati e informazioni siano stilizzate (tabella, diagramma, grafico, mappa, figura) e in numero limitato, ma non compaiano mai sotto forma di testo. Sottolineature, interpretazioni, particolari, dettagli e considerazioni sono affidate al relatore, non al programma.

Figura 7.8 - Organizzazione della slide, il corpo pagina.

Lo spazio riservato alle immagini o ai filmati non ha limitazioni se non quella dell'ampiezza della diapositiva e va pensato come un'area orizzontale a formato panoramico a causa delle proporzioni dei monitor degli attuali media. I materiali grafici non hanno particolari vincoli nemmeno in fatto di peso in kB, a patto che la presentazione non debba essere caricata su Web.[9] In una presentazione risulta particolarmente efficace l'uso di immagini di alta qualità – le foto possono essere scattate con una fotocamera digitale, acquistate da aziende o scaricate da siti *royalty-free* – mentre è sconsigliabile scalare foto a bassa risoluzione per ottenere immagini che coprano l'intero layout.[10]

I template sono utilizzati per creare uno sfondo e devono essere chiari per aiutare l'individuazione e la lettura del contenuto; se fotografici, non devono interferire percettivamente con gli altri elementi presenti nel piano. Colori poco contrastati o appartenenti a certe frequenze (per esempio il rosso e il verde) sono da evitare, perché difficilmente interpretabili o sostenibili dall'occhio umano.

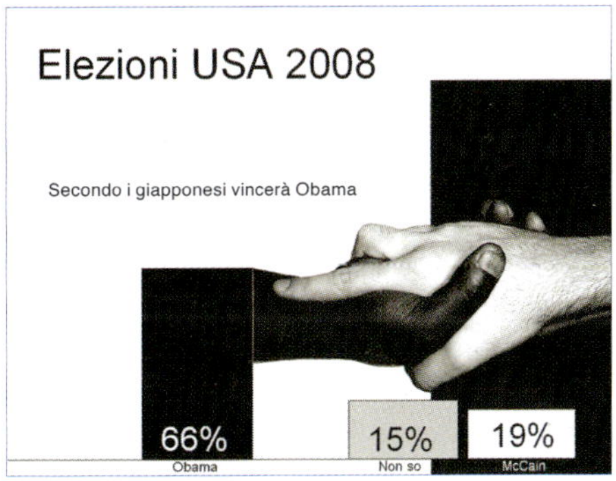

Figura 7.9 - Organizzazione della pagina, uso delle immagini.

Il piè di pagina è l'area delle informazioni tecniche di una slide: nome dell'autore, ambito della presentazione, numero della pagina, data ecc. L'utilizzo di questa zona è strettamente dipendente dalla tipologia della presentazione, perché costituisce uno "spazio di servizio": si tratta di scritte accessorie piuttosto piccole e poco visibili da lontano. Preferibilmente questo tipo di informazioni può comparire nella versione per la stampa, se il materiale della presentazione è pensato per essere distribuito (per esempio, a una classe di studenti). In questo caso il numero della pagina, la data e il nome dell'autore possono risultare importanti ai fini della catalogazione e dell'utilizzo. Il piè di pagina può ospitare anche uno spazio note per appunti o osservazioni mirate per integrare la spiegazione verbale del relatore (*Figura 7.10*).

Le transizioni sono le animazioni che possono prendere vita durante la presentazione delle slide[11] o tra gli elementi all'interno di una singola diapositiva. Devono essere efficaci ma non eccessive, e soprattutto non di ostacolo al filo logico del discorso: vanno usate per attrarre l'attenzione in momenti in cui è previsto che il relatore non parli o quando la complessità dell'argomento richiede degli artifici percettivi per risollevare il grado di attenzione. Le transizioni meno intrusive e più naturali per un ascoltatore sono probabilmente quelle a dissolvenza e a sfumatura. All'uso di transizioni è generalmente preferibile quello di video, interventi esterni, demo live (*Figura 7.11*). Una buona tecnica è anche quella di seguire le scelte dei telegiornali, che su TV digitale usano menu a comparsa/scomparsa e animazioni veloci, evitando effetti che per la loro lentezza o eccessiva varietà annoierebbero o distrarrebbero l'audience.

Figura 7.10 - Organizzazione della slide, lo spazio di servizio.

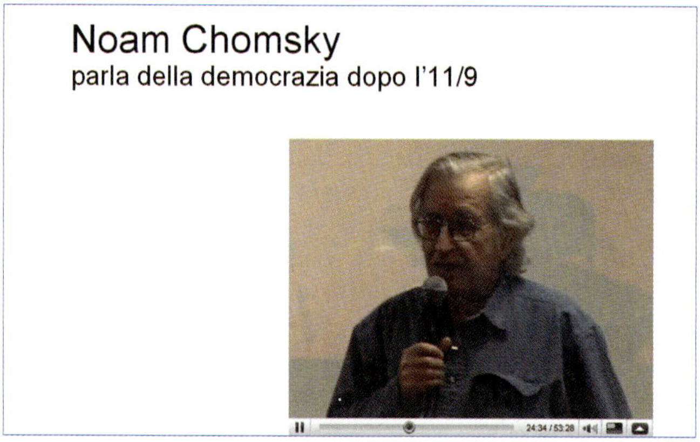

Figura 7.11 - Inserimento del video in una slide.

Il controllo dell'ipertesto può rivelarsi una funzionalità fondamentale, perché in tal modo le presentazioni possono essere navigate indifferentemente in modo lineare o ipertestuale attraverso la presenza di aree sensibili, pulsanti, link. Anche in questo caso, il continuo passare da un contenuto all'altro richiede una certa accortezza – per non distrarre o confondere l'ascoltatore – e sicuramente una particolare attenzione all'armonia complessiva della presentazione, che non può andare persa se il percorso di navigazione viene cambiato (*Figura 7.12*).

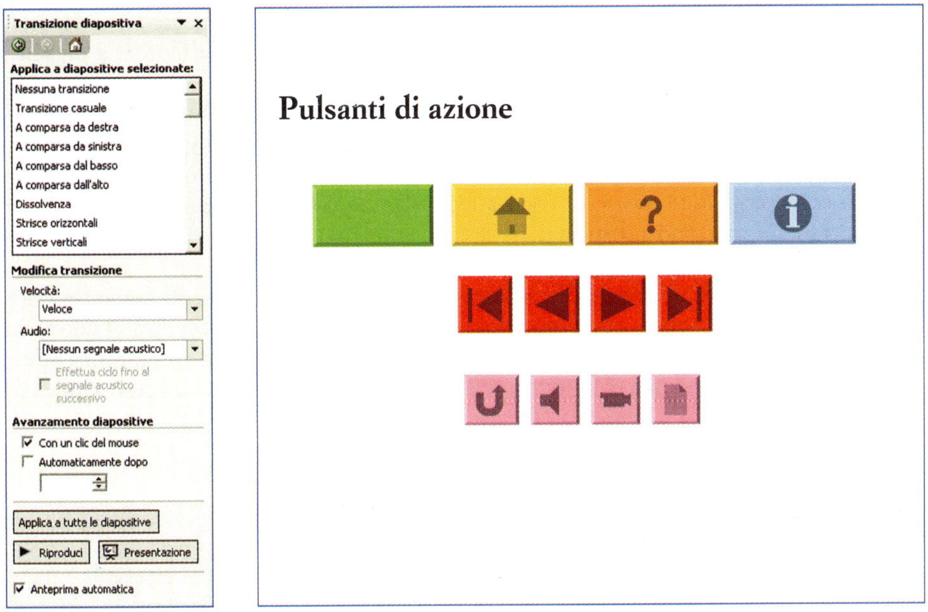

Figura 7.12 - Transizioni e oggetti per il controllo dell'ipertesto (pulsanti).

5 L'ultima frontiera delle presentazioni... la Rete

I programmi di ultima generazione consentono la creazione e la condivisione sul Web di presentazioni complete di oggetti multimediali come video in streaming e animazioni. Siti come Shareslides[12] offrono la possibilità di upload e download gratuiti di presentazioni in formato PowerPoint (.ppt), Open Office (.sxi) e Acrobat (.pdf); permettono di sincronizzare audio e video, di creare presentazioni musicali, conferenze Web (*webinars*)[13] e diapositive animate (*slidetoons*); di partecipare a gruppi che lavorano su argomenti di presentazione simili (Moodle, Joomla); di richiamare la presentazione da altri siti o blog e se si è sviluppatori di crearsi un vero e proprio ambiente di sviluppo personalizzato.

Programmi come Flash Player (9), inoltre, offrono la possibilità di riprodurre video e audio in alta definizione HD,[14] di sincronizzare il testo e la grafica con il video di una presentazione trasformando una sequenza di slide statiche in una combinata di audio, video e animazione.

Condividere una presentazione significa poterci lavorare a più mani fino a ottenere il risultato desiderato. Le web conferenze e le presentazioni via Web hanno una crescente diffusione perché la maggior parte degli utenti di un computer sono connessi alla rete

24 ore su 24. L'opportunità di gestire un *live meeting* permette di mettere allo stesso tavolo (virtuale) professionisti che risiedono anche molto lontano tra di loro e a prescindere dai fusi orari.

L'applicativo che permette di visualizzare una presentazione su Web può essere scaricabile o usufruibile direttamente via Internet attraverso un URL disponibile ai partecipanti. Questi possono essere "nascosti" o noti gli uni agli altri, come in una regolare chat. La conferenza può avvenire con l'ausilio di una normale linea telefonica, ma le nuove tecnologie mettono a disposizione sistemi VoIP[15] per consentire una comunicazione completa su Web.

Un passo ulteriore in questa direzione è stato compiuto in ambienti come Second-Life, che portano in primo piano non solo la condivisione, ma anche l'interazione in ambiti come quello educativo e del business. Un grande numero di community, spesso filiazioni di enti esistenti nel mondo reale (Harvard University, Princeton Universi-

Figura 7.13 - Esempio di presentazione a una conferenza in SL in una foto di Marco Manray (*My Conference at Kuurian Expeditions*, ottobre 2006).
Fonte: http://www.internetlandscape.it

ty, New York University, San Diego State University, Stanford University, Texas State University), gravitano attorno a campus virtuali dove hanno luogo lezioni, presentazioni, conferenze, lavori in team. Importanti aziende utilizzano gruppi di lavoro misti tra il mondo reale e quello virtuale per creare prototipi, analisi di mercato, test e presentarli attraverso videoconferenze, slideshow e streaming video *on demand* a ponte tra i due mondi. La Little Wonder Studio,[16] per esempio, ha creato un quaderno per gli schizzi in 3D nel quale i consumatori, gli ingegneri e i designer in carne e ossa o avatar possono contribuire congiuntamente allo sviluppo dei nuovi giocattoli. Una presentazione pensata per SL può essere realizzata indifferentemente con programmi come PowerPoint, Flash o Keynote, per poi essere importata.

Note

1 Non solo singoli relatori ma anche grandi aziende come IBM utilizzano oggi i mondi online per formare il personale, fare riunioni, erogare aggiornamenti e sviluppare soluzioni a più attori. La Virtual Worlds Conference & Expo, tenutasi dal 3 al 4 settembre 2008 a Los Angeles, ha annoverato oltre un centinaio di oratori, più di 40 società espositrici e oltre 1300 partecipanti. *Vedi:* http://www.davidorban.com/it+en/. Antonio Di Pietro ha presentato il suo partito (http://www.youtube.com/watch?v=UhA9xJvinvk), ma si tengono anche conferenze del tipo "Cibernetica e Beni Culturali" organizzate per un gruppo di dottorandi della scuola estiva di alta formazione di Roma, congiuntamente a relatori e studenti di altre scuole in modalità avatar. A seguire la conferenza, una visita guidata alle ricostruzioni 3D di alcune architetture antiche presenti su SL: tra queste la ricostruzione della Villa di Livia in epoca augustea, della Cappella degli Scrovegni e di parte della Villa imperiale di Pompei. L'università di Crema inaugura i corsi su SL. *Vedi:* http://www.unimagazine.it/index.php/it/nazionale/prima_pagina/ateneo/l_universita_va_su_second_life

2 *Vedi* i capitoli 1 e 2.

3 Basti pensare alla pornografia o ai videogiochi. *Vedi* il capitolo 1.

4 Tra le questioni che restano aperte in fatto di produzione, salvataggio e condivisione dei documenti online resta quella della sicurezza. Esistono numerose politiche a riguardo, ma le legislazioni nazionali sulla privacy non sono ancora allineate verso uno standard internazionale. La cifratura dei dati e l'adozione di protocolli di comunicazione sicura (per esempio SSL) contribuiscono a ridurre il rischio di attacchi esterni, ma non garantiscono un utilizzo appropriato delle informazioni.

5 TED eroga gratuitamente le presentazioni che avvengono nell'ambito di conferenze anche molto costose, allargandone il pubblico. Molte di queste presentazioni sono particolarmente efficaci dal punto di vista comunicativo. *Vedi:* www.ted.com

6 Vedi interfacce naturali. Attraverso una webcam che rileva il movimento di un braccio o di una mano, per esempio, è possibile interagire con una presentazione senza dover maneggiare alcun dispositivo.

7 Gli utenti web e soprattutto gli utenti di determinati contenuti digitali sono in realtà identificabili come appartenenti a certe fasce sociali, professionali e d'età, quindi una stima generica della tipologia del target potrebbe essere possibile.

8 Secondo la teoria dell'80/20 – formulata Vilfredo Pareto relativamente all'economia italiana – sui grandi numeri la maggior parte degli effetti è dovuta a una minoranza di cause.

9 In questo caso è opportuno ottimizzare foto e filmati ad alta risoluzione, che risulterebbero eccessivamente pesanti per essere visualizzati e/o scaricati velocemente.

10 *Vedi* il capitolo 3.

[11] PowerPoint, per esempio, mette a disposizione riavvolgimenti della pagina, frammentazione in quadratini che crollano, scomposizioni di vario genere, apertura della slide a tenda, a scacchi, a scorrimento, con spirali ecc.

[12] Shareslides: http://www.shareslides.net

[13] "Webinar" (*Web-based seminar*) è un neologismo creato per descrivere una conferenza in sincrono (quindi non una lista o un gruppo di discussione) in cui generalmente il relatore illustra un argomento e il pubblico assiste (*webcast*), senza grandi possibilità di interazione. Tuttavia, un incontro di questo tipo può essere collaborativo e includere sistemi di domanda e risposta, per aumentare il grado di approfondimento e attenzione.

[14] È possibile caricare video esportati tramite il codec H.264 o audio compressi tramite codec AAC.

[15] *Vedi* i capitoli 1 e 2.

[14] *Vedi:* http://www.littlewonderstudio.com/

8. Migliore di una calcolatrice

1 Organizzazione personale

L'invenzione e la diffusione di calcolatrici, agende elettroniche e palmari risponde all'esigenza umana di automatizzare procedure complesse (come il calcolo) e di organizzare l'informazione. Non è un caso se il foglio elettronico di calcolo (*spreadsheet*) deriva dall'idea di un docente universitario, Dan Bricklin, che, dovendo riportare enormi tabelle alla lavagna per i propri studenti, si rese conto di quanto oneroso questo fosse in termini di tempo e margine d'errore. Il modello proposto da Bricklin è quello dei libri contabili cartacei, divisi in righe e colonne, basato, in linea con l'idea iniziale di Steve Jobs, sulla prospettiva di un computer come oggetto di uso personale e non solo scientifico o industriale.

Il concetto di foglio elettronico viene formalizzato all'inizio degli anni sessanta da studiosi come Richard Mattessich, che programmano in Fortran IV un'applicazione capace di aggiungere e togliere righe e colonne al foglio di lavoro. L'applicazione viene ancora utilizzata in ambito contabile.

L'algoritmo individuato da Rene K. Pardo e Remy Landau negli anni 1969-1971 porta a brevettare il Language for Programming Arrays at Random (LANPAR), un software che permette a un utente non esperto di inserire dati anche in ordine casuale e di ottenere in uscita uno schema ordinato di tali informazioni. L'uso di fogli interattivi come quelli previsti dal LANPAR diventa possibile con l'avvento dei monitor e poi per un uso diverso da quello accademico o militare all'inizio degli anni ottanta.[1]

I primi programmi pensati per il calcolo (VisiCalc,[2] Multiplan,[3] Lotus 1-2-3[4]) sono capaci di dialogare con i sistemi operativi BASIC[5] e DOS[6] e hanno come finalità la compilazione e la stampa. Microsoft Excel, OpenOffice.org Calc, Apple Numbers, Super Calc 3D, Gnumeric nascono invece in ambiente Windows, Macintosh e Linux e sono sistemi molto più complessi che tengono in considerazione operazioni articolate come l'utilizzo di linguaggi di programmazione multi-paradigma,[7] di un'interfaccia grafica, di elaborazioni continue. In fatto di hardware, i moderni fogli di calcolo sono in grado di sfruttare le configurazioni hardware più potenti: per esempio, Excel 2007 supporta piattaforme di processori multicore per calcolare più velocemente i fogli ad alta densità di formule.

Dal 2006, inoltre, anche per i programmi di calcolo, esiste la variante completamente web – server-side –[8] come quella offerta da GoogleDocs o da Excel Services, in grado di eseguire il rendering dinamico di un foglio di calcolo in formato HTML, consentendo altri utenti di accedere alle informazioni direttamente via browser.

Gli attuali spreadsheet hanno potenzialità più interessanti del solo calcolo, perché possono funzionare da organizer, proprio come un'agenda o un palmare. La disposizione spaziale dell'informazione sembra essere più intuitiva per l'essere umano, sia essa matematica, grafica o testuale. Le versioni *web-based* sono anche dotate di funzionalità avanzate come la condivisione dei fogli, il reminder, la segnalazione in automatico via mail di aggiornamenti o cambiamenti a tutti gli utenti che fanno parte del gruppo di lavoro.

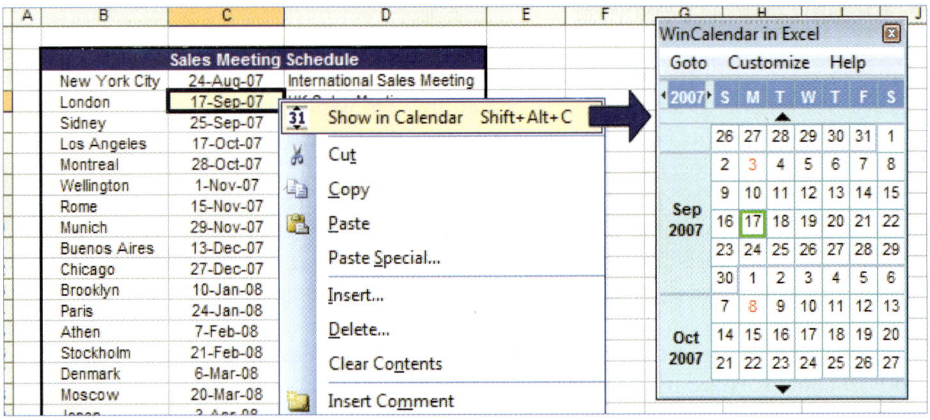

Figura 8.1 - Uso di un foglio di calcolo come agenda o reminder.

2 Giochiamo a battaglia navale

Un foglio di calcolo è un'applicazione che mette a disposizione uno o più fogli di lavoro, organizzati in righe e colonne e quindi suddivisi in celle. Più che assomigliare a un modello per la rendicontazione, gli attuali programmi sono dei grafi, ovvero delle strutture ipertestuali nelle quali le celle costituiscono i nodi. I nodi sono collegati tra loro e con il ramo che li contiene. Il foglio rappresenta dunque una sorta di matrice, di cui una faccia è visibile (quella dei dati e dei risultati dei calcoli) e una è nascosta (la struttura, o piano dei legami).

Visivamente, un foglio di calcolo si presenta come un'enorme tavola da battaglia navale: Excel 2007, per esempio, supporta fogli di calcolo contenenti fino a un milione di righe e 16000 colonne, OpenOffice.org Calc un massimo di 65536 righe e 256 colonne per ogni foglio, con un massimo di 256 fogli disponibili. Numbers permette di creare più tabelle ridimensionabili su un'area di lavoro flessibile: ogni tabella è un foglio elettronico pienamente funzionale che può includere da un paio a centinaia di celle.

Le colonne sono identificate da una lettera alfabetica in stampatello (A, B, C, ... Z, AA, AB, AC...), le righe da numeri progressivi (1, 2, 3, ... 16384). Le celle contenenti un oggetto (un numero, una formula,[9] un testo, un'immagine ecc.) costituiscono le navi da rintracciare e occupano nello spazio una determinata posizione, individuabile attraverso l'incrocio colonna-riga.

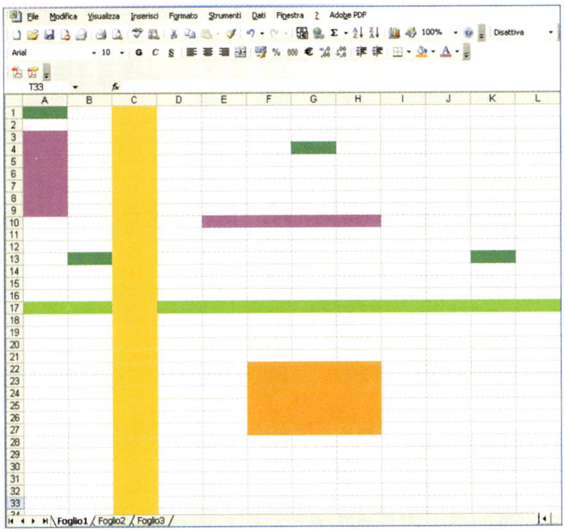

Figura 8.2 - Organizzazione di un foglio di calcolo: singola cella (A1, B13, G4, AB14, Z1234, ...); intervallo di celle incolonnate (A3:A9, AA11:AA1200); intervallo di celle allineate (E10:H10, AA8:AD8); area rettangolare di celle (F22:H27, Z2:AA111); singola riga (17:17, 130:130, A1:IV1); singola colonna (C:C, BC:BC, Z1:Z1); intero foglio di calcolo (A:IV oppure 1:16384).

Anche le relazioni tra celle vengono generalmente espresse in termini spaziali, relativi o assoluti, in modo che l'applicazione delle formule risulti più intuitiva per l'utente (*Figura 8.3*).

Lo spostamento di un contenuto o il suo aggiornamento comporta il cambio automatico dei dati a questo collegati (una risultato, una formula, un grafico, ecc), mentre l'ordinamento delle celle secondo criteri diversi da quelli iniziali non rompe le relazioni tra esse e mantiene le dipendenze.

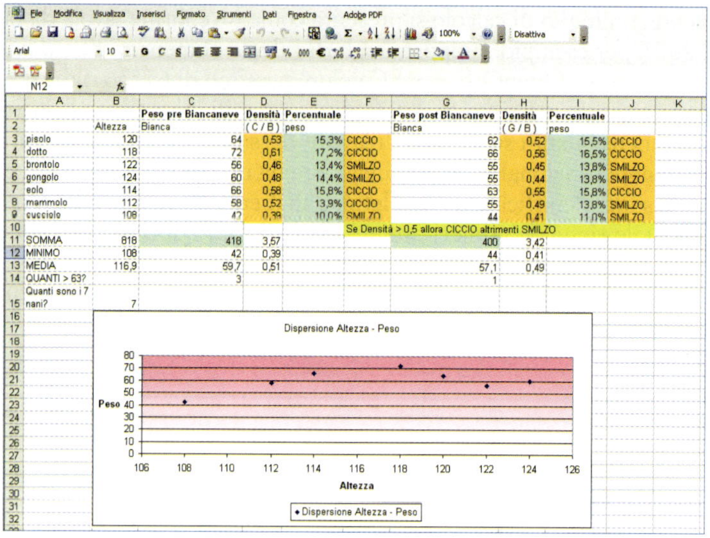

	A	B	C	D	E	F	G	H	I	J
1			Peso pre Biancaneve	Densità	Percentuale		Peso post Biancaneve	Densità	Percentuale	
2		Altezza	Bianca	(C / B)	peso		Bianca	(G / B)	peso	
3	pisolo	120	64	0,53	15,3%	CICCIO	62	0,52	15,5%	CICCIO
4	dotto	118	72	0,61	17,2%	CICCIO	66	0,56	16,5%	CICCIO
5	brontolo	122	56	0,46	13,4%	SMILZO	55	0,45	13,8%	SMILZO
6	gongolo	124	60	0,48	14,4%	SMILZO	55	0,44	13,8%	SMILZO
7	eolo	114	66	0,58	15,8%	CICCIO	63	0,55	15,8%	CICCIO
8	mammolo	112	58	0,52	13,9%	CICCIO	55	0,49	13,8%	SMILZO
9	cucciolo	108	42	0,39	10,0%	SMILZO	44	0,41	11,0%	SMILZO
10						Se Densità > 0,5 allora CICCIO altrimenti SMILZO				
11	SOMMA	818	418	3,57			400	3,42		
12	MINIMO	108	42	0,39			44	0,41		
13	MEDIA	116,9	59,7	0,51			57,1	0,49		
14	QUANTI > 63?		3				1			
15	Quanti sono i 7 nani?	7								

Figura 8.3 - Relazioni tra celle di uno stesso foglio in un compito su Biancaneve e i sette nani. Nel foglio di calcolo vengono applicate le funzioni somma, media, min, conta.se, conta.valori, il calcolo di rapporti e percentuali per calcolare i valori rappresentati nel grafico a dispersione.
Fonte: Marco Lazzari, http://www.unibg.it/lazzari

2.1 *Il contributo del software*

Programmi come Microsoft Excel, OpenOffice.org Calc, Gnumeric, pur avendo una politica di distribuzione molto diversa gli uni dagli altri (per esempio OpenOffice.org Calc[10] e Gnumeric sono gratuiti e open source), mettono a disposizione dell'utente una serie di elementi comuni e tra di loro hanno una certa compatibilità per importazione/esportazione dei file.[11]

In tutti i programmi di calcolo, l'unità base resta la cella, è identificata in modo univoco dal numero del foglio in cui risiede, dalla lettera della colonna e dal numero della riga che contiene – a prescindere dalla sua natura – un dato considerato unico. Le celle possono essere bloccate o nascoste dall'utente per non compromettere in fase di lavorazione i dati che sono già definitivi e/o per rimpicciolire l'area di visualizzazione, avvicinando colonne o righe lontane. Le celle non hanno una dimensione fisica determinata, ma sono adattabili alla visualizzazione parziale o completa del valore che contengono. Un errore piuttosto frequente è quello di far coincidere il valore visualizzato con il contenuto della cella.

Contrariamente a quanto può sembrare dal foglio di lavoro, infatti, due celle che mostrano un valore uguale non sempre hanno lo stesso contenuto. La controprova di questa incongruenza si ottiene facendo una semplice operazione di copia/incolla. Se il

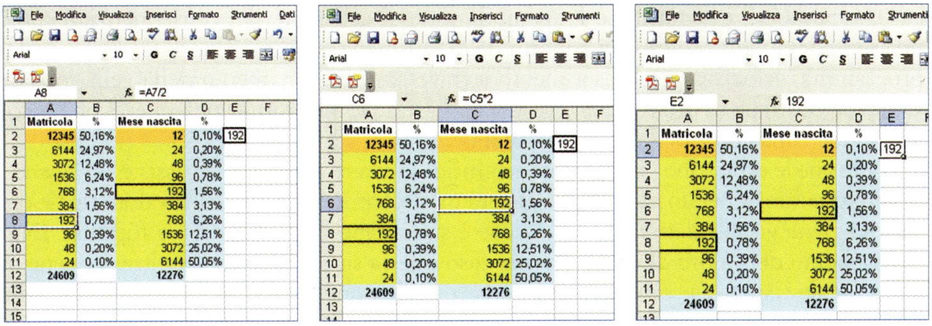

Figura 8.4 - Celle apparentemente uguali possono avere contenuto diverso: A8 e C6 contengono formule diverse, E2 un numero.

contenuto della cella è realmente un valore numerico, per esempio il numero 15, la cella in cui viene duplicato mostrerà a sua volta il numero 15; ma se il contenuto di una cella è una formula, per esempio (A1+A2), il risultato che nel primo caso è 15 potrebbe variare in una differente posizione, poiché il riferimento relativo alle celle interessate nella formula (B1+B2) oppure (C1+C2) potrebbe dare un risultato matematico diverso.

Senza usare un metodo empirico, per prendere visione del contenuto reale di una cella è sufficiente selezionarla e controllare la barra della formula, un campo semiautomatico adibito alla visualizzazione delle informazioni riguardanti le celle già compilate, ma utilizzato anche per definire il comportamento di quelle ancora vuote. L'inserimento di una funzione, per esempio, avviene in questo campo e per convenzione è preceduto dal segno di uguale (=).

Una *array*[12] di celle costituisce un foglio di lavoro. Normalmente i programmi ne mettono a disposizione più di uno (in Excel per esempio sono inizialmente tre) nello stesso file, in modo da poter gestire e organizzare le informazioni più facilmente: in realtà di tratta di un unico elemento, suddiviso in sottoparti per comodità dell'utente. Ogni foglio può avere un nome indipendente dagli altri e dal file che lo contiene (*workbook*).

Un valore può essere inserito direttamente in una cella oppure, dopo averla selezionata (cella attiva), dalla barra della formula. Questa seconda opzione risulta migliore nel

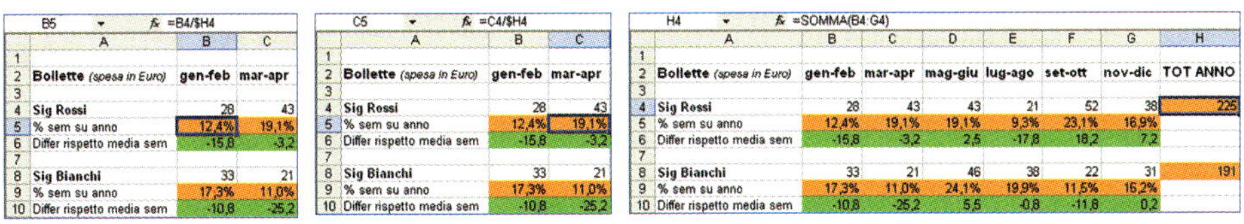

Figura 8.5 - Applicazione di una formula in posizioni diverse nel foglio di calcolo.

caso, appunto, di una formula. La compilazione di celle con dati consequenziali come una serie di numeri progressivi, i giorni della settimana o i mesi viene automatizzata dal programma, velocizzando l'inserimento attraverso il trascinamento della cella iniziale su quelle contigue in orizzontale o verticale. In tutte le altre situazioni, questa operazione produce una copia della cella trascinata.

Dire che le celle sono "relazionate" significa indicare che tra loro sussiste un legame, ovvero una funzione, un calcolo che genera un determinato risultato. Il valore finale del calcolo viene visualizzato nella cella dove è stata impostata o copiata la formula. L'aggiornamento del valore di una cella, nel caso questa sia relazionata ad altre, avviene in tempo reale rispetto ai cambiamenti operati su dati che risiedono anche in fogli o file diversi.

Le funzioni possono operare su elementi anche molto diversi tra di loro: valori numerici (con virgola e senza), celle (A1, B4, ...), operatori aritmetici (+, –, *, /, ...) o relazionali (>, =, <, <>, ...), funzioni (somma(), media (), ...).

Per poter effettuare il calcolo, la formula considera il contenuto di una o più celle, in due modalità principali (più due sottovarianti):

1. *relativa*: il calcolo è strettamente connesso alla posizione della cella nel foglio di lavoro. L'applicazione della formula è cioè relativa alle celle che vengono chiamate in causa all'atto di duplicazione della cella che contiene la formula (*Figura 8.6*);
2. *assoluta*: il calcolo fa riferimento a un valore fisso. L'applicazione della formula prescinde dalla posizione delle celle e applica il calcolo tenendo come riferimento un valore determinato (*Figura 8.7*).

B13 fx =SOMMA(B2:B11)

	A	B	C	D
1		**ore nel 2008**		
2	**lezione 1**	60	breve	
3	**lezione 2**	35	breve	
4	**lezione 3**	120	lungo	
5	**lezione 4**	28	breve	
6	**lezione 5**	35	breve	
7	**lezione 6**	40	breve	
8	**lezione 7**	60	breve	
9	**lezione 8**	120	lungo	
10	**lezione 9**	25	breve	
11	**lezione 10**	15	breve	
12				
13	**ore TOT**	538		
14				

Figura 8.6 - Calcolo con riferimento relativo e applicazione della formula fx=SOMMA(B2:B11). La somma viene applicata a un intervallo di celle disposte nella stessa colonna (B).

E3 fx =B3/$B$14

	A	B	C	D	E
1		**ore nel 2008**			
2		**1°semestre**	**2°semestre**		**Rapporto**
3	**lezione 1**	40	20	breve	16%
4	**lezione 2**	25	10	breve	10%
5	**lezione 3**	60	60	lungo	24%
6	**lezione 4**	5	23	breve	2%
7	**lezione 5**	20	15	breve	8%
8	**lezione 6**	10	30	breve	4%
9	**lezione 7**	20	40	breve	8%
10	**lezione 8**	60	60	lungo	24%
11	**lezione 9**	5	20	breve	2%
12	**lezione 10**	5	10	breve	2%
13					
14	**ore TOT**	250	288	538	100%
15	**MEDIA**	25	28,8		
16	**MAX**	60	60		

Figura 8.7 - Calcolo con riferimento assoluto e applicazione della formula fx =B3/$B$14. Il rapporto delle ore di lezione rispetto al totale di un dato semestre viene calcolato prendendo come riferimento una cella con colonna e riga bloccate ($B$14).

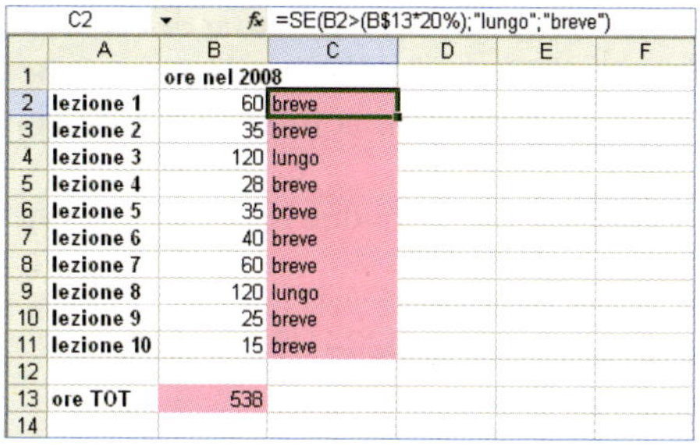

C2 | =SE(B2>(B$13*20%);"lungo";"breve")

	A	B	C	D	E	F
1		ore nel 2008				
2	lezione 1	60	breve			
3	lezione 2	35	breve			
4	lezione 3	120	lungo			
5	lezione 4	28	breve			
6	lezione 5	35	breve			
7	lezione 6	40	breve			
8	lezione 7	60	breve			
9	lezione 8	120	lungo			
10	lezione 9	25	breve			
11	lezione 10	15	breve			
12						
13	ore TOT	538				
14						

Figura 8.8 - Calcolo con riferimento misto e applicazione della formula fx= SE(B2>(B$13*20%)"lungo"; "breve"). La verifica condizionale (SE) viene applicata a un intervallo di celle disposte nella stessa colonna (B) in riferimento a un valore bloccato nella riga ma non nella colonna ((B$13): nel caso la condizione sia verificata, cioè il corso duri più ore del 20% del totale complessivo il programma scriverà "lungo", nel caso contrario, "breve".

I riferimenti relativo e assoluto possono combinarsi in situazioni in cui la formula ha una variazione dei parametri in una delle possibili direzioni del piano (riferimento misto), quindi solo in verticale o in orizzontale (*Figura 8.8*).

La maggior parte dei programmi attualmente in commercio è in grado di offrire una libreria di operazioni aritmetiche e operatori condizionali anche complessi (*Figura 8.9*). Numbers, per esempio, include oltre 150 funzioni pronte all'uso: per aggiungerne una è sufficiente trascinarla sulla cella. In questo modo l'utente non rischia di commettere errori di sintassi nella scrittura e può combinare funzioni diverse per costruire la formula da applicare. Le formule possono dare risultati sia numerici sia testuali, e a volte funzionare da feedback per possibili errori.

Una funzione ha la struttura:

"=NOME _ FUNZIONE(PARAMETRI)"

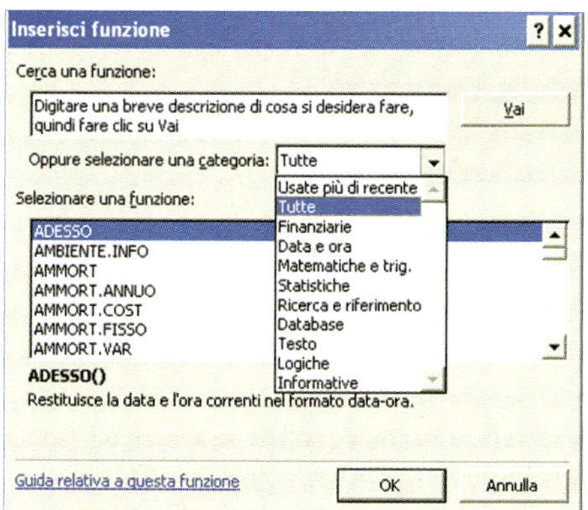

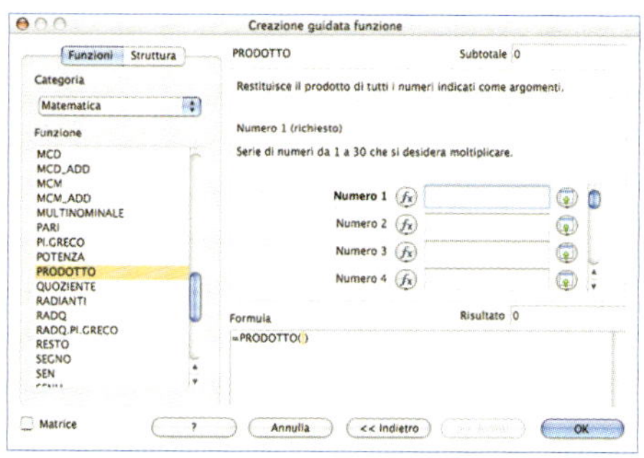

Figura 8.9 - Libreria delle funzioni in Excel 2003 e e in NeoOffice 2.25 Calc.

Dove l'uguale (=) permette di calcolare il risultato e di visualizzarlo nella cella, il nome (mai preceduto da spazi vuoti) identifica il tipo di operazione prescelta e le parentesi racchiudono i valori o le coordinate a cui la funzione viene applicata. I parametri possono essere due o più valori.

Per esempio, nel caso della somma tra due celle, la funzione può essere scritta nella forma semplificata:

=B20+C20

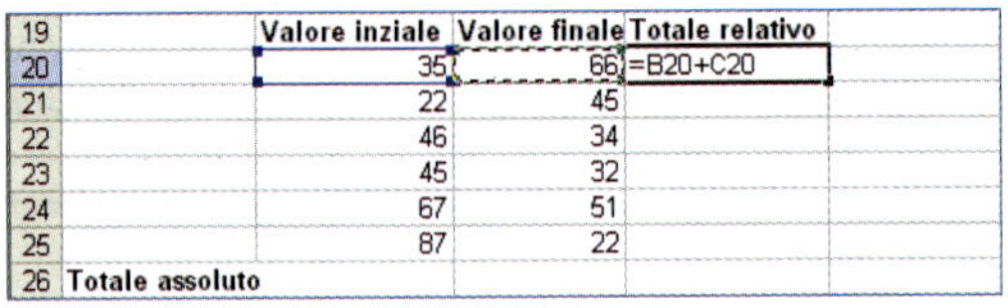

Figura 8.10 - Applicazione di una semplice operazione a due celle con riferimento relativo.

Se è interessata, invece, una serie di dati e quindi un'area rettangolare del foglio di lavoro, il periodo va indicato riportando, come parametri della funzione, le coordinare della cella iniziale in alto a sinistra e di quella finale in basso a destra a cui la funzione deve essere applicata, separate dal segno ":"

=SOMMA(B20:B25)

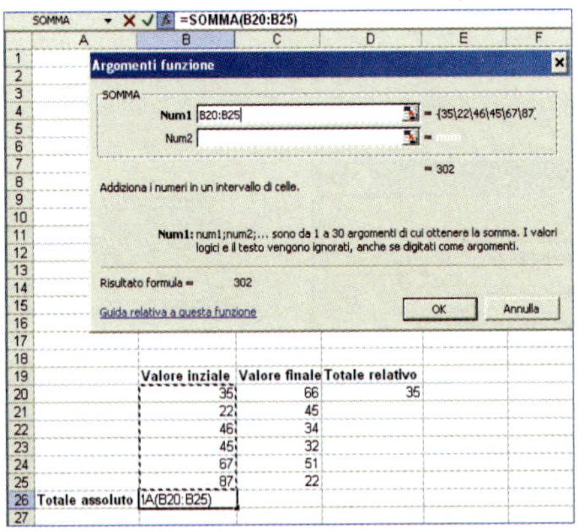

Figura 8.11 - Applicazione di una funzione a una serie di celle posizionate sulla stessa colonna. Con la stessa procedura si possono applicare funzioni a celle che si trovano nella medesima riga (B25:C25) o in un'area definita da più righe e più colonne (B20:C25).

Un ulteriore vantaggio offerto dall'utilizzo di programmi come Excel è la possibilità di creare delle istruzioni eseguibili in modo automatico se si verificano determinate condizioni. Le macro (*Strumenti > Macro > Visual Basic Editor*) sono brevi codici[13] che consentono di automatizzare attività complesse e ripetitive, ottenendo una serie di operazioni con l'invio di un solo comando: per esempio, modificare le proprietà degli oggetti contenuti un foglio di calcolo (la formattazione di una cella), lanciare metodi (l'aggiornamento di una tabella pivot)[14] o attivare un processo (in seguito all'inserimento di nuovi dati o alla cancellazione di dati preesistenti). Alcuni programmi hanno la capacità di registrare ed eseguire macro e in alternativa esistono software di automazione che consentono di realizzare macro a livello superiore, compatibili con tutti i programmi che non le prevedono. La registrazione non prevede l'uso di un linguaggio di programmazione, perché memorizza una serie di comandi già disponibili all'interno del software.

La formattazione degli elementi presenti in un foglio di calcolo non è meramente estetica, ma mira a rendere più facilmente consultabili i dati. L'occhio umano, infatti, non è abituato a leggere lunghe sequenze di dati indipendenti, ma si orienta meglio in sistemi logicamente concatenati – come un testo – o compatti – come un'immagine (anche se entrambi questi materiali possono contenere concetti diversi).

I valori contenuti in una cella possono venire formattati utilizzando strumenti simili a quelli di un editor di testo: posizione, grandezza e tipo di font, colore, stile, orientamento, controllo ortografico ecc. Il formato delle celle è selezionabile e personalizzabile da un apposito menu (*Formato > Celle*) che ne definisce il numero, l'allineamento, il carattere, il bordo, il motivo e la protezione. Una volta applicato lo stile per una data o una valuta, il programma si occuperà di applicarla in automatico alle celle interessate, a prescindere dalla modalità con cui verranno inseriti i dati successivi.

Designer e programmatori come Edward Tufte, John Maeda, Flavia Sparacino, invece, suggeriscono come – sia in analogico (fogli, poster ecc.) sia in digitale – l'apprendimento di un set di informazioni sia molto più veloce se queste vengono rappresentate

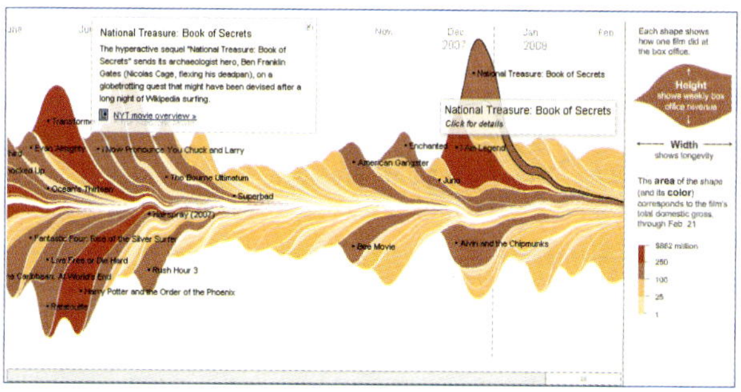

Figura 8.12 - Grafico "emozionale" (dati: Baseline StudioSystems; Box Office Mojo; progetto di: Mathew Bloch, Lee Byron, Shan Carter e Amanda Cox).
Fonte: "The New York Times", 23 febbraio 2008, http://www.nytimes.com/interactive/2008/02/23/movies/20080223_REVENUE_GRAPHIC.html

graficamente piuttosto che in forma tabellare o discorsiva. Il concetto di *information graphic* o *infographic*, pertanto, riguarda la segnaletica, le mappe a più variabili, ma anche i grafici che si possono generare in contesti di ricerca, di studio statistico o di produzione attraverso programmi come Excel.

3 Verso l'intuitività dell'informazione

L'utilizzo dei grafici viene spesso considerato un fatto di gusto e non una scelta funzionale al potenziamento della comunicazione. Questo può generare due tipi di problemi: la preferenza arbitraria per una soluzione piuttosto che per un'altra (torta, ideogramma, istogramma, anello ecc.) e la selezione di dati non ragionata, con conseguente combinazione di dati non omogenei. Secondo uno dei maggiori esperti in fatto di grafici, Edward Tufte, la rappresentazione dell'informazione deve essere documentata, comparativa, causale ed esplicativa, quantificata, multi-variabile, esplorativa e scettica. Un buon grafico fa capire meccanismi, processi e dinamiche di causa-effetto perché permette di «vedere l'impensabile e pensare il non visibile» (Tufte 2001).[15] La rappresentazione visiva dei dati nasce infatti per esprimere un contenuto complesso attraverso una forma semplice.

I programmi di calcolo offrono forme specializzate per organizzare in modo intuitivo informazioni sofisticate e/o astratte, ma nella lavorazione vanno tenute in considerazione alcune convenzioni. Nella scelta della rappresentazione, per esempio, gioca un ruolo importante il mezzo utilizzato per diffonderla: giornali e libri (forma statica), vi-

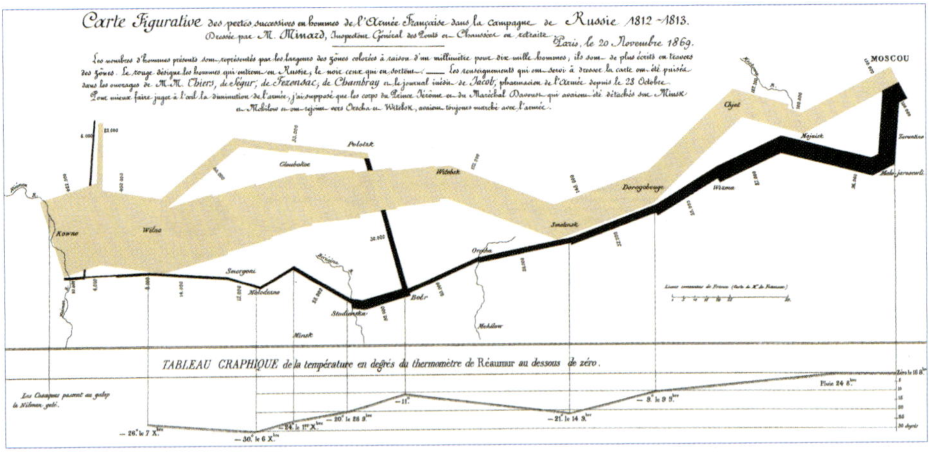

Figura 8.13 - Il grafico della marcia di Napoleone disegnato da Charles Minare. Nella stessa tavola sono individuabili quattro tipi di informazioni: le distanze percorse dall'esercito, le quote d'altitudine raggiunte a piedi o a cavallo, il numero di perdite, il range delle temperature.
Fonte: http://it.wikipedia.org/wiki/Immagine:Minard.png

deo o animazione (forma dinamica), interazione diretta (forma multimediale). Per funzionare con efficacia, ognuno di questi contenitori può richiedere caratteristiche grafiche e di architettura dei dati diverse.

Le rappresentazioni messe a disposizione dai programmi di grafica sono generalmente elementi di natura statistica e sono progettati per uno scopo predeterminato; si trovano in apposite librerie e sono oggetti indipendenti dal foglio di calcolo.

Ogni grafico ha dunque la sua funzione. Torte e anelli servono per mettere in primo piano le proporzioni tra i diversi dati rispetto al totale e rappresentano dati percentuali attraverso "fette" o settori. Un grafico a torta o ad anello consente di rappresentare una sola serie di dati, cioè, durante la creazione del grafico, è possibile includere nella selezione una sola colonna o riga di valori (oltre alla riga o alla colonna delle categorie che serve per le etichette dei dati).

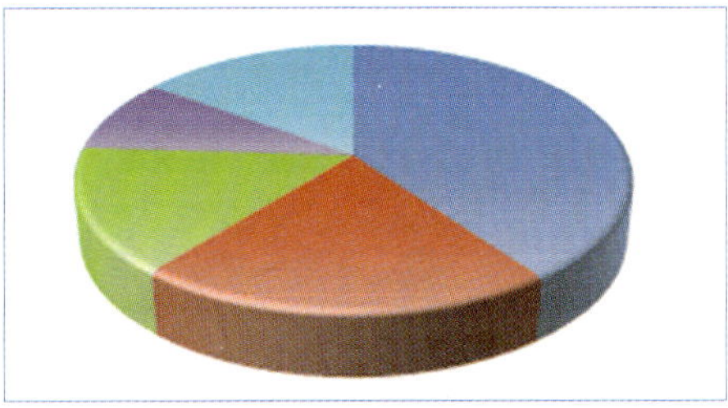

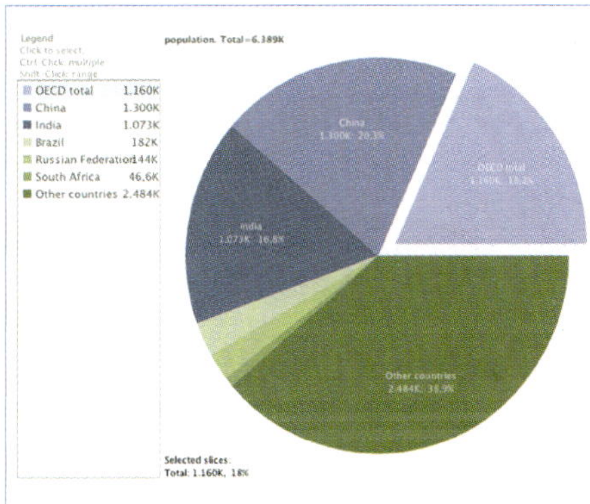

Figura 8.14 - Grafico a torta e applicazione nello studio dell'OECD sulla popolazione mondiale.
Fonte: http://manyeyes.alphaworks.ibm.com/manyeyes/visualizations/111-graph-1a-world-population-2004

Istogrammi a due e tre dimensioni e grafici a barre sono indicati per evidenziare le variazioni all'interno di una serie di dati e rispetto al totale, attraverso colonne diverse per forma, colore e posizione.

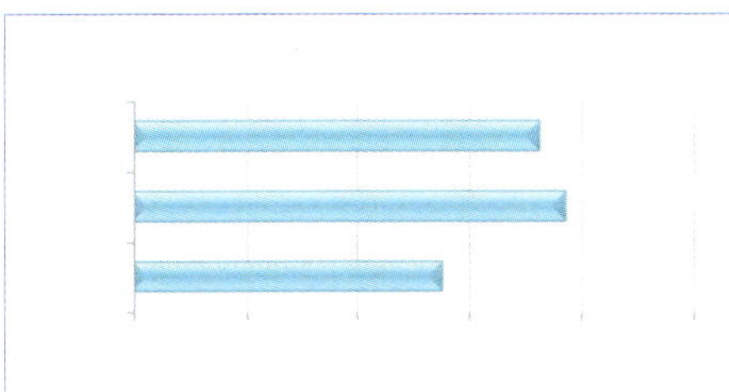

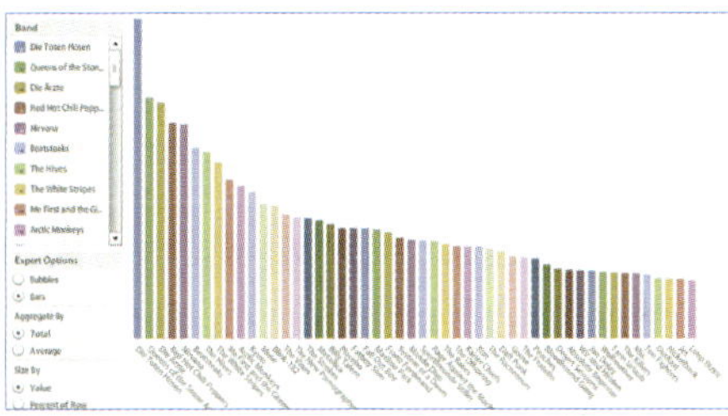

Figura 8.15 - Istogramma e applicazione (i 50 gruppi musicali favoriti da BetaBomber).
Fonte: http://manyeyes.alphaworks.ibm.com/manyeyes/visualizations/my-fifty-favourite-bands

Linee ascendenti e discendenti o aree permettono di mostrare l'andamento dei dati – per esempio in un arco di tempo – mentre i grafici ad area uniscono alla visualizzazione del trend anche la rappresentazione dell'apporto dei valori parziali rispetto al totale.

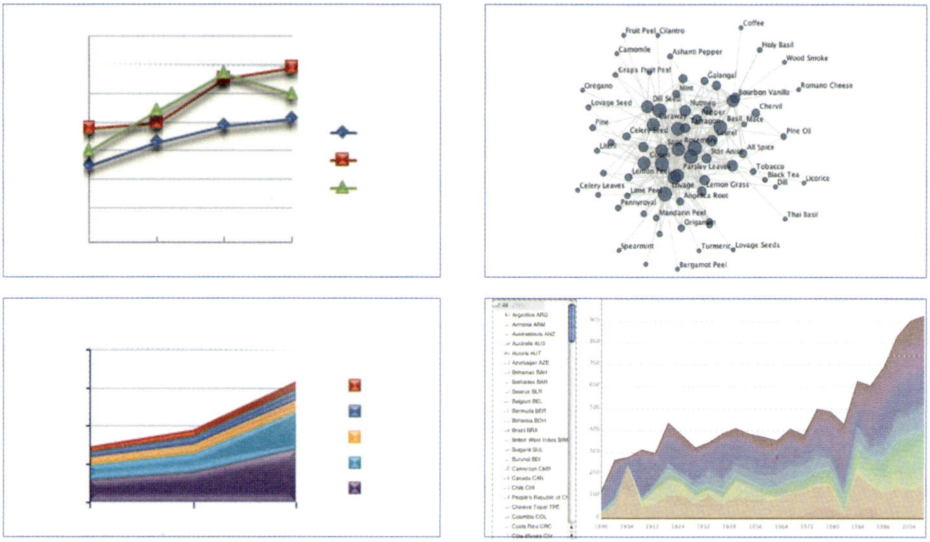

Figura 8.16 - Grafico a linee e applicazione in uno schema di connessione tra le erbe naturali (http://manyeyes.alphaworks.ibm.com/manyeyes/visualizations/herb-connections-2) (*sopra*) e ad area e rappresentazione dei medaglieri olimpici estivi dal 1896 al 2004 (http://manyeyes.alphaworks.ibm.com/manyeyes/visualizations/summer-olympic-games-medal-count-by--4) (*sotto*).

Il grafico a dispersione e quello a bolle permettono di inserire l'elemento della discontinuità tra i dati: sono strumenti utilizzati per lo più in campo scientifico (*Figura 8.17*).

I programmi di calcolo lasciano un buon margine di personalizzazione rispetto agli oggetti grafici forniti dalla libreria. Colori, dimensioni, posizione nel piano, etichette testuali e numeriche possono essere adattate dall'utente alle esigenze della rappresentazione (*Figura 8.18*).

Nella preparazione di un grafico, quindi, a prescindere dalla sua tipologia, vanno osservate alcune raccomandazioni:

- l'uso di parole, numeri, disegni e altro in prossimità dei dati è utile e necessaria, ma non deve interferire graficamente con essi per dimensione, tipologia o colore. Le etichette, per esempio, sono preferibili alle legende, ma devono essere sufficientemente leggibili pur rimanendo sufficientemente piccole;
- il grafico deve sempre avere un titolo che ne identifichi il contenuto e un riferimento alla fonte originaria dei dati;

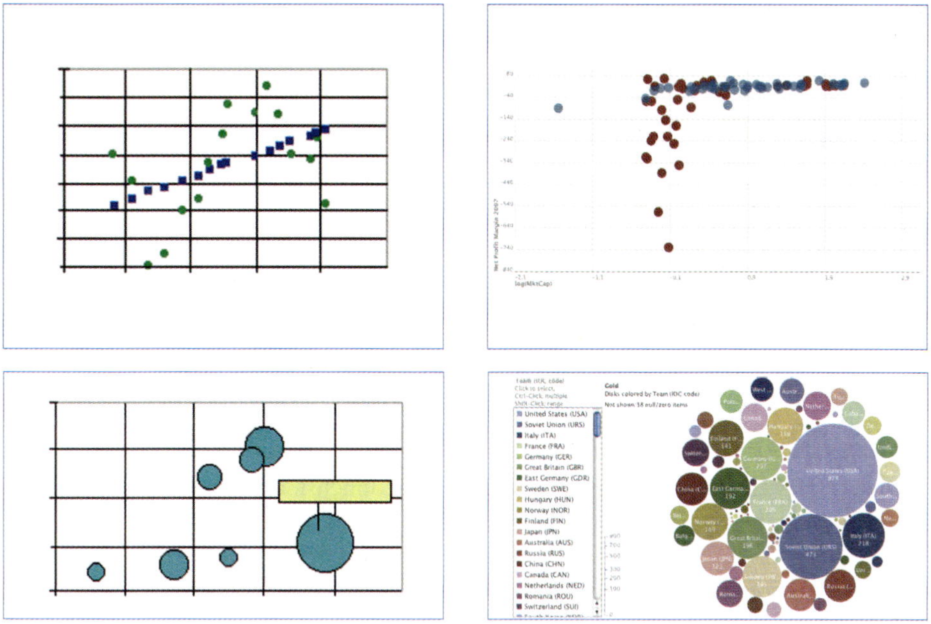

Figura 8.17 - Grafico a dispersione e rappresentazione del margine di profitto netto *vs* il tetto di mercato dei maggiori fornitori Biotech e Tech (http://manyeyes.alphaworks.ibm.com/manyeyes/visualizations/net-profit-margin-vs-market-cap-of-l) (*sopra*), e a bolle con applicazione al medagliere olimpico invernale ed estivo dal 1896 al 2006 (http://manyeyes.alphaworks.ibm.com/manyeyes/visualizations/summer-and-winter-olympic-games-meda-2) (*sotto*).

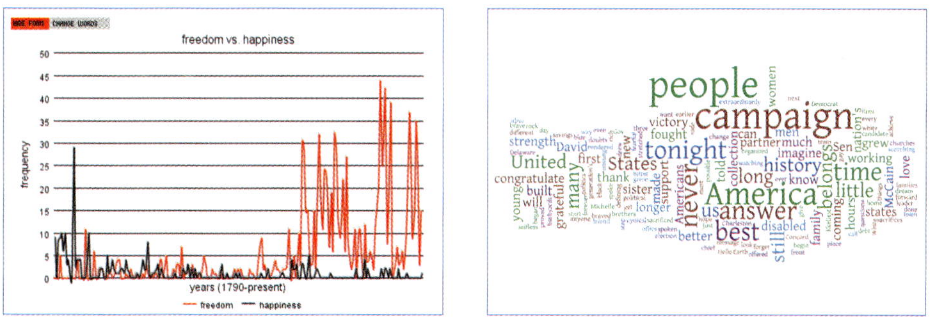

Figura 8.18 - Personalizzazione di un grafico: la rappresentazione comparata della frequenza d'uso delle parole in un gruppo selezionato di 10,000 termini dal 1790 a oggi (http://stateoftheunion.onetwothree.net/sotuGraph/index.html) e mappa visiva della ricorrenza dei termini nel discorso di Barack Obama dopo la vittoria elettorale il 4 novembre 2008 (http://manyeyes.alphaworks.ibm.com/manyeyes/visualizations/wordle-of-obama-victory-speech-nov4t).

- gli assi utilizzati (x, y, z) devono avere una chiara attribuzione di significato e di misura;
- la rappresentazione della complessità dell'informazione deve risultare accessibile, cioè derivare da un buon grado di astrazione (semplificazione);
- il grafico deve poter raccontare la sua storia;
- le decorazioni estetiche o fuori contesto sono da evitare perché non aggiungono o supportano alcun tipo di informazione;
- l'uso di linee di diverso spessore e colori compatti nelle aree aiuta la leggibilità di un grafico;
- l'uso di elementi simmetrici aumenta la facilità di lettura;
- i dati vanno mostrati con chiarezza e in caso di quantità eccessiva, vanno accuratamente selezionati, privilegiando quelli maggiormente significativi;
- chi osserva un grafico deve essere indotto a pensare al concetto e non alla metodologia con cui lo si vuole comunicare, alla grafica o ad altri dettagli della rappresentazione;
- i dati rappresentati non vanno distorti: forme e dimensioni improprie o incongruenza di scale portano a un'erronea interpretazione delle informazioni;
- i dati devono apparire relazionati, consequenziali e in genere coerenti;
- l'occhio deve essere incoraggiato a confrontare i dati rappresentati, non solo a osservarli;
- i dati vanno evidenziati su vari livelli di dettaglio, dando una visione generale ma anche una più specifica;
- l'obiettivo della rappresentazione deve essere definito a monte: descrizione, esplorazione, organizzazione ecc.;
- la rappresentazione dei dati in forma statistica, grafica e discorsiva deve essere coerente.

4 Diffondere i dati

Oltre alla rappresentazione grafica, quasi tutti i programmi di calcolo offrono la possibilità di estrarre e visualizzare i set di dati ritenuti più importanti per un'analisi o un lavoro attraverso le tabelle pivot (Excel) o i data pivot (OpenOffice.org Calc) (*Figura 8.19*). Questo tipo di soluzione permette di riepilogare l'informazione contenuta in uno o più fogli di lavoro, pur lasciando aperta la possibilità di applicare semplici calcoli, senza inserire alcuna nuova formula nelle celle.

Una peculiarità dei fogli elettronici è quella di non avere una pagina predefinita per la stampa: è l'utente a selezionare l'area, il foglio/i fogli o l'intera cartella che deve essere disponibile in cartaceo. Excel, come gli altri programmi, mette a disposizione diversi layout preconfezionati per la formattazione delle celle, permettendo di risparmiare tempo e di ottenere un documento con una veste grafica appropriata.

I fogli di calcolo sono inoltre i programmi più vicini a quelli pensati per creare un database, perché strutturano i dati in righe e colonne, quindi in modo compatibile alle

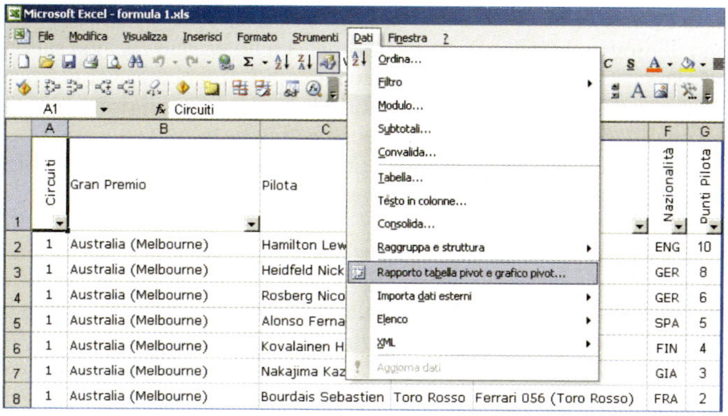

Figura 8.19 - Esempio di tabella pivot.

gerarchie di campi, record e tabelle tipiche, per esempio, di Access. L'identità strutturale tra un foglio di lavoro e una tabella è la base logica che consente di usare Excel anche per creare e gestire database, e non soltanto per analizzare dati numerici disposti su un foglio di lavoro. Infatti, programmi di questo tipo permettono già di applicare una serie di filtri, strumenti capaci di individuare e/o analizzare, attraverso criteri di ricerca assegnati dall'utente, una serie di informazioni accomunate da caratteristiche definite.

Note

1 Un esempio precoce di adozione industriale è costituito dal software APLDOT, sviluppato nel 1976 alla United States Railway Association e funzionante su un IBM 360/91 nei laboratori di fisica della Johns Hopkins University. Il programma viene utilizzato per l'analisi finanziaria e la pianificazione strategica.

2 Il programma sviluppato da Bricklin, Frankston e Fylstra possiede già molte delle caratteristiche degli attuali programmi di calcolo, come un'interfaccia interattiva, la possibilità di ricalcolare i dati in automatico e quella di applicare formule complesse a celle direttamente selezionate dal foglio. VisiCalc diventa la prima "killer application" della storia dell'informatica, influenzando fortemente le vendite dell'hardware su cui gira, Apple II. *Vedi* "PC World Magazine", http://www.pcworld.com/article/116166/three_minutes_godfathers_of_the_spreadsheet.html

3 Multiplan è uno dei primi fogli di calcolo sviluppati da Microsoft in concorrenza con VisiCalc dal 1982.

4 Tra il 1982 e il 1983 diventa il programma più diffuso a livello commerciale, ma la casa produttrice non è in grado di proporre una versione compatibile con Windows e il programma viene rimpiazzato da Microsoft Excel all'inizio degli anni novanta.

5 Una delle versioni più conosciute è il Microsoft BASIC, sviluppato da Bill Gates e Monte Davidoff per l'Altair 8800, poi evolutasi nel GW-BASIC per il primo MS-DOS. Negli anni dei primi microcomputer (tra cui il famoso Commodore 64), il linguaggio BASIC era integrato nel firmware della macchina.

6 *Vedi* il capitolo 11.

7 Un linguaggio di programmazione multi-paradigma è un linguaggio che può supportare varie modalità di programmazione; è un ambiente aperto in cui i programmatori possono utilizzare stili distinti e mescolare elementi derivanti da paradigmi diversi al fine di risolvere più efficacemente i problemi che un singolo programma non potrebbe gestire da solo.

8 L'utente non deve installare alcun software sul proprio computer, ma usa un'applicazione che risiede su un server e viene condivisa con gli altri utenti. Diversamente dagli applicativi che lavorano in remoto, nemmeno i dati sono salvati in locale.

9 Le formule più utilizzate sono di solito: **+** Addizione; **–** Sottrazione; ***** Moltiplicazione; **/** Divisione; **^** Elevamento a potenza; **&** Concatenamento; **=** Confronto logico (uguale a); **>** Confronto logico (maggiore di); **<** Confronto logico (minore di); **>=** Confronto logico (maggiore o uguale a); **<=** Confronto logico (minore o uguale a); **<>** Confronto logico (diverso da); **MEDIA** Media aritmetica di una serie numerica; **MEDIANA** La Mediana di una serie numerica; **MODA** Il valore maggiormente ripetuto in una serie numerica; **MAX** Il valore massimo in una serie numerica; **MIN** Il valore minimo in una serie numerica; **PENDENZA** Coefficiente angolare; **INTERCETTA** Intersezione.

10 Come l'intero pacchetto OpenOffice.org, Calc è un programma gratuito e open source pensato per girare su tutte le piattaforme (Mac OS X, Microsoft Windows, Linux, FreeBSD, Solaris) ed è disponibile sotto la licenza GNU.

11 Per esempio, pur generando file con estensione .xls, Excel può importare ed esportare dati in formato .csv, compatibile per fogli di calcolo e database; OpenOffice.org Calc permette di creare file compatibili con Microsoft Excel (.xls) o Acrobat reader (.pdf). Apple Numbers può importare i fogli elettronici in formati Excel precedenti, nonché i documenti di Excel 2007 creati nei nuovi formati XML di OpenOffice.org. Gnumeric può importare ed esportare file in formato .csv, .xls, .HTML, LaTeX, Lotus 1-2-3, OpenDocument e Quattro Pro.

12 L'*array* è un elemento "costruttore", ovvero consente di definire nuovi tipi di dati a partire da dati preesistenti. Si può immaginare un *array* come una sorta di casellario, le cui caselle sono dette celle dell'*array* e vengono identificate da un valore di indice.

13 Per Excel il linguaggio di programmazione utilizzato è *Visual Basic for Applications* (VBA). Le macro possono usare oggi strutture condizionali (If… Then… Else…), subroutine, finestre per l'inserimento dei dati, raggiungendo un'efficienza molto maggiore, ma presupponendo una maggiore conoscenza informatica.

14 La tabella pivot è uno strumento analitico e di reporting utilizzato per la creazione di tabelle riassuntive. Uno dei fini principali di queste tabelle è l'organizzazione di dati complessi tramite una scelta opportuna dei campi e degli elementi che devono comporla.

15 Tufte ritiene che il disastro della navicella spaziale *Challenger* possa essere imputato ai tredici grafici preparati dalla Thiokol per la NASA. Lo studioso ha evidenziato in queste rappresentazioni sei livelli gerarchici (capitoli e sottocapitoli) di organizzazione dei contenuti a discapito delle conclusioni, che invece avrebbero dovuto essere in primo piano.

9. Catalogare la conoscenza

1 Andare in biblioteca

Fino a qualche anno fa, andare in biblioteca significava relazionarsi con archivi a cassettiera, schede di catalogazione e codici di identificazione dei libri sullo scaffale. Per chi utilizza le biblioteche di paese o i piccoli archivi, soprattutto in Italia, questa continua a essere la situazione abituale.

La catalogazione – ovvero la descrizione e la classificazione – è un processo delicato e oneroso in termini di tempo e denaro. Si tratta, infatti, di individuare e conoscere gli oggetti di un certo tipo, per esempio i libri o i beni culturali o i componenti di un magazzino, di documentarli in modo opportuno e di archiviarne le informazioni raccolte secondo precisi criteri. I grandi cataloghi nazionali – delle biblioteche, dei musei, delle aziende – di cui usufruiamo oggi sono stati compilati probabilmente a mano da impiegati o studiosi nell'arco di molti anni.

I cataloghi cartacei, a causa della natura del mezzo (lo scritto è statico e non può aggiornarsi automaticamente), seguono un criterio esclusivo di organizzazione dati, deciso di volta in volta: il cognome di un autore o il titolo di uno scritto, un codice specifico o il nome della casa editrice ecc. La scelta dell'elemento guida della catalogazione non è lo stesso in tutte le biblioteche o gli archivi o le aziende – anche se negli anni si sono definiti criteri sempre più standardizzati – e implica che l'utente ne sia a conoscenza nella fase della ricerca di un certo oggetto. Se, per esempio, la biblioteca è dotata di uno schedario organizzato per cognome e nome dell'autore, ma l'unica informazione di cui si dispone è il titolo del libro, probabilmente non si otterranno grandi risultati, soprattutto se il catalogo raccoglie migliaia di schede. Idealmente, servirebbero molti schedari diversi, ciascuno dei quali organizzato secondo un criterio diverso. Questo implicherebbe un ingombro enorme (alcune biblioteche hanno già intere sale adibite a contenere gli schedari) e un lavoro di catalogazione infinito. È forse questo uno dei motivi per cui le biblioteche antiche sono preziose, ma sicuramente è una delle ragioni fondamentali per cui gli attuali database hanno sostituito la catalogazione tradizionale.

2 Tutto a disposizione... subito!

I moderni database hanno risolto una lunga serie di problemi. Essendo digitali non occupano alcuno spazio se non quello nella memoria di massa in un computer; sono facilmente trasferibili, duplicabili, erogabili integralmente o parzialmente (per esempio, per certe sezioni si può richiedere un accesso a pagamento o dietro password) e consultabili attraverso mezzi diversi (desktop, notebook, palmare, cellulare ecc.); permettono di risparmiare tempo perché è possibile accedere, inserire o modificare i dati in tempo reale; non hanno vincoli fisici come un limite di capienza o di maneggevolezza.

Anche il tipo di relazione che l'utente ha con il bibliotecario o il responsabile di inventario cambia di scala con il database. Nel primo caso, un lettore chiede in linguaggio naturale di poter avere un libro in prestito; il bibliotecario consulta lo schedario e, in base alle informazioni ricevute, reperisce e consegna il libro al richiedente. Nel secondo, un utente formula una query in linguaggio SQL al *Data Base Management System* (DBMS) e questo gli permette di accedere a una base di dati digitale (DB) in cui trova il volume a cui è interessato oppure direttamente la sua versione digitale (per esempio, in formato .pdf).

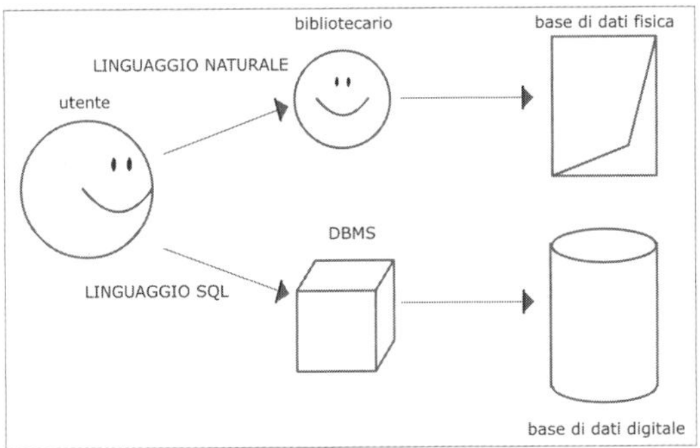

Figura 9.1 - Relazioni in parallelo: chiedere un libro in analogico e in digitale.

L'accesso ai dati nei DB è indipendente dalla loro rappresentazione e memorizzazione, quindi se l'utente ignora alcuni attributi (per esempio, il titolo del volume o l'autore) può reperire ugualmente l'oggetto desiderato. Le tecniche di accesso ai dati sono ottimizzate, in maniera da migliorare la performance delle interrogazioni e rendere i dati sempre disponibili nelle 24 ore. Non esistono orari di chiusura per i cataloghi online. Un sistema digitale, a differenza di uno analogico, permette di effettuare controlli di integrità dei dati in modo che l'incrocio delle informazioni (per esempio, autore-titolo-anno di pubblicazione-casa editrice) avvenga in modo corretto ed è pensato per essere multiutente, cioè utilizzabile da più persone contemporaneamente, anche nel caso in cui queste lavorino sulle stesse informazioni. Per poter fare questo, i moderni DBMS utilizzano il kernel del sistema operativo, che supporta nativamente il multitasking e il collegamento in Rete.[1]

Un DB deve necessariamente possedere una struttura, un modello di organizzazione. I dati al suo interno devono essere logicamente correlati e rappresentati in modo omogeneo, così da risultare recuperabili da applicazioni diverse. Fino agli anni sessanta i dati, organizzati in strutture piuttosto semplici, venivano manipolati dai programmi applicativi, interfacciandosi direttamente con il sistema operativo. Un database complesso, invece, per poter funzionare ha bisogno che un programma gli permetta di dialogare con i diversi applicativi, ne protegga i dati[2] e ne coordini il funzionamento. Il DBMS si occupa di queste funzioni senza agire direttamente sui dati, ma su una loro rappresentazione concettuale, e può rendere persistente[3] un DB basato su un certo modello organizzativo.

Le basi di dati possono essere di sei tipi: gerarchico, reticolare, a oggetti, relazionale, relazionale a oggetti e semantico. Tra tutti, nel 2008 i database più diffusi sono quelli relazionali.

Modello gerarchico (DBMS). È stato pensato negli anni sessanta per i primi mainframe e si basa sul modello dell'albero. I dati sono organizzati a cascata – partendo da un elemento originario (radice) – in padri (elementi singoli) e figli (elementi multipli con un solo padre possibile). La relazione che intercorre tra padri e figli è del tipo uno a molti. Alberi diversi possono essere collegati tra di loro.

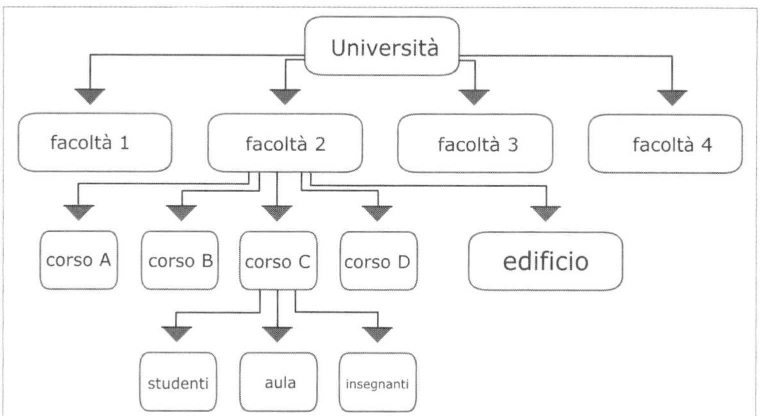

Figura 9.2 - Struttura di un database gerarchico.

Modello reticolare (RDBMS). È un tipo di database diffuso negli anni settanta e costituisce un'evoluzione del modello gerarchico. Si tratta di una struttura in cui i dati possono essere associati gli uni agli altri, a prescindere dalla loro posizione nel ramo: anche i figli e non solo i padri possono avere una relazione tra loro; i figli possono avere molti padri. Le relazioni tra i dati avvengono attraverso l'uso di chiavi (primaria ed esterna), in verticale (padri-figli) e in orizzontale (padri-padri e figli-figli), e possono essere del

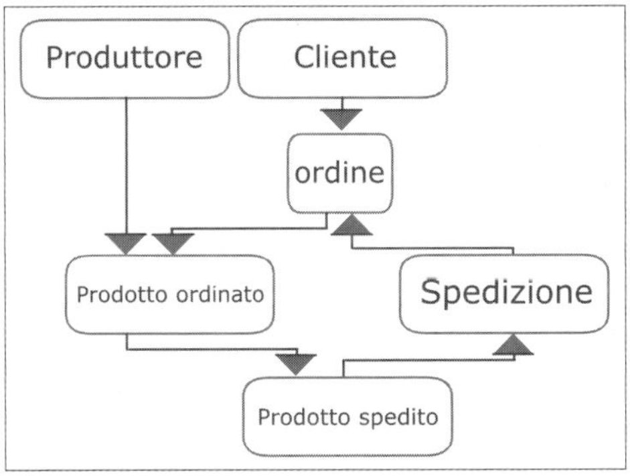

Figura 9.3 - Struttura di un database reticolare.

tipo molti a molti. A causa della particolare complessità di gestione, questo modello non ha avuto un largo utilizzo.

MODELLO A OGGETTI (ODBMS). Nasce negli anni ottanta in seguito della diffusione di linguaggi *object oriented.* I dati vengono trattati come oggetti relazionati tra di loro, ognuno dei quali può avere qualsiasi tipo di attributo e può contenere al suo interno altri oggetti. La maggior parte dei database di questo tipo sono multipiattaforma, permettono, per esempio, che un utente Windows acceda a un database su server Unix.

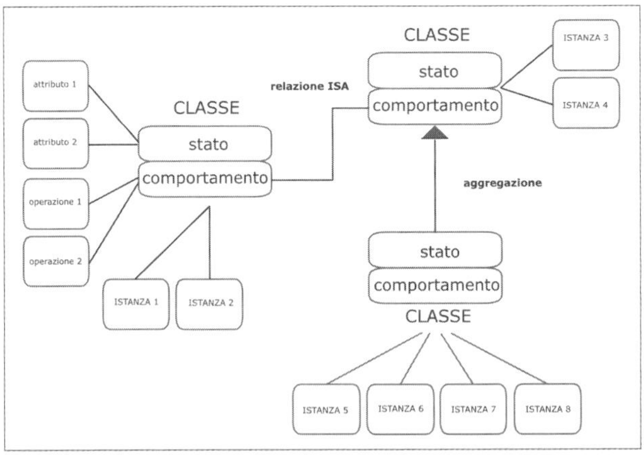

Figura 9.4 - Struttura di un database a oggetti. Il tipo di relazione che si crea tra le classi può essere di tipo associativo, quando vengono collegate le istanze delle classi; aggregativo, quando le istanze di una classe sono parti di istanze di altre classi; relazionale di tipo ISA quando una classe è una sottocategoria o sottoclasse di un'altra.

Modello relazionale (rdbdms). I database di tipo relazionale, nati negli anni settanta dalle ricerche della IBM, sono attualmente i più diffusi. Perché un database possa essere definito *relazionale* deve rispettare le 12 regole di Codd.[4] I dati sono organizzati in tabelle: i campi, corrispondenti alle colonne della tabella, identificano un determinato attributo del dato mentre le righe sono predisposte per contenere i record, ossia tutti gli oggetti che possiedono uno o più degli attributi indicati nei campi. I database relazionali sono accomunati dall'uso dello stesso linguaggio (*Structured* Query *Language* – SQL), che permette a un'applicazione di interagire con database diversi. In seguito alla diffusione del modello relazionale si possono distinguere due livelli concettuali scindibili: quello dei dati che manipola l'utente (vista logica) e quello dei dati che gestisce un applicativo (vista fisica). Un utente, per esempio, può visualizzare delle tabelle, mentre il DBMS può gestire rappresentazioni più astratte dei dati come gli oggetti. Sono database proprietari relazionali quelli realizzati in Microsoft Access e SQL Server, Oracle, FileMaker Pro, IBM DB2, Sybase, e nel gruppo degli open source MySql, PostgreSQL e SQLite.

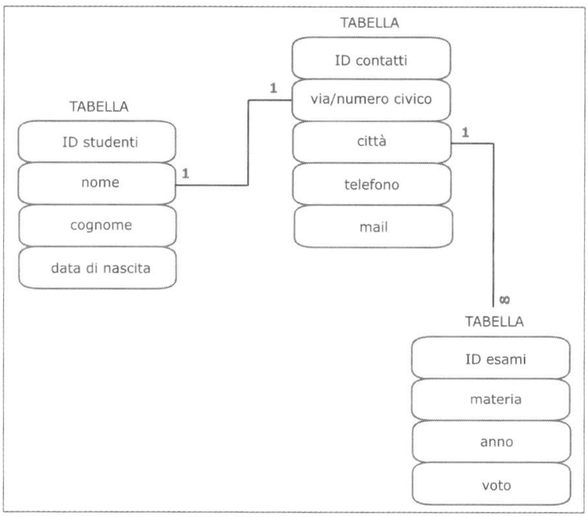

Schema 9.5 - Struttura di un database relazionale.

Modello relazionale a oggetti (ordbms). I sistemi relazionali a oggetti sono sistemi ibridi che sfruttano alcune caratteristiche del modello relazionale (per esempio, il meccanismo delle chiavi esterne) e altre di quello a oggetti. Anche questo modello utilizza il linguaggio SQL.

Modello semantico. È un modello che sta emergendo in seguito allo sviluppo del linguaggio XML e mira a rendere "comprensibili" i contenuti della Rete (linguaggio naturale, oggetti multimediali, collegamenti) non solo agli essere umani – per la loro natura in grado di comprendere e mettere in relazione testi, audio, video –, ma anche alle macchine, capaci di leggere ma non di pensare. Il Web semantico sta introducendo una rete di metadati, ontologie e vocabolari pensati per "spiegare alle macchine" i significati e "far loro apprendere" (*machine learning*) un nuovo tipo di conoscenza.

I vocabolari più utilizzati sono oggi il Resource Description Framework (RDF), RDF Schema e Dublin Core. Berners-Lee ritiene che il Web semantico non sia solo la possibilità di inserire dei dati in Rete, ma la chance di creare collegamenti che uomini e macchine, indifferentemente, possano esplorare: «Quando hai una serie di dati collegati, allora ne puoi trovare molti altri, sempre correlati» (2006).

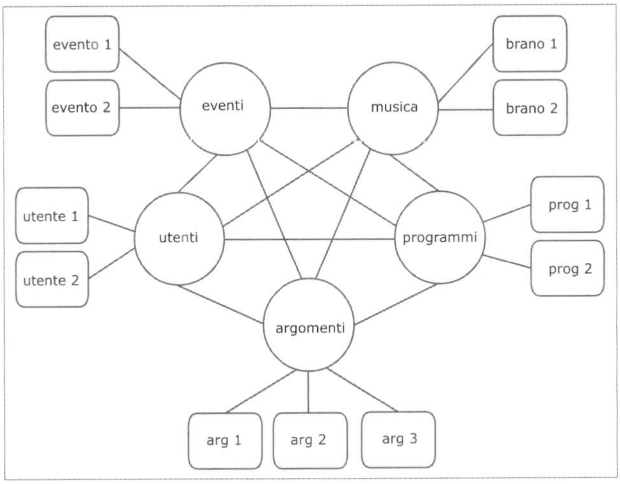

Figura 9.6 - Struttura di un database semantico. I database di questa tipologia, come i *data web*, sono nati per permettere un maggiore livello di integrazione e di interoperabilità delle applicazioni, rendendo i dati disponibili a tutti e "linkabili" come se fossero pagine web.

Il modello semantico sta rispondendo a un trend sempre più evidente: in presenza di moli di dati difficilmente stimabili (per esempio, i contenuti della Rete, il traffico stradale, il funzionamento delle macchine in una fabbrica)[5] sembra che le strategie che privilegiano i dati abbiano una maggiore efficienza di usabilità (a parità di variabili) rispetto alle strategie che preferiscono la struttura. In altre parole, sembra meno oneroso reperire un'informazione nel disordine piuttosto che ordinare secondo un dato criterio tutte le informazioni disponibili. Le ricerche recentemente condotte da Dirk Helbing, infatti, dimostrano come in molte situazioni sia meglio rinunciare a un po' di controllo, lasciando che i sistemi risolvano i problemi da soli: spesso la soluzione è diversa da quella che gli esseri umani avrebbero potuto razionalmente prevedere, ma risulta estremamente più efficace (Buchanan 2008).[6]

Secondo Mazzocchi (2003) la strategia del "disordine" è paragonabile al processo di apprendimento di una lingua, che prevede la definizione di regole, modelli e astrazioni solo successivamente all'acquisizione delle parole: questo spiega perché per molte persone sia più intuitivo imparare dalle esperienze dirette (per esempio, da un periodo trascorso all'estero) piuttosto che dalla teoria astratta. Inoltre, preferendo i dati alla struttura, si attiva un processo a complessità incrementale: la conoscenza viene aggiunta passo a passo e in caso di errore o necessità di verifica è più semplice ripristinare la situazione precedente.

La necessità dell'uomo di trovare delle cose in un disordine totale sta portando quindi allo sviluppo di programmi in grado di reperire e organizzare informazioni autonomamente, secondo la richiesta dell'utente e senza far riferimento a un DB a strutturazione preordinata. Semplicemente, il programma "sa" come reperire quel dato, a prescindere dal fatto che sia stato precedentemente categorizzato in un archivio. PageRank di Google, Amazon, Citeseer cocitation, Del.icio.us e Flickr, Clusty sono esempi di sistemi che privilegiano i dati e solo in un secondo momento li organizzano o offrono la possibilità di strutturarli, piuttosto che imporre strutture predeterminate.

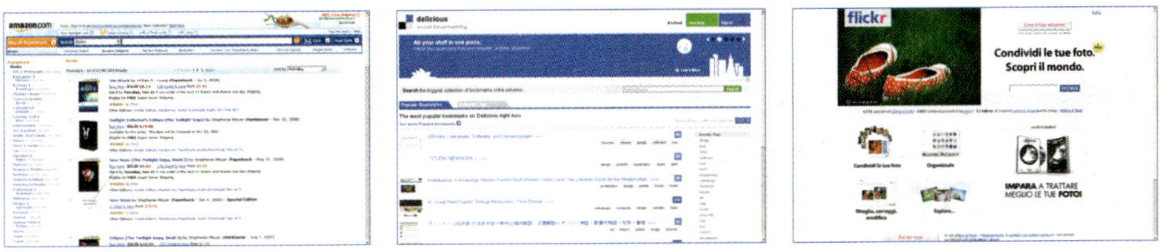

Figura 9.7 - Esempi di accesso a dati ordinati dinamicamente: Amazon, Del.icio.us e Flickr.

3 La progettazione, uno step fondamentale

L'efficienza di un database, il tempo necessario a costruirlo e la successiva facilità o meno di utilizzo dipendono principalmente dalla sua progettazione, ovvero dalla corretta individuazione delle finalità del DB e di ogni suo singolo elemento (in un DB relazionale, delle tabelle con appositi campi e relazioni, per esempio). A prescindere dall'applicativo (Access ecc.) e dal linguaggio utilizzati (SQL, XML ecc.), una buona progettazione può richiedere una quantità di tempo superiore a quella necessaria per lo sviluppo effettivo del database.

Come per le presentazioni e i fogli di calcolo, la pianificazione di una database può essere predisposta in cartaceo e poi trasferita in digitale: questa soluzione permette di avere una visione più immediata delle strutture e dei dati e di correggere eventuali errori senza compromettere un'architettura già predisposta.

Progettare, dunque, prevede diverse fasi.

- **Individuare la finalità principale del DB**: un database pensato per un'azienda è probabilmente molto diverso da quello usato da un negozio online come eBay, dalla biblioteca di una università o da un museo virtuale.

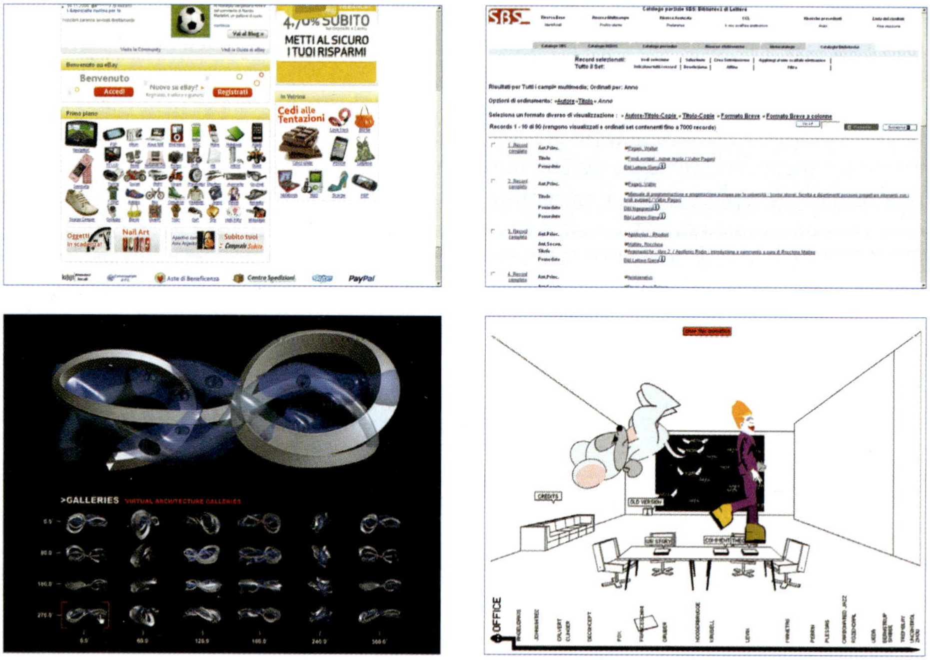

Figura 9.8 - Database con finalità diverse: eBay (http://www.ebay.it), il servizio bibliotecario dell'Università di Siena (http://www.unisi.it), la Guggenheim virtuale (http://www.asymptote.net/) e la Whitney Biennial 2002 (http://www.whitneybiennial.com/).

- **Conoscere gli utenti del back office e del front office**: un database ha sempre due facce: quella della struttura e quella della visualizzazione. La prima costituisce il *back office*, ovvero l'ambiente in cui vengono sviluppati i contenitori per organizzare i dati, le modalità di reperimento e di erogazione. Gli utenti di questo lato del software sono gli sviluppatori, ma soprattutto i gestori del database (il bibliotecario, il responsabile di magazzino o delle vendite ecc.). La modalità di inserimento dei dati e di creazione delle tabelle in un DB relazionale, per esempio, deve risultare univoca e ben definita per non generare incongruenze con l'architettura generale dei dati nel momento in cui operano utenti diversi.
  Il *front office* è il lato personalizzato del software, quello consultabile dall'utente di una biblioteca o di un listino. Generalmente l'aspetto di questo lato è reso *user-*

friendly dall'applicazione di maschere in grado di offrire un interfaccia diversa della nuda struttura tabellare. Particolare attenzione in fase di progettazione va rivolta alla varietà degli utenti finali (individui privati, aziende, professionisti, studenti, semplici cittadini) che normalmente cercano dati e informazioni diversi, possono utilizzare dispositivi personali per accedervi ed essere più o meno alfabetizzati dal punto di vista informatico. Se una base dati scientifica presuppone un utente che abbia certe abilità tecniche, un database di documenti forniti da un Comune al cittadino o l'acquisto di un biglietto ferroviario devono essere servizi raggiungibili anche da chi non possiede un computer o abbia mai avuto a che fare con tabelle e query.

- **Stabilire quali sono i dati da archiviare**: la progettazione di un database presuppone la conoscenza della mole e della tipologia dei dati che vi andranno inseriti: senza individuare le caratteristiche dei dati non è possibile costruire un DB. Nel gruppo più o meno grande di informazioni a disposizione, probabilmente solo alcune avranno un valore effettivo per diventare dei record: in questa fase di lavorazione è estremamente importante operare una selezione che elimini i dati non interessanti (per esempio, non dotati di attributi ripetitivi obsoleti), riducendo al minimo possibile la quantità di input nel sistema. Ogni dato selezionato corrisponde nel database a una tabella ed è unico.
- **Definire in modo rigoroso le categorie di appartenenza dei dati**: l'individuazione degli attributi di un dato permette di identificare le categorie a cui quel dato appartiene e indirettamente sapere quante e quali categorie è necessario creare. Senza conoscere gli attributi di un dato non è possibile definire i campi di una tabella. In questa fase è utile rappresentare graficamente ciascun dato con le sue proprietà, cercando di definire queste ultime in modo univoco laddove risultino comuni a dati diversi.
- **Individuare le relazioni tra le diverse categorie e i singoli dati**: la creazione delle relazioni in un database dipende dalla conoscenza dei dati che sono trasversali ai diversi oggetti, ovvero delle caratteristiche che li accomunano. Per individuarle può risultare utile descriverle in maniera discorsiva («Il signor Gates lavora nell'azienda Microsoft», «*Zero. Inchiesta sull'11 settembre* è stato pubblicato dalla casa editrice PM») oppure collegare graficamente gli attributi comuni a più dati (stessa azienda, stessa casa editrice ecc.). Normalmente il modello di rappresentazione utilizzato è quello noto come *Entità-Relazione* (ER, *Entity-Relationship*): i dati che formano la relazione devono essere univoci e prendono il nome di *chiavi* (primaria ed esterna).
  È utile capire in questa fase che tipo di relazione intercorrerà tra i dati: se uno a uno, uno a molti, molti a molti, perché questo permette di scegliere il modello di organizzazione dei dati più appropriato (e quindi un diverso tipo di DB) e il grado di complessità del database.
- **Decidere come vanno recuperati i dati**: vanno individuate le modalità di accesso più frequenti al database. Per esempio, è determinante sapere se il database è condiviso con altri utenti, per creare appositi account, e come ciascuno degli utenti accede al file, per determinarne i privilegi (se lo visualizza nella sua integrità, se può utilizzare tutte le funzioni ecc.).

- **Individuare le modalità di erogazione dei dati in uscita**: può essere utile capire in fase di progettazione in quali formati verranno resi disponibili i dati (solo visualizzazione, stampa, invio tramite mail ecc.). Questo permette di programmare appropriatamente i filtri, le maschere e le interfacce del sistema.

Una volta definite la finalità, gli utenti, i dati, le loro caratteristiche e relazioni, la loro modalità di recupero e di erogazione, si può passare allo sviluppo del database vero e proprio.

4 Creare un database relazionale

Programmi come Microsoft Access o FileMaker Pro sono DBMS pensati per un uso personale da parte dell'utente finale. Come conseguenza della scelta di non rivolgersi a programmatori o esperti, il software contiene sia gli strumenti per progettare, gestire e interrogare il database, sia quelli per costruire delle interfacce di accesso ai dati, formattarli per la presentazione ecc. Creare un database è un'operazione piuttosto delicata, sia in fase di strutturazione – un DB con una buona architettura funziona meglio –, sia in fase di compilazione, perché l'inserimento di grandi quantità di dati è un processo laborioso che non si può rischiare di vanificare a causa di un errore o di un problema del software. Per prevenire queste problematiche, in fase di creazione di un nuovo file, programmi come Access chiedono all'utente di salvare il documento su una memoria di massa. La scelta che strutture e dati non risiedano solo – sebbene temporaneamente – nella RAM permette infatti di non sovraccaricare eccessivamente la macchina, rendendo il database più performante e scongiurando il rischio di perdere dati.

Un'altra caratteristica rispetto ai programmi pensati per il classico pacchetto da ufficio risiede nella possibilità di operare sui due livelli della struttura e dell'interfaccia di visualizzazione. Sebbene i DBMS mettano a disposizione librerie di oggetti preconfezionati e procedure automatizzate per la creazione di tabelle, query, maschere ecc., l'utente è libero di creare gli oggetti e di personalizzarli come meglio ritiene per soddisfare le esigenze di architettura e consultazione individuate in fase di progettazione.

Programmi come Access 2007 o FileMaker Pro offrono comunque un approccio piuttosto intuitivo agli oggetti (fornendo una raccolta di moduli e maschere pronti all'uso) e non richiedono di generare un'applicazione *ex novo*, come è normale con i linguaggi di programmazione come Visual Basic. Gli strumenti che un utente può generare sono tabelle, query, maschere, report, pagine, macro e moduli. Ognuno di questi oggetti è ottenibile attraverso una procedura guidata e automatizzata, che permette di selezionare oggetti e stili dalle librerie del programma, pur consentendo una certa personalizzazione. I migliori database, tuttavia, sono quelli definiti attraverso oggetti creati in modalità manuale, situazione in cui lo sviluppatore è portato a riflettere sul significato e la funzionalità degli elementi scelti, piuttosto che a un meccanico clic sul pulsante "avanti".

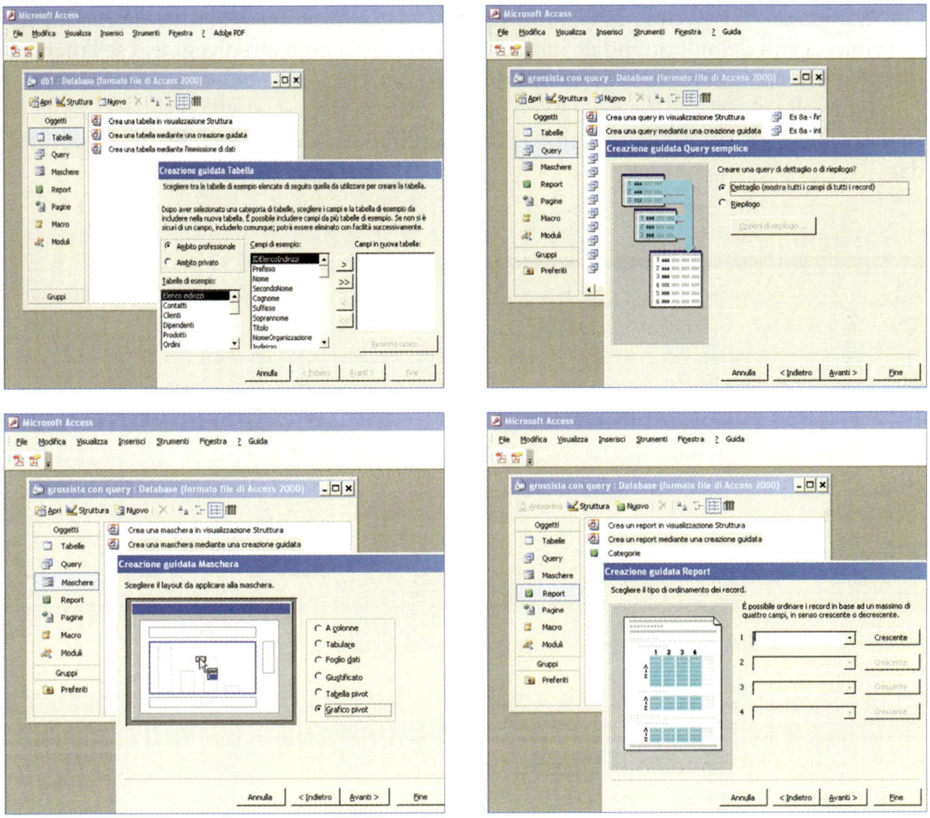

Figura 9.9 - Procedure automatizzate per la creazione di tabelle, query, maschere e report in Access 2003.

4.1 *Strutturare i dati: le tabelle*

In un database relazionale, ogni tabella rappresenta una sola tipologia di dato e contiene tutti i suoi attributi. Nella modalità struttura è possibile assegnare un'etichetta ai campi (le colonne), definirne la tipologia (testo, data, numero, chiave ecc.), il formato (numero di caratteri disponibili, uso di virgole e punti ecc.). Programmi come Microsoft Access 2007 rilevano automaticamente il tipo di dato inserito (data, valuta ecc.) e consentono anche l'inserimento di più di un valore nella stessa cella: questo permette di avere una maggiore simmetria tra gli archivi dati locali e quelli basati sul Web. Il solo campo obbligatorio in una tabella è quello della chiave primaria, con funzione di contatore: è questo infatti l'elemento che permette al database di riconoscere un record come unico e di applicare nella relazione con le altre tabelle il controllo di integrità referenziale (essendo i DBMS in grado di reperire più facilmente i dati se questi sono stati indicizzati). La chiave primaria è di default un indice, ma anche altri campi possono diventarlo se l'utente li ritiene particolarmente rilevanti ai fini della ricerca.

Ogni volta che si conclude il lavoro sulla struttura di una tabella o si passa dalla visualizzazione struttura alla visualizzazione dell'interfaccia, Access chiede di salvare i dati.

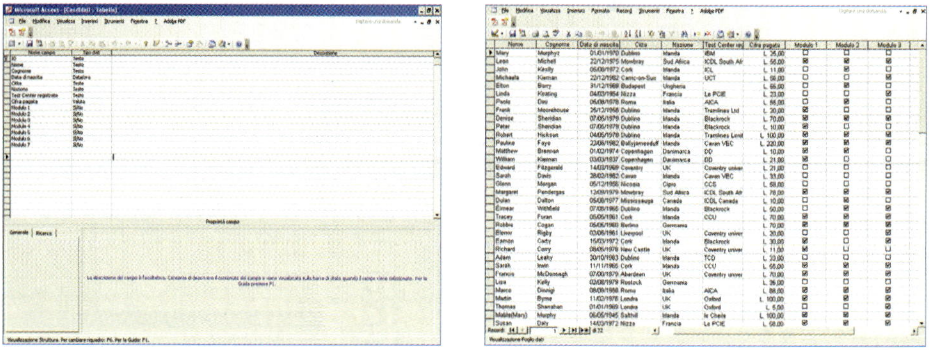

Figura 9.10 - Modalità struttura e visualizzazione nel modulo tabella.

Nella modalità di visualizzazione è possibile inserire i *record*, ovvero tutti i dati inseriti nel database, che rientrano nella categoria definita dal dato "padre" e hanno attributi simili a questo. I record possono essere ordinati (ordine alfabetico, data/ora, numeri ecc.) e sono tra di loro indipendenti per attributi e relazioni. Nel caso in cui un record venga rimosso, nessun altro prende il suo posto o eredita i suoi attributi: in questo modo si evitano associazioni improprie di dati.

Le tabelle sono l'elemento base per creare le relazioni in un database: perché questo possa avvenire, le due tabelle devono avere un campo in comune e un indice univoco come la chiave primaria (il collegamento avviene tra chiave primaria e chiave esterna) che ne permetta la comunicazione. Le relazioni possono essere di tre tipi (*Figura 9.11*):

- quando a un record di una tabella corrisponde un solo record dell'altra, si ha una relazione uno a uno;
- quando a un record di una tabella corrispondono molti record dell'altra, si ha una relazione uno a molti. È il modello di relazione più utilizzato;
- quando a un record di una tabella corrispondono molti record dell'altra, e viceversa, si ha una relazione molti a molti. Affinché questa relazione sia possibile è necessario che una terza tabella metta in comunicazione le altre due, supportando con ciascuna di esse una relazione uno a molti.

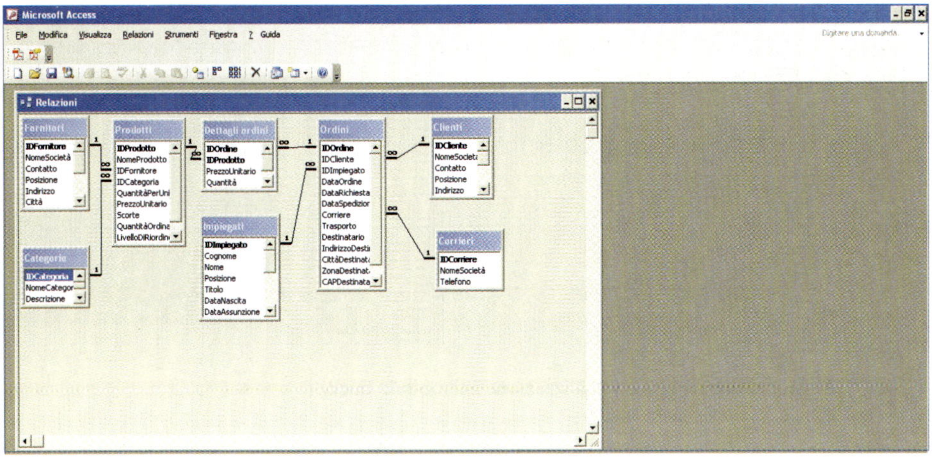

Figura 9.11 - Relazioni tra tabelle: uno a uno, uno a molti, molti a molti.

4.2 *Domandare in* SQL*: le query*

Per *query* non si intende soltanto una generica interrogazione a un database, ma un'istruzione in linguaggio SQL che può avere diversi effetti: una richiesta di risultati di dati, di azione su di essi o di entrambe le cose. Le query di selezione permettono di visualizzare dei set di dati in modo automatizzato, senza dover leggere integralmente i record contenuti nelle tabelle: i dati possono quindi essere filtrati, riepilogati, copiati da una tabella a un'altra o elaborati attraverso l'applicazione di formule e calcoli; quelle di comando servono per aggiungere, modificare o eliminare record; quelle di aggregazione per recuperare dati residenti in tabelle diverse e fornirli in un'unica soluzione a maschere e report; quelle di totalizzazione per raggruppare e riepilogare dei dati: le query di questo tipo possono arrivare anche a un grado di complessità piuttosto elevato, per esempio interessando campi incrociati per aggiungere livelli secondari di raggruppamento (nuovi campi con sub-totali, parziali ecc.).

Nei database relazionali le query vengono generalmente applicate a più tabelle collegate tra di loro: in questo caso, programmi come Microsoft Access 2007 utilizzano i *join* (disponibili *inner join*, *outer join*, *cross join* e *join diversi*),[7] ovvero delle regole che i dati devono soddisfare per essere inclusi nell'applicazione della query.

Anche per le query, come per le tabelle, le modalità operative sono due: il livello struttura e quello di visualizzazione e il sistema richiede il progressivo salvataggio degli elementi una volta terminata la composizione (*Figura 9.12*).

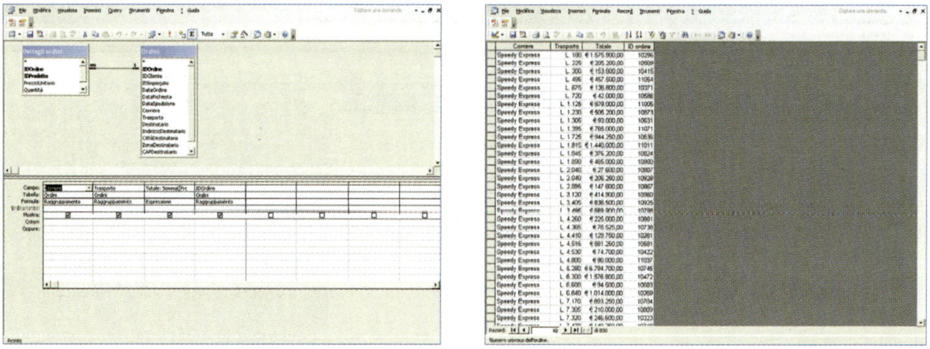

Figura 9.12 - Modalità struttura e visualizzazione nel modulo query.

4.3 Un output facile da usare: maschere e report

Le maschere consentono di costruire un'interfaccia di accesso ai dati e di personalizzarla con grafica, pulsanti, menu a discesa e altri oggetti tipici dei sistemi a finestre. La maschera non influenza direttamente un database, ma condiziona fortemente il modo in cui un utente interagisce con esso. Un ambiente piacevole, dotato di campi e funzionalità intuitive, può permettere un migliore reperimento dei dati. Una maschera può includere al suo interno altre maschere, in maniera nidificata: una soluzione interessante per visualizzare i dati di tabelle o query caratterizzate da una relazione uno-a-molti. Come le query, anche le maschere consentono una certa manipolazione dei dati (per esempio, la possibilità di ordinarli o proteggerli) e la possibilità di inserire file esterni (per esempio, immagini).

In modalità struttura, la maschera permette di definire proprietà, modificare le dimensioni e le posizioni degli elementi che contiene, inserire intestazioni, colori, elementi

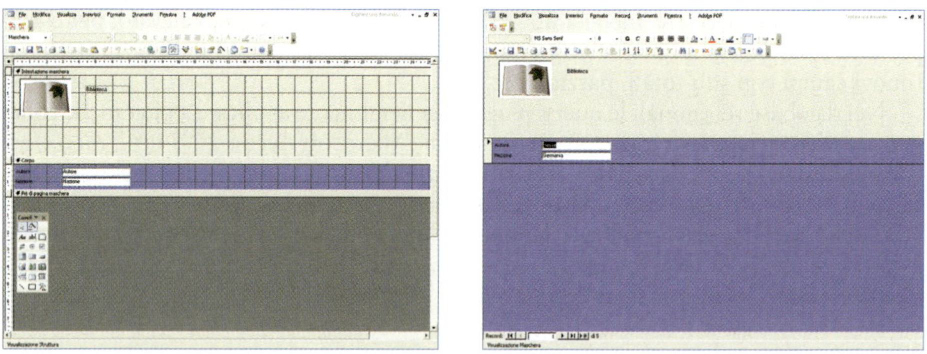

Figura 9.13 - Modalità struttura e visualizzazione nel modulo maschere.

interattivi (per esempio i pulsanti) e layout utili alla creazione dell'interfaccia di un DB. Anche i report permettono di selezionare, organizzare ed elaborare i dati presenti nelle tabelle e nelle query con la finalità di stampare su carta una serie selezionata di informazioni in un formato facilmente consultabile. Come per i programmi di calcolo o di presentazione, anche per i DBMS la personalizzazione grafica non ha uno scopo meramente estetico, ma deve essere calibrata sull'obiettivo del documento. Gli elementi di formattazione forniti in modalità struttura report sono simili a quelli di un editor di testo (intestazione, titolo, corpo, piè di pagina ecc.), ma sono affiancati da funzionalità più avanzate come quella di reperire dati da query e tabelle diverse, quella di impostare delle caselle per il calcolo (il risultato appare in una casella di testo), oltre che quella di stampare.

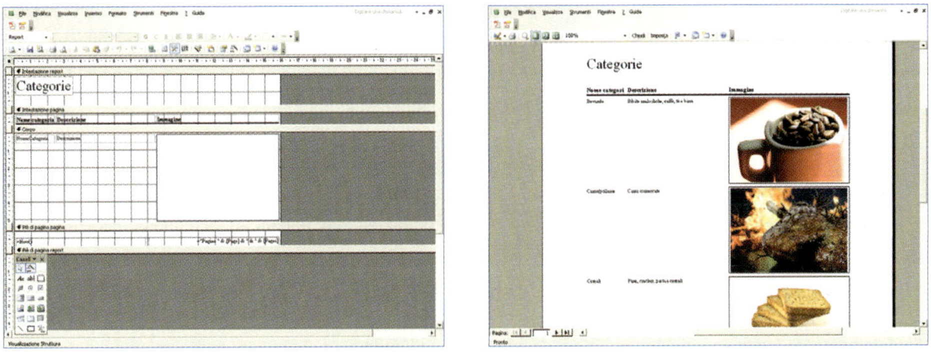

Figura 9.14 - Modalità struttura e visualizzazione nel modulo report.

Programmi come Access permettono di automatizzare le attività che avvengono con una frequenza alta (l'apertura di una maschera, la stampa di un report ecc.) attraverso l'uso di macro, ossia di istruzioni autonome che eseguono dei comandi prestabiliti, anche in modo combinato. In casi particolarmente complessi, le macro possono essere utilizzate anche in gruppo ed essere predisposte per attivarsi solo in determinate situazioni, quindi dopo che un operatore ha verificato le condizioni (vero/falso).

L'uso dei moduli è un altro modo per interagire con il codice Visual Basic,[8] regolandone il comportamento attraverso dichiarazioni, istruzioni e routine memorizzate. I moduli di classe, per esempio, possono venire associati a maschere o a report per attivare determinate funzionalità in seguito a un certo evento (la pressione di un pulsante, l'inserimento di un dato ecc.). La disponibilità dell'oggetto "pagine" segna invece, a partire dalla versione Access 2000, un avvicinamento sempre più deciso di Microsoft alla Rete anche in fatto di database. Le pagine, infatti, consentono l'accesso ai dati, la loro modica, visualizzazione e analisi come vere e proprie pagine web. La versione 2007 del programma ha introdotto la possibilità di integrazione dei dati con siti di SharePoint, nei quali è possibile condividere, gestire e aggiornare i dati in modalità collettiva, continuando a utilizzare in ambiente web gli strumenti e gli oggetti forniti da Access.

5 Un database grande come il Web

Il Web può essere considerato un enorme database e non è un caso se, quando utilizziamo un motore di ricerca per reperire un'informazione, diciamo che stiamo formulando una query. Infatti, i motori di ricerca come Google scandagliano il Web, catalogano le onformazioni secondo precisi criteri e le organizzano in database consultabili atraverso il campo "cerca/search". Per poter "interrogare la Rete" è necessario che dei DBMS rendano effettiva la nostra richiesta e restituiscano i risultati individuati.

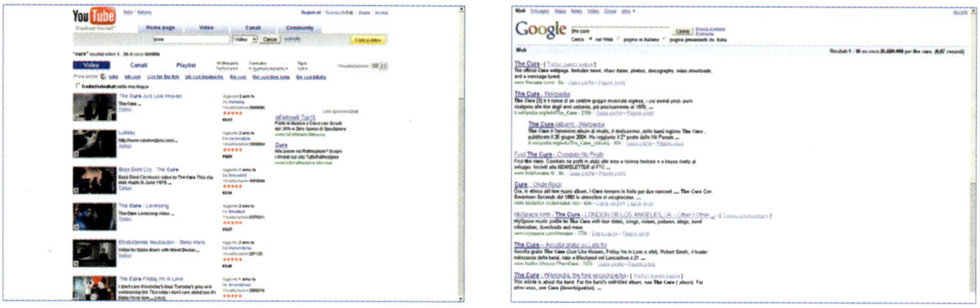

Figura 9.15 - I risultati forniti per la ricerca della parola chiave "The Cure" in un database video (YouTube) e in un database web (Google).

Sebbene Access sia oggi uno dei database a uso personale più diffuso, i database professionali, privati o aziendali, ma anche virtuali come quello di SecondLife,[9] adottano altri DBMS, preferibilmente *open source* come MySQL o Oracle. La progettazione di questi database è molto più complessa di quella prevista da Access o da FileMaker e presuppone un buon livello di alfabetizzazione informatica.

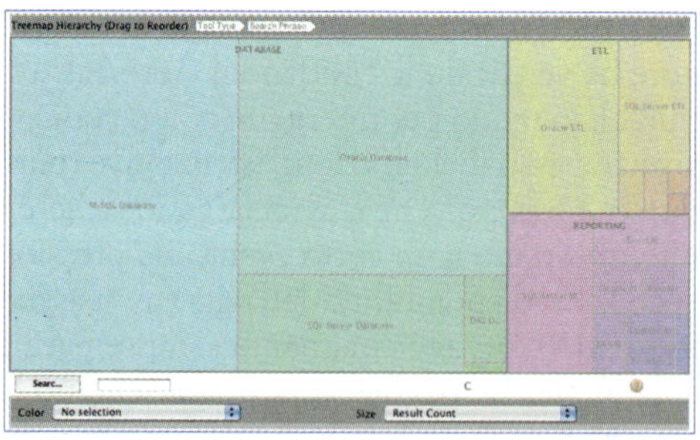

Figura 9.16 - Rappresentazione grafica della popolarità dei server di housing (con relativo database) in base ai risultati forniti da Google.
Fonte: http://manyeyes.alphaworks.ibm.com/manyeyes/visualizations/data-warehousing-tools-popularity-ba

Il database MySQL è formato da un certo numero di programmi, uno dei quali è un vero e proprio server (MYSQLD), ed è pensato per la distribuzione multipiattaforma (Windows, GNU/Linux, Unix, Solaris ecc.). L'interfaccia con l'utente è a caratteri, quindi tutti i programmi MySQL si lanciano in linea di comando, digitando il nome del programma seguito da eventuali opzioni e argomenti (per esempio, l'inserimento dei dati in una tabella avviene tramite l'istruzione INSERT, mentre il comando SELECT permette di recuperare i dati memorizzati). MySQL svolge il compito di DBMS sulla piattaforma LAMP (Linux-Apache-MySQL-PHP), una delle più usate e installate su Internet per lo sviluppo di siti e applicazioni web dinamiche. Usano un server LAMP anche servizi come Wikipedia.

Figura 9.17 - Wikipedia utilizza la piattaforma LAMP.
Fonte: http://it.wikipedia.org/wiki/Wikipedia

Il linguaggio SQL di MySQL comprende numerose estensioni utilizzate normalmente da altri DBMS come PostgreSQL, Oracle e Sybase, permettendo il funzionamento anche di query scritte per database diversi. MySQL utilizza tipologie di tabelle diverse, con potenzialità molto più avanzate di quelle di Access, tanto da essere considerate dei veri e propri motori di archiviazione (*storage engine*) dei dati. I motori possono essere *transitional* o *no-transitional*: i primi sono più affidabili e permettono di recuperare i dati in caso di problematiche hardware o software, oltre che di effettuare più di una modifica contemporaneamente nel sistema. I secondi sono più veloci e impiegano minor quantità di memoria, ma le modifiche diventano funzionali solo nel momento in cui vengono eseguite. MySQL contempla anche la possibilità di utilizzo ibrido dei due tipi di motori.

Per l'interrogazione dei dati il DBMS utilizza i *join* – come Access – e dalla versione 4.1 è in grado di formulare sia query sia *subquery*, ovvero una SELECT all'interno di un'altra istruzione, anche su più livelli di profondità. Operatori – come quelli aritmetici (+, –, *, /, % ecc.), di confronto (>, <, =, <> ecc.), logici (AND, OR, NOT ecc.) – e diverse funzioni – di controllo, di aggregazione, matematiche, sulle stringhe, per la crittazione – vengono utilizzati dalle istruzioni SQL. In fase di salvataggio dei dati, è disponibile il formato .csv, per rendere compatibili le tabelle con applicazioni come i fogli di calcolo. Oracle viene generalmente considerato un DBMS ad alta affidabilità, sia per la sicurezza garantita ai dati, sia per la potenza dell'architettura su cui si basa. Il motore può funzionare su multi-piattaforma (Windows, Linux, HP, Solaris, IBM ecc.). Come per MySQL, anche Oracle è un *application server* che gestisce due strutture piuttosto complesse: il database, ossia i file che contengono dati archiviati (tabelle, indici ecc.), e l'istanza, cioè le aree di memoria e tutti i processi di background utili ad accedere ai dati. Ogni parte ha un funzionamento specifico e contiene istruzioni diverse dalle altre: a causa di questo, ogni DB, per poter funzionare, deve necessariamente essere collegato almeno a un'istanza. I comandi SQL, così come le informazioni del dizionario dei dati, sono contenuti nelle aree di memoria del server Oracle.

Ogni utente ha il suo spazio e all'interno di quello "possiede degli oggetti" come le tabelle, gli indici ecc.: nessun altro utente può vederli e manipolarli, a meno che non sia il proprietario ad autorizzarne un condivisione di qualche tipo. Nella fase di connessione, il servizio di rete aiuta il client a individuare un listener, un processo di controllo in costante esecuzione: è quest'ultimo, dopo aver identificato la password del client, ad attivare un nuovo processo server (connessione a server dedicato o condiviso), predisposto per soddisfarne le richieste. Per estrarre i dati, Oracle utilizza query in SQL che

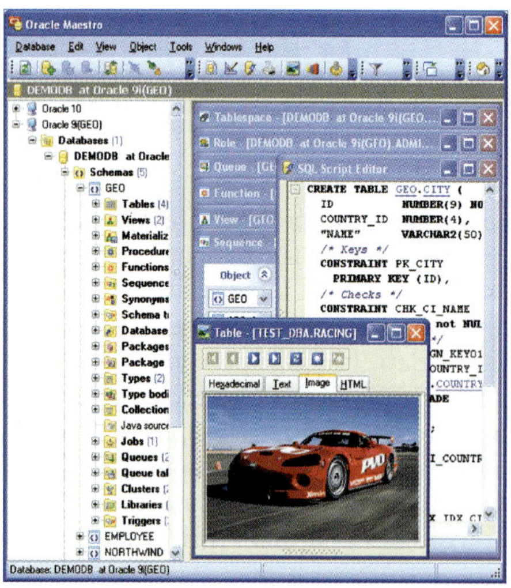

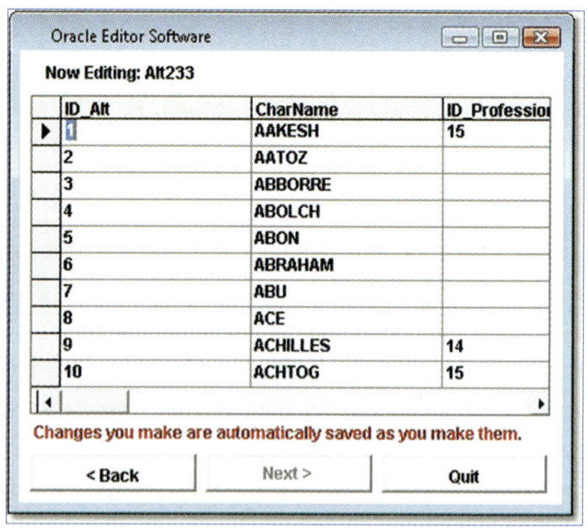

Figura 9.18 - Oracle Maestro, interfaccia e tabella.
Fonte: http://www.filebuzz.com/files/Erd_Oracle_Tool

iniziano sempre con SELECT e usano operatori logici e di paragone. I dati invece sono memorizzati in tabelle, secondo lo schema definito da chi le ha progettate: come in Access ogni colonna rappresenta un attributo del record e la tabella è univoca per nome all'interno di un determinato profilo utente. Sulle tabelle è possibile effettuare modifiche e definire delle transizioni attraverso appositi comandi. I dati vengono inseriti utilizzando il *Data Manipulation Language* (DML), una derivazione di SQL che contiene comandi come SELECT (per interrogare le tabelle e le viste di un database), INSERT (per aggiungere nuove righe in una tabella), UPDATE (per modificare righe già esistenti in una tabella), DELETE per cancellare righe esistenti. Le query di Oracle possono eseguire *join* tra tabelle diverse, e un'interrogazione all'interno di altre interrogazioni (query nidificate, in una gerarchia padri-figli nella quale vengono eseguiti prima i figli e poi i padri, a ritroso). Le viste sono oggetti simili alle maschere e consentono di visualizzare o interagire solo con una selezione di dati, mentre le sequenze sono meccanismi paragonabili concettualmente ai contatori di Access. Grandi aziende, come Vodafone, utilizzano Oracle per il loro database clienti.

Note

1 In aggiunta, molti DBMS supportano le API (*Application Program Interface*) dell'Open Database Connectivity (ODBC) o Java Database Connectivity (JDBC, lo standard per Java), che forniscono ai programmatori strumenti standardizzati per l'accesso ai database.

2 Questo avviene disaccoppiando il modello dei dati visto dalle applicazioni dalla rappresentazione fisica degli stessi dati sul disco.

3 Un database si dice *persistente* se i dati che contiene hanno una vita più lunga di quella delle applicazioni che li usano, ovvero quei dati continuano a esistere e a essere reperibili (anche da un programma diverso) dopo che il programma che li ha creati è stato terminato. Generalmente questo tipo di DB risiede su file.

4 *Vedi:* http://it.wikipedia.org/wiki/12_regole_di_Codd

5 Su piccola scala, invece, sembra che i sistemi che si basano sulla strategia che preferisce la struttura siano più efficienti (Mazocchi 2003).

6 Helbing e i suoi colleghi hanno studiato in modo particolare gli spostamenti di migliaia di automobili sulle strade, il funzionamento delle macchine nelle fabbriche, il flusso di grandi quantità di persone. Nelle loro analisi spaziano tra fisica e sociologia per individuare dinamiche collettive e proporre soluzioni flessibili, in grado di regolarsi autonomamente, in modalità reticolare, non centralizzate. Un esempio sono i "semafori intelligenti", capaci di adattare il loro comportamento alla situazione del momento e quindi di ridurre le lunghe code di auto, i tempi di attesa in ore "morte" come quelle notturne, i ritardi e lo spreco di carburante.

7 *Vedi:* http://office.microsoft.com/it-it/access/HA100963201040.aspx e http://office.microsoft.com/it-it/access/CH100645771040.aspx

8 Visual Basic è uno dei linguaggi di programmazione più diffusi e noto per la sua semplicità d'uso e la praticità d'accesso alle basi dati.

9 *Vedi:* http://wiki.secondlife.com/wiki/Server_architecture

10. Anatomia di un personal computer

1 Plastica, metallo e vetro

Quando si parla di hardware, "parti dure o rigide" del computer, si intende qualsiasi parte meccanica, magnetica, ottica ed elettronica che funziona da componente della macchina e delle sue periferiche: il monitor, il disco fisso, la tastiera, la RAM, il lettore CD, il masterizzatore DVD, il mouse rientrano in questa grande categoria. I tipi di computer – e quindi di hardware – disponibili sul mercato sono molti e molto diversi tra loro per dotazioni e funzionalità: dai più potenti, prodotti in pochissimi esemplari (*supercomputer*, *mainframe* ecc.) alle grandi macchine dedicate all'elaborazione centralizzata (*server*), dai calcolatori per uso personale (*desktop* e *notebook*) a quelli ottimizzati per l'uso in rete (*palmtop* e cellulari di ultima generazione), fino ai terminali "stupidi", pensati per sfruttare risorse remote.[1] Sebbene gli elaboratori possano differire per dimensione, potenza e finalità, le funzioni generali sono comuni: ricevere dati e istruzioni (*input*), elaborarle (*processing*), produrre un risultato (*output*). In questo meccanismo, l'hardware è «la parte che si può prendere a calci; il software quella contro cui si può solo imprecare».

Figura 10.1 - Componenti hardware.

2 Volevo un portatile e mi hanno dato un frullatore

Conoscere l'hardware significa due cose:

1. superare il timore di aprire il *case*[2] di un computer e quindi saper risolvere eventuali semplici problematiche o installare nuove componenti senza l'ausilio di un oneroso tecnico;
2. essere consapevoli di che cosa si sta acquistando nel momento in cui il rivenditore di informatica propone l'offerta del momento.

Lo studio dell'anatomia del computer permette dunque di decifrare la carta di identità di un PC o un Mac, in situazioni come queste:[3]

Technology	Tipo: Tecnologia Intel® Centrino® Duo con Processore Intel® Core™2 Duo Ultra Low Voltage U7700, Intel® Wireless Wi-Fi™ Link 4965AGN network connection e Intel® 945GMS Express chipset Velocità del clock: 1.33 GHz Front side bus: 533 MHz Cache di 2' livello: 2 MB
Sistema operativo	Windows Vista® Business Autentico con Windows® XP Professional recovery DVD
Memoria di sistema	Standard: 2,048 (1,024 onboard + 1,024) MB Espandibile fino a: 2,048 MB Tecnologia: DDR2 ram (667 MHz)
Hard disk	Capacità: 160 GB Certificazione: S.M.A.R.T.
Display	Ampiezza schermo: 12.1" Tipo: WXGA Transflective TFT display con tecnologia LED backlight Risoluzione: 1,280 × 800
Adattatore grafico	Produttore: Intel® Tipo: Intel® GMA 950 Memoria totale: fino a 256 MB di memoria grafica totale con 2 GB di memoria di sistema Tipo di memoria: condivisa
Risoluzione video interna	
Massima risoluzione video esterna	Risoluzione massima: 1,920 × 1,440 Refresh rate massimo: 100 Hz Risoluzione non interlacciata con il massimo refresh rate: 1,280 × 1,024
Interfacce	1 × DC-in 1 × Monitor esterno 1 × Connettore Expansion bus 1 × RJ-45

(*segue*) Interfacce	1 × i.LINK® (IEEE 1394) 1 × Slot per SD Card 1 × Microfono esterno 1 × cuffie (stereo) 3 (sinistra 2, destra 1) × USB 2.0
Espansioni	1 × slot di memoria 1 Slot × PC Card Tipo II, Tipo: connessione a Slim Port Replicator II (opzionale) Numero dei tipi di espansione: 1
Comunicazione Wireless	Tecnologia Wireless: Bluetooth™ Certificato: Wi-Fi™ Supporto Network: 802.11a/b/g/Draft-n Tecnologia Wireless: Wireless LAN (802.11a/b/g/Draft-n)
Comunicazione	Tipologia: Ethernet LAN Velocità: 1000 BASE-T
Sistema audio	Formato audio supportato: 24-bit stereo Altoparlanti: altoparlanti stereo integrati
Tastiera	Tasti: 86 Tasti Windows: 2 Caratteristiche speciali: tastiera resistente al versamento di liquidi
Sistema di puntamento	Tipo: Touch Pad Interfaccia: PS/2
Batteria	Tecnologia: ioni di litio Autonomia massima: attualmente non sono disponibili benchmark ufficiali relativi alla durata della batteria con Vista®
Alimentatore	Tensione in entrata: adattatore AC (100/240 V) per utilizzo in tutto il mondo Dimensioni l × p × h: 283 × 2158 × 19.5 (front) / 25.5 (rear) mm Peso: a partire da 0.979 kg
Garanzia	1 anno internazionale carry in, con servizio di Pick Up & Return nazionale *Importante:* Fatti salvi i diritti del consumatore previsti dal D.Lgs. n. 206/2005, la garanzia convenzionale del Produttore TOSHIBA è annuale
Certificazione	Questo prodotto è conforme ai requisiti delle direttive europee applicabili per i marchi CE.

3 Esame dettagliato delle componenti

Un computer è un assemblato di componenti diverse, alcune delle quali assolutamente fondamentali per il suo funzionamento, altre atte a potenziarne la performance, il risparmio energetico e l'utilizzo in multi-utenza. Gli elementi costitutivi si possono trovare sia all'esterno del computer (per esempio le periferiche di I/O o le porte) sia all'interno (per esempio il processore o la RAM). La visione esteriore della macchina consente, quindi, di individuare solo alcune caratteristiche della macchina e non necessariamente quelle fondamentali. Per avere una percezione completa del funzionamento di un PC o poter operare un'eventuale riparazione o aggiunta di parti è necessaria, quindi, l'apertura del *case* o degli alloggiamenti interni.

3.1 *La pelle e gli orifizi*

Guardando un computer dall'esterno, sia esso la tower di un PC o il sistema integrato di un Mac o di un notebook, è possibile individuare alcune potenzialità della macchina. Tali funzionalità non sono veicolate al materiale, alla forma o alle dimensioni del *case*, se non per un motivo meramente fisico. Tanto più piccolo è il computer, tanto minore è il numero degli alloggiamenti previsti per le componenti, minore è il numero delle porte (interfacce) e più esiguo è lo spazio che consente il dissipamento del calore prodotto dalle componenti e quindi il buon funzionamento.

Figura 10.2 - Spazi e organizzazione delle componenti all'interno del *case*.

I lati interessanti di un case sono due: quello anteriore e quello posteriore. Gli utenti hanno generalmente maggior confidenza con il primo, nel quale risiedono i pulsanti di accensione e quello di reset, i cassetti di accesso a sistemi di lettura e scrittura floppy,[4] CD e DVD, i led verde e rosso di funzionamento e salvataggio in corso, alcune porte USB, a volte le interfacce per cuffia e microfono e quelle per flash cards o memory cards.

Nel lato posteriore invece sono collocati gli accessi elettrici, di rete (Ethernet), la maggior parte delle porte (seriali,[5] ATA,[6] PS2,[7] altre USB,[8] parallele,[9] video,[10] audio[11]), le

Figura 10.3 - Tipologia di porte (interfacce) PC e Mac.

bocchette per la ventola di raffreddamento. Le porte sono in diretto collegamento con le componenti interne alla macchina e corrispondono a una precisa architettura hardware, atta a ottimizzarne le prestazioni e a ridurne lo spazio di ingombro.

Nonostante l'utilizzo delle parti esterne della macchina sia un'operazione di routine, è utile specificare alcuni dettagli che possono garantire una vita più lunga al computer e alle sue componenti.

- Il tasto di accensione è, come dice la parola, un tasto di *accensione*: usare il medesimo comando per spegnere un computer è una soluzione non appropriata. In fase di accensione, infatti, il sistema operativo è ancora quiescente e la pressione sul pulsante attiva il passaggio di corrente, interessando l'hardware per primo. In fase di spegnimento, invece, i processi sono attivi, il sistema operativo è caricato nella RAM e disponibile all'utilizzo, il disco fisso è in attività. La procedura corretta richiede lo spegnimento del software prima di quello dell'hardware, in modo da non lasciare processi attivi o documenti non salvati: è buona prassi pertanto spegnere il computer attraverso l'apposito comando fornito nel menu di avvio o di gestione.
- La ventola o le ventole di raffreddamento sono meccanismi indispensabili per il controllo della temperatura delle componenti interne. Il processore e i dischi, infatti, producono un notevole surriscaldamento della macchina e, senza un apposito sistema di compensazione, si danneggerebbero rapidamente. Tanto più potente è il computer, tanto più numerosi sono i sistemi di raffreddamento (non solo ventole, ma anche dissipatori di calore). Generalmente i notebook generano una temperatura più alta rispetto ai desktop a causa delle dimensioni ridotte. La rottura della ventola o un suo malfunzionamento dovuto a occlusione delle bocchette per presenza di polvere può comportare seri danni al computer. È pertanto sconsigliabile adagiare l'elaboratore su supporti che non lascino passare aria, come cuscini o coperte, e trascurare una pulizia periodica tramite apposite bombolette di aria compressa.
- I led verdi e rossi presenti sul lato anteriore del *case* indicano informazioni diverse: il primo segnala che un dispositivo è acceso, mentre il secondo che un processo – per esempio il salvataggio dei dati – è in corso. Rimuovere dall'alloggiamento dischi o memorie in presenza del led rosso può comportare danni al supporto (soprattutto se magnetico) o perdita dei dati.
- Il tasto *reset* ha lo scopo di chiudere tutti i processi attivi in caso di stallo della macchina, generalmente dopo che uno dei programmi è andato in crash. Questo tasto

è preferibile al riavvio forzato del computer, che di fatto spegne improvvisamente l'hardware per interrompere un problema che di solito è di natura software.

- Il riavvio forzato (o *hard reboot*), cioè la pressione del tasto di avvio per un tempo superiore a 3 secondi al fine di spegnere completamente il computer, è una procedura di emergenza nel caso in cui nemmeno il *task manager*[12] o il tasto di *reset* siano in grado di sbloccare la macchina. L'uso troppo frequente di questa soluzione può arrecare danni al computer e determinare la perdita dei dati non salvati.

3.2 *Il cuore e il cervello*

Al contrario delle prime macchine calcolatrici, dotate di "semplici" ingranaggi e molle per risolvere un numero limitato di problemi, il computer odierno – o "cervello elettronico", come veniva definito negli anni settanta – è dotato di componenti sofisticate e minute che permettono di elaborare un numero pressoché infinito di problemi attraverso l'inserimento dei dati, il loro trattamento e la successiva produzione di risultati.

Il cervello del PC, la *Central Processing Unit* (CPU) è il processore, l'unità centrale di elaborazione. L'ingombro dell'elemento più importante di un computer è quello di un chip (pochi centimetri quadrati) o di un chipset, se i processori sono più di uno. La CPU risiede in un apposito *socket* ("zoccolo") della scheda madre che ne determina anche la tipologia. Il processore è incaricato di leggere le istruzioni e i dati dalla memoria e di eseguire le istruzioni ricevute da un programma.

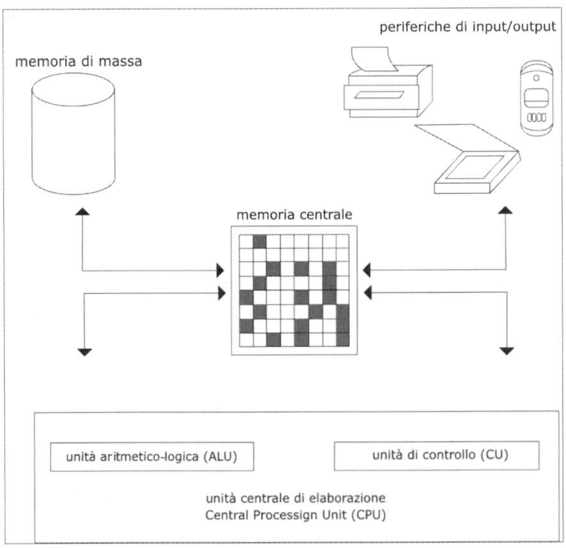

Figura 10.4 - Una CPU organizzata con l'architettura di von Neumann.

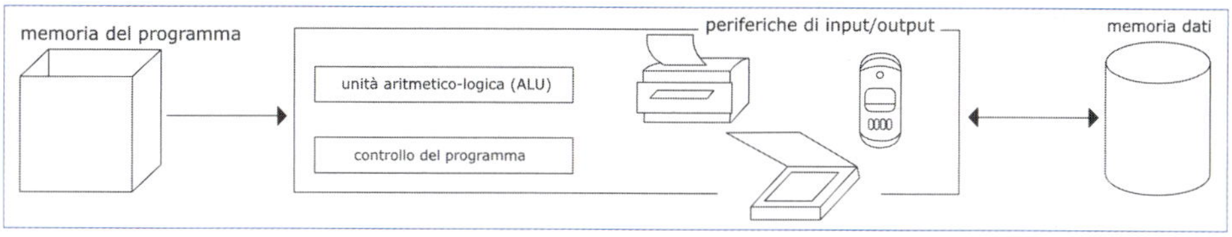

Figura 10.5 - Una CPU organizzata con l'architettura di Harvard.

La CPU può funzionare ancora oggi secondo l'architettura progettata da Von Neumann negli anni cinquanta, una soluzione particolarmente semplice e flessibile: in questo caso i dati e le istruzioni risiedono in un'unica memoria. In alternativa, può usufruire dell'architettura di Harvard, in cui dati e istruzioni risiedono in due memorie separate che lavorano in parallelo. Questa architettura risulta molto efficace ma più difficile da gestire.

Le prestazioni della CPU si valutano in base alla sua velocità in MHz (milioni di cicli per secondo) o GHz (miliardi di cicli per secondo), ovvero al numero di operazioni che è in grado di svolgere in un secondo. Nei computer moderni si tratta di milioni di operazioni in un secondo (MIPS), una velocità molto superiore a quella del *clock*[13] principale.

A seconda di alcuni parametri (tipo di CPU, stato della CPU,[14] tipo di istruzione, tipo di dato), il risultato in uscita può essere variabile. La CPU è composta da alcune parti fondamentali.

Arithmetic Logic Unit (ALU). È incaricata di risolvere le operazioni logiche e aritmetiche, di elaborare quindi i dati provenienti dalla memoria eseguendo le richieste dell'unità di controllo. La ALU esegue indifferentemente operazioni matematiche (+ – * /), operazioni logiche (AND, OR, NOT) e operazioni di confronto (< > = <>).

Per capire come un computer possa "calcolare" delle particelle logiche è utile esaminare alcuni esempi tratti dalla logica.

AND

Se si afferma: «Oggi è mercoledì e piove!» ed è effettivamente un mercoledì di pioggia, entrambe le proposizioni risultano vere. Se oggi invece è un altro giorno o se c'è un sole splendente, la prima o la seconda affermazione risulta invece falsa. Se è venerdì e c'è la nebbia, entrambe risultano non veritiere. Se al "vero" e "falso" si sostituiscono i valori "1" e "0", la situazione che si ottiene è di questo tipo:

Oggi è mercoledì e piove!				
Oggi è mercoledì e piove	Oggi è mercoledì	e	piove	VERO
	1	AND	1	1
Oggi è venerdì e piove	Oggi è mercoledì	e	piove	FALSO
	0	AND	1	0

Oggi è mercoledì e c'è il sole	Oggi è mercoledì	e	piove	FALSO
	1	**AND**	0	0
Oggi è giovedì ed è nebbioso	Oggi è mercoledì	e	piove	FALSO
	0	**AND**	0	0

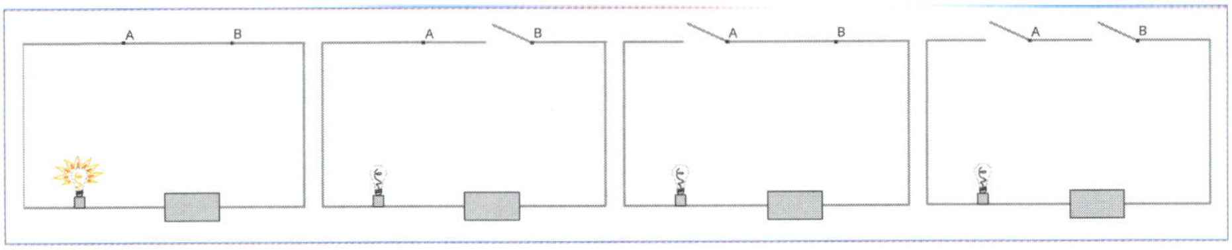

Figura 10.6 - Esempio e rappresentazione di calcolo con l'operatore logico AND.

OR

Se dal giardino si avverte un forte rumore di vetri infranti, può sovvenire di aver lasciato un vassoio con bicchieri e bottiglie sopra al tavolo, e un'esclamazione del tipo: «Il gatto deve aver fatto cadere i bicchieri o la bottiglia… Ho sentito rumore di vetri rotti!». Se una volta verificato si scopre che i bicchieri sono caduti ma la bottiglia è ancora integra sul tavolo, la frase resta verificata perché il rumore di vetri era reale. Anche se la bottiglia è rotolata al suolo mentre i bicchieri sono ancora in bella vista la frase è verificata. Se tutto il vassoio è stato colpito dal balzo del gatto e il servizio è ormai da ricomprare, l'affermazione è ancora una volta corretta. L'unico caso in cui la supposizione risulta errata è data da bicchieri e bottiglia ancora integri. In quel caso, il rumore di vetri infranti proveniva da altra fonte. Ci si trova quindi in una situazione del tipo:

Il gatto deve aver fatto cadere i bicchieri o la bottiglia… Ho sentito rumore di vetri rotti!				
Vedo che bicchieri sono rotti, ma la bottiglia è integra	Il gatto deve aver fatto cadere i bicchieri	o	la bottiglia	VERO
	1	**OR**	0	1
Vedo che la bottiglia è rotta, ma i bicchieri sono ancora interi	Il gatto deve aver fatto cadere i bicchieri	o	la bottiglia	VERO
	0	**OR**	1	1
Vedo che bicchieri e bottiglia sono in frantumi	Il gatto deve aver fatto cadere i bicchieri	o	la bottiglia	VERO
	1	**OR**	1	1
Vedo che bicchieri e bottiglia sono ancora integri	Il gatto deve aver fatto cadere i bicchieri	o	la bottiglia	FALSO
	0	**OR**	0	0

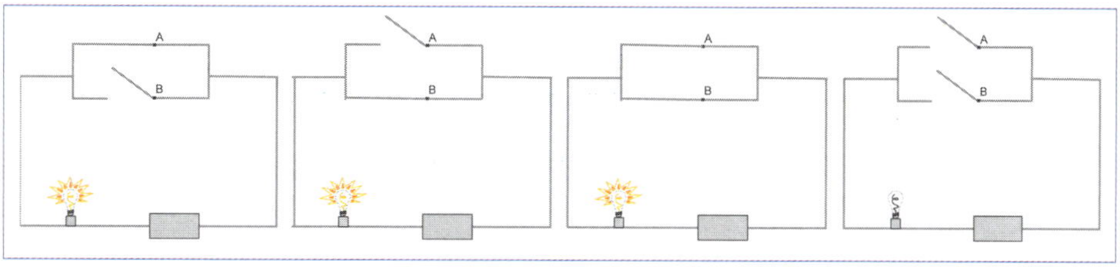

Figura 10.7 - Esempio e rappresentazione di calcolo con l'operatore logico OR.

NOT

Uscendo per la spesa si può aver preso l'ombrello con sé... e dire: «Oggi non piove!». Il NOT verifica il suo opposto. Dire che non piove, infatti, significa che c'è il sole o qualsiasi altro stato diverso dalla pioggia. Viceversa, affermare che non c'è il sole presuppone uno stato di cattivo tempo. Ci si trova quindi nella situazione:

Oggi non piove!			
Oggi c'è il sole	Oggi piove		VERO
	0	**NOT**	1
Oggi piove	Oggi piove		FALSO
	1	**NOT**	0

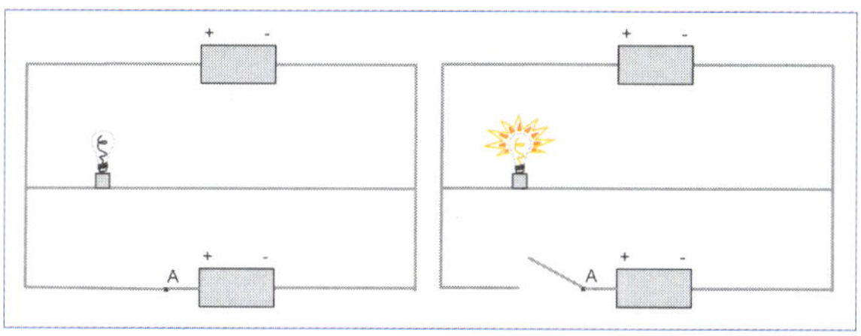

Figura 10.8 - Esempio e rappresentazione di calcolo con l'operatore logico NOT.

Se ipotizziamo che le affermazioni esaminate vengano convertite in binario, assumendo la forma di lunghe stringhe di 0 (falso) e 1 (vero), è abbastanza facile capire come le singole operazioni logiche conducano a risultati diversi:

10010110 AND 01011100 = 00010100

10010110 OR 01011100 = 11011110

10010110 NOT = 01101001

Gli operatori booleani eseguiti dalla ALU sono gli stessi che vengono usati dai motori di ricerca per rendere più efficace la selezione dei risultati, assieme ad altri operatori come NEAR, ADJ, FAR, BEFORE pensati per raffinare la ricerca.

Control Unit (CU). È un sistema in grado di recuperare dalla memoria le istruzioni da eseguire, applicarle ai dati e salvare il risultato nella memoria stessa o in un registro.

Registri. Si tratta di porzioni di memoria interne alla CPU, caratterizzate da alta velocità di azione. Lo stato dei registri condiziona lo stato della CPU. Due registri standard sono l'*Istruction Pointer* (IP)[15] o *Program Counter* (PC) che identifica l'indirizzo in memoria della prossima istruzione da eseguire e il registro dei flag,[16] progettato per definire – attraverso semplici bit – lo stato della CPU rispetto al risultato delle ultime operazioni eseguite.

Bus interni. Collegano le componenti della CPU e aiutano la sincronizzazione dei processi con il resto del sistema. Alla CPU arrivano anche bus esterni incaricati di portare le istruzioni derivanti dal reset, dalle linee di IRQ e dal clock.

Sistema di distribuzione del segnale di clock alle varie componenti e sottocomponenti, per consentirne il funzionamento sincronizzato. La struttura che permette questa comunicazione è piuttosto complessa e impiega un terzo dei transistor disponibili nel computer.[17] Più veloce è la comunicazione tra le componenti, più performante risulta la CPU.[18]

Nei moderni computer la CPU è affiancata da un insieme di microchip accessori (coprocessori), detti *chipset* e adibiti a specifiche funzioni, quali la gestione delle operazioni di input-output, della tastiera, delle porte USB, dei dischi fissi ecc. Inoltre, un particolare processore accessorio può risultare integrato nella CPU stessa: si tratta del coprocessore matematico, ottimizzato per svolgere esclusivamente operazioni matematiche in virgola mobile.[19] Alcuni computer possono presentare più processori principali che lavorano in

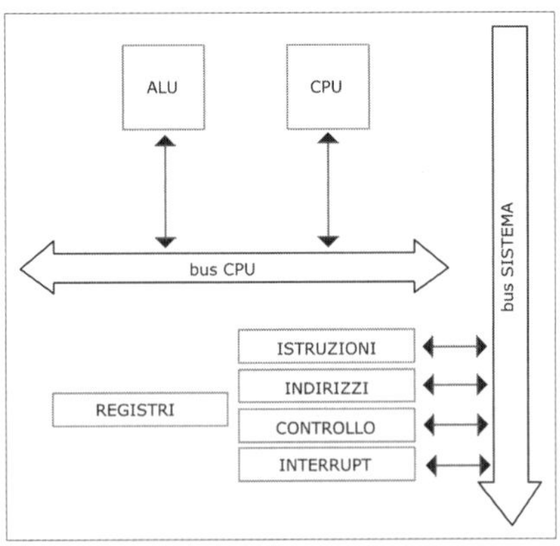

Figura 10.9 - Il funzionamento di un processore.

Figura 10.10 - Processore Dual Core.
Fonte: http://www.intel.com/pressroom/kits/core2duo/index.htm

contemporanea, suddividendosi equamente il carico di lavoro al fine di incrementare le prestazioni complessive della macchina; si parla in questo caso *processori paralleli*.

Per incrementare le prestazioni dei processori (frequenza di clock) riducendo le dimensioni, il consumo energetico e la dissipazione di calore, le principali case produttrici (IBM, Intel, AMD) hanno messo in commercio dal 2005 processori del tipo *dual core*. Una CPU *dual core*, pur occupando lo spazio di un singolo *socket*, unisce due processori indipendenti e le rispettive *cache*. Questo tipo di processore ha richiesto lo sviluppo di programmi che fossero espressamente progettati per utilizzare la nuova architettura hardware. Per esempio, il MacBook Pro attualmente in commercio funziona grazie al processore *Intel Core 2 Duo*, con una velocità di 2,6 GHz e un massimo di 6MB di *cache*. I calcoli vengono gestiti a 128 bit in un unico ciclo di clock, quindi una singola istruzione viene erogata a più dati simultaneamente, accelerando le operazioni di calcolo.

3.3 *La spina dorsale*

Il cervello e tutte le sue componenti, risiedono su una sorta di vassoio vincolato al *case*, la *scheda madre* (*motherboard*),[20] che oltre alla funzione fisica di supporto, svolge opera-

Figura 10.11 - Scheda madre.

zioni di integrazione e comunicazione tra i vari elementi e moduli, ospitando i circuiti elettronici di interfaccia tra le diverse componenti, tra queste e i bus di espansione e le porte esterne. Spetta alla scheda madre l'organizzazione dello spazio adibito ai processori, alle memorie, alle schede audio e video o alle espansioni/aggiornamenti di queste componenti. Inoltre, i collegamenti con il chipset garantiscono che avvenga in questa zona la regolazione diretta o indiretta delle prestazioni di ogni oggetto ospitato. Gestendo centinaia di segnali diversi, ad alta frequenza e sensibili ai disturbi, la scheda madre è quindi un elemento chiave per l'efficienza di un computer.

3.4 *Le memorie a breve e a lungo termine*

Per poter funzionare correttamente ed efficacemente, il processore si avvale di un set di memorie. Questi componenti possono essere di due tipi: memorie interne/primarie o memorie di massa/secondarie/permanenti. Le prime sono in genere memorie temporanee, ovvero spazi di raccolta dei dati funzionali ai processi di elaborazione. Rientrano in questa categoria la RAM (*Random Access Memory*), la ROM (*Read Only Memory*),[21] la *cache*, mentre fanno parte della seconda i dischi fissi, i dischi removibili e in genere tutte le unità di backup come chiavette USB, memorie flash ecc. La capienza delle memorie primarie e secondarie è in costante crescita.[22]

La RAM è il principale tipo di memoria interna e contiene i dati sui quali può operare la CPU per l'elaborazione. Il fatto che funzioni "ad accesso casuale" – e non secondo un ordine prestabilito, come i nastri magnetici – permette al processore di impiegare sempre lo stesso tempo per accedere a una qualsiasi ("casuale") parte della memoria e reperire quindi i dati in essa caricati. La memoria RAM è volatile, cioè quando il computer viene spento tutti i dati in essa contenuti vengono rimossi e i processi aperti terminati. All'accensione della macchina, la RAM è vuota.

La grandezza della RAM viene misurata in Megabyte o Gigabyte, può essere suddivisa in uno o più banchi di memoria e in genere è espandibile. Esistono molti tipi di RAM per soddisfare la compatibilità con macchine dall'architettura diversa, per esempio con un sistema a multiprocessore[23] o misto.[24]

Figura 10.12 - La RAM.

Figura 10.13 - La ROM.

Quando si edita un documento, il programma e il documento stesso risiedono nella memoria RAM. Nel caso in cui la RAM risulti insufficiente per poter gestire tutti i processi, entra in gioco la *memoria virtuale*, ovvero una "simulazione" di memoria interna ottenuta utilizzando una parte del disco fisso. Se da un lato la memoria virtuale permette di utilizzare il computer anche quando la memoria RAM è completamente occupata, dall'altro produce un rallentamento delle prestazioni e a sua volta può essere saturata. Generalmente a questo punto, soprattutto in ambiente Windows, il sistema va in blocco ed è necessario il *reset* o il riavvio forzato.

La ROM contiene dati e istruzioni che non possono essere modificati, ma soltanto letti ed eseguiti: sono le istruzioni di base che coordinano il funzionamento del PC e servono per l'avvio della macchina, i programmi di sistema e il BIOS (*Basic Input Output System*), sistema di base per il controllo di entrata e uscita. Essendo una memoria permanente, i dati non vengono persi in caso di assenza di alimentazione. Esistono anche particolari ROM (PROM, EPROM, EEPROM) programmabili o cancellabili: in questi casi, i circuiti integrati sono matrici neutre aperte alla codifica desiderata dall'acquirente.

La memoria *cache* (pronta) è una memoria estremamente veloce collocata a stretto contatto con la CPU (nei processori più recenti viene collocata all'interno del processore stesso), adibita esclusivamente a contenere i dati che il processore deve elaborare. Viene usata per ridurre le inefficienze dovute alla maggior velocità della CPU rispetto ai tempi di risposta della RAM.

Le memorie di massa sono invece permanenti, pensate cioè per mantenere i dati nel lungo periodo e anche in caso di arresto dell'alimentazione del computer: sono realizzate con tecnologia ottica[25] (CD o DVD), magnetica[26] (floppy, zip, DAT, nastri, hard disk), magneto-ottica[27](MOD) o flash[28] (macchine fotografiche digitali, agende elettroniche ecc.). Trovandosi in posizione periferica nella macchina rispetto alla RAM o alla *cache*, implicando il movimento di parti meccaniche e dovendo scrivere i dati in forma permanente, le memorie di massa sono in genere un po' più lente delle memorie primarie[29] e vengono gestite dal sistema operativo attraverso il file system.[30]

La memorizzazione dei dati avviene in modo diverso in presenza di supporto non riscrivibile (per esempio, CD-R)[31] o riscrivibile (per esempio, CD-RW). Nel primo caso la scrittura avviene progressivamente, dall'interno verso l'esterno: in caso di non completamento dello spazio disponibile le parte esterna della memoria resta vuota. Nel secondo caso, il salvataggio può avvenire in tre modi: individuazione dello spazio disponibile nel

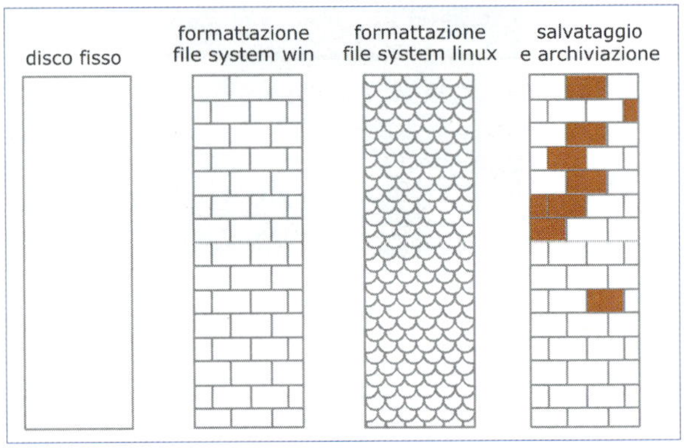

Figura 10.14 - Volumi del disco fisso.
Fonte: http://www.tu-chemnitz.de/docs/lindocs/RH9/RH-DOCS/rhl-ig-x86-it-9/ch-partitions.html

supporto per ospitare il file (*first fit*), scelta della porzione di memoria disponibile più piccola (*best fit*) o di quella più grande (*worst fit*), a seconda del tipo di tecnologia in uso.

Le memorie primarie e quelle secondarie sono in costante comunicazione: quando viene aperto un file esistente nell'hard disk, per esempio, questo invia i dati alla RAM, che a sua volta li rende disponibili per l'editing. Nel momento in cui il file viene salvato, la RAM invia i dati al disco fisso, che li trasforma da dati volatili a dati permanenti.

Tra le memorie di massa, quella che merita maggiore attenzione è anche quella in genere più capiente (centinaia di GB), ovvero il disco fisso. L'hard disk è formato da uno o più dischi magnetici rigidi che ruotano ad altissima velocità e da due o più testine di lettura/scrittura. Attraverso il partizionamento, il disco fisico viene diviso in volumi lo-

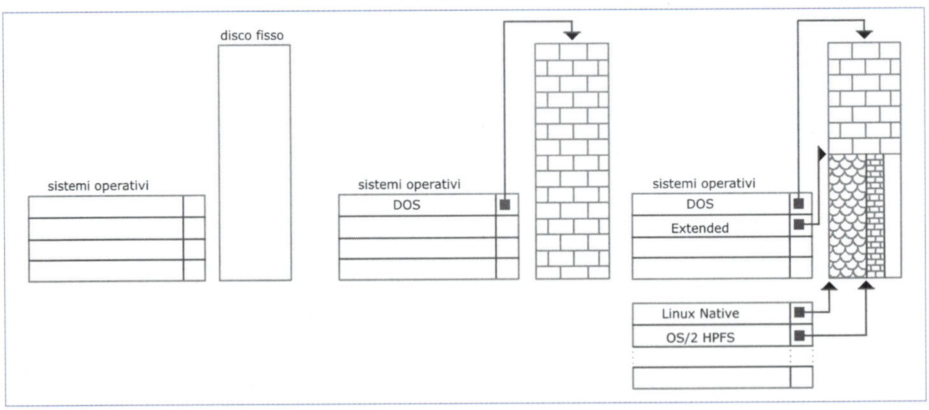

Figura 10.15 - Partizione del disco fisso e installazione di più sistemi operativi.

Figura 10.16 - Il disco fisso.

gici, cioè in unità riconoscibili e utilizzabili dal sistema operativo: è possibile creare uno o più volumi per ogni disco, al fine di organizzare in modo efficiente l'informazione.[32] Nei sistemi operativi Microsoft, ciascun volume viene identificato da una lettera dell'alfabeto (C:\, D:\ ecc.), mentre in Linux e Mac OS è l'utente ad assegnare un nome alle diverse partizioni. I dischi fissi all'interno di un computer possono essere più di uno, con la finalità di ospitare anche dati molto diversi tra loro (per esempio, interi software e file), ma per lo stesso scopo possono venire utilizzati anche supporti esterni portatili, collegati all'elaboratore attraverso una porta USB.

Il disco fisso, così come le altre memorie di massa, è formattabile. A differenza della formattazione di un testo,[33] l'operazione consiste nel predisporre degli spazi all'interno dei quali troveranno posto i dati. La formattazione è necessaria al computer per organizzare e reperire i file salvati. La suddivisione del disco avviene per cerchi concentrici (tracce), a loro volta ripartiti in segmenti (settori). In uno spazio particolare, detto *File Allocation Table* (FAT), viene memorizzato l'indice del contenuto dei settori. L'accesso all'informazione contenuta nelle tracce e nei settori dell'HD è di tipo diretto.[34]

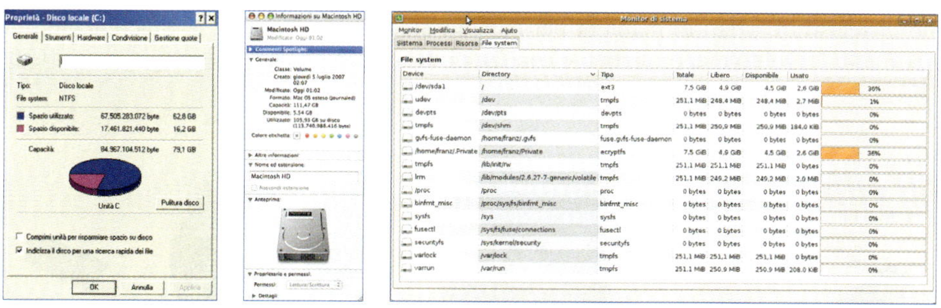

Figura 10.17 - File system per Windows, Macintosh e Linux. Caratteristiche del disco in Windows (NTFS) e Macintosh (Mac OS esteso - journaled), tra cui la tipologia del File System *(a sinistra)*. Il gestore dei File System di Linux evidenzia le caratteristiche dei volumi: non solo la tipologia, ma anche la capienza, lo spazio utilizzato e il *mount point* (*a destra*).

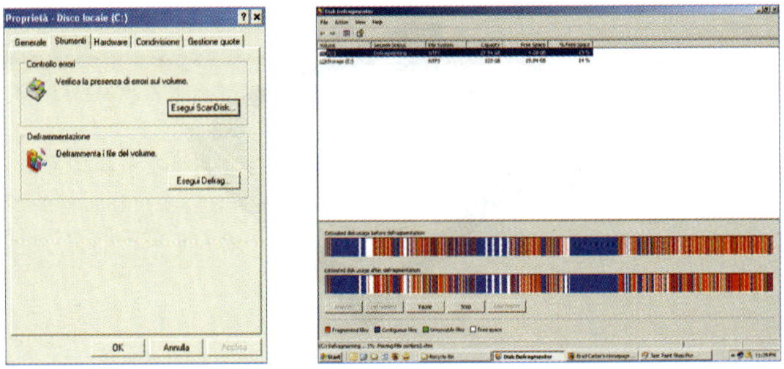

Figura 10.18 - Processo di frammentazione del disco fisso.

Il disco fisso necessita di una certa manutenzione: a differenza della formattazione, che cancella tutti i dati contenuti nel disco e che risulta necessaria in fase di inizializzazione di un disco o di problemi software irrisolvibili,[35] la *deframmentazione*, per esempio, è un'operazione che dovrebbe essere eseguita con una cadenza periodica. In modo simile alla RAM, anche i dati presenti nel disco fisso possono avere una collocazione casuale, perché, al fine di velocizzare le procedure di installazione di un programma o di salvataggio dei dati, viene occupata la prima area sufficientemente grande e disponibile.[36] La cancellazione dei file o dei software, inoltre, crea nel disco aree vuote inframmezzate ad altre contenenti dati. Il risultato finale è l'apparente saturazione dello spazio disponibile, che comporta uno spreco di memoria. La deframmentazione opera come un giocatore di Tetris capace di incastrare tutti i mattoncini dello stesso colore senza lasciare spazi inutilizzati. Ordinando i dati, si libera spazio e si crea un ordine più facilmente gestibile dalla macchina, quindi migliorano i tempi di esecuzione (accensione del computer, apertura e salvataggio dei file ecc). Deframmentare un disco può richiedere un lasso di tempo anche piuttosto esteso[37] e implica il non utilizzo della macchina per altre operazioni.

Le memorie removibili (CD-RW,[38] DVD,[39] chiavette USB, floppy,[40] zip[41] ecc.) permettono di registrare i dati in maniera permanente su supporti "piccoli"[42] e facilmente trasportabili, di solito meno capienti e con tempi di accesso più lenti rispetto al disco fisso.

Figura 10.19 - Memorie removibili: disco fisso portatile, zip, CD e chiave USB.

Alcuni di questi supporti permettono l'accesso diretto ai dati (zip, floppy, CD, DVD, memorie flash), mentre altri sono dispositivi ad accesso sequenziale (nastri, unità DAT ecc.).

Un privato utilizza generalmente le memorie di massa in modo diverso da un'azienda, relativamente alla mole dei dati e alla loro riservatezza. I sistemi di backup nascono soprattutto a vantaggio di questa seconda tipologia di utenza. Si tratta generalmente di unità a nastro (DAT, MOD ecc.), usate specificamente per la copia di sicurezza dei dati (*backup*) – non per il loro spostamento – e dotate di grande capacità e bassi costi. Qualsiasi memoria, invece, può essere utilizzata dall'utente privato per creare il backup dei dati: salvare una copia di sicurezza dei file personali su una memoria diversa da quella principale del computer permette di non perdere informazioni in caso di rottura di qualche componente importante (per esempio il disco fisso) della macchina.

La generale tendenza alla disponibilità di memorie sempre più capienti non ha comportato l'ottimizzazione dell'ingombro nei supporti, a causa della contemporanea richiesta di maggiore spazio di memorizzazione da parte dei produttori di software. Il dischetto a 16" e il floppy, per esempio, sono oggi considerati supporti obsoleti e poco compatibili con la tipologia di file in circolazione.[43] La necessità di volumi capienti e di dispositivi dal minor ingombro possibile sta portando al progressivo abbandono di quei supporti che inizialmente si erano rivelati efficaci per la miglior qualità[44] e tempi di conservazione dei dati[45] come i CD-ROM. A parità di volume – pur sempre di un disco di tratta – un DVD[46] contiene molti più byte e, a parità di byte, una chiavetta USB è molto più facilmente trasportabile, meno fragile[47] e risulta compatibile con qualsiasi dispositivo dotato di una porta USB.[48] A parità di praticità con la chiavetta, poi, una memoria flash come quella dei cellulari o delle macchine fotografiche digitali è più veloce e potenzialmente più universale.

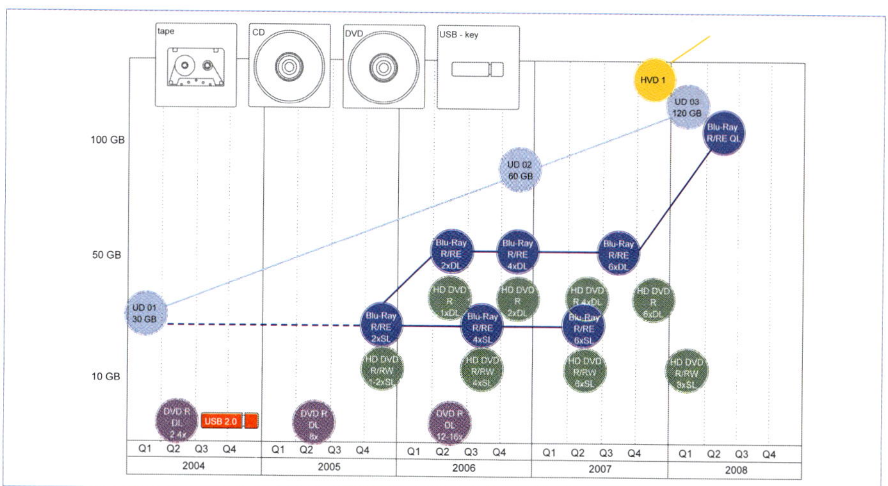

Figura 10.20 - Evoluzione delle memorie (UD, DVD, HD DVD, Blu-Ray, HVD e USB) dal 2004 al 2008.

Si può ipotizzare che il futuro prossimo delle memorie andrà in due direzioni: se da un lato lo sviluppo hardware sta esplorando nuove tecnologie come il Blu-Ray[49] e i supporti olografici,[50] capaci di memorizzare le informazioni in strutture tridimensionali, dall'altro si sta profilando una soluzione puramente software, grazie ai sempre maggiori spazi per la memorizzazione forniti in Rete. Da questo punto di vista Internet può essere anche considerata un'enorme base dati nella quale anche i dati di ciascun utente possono essere "parcheggiati" in aree riservate,[51] accessibili a prescindere dalla zona del mondo nella quale ci si trovi, dal supporto con cui si voglia accedervi, dalla necessità di trasportare un oggetto fisico (un CD, una chiavetta, ...) e solo a patto di avere una connessione disponibile.

3.5 *Gli occhi, la bocca, le braccia e le gambe*

Le periferiche di I/O costituiscono i dispositivi attraverso cui il computer riceve e trasmette i dati. Sono quindi delle porzioni di hardware esterne alla macchina, a volte dotate di un proprio microprocessore, in grado di collaborare con il sistema operativo principale per permettere all'utente di eseguire azioni specifiche (disegnare, digitare dei comandi, stampare ecc). Le periferiche connesse alla macchina risultano visibili tra le risorse che il computer può utilizzare e nei sistemi operativi attuali sono in genere autoinstallanti, vengono cioè riconosciute e attivate immediatamente grazie al collegamento diretto da porta USB, che ne può trasmettere il driver.

La forma e le caratteristiche delle periferiche sono cambiate piuttosto velocemente negli anni, in parallelo con l'evoluzione tecnologica e le esigenze di mercato. Il mouse a sfera ha lasciato il posto a quello ottico, il tubo catodico al monitor piatto a cristalli liquidi o al plasma o, recentemente, a led, i cavi con porta seriale sono stati rimpiazzati

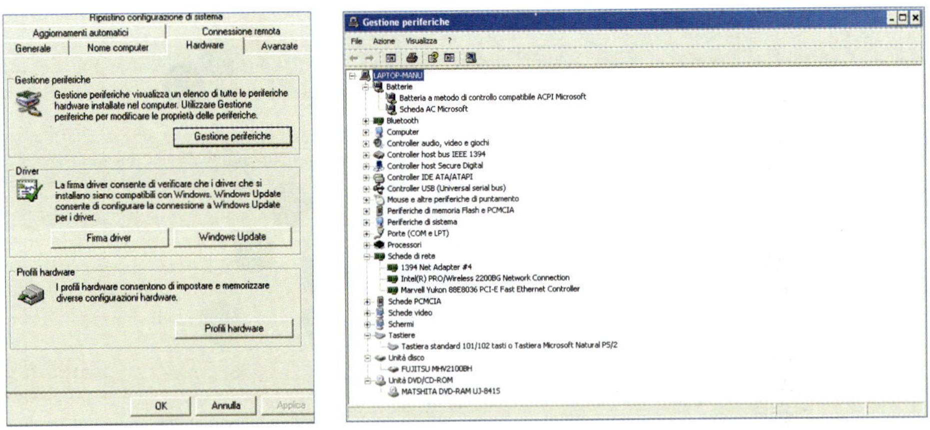

Figura 10.21 - Gestione delle periferiche in Windows e Linux.

con interfacce USB o Firewire,[52] la connessione alla Rete con modem esterno e cavo telefonico sta scomparendo a favore dei sistemi integrati e del wireless. Ergonomia e marketing sono responsabili del design e dell'usabilità delle attuali tastiere, lettori musicali, palmari, mouse ecc., mentre l'aumento esponenziale delle funzioni di ogni singolo oggetto[53] sta portando a quella che molti teorici dei media hanno definito già alla fine degli anni ottanta *integrated reality* o *augmented reality* (Sparacino, De Kerckhove, Tanni, Manovich, Lunenfeld ecc.) e al medium unico, capace di accorpare tutte le prestazioni degli altri. La necessità della trasportabilità ha inoltre influito su aspetti quali il peso, la dimensione, la fragilità, la mobilità delle componenti interne.[54]

Il futuro delle periferiche sembra dettato dalla modalità di dialogo sempre più efficace tra dispositivi diversi e con il computer centrale. L'avvento delle interfacce USB ha segnato un primo passo verso una comunicazione "universale", dal momento che a una stessa porta è possibile connettere indifferentemente una stampante, un mouse o una videocamera. Lo step successivo sarà probabilmente quello dell'assenza di cavi, con l'evidente vantaggio di posizionare in luoghi anche relativamente lontani dispositivi che comunicano tra loro e operano congiuntamente.

Un importante contributo all'evoluzione dell'hardware è da attribuire alla ricerca nel campo della disabilità. L'esigenza di sviluppare meccanismi di input/output accessibili anche a individui portatori di handicap ha permesso di affinare meccanismi utili anche ai normodotati. Si tratta delle cosiddette tecnologie "compensative" o "assistive", strumenti che effettuano una conversione "equivalente" dell'informazione da un organo di senso a un altro, per esempio dallo schermo del PC (vista) al tatto (barra Braille) o all'udito (sintesi vocale); dall'udito (documenti audio semplice e audio per video) alla vista (documenti testuali); o che prevedono un modo diverso di utilizzare alcuni dispositivi, per esempio attraverso il controllo oculare e in genere in modalità *hands-free*.

Note

1 Questi terminali sono dotati solo della potenza di calcolo necessaria per mostrare, inviare, e ricevere testo, mentre non possono eseguire autonomamente alcun programma e fanno riferimento a un computer centrale per gestire gli applicativi. I "computer stupidi" vengono generalmente utilizzati negli ambienti di lavoro come gli uffici postali, le banche e le aziende dotate di filiali distribuite sul territorio che operano attraverso sistemi centralizzati. Oggi, con la sostanziale sostituzione dei server UNIX con i server Linux e con l'avvento dell'interfaccia grafica, si possono utilizzare dei "terminali stupidi" ma grafici, collegati anche a un server Linux.

2 Il *case* è l'involucro di plastica o metallo che contiene le componenti più importanti di un computer come la scheda madre, il processore, le memorie ecc.

3 Toshiba Portégé R500-120. *Vedi:* http://it.computers.toshiba-europe.com/cgi-bin/ToshibaCSG/jsp/productPage.do?service=IT&PRODUCT_ID=145817&toshibaShop=false

4 Essendo una tecnologia ormai obsoleta e di scarsa capacità, in molti computer – soprattutto portatili – l'alloggiamento per il floppy non è più previsto o è fornito come periferica estrena da connettere tramite porta USB.

5 Le porte seriali trasmettono un bit alla volta. Sono porte seriali la COM1, la COM2 ecc. (COMmunication + numero della porta installata). La porta seriale (RS-232 – RS-422 nei Mac) può essere

usata per ogni dispositivo che necessiti di un collegamento bidirezionale (modem, mouse, lettori di codici a barre ecc.).

6 L'*Advanced Technology Attachment* (ATA) è un'interfaccia per la connessione delle memorie come i dischi rigidi, i CD ecc.

7 La PS2 è la porta classica del mouse e della tastiera. Nei computer moderni è stata sostituita dalla USB.

8 Le porte USB (*Universal Serial Bus*) sono porte universali, in grado di permettere il collegamento di molte periferiche diverse attraverso una sola interfaccia standardizzata e un solo tipo di connettore. La funzionalità *plug-and-play* consente di collegare/scollegare i dispositivi senza dover riavviare il computer (*hot swap*).

9 Le porte parallele trasmettono più bit contemporaneamente. Di solito nei PC la porta di questo tipo è una sola, la LPT1 (*Line PrinTer*), in origine usata solo per la stampante (unidirezionale), poi sviluppata anche in versione bidirezionale per l'uso degli scanner.

10 La porta video permette l'accesso diretto alla scheda video, che consente a sua volta il collegamento a un monitor o ad altri dispositivi, come televisori e videoregistratori. I componenti di base di una scheda video sono: BIOS, processore, memoria, tutti dedicati esclusivamente alla gestione video, un Digital-to-Analog converter (DAC), un connettore per il bus (AGP o PCI).

11 La porta audio permette il collegamento diretto alla scheda audio. Storicamente, la diffusione delle schede audio è legata al supporto fornito ai giochi per computer (per esempio, nella parte posteriore il connettore per joystick). Attualmente una scheda audio può consentire di ottenere effetti tridimensionali (apprezzabili con un sistema di altoparlanti adeguato); di "fare musica" con l'ausilio di software e strumenti adeguati; di utilizzare applicazioni multimediali; di usufruire della qualità audio dei film su DVD-ROM.

12 Il task manager è un'applicazione a livello *kernel*, che permette di monitorare e chiudere le applicazioni in esecuzione sulla macchina. Il riavvio del computer attraverso combinazioni di tasti (per esempio, su PC in ambiente Windows: Ctrl+Alt+Del, o, nei sistemi UNIX: Ctrl+Alt+SysReq+B) viene definito *soft* o *warm reboot* e a, differenza del boot completo, non prevede l'esecuzione del POST e la ricerca di tastiera e video: in questo caso, infatti, il processo riparte circa dall'inventario dell'hardware.

13 *Vedi* il capitolo 12.

14 La CPU è un circuito digitale sincrono, quindi il suo stato cambia ogni volta che riceve un impulso da un segnale di clock.

15 Da non confondere con l'*Internet Protocol*, che riguarda la comunicazione del computer in Rete.

16 Esistono numerosi tipi di flag. I più importanti sono i flag di stato e quelli di controllo.

17 Rientrano in questa casistica i processori Pentium, Athlon, PowerPC.

18 Per tutte le CPU esiste comunque un punto critico oltre il quale la velocità di processo non può più aumentare e corrisponde al tempo impiegato dall'informazione per percorrere il tratto più lungo dell'intero albero di distribuzione del clock. Per esempio, se il segnale di clock di una data CPU impiega un nanosecondo per attraversare tutto il chip e arrivare fino all'ultima sottounità, la CPU può operare a non più di 1 GHz. In caso contrario, le sue componenti interne perderebbero la sincronizzazione, con risultati imprevedibili.

19 L'espressione *numero in virgola mobile* indica il metodo di rappresentazione dei numeri razionali (e di approssimazione dei numeri reali) e di elaborazione dei dati usati dai processori per compiere operazioni matematiche. Si contrappone all'aritmetica intera o in virgola fissa. In informatica viene usata solitamente in base 2; in questo caso può essere considerata l'analogo binario della notazione scientifica in base 10.

20 La scheda madre è un complesso circuito stampato ottenuto da una struttura a strati di vetronite e rame alternati, sul quale vengono saldati una serie di circuiti integrati, di zoccoli (alloggiamenti) e di connettori.

21 A differenza della RAM, la ROM non è una memoria volatile, cioè contiene dati che non possono essere né cancellati, né modificati.

22 A settembre 2008 sono comunemente impiegate RAM di 1-2 GB, HD superiori a 160 GB e chiavette USB da 4-8 GB.

23 In questo caso la memoria primaria può essere condivisa da più processori oppure può essere partizionata, nel qual caso ogni processore dispone di una memoria dedicata.

24 In questo caso esiste sia una memoria primaria condivisa da tutti i processori sia una memoria dedicata a ognuno di essi.

25 Usano la caratteristica di "riflessione/non riflessione" di un raggio laser.

26 Codificano l'informazione come lo stato "magnetizzato/non magnetizzato" di superfici magnetiche, facile da convertire in segnali elettrici.

27 Sfruttano la superficie magnetica per memorizzare i dati e quella ottica per allineare la testina. La scrittura dei dati avviene solo dopo un forte riscaldamento della superficie con un fascio laser. Le memorie di questo tipo sono attualmente utilizzate solo da sistemi che richiedono il frequente salvataggio di una grande quantità di dati in condizioni di sicurezza (per esempio, nelle banche).

28 Un tipo particolare di memoria elettronica che permette di mantenere lo stato delle proprie celle anche alla disconnessione dal segnale elettrico.

29 I tempi medi di accesso alla memoria principale sono dell'ordine delle centinaia di nanosecondi, contro i millisecondi delle memorie di archiviazione.

30 Ogni sistema operativo è dotato di un file system specifico (FAT32 e NTFS per Windows, Mac OS Extended Journaled e ext2-ext3 Journaled per Linux) che permette l'organizzazione a lista, ad albero o tabella dei dati presenti nella memoria e il loro reperimento attraverso l'indirizzamento. La cancellazione dei dati consiste conseguentemente nella rimozione dell'indice creato. I file, invece, restano nella memoria fino a quando, per la necessità di spazio, nuovi dati vengano sovrascritti su quelli esistenti. È questo il motivo per cui è possibile, soprattutto subito dopo la cancellazione, un totale o parziale recupero dei dati "cancellati", attraverso apposite utility. *Vedi* il capitolo 11.

31 Il CD-ROM, come dice il nome, era accomunato concettualmente alla memoria ROM, essendo un supporto non riscrivibile. Dal 1995 e in seguito alla massiccia diffusione dei masterizzatori, il CD è diventato una memoria di lettura e scrittura. La stessa sorte è toccata al DVD.

32 Si possono avere, per esempio, due sistemi operativi diversi (Win e Linux, OS X e Win ecc.) che operano su due volumi distinti del disco fisso.

33 *Vedi* il capitolo 6.

34 Si ha accesso diretto (o casuale) quando si può raggiungere l'informazione, ovunque essa sia localizzata, immediatamente grazie a un sistema di indici e senza dover attraversare un percorso, mentre si ha accesso sequenziale quando, per ottenere l'informazione, è necessario scorrere tutte le informazioni presenti prima di quella ricercata, fino a posizionarsi sul punto richiesto. La differenza è facilmente intuibile pensando a un elenco telefonico cartaceo, dove i nominativi sono disposti in ordine alfabetico per facilitarne il reperimento, e un elenco telefonico online (per esempio le pagine gialle o le pagine bianche), in cui i dati sono reperibili singolarmente, senza passare da un elenco ordinato.

35 I computer che utilizzano Windows, per esempio, necessitano di periodica formattazione e reinstallazione del sistema operativo: è il file di registro il principale responsabile dell'eventuale lentezza della macchina a causa di processi o pezzi di programmi che restano attivi al suo interno anche dopo averli chiusi o disinstallati.

36 I file system commerciali usano la tecnica del *file paging*, suddividendo la memoria in pagine o cluster (512 byte - 4 kB).

37 Anche molte ore se il volume dei dati è molto grande e la procedura non è mai stata eseguita in precedenza.

38 Compact Disc, capacità: 700-800 MB.

39 Digital Versatile Disc, capacità: fino a 16 GB. Quasi tutti i moderni lettori e masterizzatori sono in grado di supportare DVD registrabili in qualunque formato.

40 Capacità: 1,44 MB, velocità bassa.

41 Capacità: 100-120 MB, velocità: media.

42 Se paragonati, per esempio, a un disco fisso. La capacità dei supporti removibili può essere anche molto grande, nell'ordine delle centinaia di GB.

43 Basti pensare che una singola foto scattata in digitale ad alta definizione può pesare da 1 a 2 Megabyte, mentre un floppy ha una capienza nominale di 1,44 MB.

44 Il salto di qualità avvenuto con passaggio dal nastro magnetico al disco ottico è stato evidente negli anni ottanta nel settore musicale, quando progressivamente il CD ha rimpiazzato il tape.

45 I supporti ottici, a differenza di quelli magnetici, possono conservare i dati salvati anche per periodi di centinaia di anni. A conferma di questo, nelle sonde spaziali *Voyager I* e *Voyager II* lanciate dalla NASA nel 1990 è racchiuso un disco fonografico, il Golden Record, da 12 pollici in rame, rivestito d'oro. Compilato da una commissione presieduta da Carl Sagan, il disco contiene una serie di disegni rappresentanti gli aspetti fondamentali dell'esistenza umana, dal concepimento alla morte, e mira a spiegare a una possibile civiltà aliena il funzionamento del genere umano. È stato stimato che le sonde impiegheranno un minimo di 40 000 anni prima di raggiungere un altro sistema solare.

46 Esistono diversi standard: DVD-R/–RW single e dual layer, DVD+R/+RW single e dual layer (Sony-Philips), DVD-RAM (Matsushita e JVC). Formati di DVD ad alta definizione e capienza di qualche decina di GB come gli HD-DVD sono stati proposti da Toshiba, NEC, e Sanyo a inizio 2000, ma mai diffusi a livello commerciale di massa.

47 Per esempio, non si graffia e non si rompe facilmente.

48 Inclusi i palmari o i mini PC, che per dimensione non potrebbero ospitare un DVD.

49 Proposto da Sony nel 2002 per la TV HD: contiene fino a 57 GB di dati (50 GB corrispondono a circa due ore di filmato ad alta definizione in codec MPEG-4 (molto meno in MPEG-2).

50 Le HVD (*Holographic Versatile Disc*) non si non limitano a scrivere sulla sola superficie, ma sono in grado di salvare dati nell'intero volume del substrato di memorizzazione e promettono capacità fino quasi a 4 TB per disco.

51 Una delle questioni aperte rispetto al salvataggio in rete delle informazioni riguarda la sicurezza dei dati e la loro penetrabilità da parte di terzi.

52 Firewire e USB, a differenza delle altre porte, permettono il collegamento "a caldo", cioè a computer acceso.

53 Dispositivi come l'iPhone o il Blackberry, per esempio, permettono di telefonare, di connettersi alla Rete ma anche di utilizzare funzioni simili a quelle di un PC.

54 Per esempio, nei lettori portatili il disco interno deve essere ben vincolato per non subire danni durante il trasporto in posizione verticale.

11. Istruzioni per l'uso

1 Oggetti "morbidi"

Il personal computer è una macchina non volitiva o cosciente e come tale ha bisogno di essere dotata di una serie di istruzioni per poter funzionare correttamente e fornire determinati risultati. I software[1] sono quindi set di informazioni utili al funzionamento complessivo del computer o allo svolgimento di funzioni specifiche. Come dei bravi insegnanti, dirigono passo a passo le operazioni della macchina e, come abili traduttori, la mettono in comunicazione con l'essere umano, convertendone il linguaggio di basso livello in quello di alto livello.[2] Il software è fondamentale perché il computer si accenda, sappia stampare, riconosca la videocamera collegata, copi un paragrafo in un testo, corregga gli occhi rossi in una foto... cioè perché, da un lato, attivi le sue parti e le sappia utilizzare e, dall'altro,

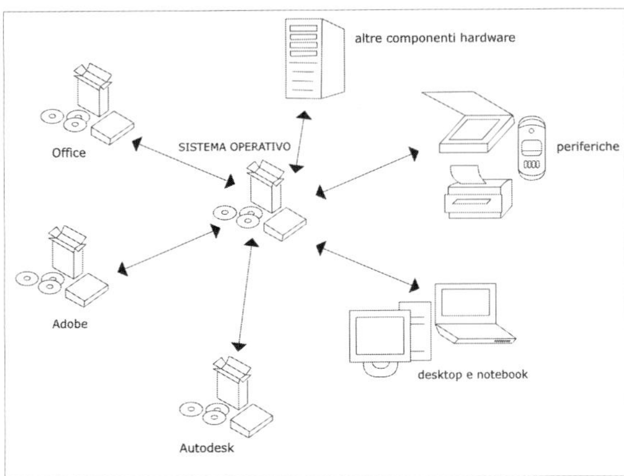

Figura 11.1 - Il software, comune denominatore tra oggetti digitali diversi.

identifichi correttamente come immagine, testo, suono, video il codice binario processato. Manovich (1999) considera il software come una forma di avanguardia del nostro secolo: come nel campo artistico, anche nell'informatica alcune innovazioni hanno definito una linea di frattura con la storia precedente. Dagli anni sessanta in poi, la produzione di merci e informazione è andata di pari passo e, se dal lato meccanico l'industrializzazione è stata codificata alla fine del XIX secolo con l'invenzione di sistemi di produzione seriali,[3] sul versante della comunicazione la sempre maggiore mole di dati in movimento pone le basi per quella che lo studioso definisce "meta-media society" o "more-media society" (Manovich 2007).

Dagli anni settanta diventa necessario e fondamentale dal punto di vista politico, economico e sociale avere il controllo di quei dati, usufruire quindi di "istruzioni" che possano essere eseguite dalle macchine così come dagli uomini. I sistemi di produzione e di comunicazione cominciano a interagire: l'incremento delle interconnessioni a livello mondiale porta all'avvento del postfordismo e alla possibilità per i Paesi occidentali di spostare all'estero la produzione industriale, trattenendo in casa solo la conoscenza economica e i servizi. Il sistema di montaggio diventa flessibile al mercato, tecnologicamente controllato e *just in time*.[4] Il primo sistema operativo, il DOS, viene rilasciato nel 1969, anno in cui gli Stati Uniti mostrano al mondo la propria capacità di raggiungere la Luna. La tecnologia aerospaziale e militare, così come quella cinematografica, nel contesto della guerra fredda, serve da spinta per l'innovazione e lo sviluppo, anche in campo informatico.

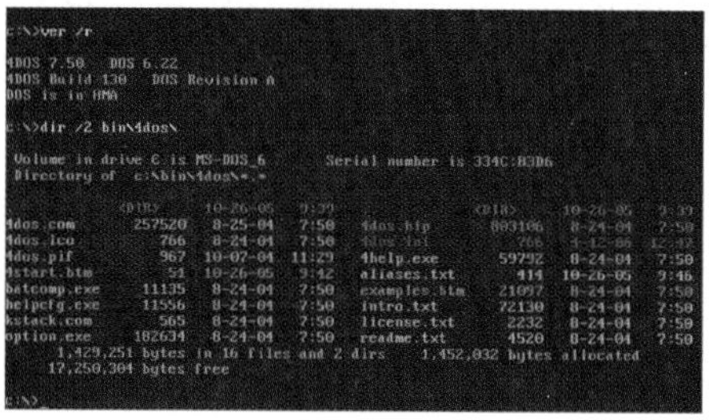

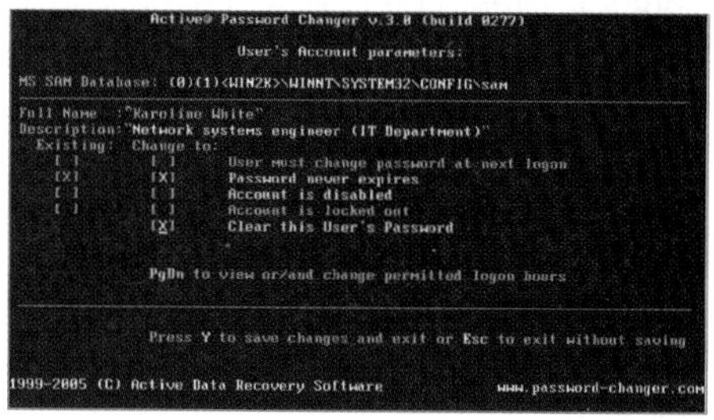

Figura 11.2 - Interfaccia del sistema operativo DOS.

Gli anni ottanta vedono la diffusione massiva dei media "visivi" come la televisione e la progressiva rielaborazione di forme e modelli culturali acquisiti dal dopoguerra in poi. Nella società postmoderna il software è l'elemento che permette di re-mixare i materiali, analizzarli, combinarli fino a ottenerne di completamente nuovi: le funzioni di copia-incolla, montaggio video e audio ecc. si diffondono proporzionalmente alla distribuzione dei computer nel mondo. Dal 1984, anno in cui la Apple mette in commercio la prima macchina con interfaccia grafica, rendendo possibile l'utilizzo del computer anche ai non esperti di codici e programmazione, il processo diventa esponenziale e irreversibile.

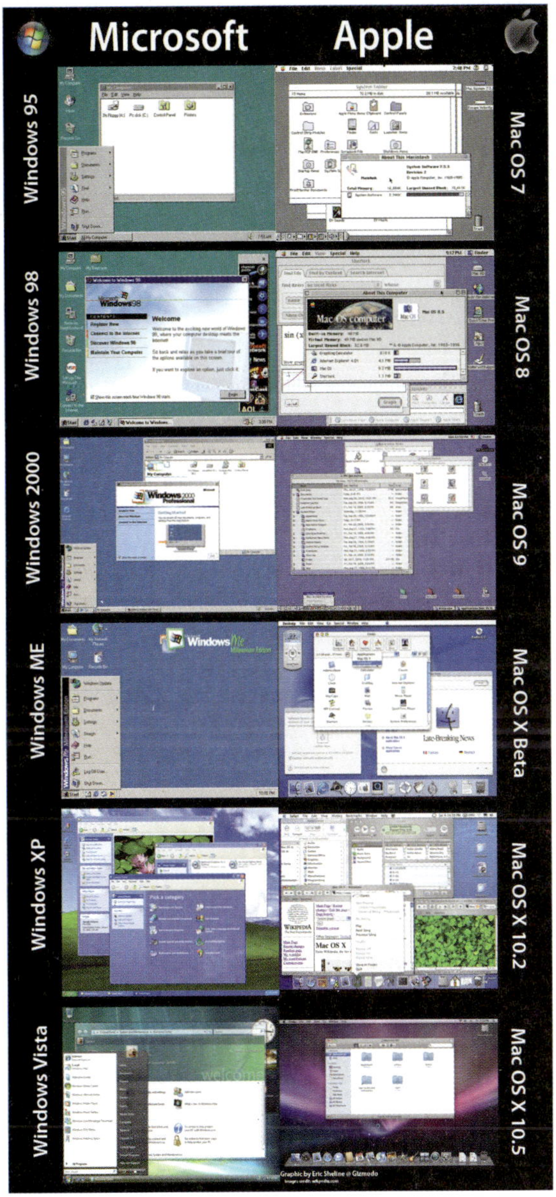

Figura 11.3 - L'interfaccia grafica cambia le sorti del computer: evoluzione di Windows e Mac OS X a confronto.
http://www.gizmodo.it/2007/11/26/evoluzione_dei_desktop_confronto_tra_windows_e_mac.html

Dagli anni novanta, poi, con la diffusione di Internet, il software acquista un valore indipendente dall'hardware che lo ospita,[5] spesso giungendo a superarlo nei costi;[6] diventa uno strumento collettivo[7] e distribuito[8] che permette di agire su forme e contenuti; velocizza la produzione e la distribuzione di informazioni e merci. L'avanguardia, che all'inizio del XX secolo aveva caratterizzato la visione del mondo, della vita e dell'arte, con l'avvento del nuovo millennio si trasforma in nuova avanguardia informatica. Il mediatore tra i due approcci è il software, quel complesso di codici che permettono a un essere umano di usare una videocamera, un motore di ricerca, analizzare dei dati, memorizzare e trasmettere delle informazioni ovunque si trovi e a qualsiasi ora.

1.1 *Regole di base*

Il software, o programma, è l'insieme delle istruzioni che danno vita a una scatola di plastica. Generalmente tali istruzioni possono essere di due tipi:

1. *operative*, ossia pensate per regolare le funzioni generali della macchina, dall'accensione al controllo delle periferiche, dalla segnalazione di anomalie alla memorizzazione dei dati ecc.;

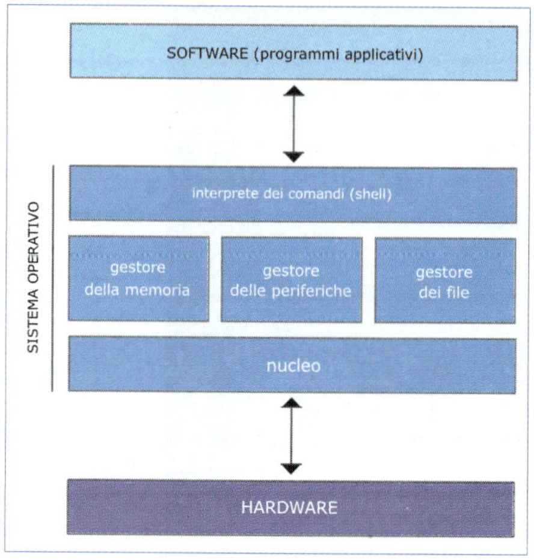

Figura 11.4 - Il sistema operativo, mediatore tra hardware e software applicativi.

2. *applicative*, cioè scritte per essere applicate a un determinato ambito del sapere o oggetto da sviluppare, come un video, un calcolo statistico, un video-gioco.

Le istruzioni del primo tipo sono indispensabili per poter utilizzare un computer e nel loro complesso prendono il nome di *sistema operativo*: senza un sistema operativo (Win-

Figura 11.5 - Esempi di software applicativo: Adobe Acrobat 8 Professional, Word 2003, Photoshop, Blocco Note, Illustrator e Dreamweaver.

dows, Mac OS X, Unix, Linux ecc.), il computer resta un oggetto inanimato, capace solo di riconoscere il collegamento della spina alla presa della corrente. La scelta del sistema operativo è arbitraria e personale, anche se in genere risulta veicolata dal mercato.[9]

Le istruzioni del secondo tipo permettono l'inserimento dei dati e dei comandi da parte dell'utente e vengono classificate con la denominazione di *software applicativi*. A seconda dell'elaborazione desiderata e perseguita, un utente sceglie di installare uno o più software. Rientrano in questa tipologia gli editor di testo, i programmi di calcolo, quelli di fotoritocco o di creazione grafica, le chat, i player, ma anche i driver con le informazioni per l'uso delle periferiche (stampante, scanner, webcam ecc.) e i virus. Un computer senza alcun applicativo funziona regolarmente, anche se in modalità di base, a patto che sia stato installato un sistema operativo.

Tutti i software, inclusi i sistemi operativi, una volta installati risiedono nel disco fisso e per poter funzionare vengono caricati nella RAM. Un quantità di memoria primaria sufficientemente alta garantisce la possibilità di gestire più processi contemporaneamente e di velocizzare le operazioni eseguite dal computer.

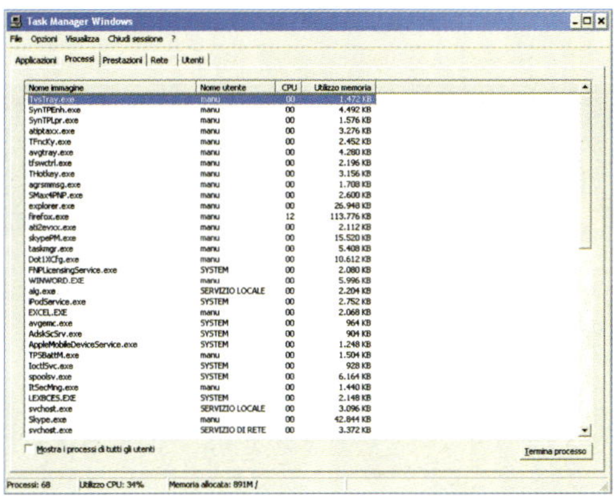

Figura 11.6 - Utilizzo della memoria da parte del sistema operativo e dei software applicativi.

2 Spiegare a una scatola di plastica come funzionare

Il processo di apprendimento delle istruzioni da parte del computer inizia nel momento della pressione del tasto di accensione. La prima informazione a essere interpretata è quella più semplice: passa corrente elettrica. Il BIOS,[10] contenuto nella memoria ROM, si occupa della verifica delle componenti della macchina (*booting*) e, attraverso il *firmware*,[11] dell'individuazione nel disco fisso del *boot-strap*, il punto d'avvio del sistema operativo.[12] A queste operazioni interne corrispondono puntuali comunicazioni dell'interfaccia verso l'utente: in genere, su PC, un elenco di dati che scorrono su schermata nera e che elencano la tipologia delle periferiche, la loro capacità e potenza (quantità di RAM, dimensioni HD, numero stampanti collegate ecc.) e la successiva comparsa dell'interfaccia grafica che segnala il caricamento in corso del sistema operativo. Il sistema operativo, una volta caricato completamente nella RAM, è responsabile della gestione delle risorse hardware e della mediazione tra queste e l'utente (o gli utenti) attraverso l'interfaccia.

I primi sistemi operativi vengono compilati negli anni cinquanta:[13] i nipoti di ENIAC, mainframe[14] abbastanza affidabili dotati di transistor, possono usufruire di set di poche centinaia di istruzioni che regolano il caricamento del programma nella memoria centrale e permettono la produzione dei risultati elaborati attraverso un dispositivo di output.[15] L'interfaccia, come ben visibile in film come *Alien* e *2001: Odissea nello spazio* o dalle fotografie di macchine come ENIAC, appunto, è costituita da interruttori e spie luminose, spesso di grandi dimensioni. I comandi vengono impartiti attraverso schede e nastri perforati, usufruendo, come era stato per i telai di Jacquard, di una forma "meccanica" di codice binario.[16]

Nella seconda metà degli anni sessanta, la AT&T[17] abbandona il progetto MULTICS, un sistema a *time-sharing*[18] che avrebbe dovuto soddisfare le necessità di calcolo della città di Boston, rivelatosi deludente. Ken Thompson, allora ai Bell Labs della AT&T,

Figura 11.7 - Fase di booting del sistema operativo Windows XP e Linux Ubuntu.

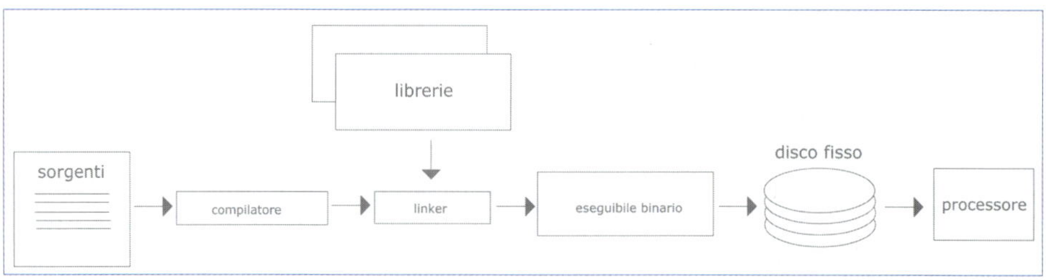

Figura 11.8 - Ciclo di compilazione dei sistemi operativi.

scrive un sistema operativo in assembly[19] e lo battezza scherzosamente – in contrapposazione a MULTICS –, UNICS (*Uniplexed Information and Computing Services*). Nasce così, nel 1969, UNIX, capostipite di una numerosa e varia famiglia di sistemi operativi. Negli stessi anni Dennis Ritchie, che collabora con Thompson, sviluppa il linguaggio di programmazione C e nel 1972 UNIX viene riscritto in C, aprendo la strada all'utilizzo di un sistema operativo su piattaforme hardware che non fossero quelle dei laboratori. Dal 1975 UNIX inizia a diffondersi nelle università negli Stati Uniti, in Giappone, in Australia, in Europa. I primi sistemi operativi sono di tipo *monotasking*, ovvero le istruzioni permettono al processore di eseguire una sola operazione per volta: dovendo caricare tutti i dati necessari prima di poter eseguire un programma o avviare un nuovo lavoro, risultano generalmente piuttosto lenti.

Negli anni settanta, iniziano a diffondersi i primi computer per uso privato. Gary Kildall sviluppa nel 1972 il CP/M (*Control Program for Microprocessors*), un sistema operativo funzionante su uno dei processori forniti dalla Intel (il 4004). Il primo BIOS (*Basic Input-Output System*) viene scritto da Kildall come modulo per il proprio CP/M, con la finalità di rendere il sistema meno dipendente dall'hardware. Nel 1980 Tim Patterson, della Seattle Computer Products, sviluppa un proprio sistema operativo basato sul CP/M, il QDOS (*Quick and Dirty Operating System*). Dopo quattro mesi, un'altra società di Seattle, la Microsoft di Bill Gates, acquista dalla SCP i diritti per rivendere il DOS a un cliente non menzionato: il cliente è l'IBM, che nel 1981 lancia il primo PC con un interfaccia a caratteri, dando il via alla rivoluzione dei personal computer.[20] L'utilizzo del DOS consente all'utente di interagire con il programma in corso inserendo dei dati e ottenendo alcuni risultati. Per ovviare alle fase di stasi del processore, i sistemi operativi si evolvono nel tempo fino a poter operare in *multitasking*, permettendo cioè alla macchina di eseguire a rotazione piccole porzioni di tutti i processi in attesa, secondo la tecnica del time-sharing[21] o del real time.[22]

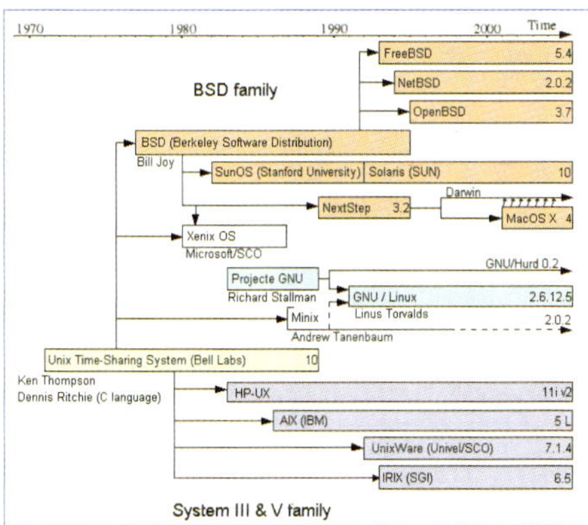

Figura 11.9 - Evoluzione del sistema operativo UNIX.

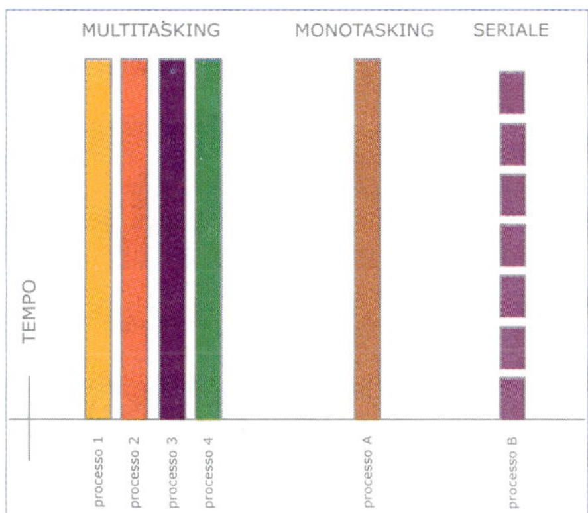

Figura 11.10 - Lavoro multitasking, monotasking e seriale.

La Apple Computer, negli stessi anni, lavora a numerosi progetti e sperimenta diversi sistemi operativi. Steve Jobs, Steve Wozniak e Paul Terrel pensano a una macchina con caratteristiche nuove, come il basso costo, la velocità di elaborazione e la possibilità di collegarsi a un televisore, dal momento che i computer dell'epoca non prevedono alcun dispositivo video.[23] Le continue migliorie e innovazioni apportate dal 1976 al 1984 conducono al lancio[24] e al successo dell'Apple Macintosh, assieme al rilascio di un nuovo sistema operativo, il System – allora alla versione 1.0 (Mac OS). Al contrario del DOS, il System è dotato di un'interfaccia grafica ispirata a quella sviluppata da Xerox:[25] è il primo esempio di GUI – che consente anche agli utenti non esperti di utilizzare il computer – a portare le vendite a un numero mai visto fino a quel momento. Le GUI rappresentano, alla metà degli anni ottanta, una scommessa sulle possibilità di utilizzo di una macchina come il computer in ambito domestico e non esplicitamente professionale.

L'anno successivo, la Microsoft lancia la prima versione di Windows, proponendo l'X Window System. Solo nel 1990, tuttavia, la società di Redmond si impone sul mercato con Windows 3.1 e dal 1995 passa definitivamente dal calcolo a 16 bit a quello a 32 bit, introducendo un'interfaccia grafica più curata ed efficiente oltre al supporto alla multimedialità.

Nel 1991 uno studente finlandese, Linus Torvalds, sviluppa il kernel per un sistema operativo basato su una variante di UNIX e lo distribuisce in Rete sotto la GNU-GPL General Public License, una licenza che ne consente l'uso gratuito, la redistribuzione e la modifica (a certe condizioni). Il progetto inizia a ricevere subito contributi da altri sviluppatori, avendo Torvalds e altri adattato il kernel perché funzioni con i componenti GNU e i programmi in *user space*.[26] Nasce così Linux, una delle varianti UNIX a oggi più diffuse. Il kernel di Linux, presentato nella prima versione stabile nel 1994, viene

Figura 11.11 - Apple, Macintosh dalla copertina di "Byte".
Fonte: http://blog.modernmechanix.com/issue/?magname=Byte&magdate=2-1984

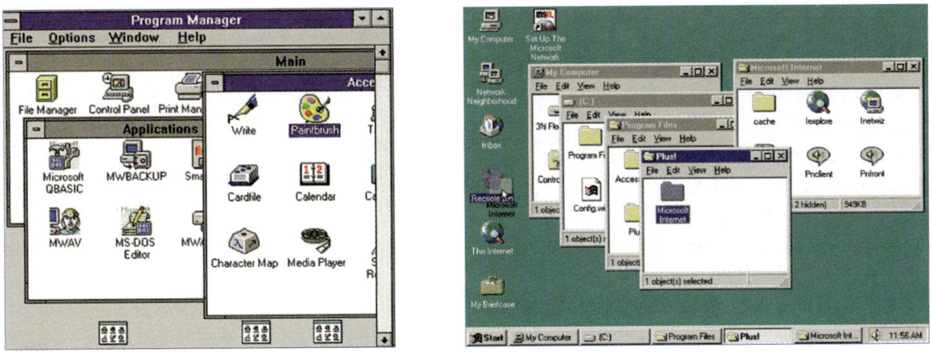

Figura 11.12 - Microsoft, Windows 3.1 e 95.

costantemente aggiornato ed è disponibile in forma gratuita. La filosofia del software libero e personalizzabile assieme alla comunità che lo supporta[27] sono i punti di forza principali di questo sistema. Oltre alla gratuità, Linux si differenza da Windows o Mac OS per altre due ragioni fondamentali:

1. è un sistema operativo scritto con codice aperto (*open source*): chiunque può verificarlo e contribuire al suo miglioramento o crescita. La trasparenza della sorgente garantisce anche la "correttezza" del codice, permettendo di migliorare eventuali bug[28] e rendendo palese qualsiasi tentativo di intrusione nel sistema attraverso backdoor[29] o falle;
2. è un sistema modulare, cioè composto di parti indipendenti che non necessariamente richiedono di essere installate congiuntamente. Ne risulta un sistema agile e personalizzabile a seconda delle necessità dell'utente e, a differenza di Windows, per esempio – che ha richiesto progressivamente un HD sempre di maggiori dimensioni –, può essere salvato anche su un supporto piccolo e mobile come una memoria USB.

Le versioni di Linux, nate da programmatori e pensate per altri programmatori, si sono evolute molto nel tempo per tipologia e interfaccia. Dal 1996 in poi, le diverse versioni sono dotate di un sistema integrato che combina tutte le componenti di base con le interfacce grafiche e con il software applicativo. Distribuzioni come Ubuntu, Fedora, Debian ecc. possiedono ormai un'interfaccia grafica paragonabile per usabilità a quelle degli altri sistemi operativi (*Figura 11.13*). Come conseguenza dello lo scarso successo di Windows Vista, sembra che alcuni produttori di PC, come Hewlett-Packard, stiano seriamente valutando l'opportunità di adottare una versione personalizzata di sistema operativo basato su piattaforma Linux, al fine di competere con Apple.

Dagli anni ottanta è possibile utilizzare sistemi operativi in rete o distribuiti. I primi (per esempio, le versioni di Windows dalla 3.1 in poi) possono essere degli strumenti di condivisione, ovvero un di set di istruzioni disponibili per una rete di calcolatori senza che

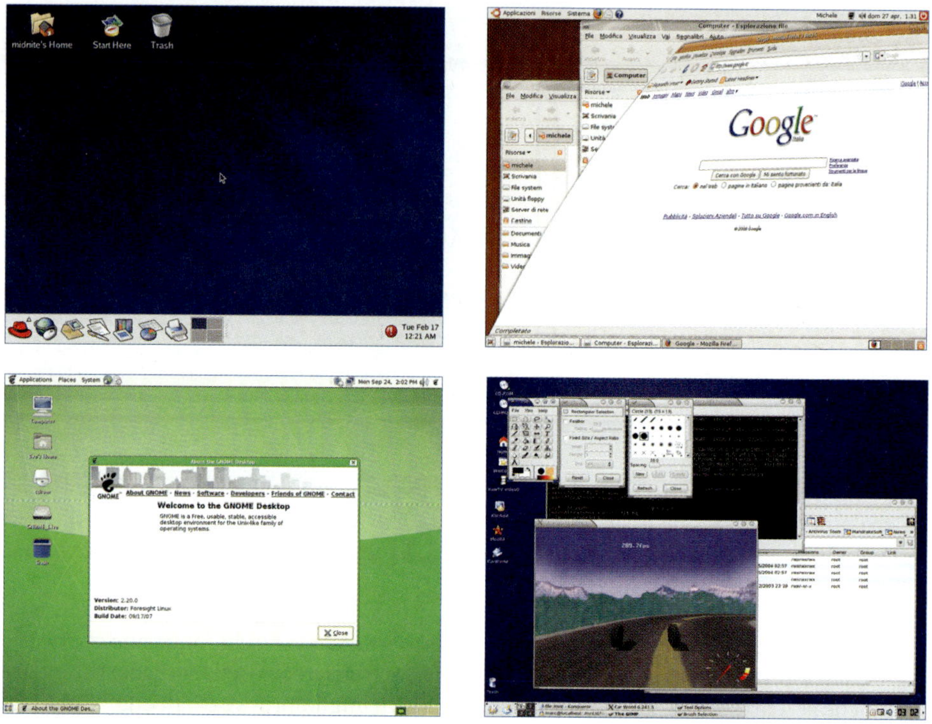

Figura 11.13 - Linux nella distribuzione Red Hat, Ubuntu, Debian e Madrake.

ogni macchina debba aver installato un sistema operativo specifico o debba possedere le medesime componenti hardware. I secondi (per esempio, basati su UNIX e derivati) sono sistemi dotati di controllo sulle diverse unità di calcolo e sul sistema di memorizzazione (file system), gestiti da più processori oppure in grado di delegare parte delle attività a computer diversi della rete. I *mobile device*, cellulari o palmari, utilizzano questi sistemi.[30]

La competitività tra Windows e Apple è storia che arriva ai nostri giorni,[31] con numerose evoluzioni e cambi di rotta. Al di là della concorrenza commerciale e della capacità di ritagliarsi quote di utenti e di mercato, la presenza di due sistemi operativi concorrenti ha avuto un impatto rilevante anche sul modo di lavorare. Fino a qualche anno fa, per esempio, non tutti i file prodotti con un sistema erano leggibili e modificabili con l'altro e ancora oggi non tutti gli applicativi sono pensati per girare su entrambi. Software regolarmente utilizzati dagli utenti come i client di chat difficilmente sono compatibili tra Win e Mac, con la conseguente penalizzazione di alcuni servizi connessi, come la videoconferenza.[32]

La permeabilità tra i due ambienti, tuttavia, è andata aumentando, e anche in fatto di hardware le scelte delle aziende sono cambiate. Dal 2006, infatti, i Macintosh hanno

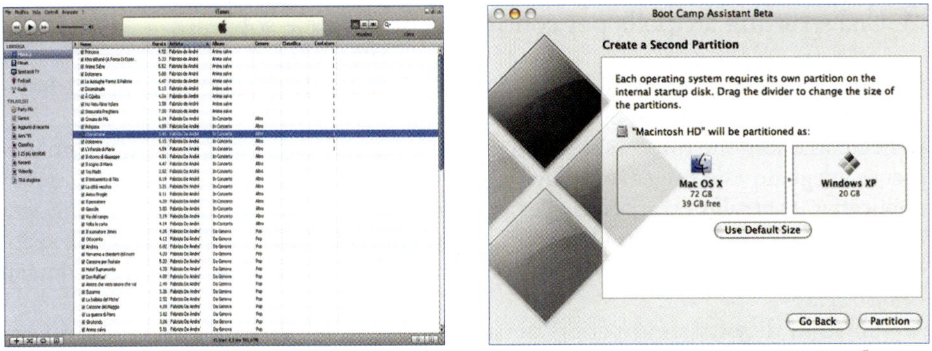

Figura 11.14 - Rapporti di interscambio tra sistemi operativi diversi: iTunes e Boot Camp.

adottato i processori Intel – come i PC – ritenendo che il cuore risieda più nel sistema operativo che non nell'hardware. Nello stesso anno, Apple ha annunciato il lancio di Boot Camp,[33] un software che permette di creare su Mac con Intel una partizione dedicata a Windows e di installare il sistema operativo della concorrenza. Diventa più facile anche far girare Linux. Apple ha dovuto aprire le porte agli utenti Windows anche in fatto di device portatili come l'iPod, rendendo disponibile una versione di iTunes compatibile con il sistema operativo della Microsoft.[34] Di contro, esistono numerosi emulatori di Mac OS X per Windows o Linux che permettono di usufruire di applicativi sviluppati esclusivamente per ambiente Apple.

Le diverse release dei moderni sistemi operativi hanno un tempo di rilascio pari in media a 2-3 anni, ma l'evoluzione tecnologica e le strategie delle case produttrici permettono di intravedere quale sarà il futuro prossimo. Oltre alla maggiore velocità e leggerezza, le macchine potranno usufruire di un sistema concepito per il Web (le risorse distribuite) più che per il singolo computer in remoto. Microsoft, per esempio, ha reso pubblica la versione beta di Windows 7 a gennaio 2009,[35] ma sta già sta lavorando a Midori,[36] un sistema operativo che fungerà da interfaccia diretta con la Rete, senza passare da un browser. È la risposta alla diffusione sempre più evidente di applicazioni, servizi e spazi di archiviazione dislocati su server remoti, per permettere agli utenti di gestire e trasferire dati, utilizzare strumenti e comunicare direttamente nel Web, senza l'ausilio di software applicativi installati in locale. Windows, in questo senso, sta andando nella direzione già percorsa da Linux, pensando a un'architettura che possa essere divisa in componenti, tipi di performance e caratteristiche di sicurezza diverse. Lo stesso nucleo di Midori sarà pensato come una coppia di microkernel in grado di gestire indipendentemente funzionalità di basso livello, come l'hardware, lo scheduler[37] e il risparmio energetico, e di alto livello come il file system, il multimedia e l'esecuzione dei programmi.

3 Una struttura a cipolla per controllare hardware e software

Un sistema operativo svolge il duplice compito di gestire le risorse fisiche dell'elaboratore (hardware) compiendo operazioni diverse a seconda della complessità della componente in questione (processore, memorie, I/O) e, allo stesso tempo, fornisce un ambiente adeguato alle esigenze di lavoro dell'utente (interfaccia, supporto programmi applicativi, controllo errori ecc.). Per poter soddisfare questi requisiti, è organizzato secondo una struttura a "cipolla": strati progressivi di software si occupano di funzionalità diverse, partendo dal livello macchina (hardware) e arrivando al livello umano (interfaccia).

Gli strati di software superiori possono utilizzare le risorse hardware e software gestite dagli strati inferiori, ma non di quelli soprastanti; ogni strato fornisce servizi al livello che segue nella gerarchia e gestisce alcune risorse mediante politiche invisibili ai livelli superiori. L'utente finale interagisce con lo strato più esterno della gerarchia e può essere completamente ignaro delle operazioni svolte dai livelli inferiori; potrebbe, idealmente, essere a conoscenza esclusivamente delle operazioni che deve effettuare: molti utenti, del resto, ignorano completamente come opera un PC, pur utilizzandolo quotidianamente.

Ogni strato può essere considerato di fatto come una "macchina virtuale": a seconda della tipologia del sistema operativo possono essere presenti tutti gli strati o soltanto alcuni, e la comunicazione tra essi può essere basata su chiamate dirette di funzioni (sistemi classici) oppure sulla soluzione del *message-passing*, ovvero lo scambio di messaggi tra le diverse componenti e tra il sistema operativo e i programmi applicativi (sistemi moderni).

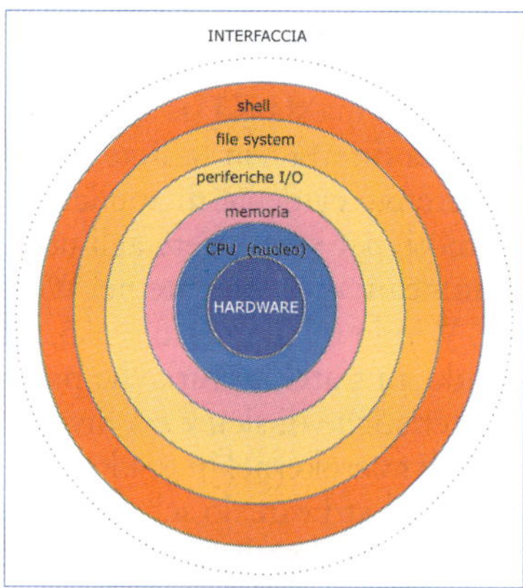

Figura 11.15 - La struttura a cipolla dei sistemi operativi.

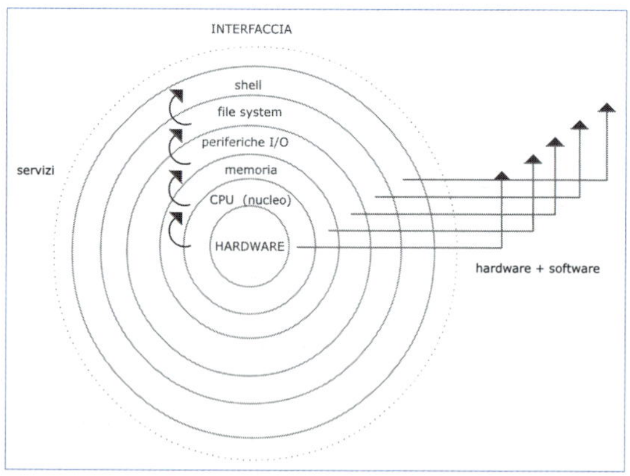

Figura 11.16 - Relazione tra i diversi strati del sistema operativo.

3.1 Strati di funzioni

Kernel. Il livello del sistema operativo più vicino alle componenti fisiche della macchina è quello del *kernel* ("nucleo"). Detto anche "gestore dei processi", questo strato ha il compito di organizzare l'esecuzione dei programmi, mettendo in comunicazione i processi[38] residenti nella memoria centrale con il processore e sollevandoli dai dettagli della gestione hardware. I moderni sistemi operativi prediligono un kernel che possa gestire più processi contemporaneamente, cioè un *multitasking*. Un programma può trovarsi in stati diversi: pronto, in attesa o in esecuzione. In quest'ultimo caso viene impegnata la CPU, mentre negli altri due i processi possono essere pronti per essere eseguiti (per esempio dopo essere stati caricati nella RAM) oppure in attesa di completamento di operazioni di input/output (inserimento dati, stampa ecc.). Il kernel distribuisce le risorse di calcolo tra i vari processi attivi. L'alternarsi degli stati continua fino al momento in cui il programma viene chiuso.

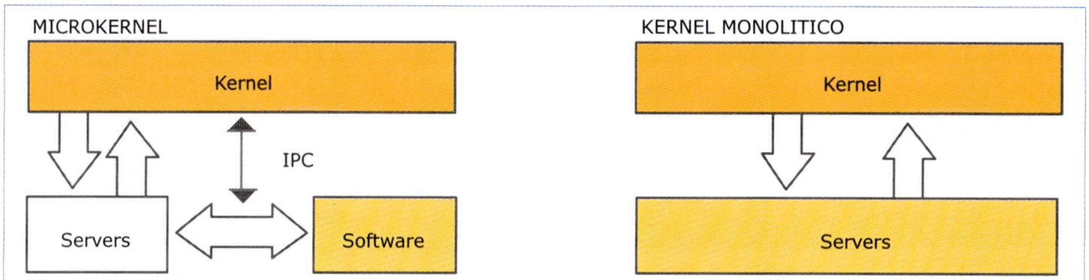

Figura 11.17 - Funzionamento di due tipi di kernel: il microkernel implementa un numero esiguo di funzioni, delegando il resto ad altre componenti; il kernel monolitico dialoga invece direttamente con il software e gestisce autonomamente la memoria virtuale, lo scheduler, i gestori di file system e i driver per il controllo di tutte le periferiche collegate.

Memoria. La memoria è una risorsa essenziale e limitata: *essenziale* perché ogni programma in esecuzione (processo) deve essere caricato in memoria per essere attivo – e così i dati su cui opera – e *limitata* perché nei sistemi moderni possono essere in atto più processi allo stesso tempo. Il secondo strato del sistema operativo si occupa quindi di allocare le porzioni di memoria tra i vari processi in competizione, secondo tecniche ben precise, in modo che ogni processo abbia a disposizione una memoria virtualmente infinita. Il gestore di memoria previene il rischio che i programmi si sovrascrivano utilizzando le stesse aree di memoria e controlla che processi andati in crash non continuino a occupare inutilmente spazio, non riuscendo a comunicare l'improvvisa chiusura al sistema.

Essendo la RAM una risorsa finita, nell'allocarla ai processi il sistema operativo deve risolvere vari problemi: trovare spazio per i vari processi; "rilocare" il codice caricato in memoria; ridurre la frammentazione. La porzione di programma da caricare nella me-

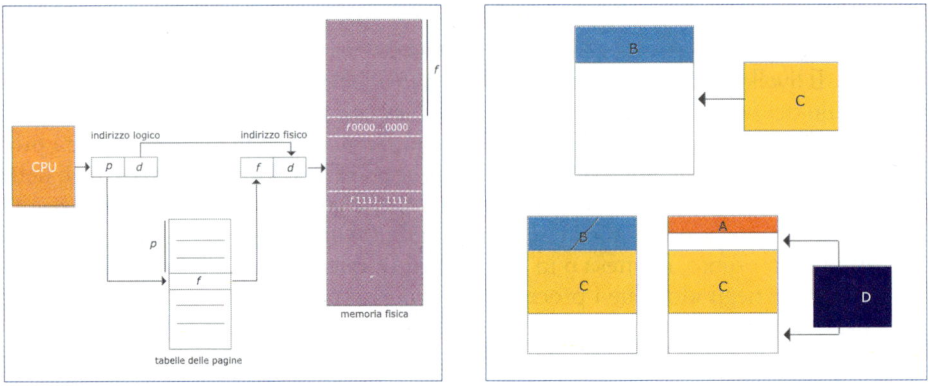

Figura 11.18 - Funzionamento della gestione delle memorie: la posizione di un determinato processo in memoria è nota solo al momento dell'esecuzione. La tavola delle pagine è la struttura dati che permette il mapping: ne esiste una per ogni processo. Gli indirizzi di riferimento per l'allocazione dei dati sono due: quello logico generato dalla CPU e quello fisico, visto dalla memoria (caricato nel *memory address register* MAR).
Fonte: http://www.malcom-mac.com/blog/so-paginazione-e-segmentazione/

moria centrale è un parametro critico che il sistema operativo deve valutare di volta in volta. Le tecniche adottate per risolvere il problema sono di tre tipi: la *segmentazione*, la *paginazione* e lo *swapping*.

- *Segmentazione*: la memoria mette a disposizione segmenti sempre più piccoli ai programmi per ottimizzare lo spazio, ma l'eccessiva suddivisione delle porzioni può condurre alla frammentazione, ovvero a una situazione in cui i programmi diventano inutilizzabili da parte della macchina perché manca lo spazio necessario per caricarli.
- *Paginazione*: è una tecnica, simile alla segmentazione, che suddivide la memoria in blocchi (pagine fisiche) e i programmi in pagine logiche (*Figura 11.19*). Le porzioni di memoria assegnate, più grandi, permettono di evitare la frammentazione, pur ipotecando inutilmente aree di memoria.
- *Swapping*: è una tecnica di spostamento di porzioni o di interi programmi su un disco del gestore della memoria (*Figura 11.20*). In questo modo viene liberato provvisoriamente dello spazio per permettere il funzionamento di altri software. L'utilizzo di una memoria secondaria (su disco) per estendere la memoria di sistema consente di parlare di *memoria virtuale*.

Le tre diverse tecniche possono coesistere: il risultato della loro interazione è l'apparente maggiore disponibilità di memoria (rispetto a quella fisica installata) di cui il sistema può avvalersi.

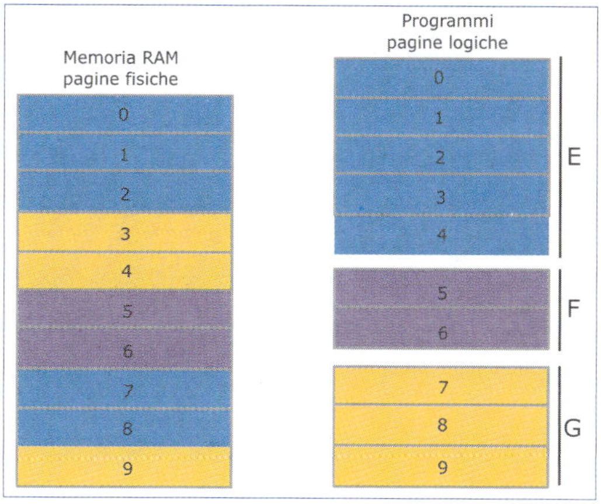

Figura 11.19 - Il processo di paginazione. L'allocazione dei processi è dinamica e i blocchi di memoria possono non essere contigui dal momento che difficilmente un programma usa tutte le sue funzioni contemporaneamente. Con questa tecnica, la frammentazione viene ridotta e l'uso della memoria virtuale agevola la collocazione dei dati in "pagine" richiamabili dal disco all'occorrenza.

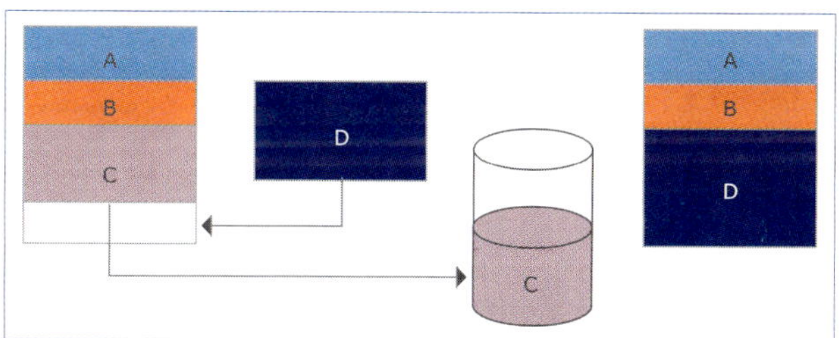

Figura 11.20 - Il processo di *swapping*. Quando i processi aperti in memoria non permettono il caricamento di un nuovo programma o di un dato, il gestore della memoria può allocare provvisoriamente gli applicativi meno usati in un disco e permettere il caricamento dei nuovi processi.

Periferiche di input/output. L'accesso alle periferiche di I/O viene gestito dal sistema operativo insieme ai driver di periferica.[39] L'interazione tra un programma e una periferica è standardizzata: un programma di elaborazione testi, per esempio, può inviare un comando di stampa indipendentemente dal tipo di stampante collegata al computer. Spetta al sistema operativo smistare la richiesta al driver della stampante. Nel terzo strato del sistema operativo è implementato anche un sistema di gestione degli errori di I/O (per esempio, casse scollegate, inchiostro esaurito ecc.) e di controllo dell'ordine di accesso ai dispositivi, in modo da evitare possibili conflitti o situazioni di stallo (*deadlock*).[40] Un esempio di ottimizzazione della comunicazione tra computer e periferiche è dato

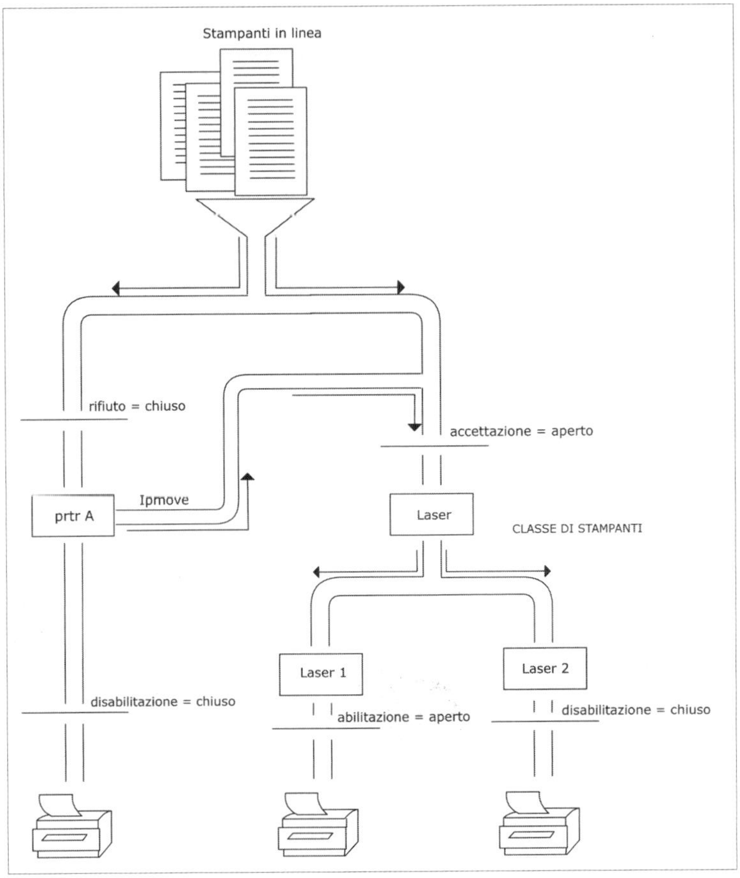

Figura 11.21 - Gestione delle periferiche di I/O, un esempio di spooler stampa.

dall'uso della stampante: il sistema operativo attiva lo SPOOL (*Simultaneous Peripheral Operation On Line*), ovvero la possibilità di "mettere in attesa" in una memoria secondaria i dati inviati per la stampa, lasciando libera la memoria primaria per altre operazioni.

FILE SYSTEM. Un file può essere considerato un'astrazione che rappresenta un insieme di byte logicamente collegati. Il file system è il modo in cui il sistema operativo organizza i file (documenti di dati omogenei) nelle unità di memorizzazione (hard disk, CD, DVD, memoria USB ecc.). Questo livello ha il compito di mettere a disposizione dei diversi programmi le funzioni per la manipolazione dei file: creazione/eliminazione, lettura/scrittura/esecuzione, coordinamento degli accessi contemporanei,[41] controllo degli accessi (nei sistemi multiutente).[42]

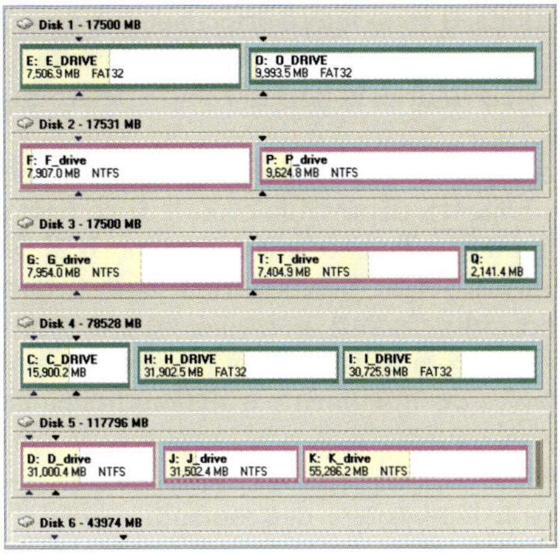

Figura 11.22 - Gestione del file system su dischi e partizioni.

Ogni sistema operativo ha un file system dedicato, ma generalmente si identificano due classi di file system: quelli in locale, pensati per organizzare fisicamente i dati nei dischi e quelli distribuiti per permettere la condivisione dei dati tra macchine anche molto diverse tra loro, ma comunicanti in rete. In questa parte del sistema operativo risiedono le istruzioni che regolano le strutture ad albero dei dati che vengono salvati: secondo una

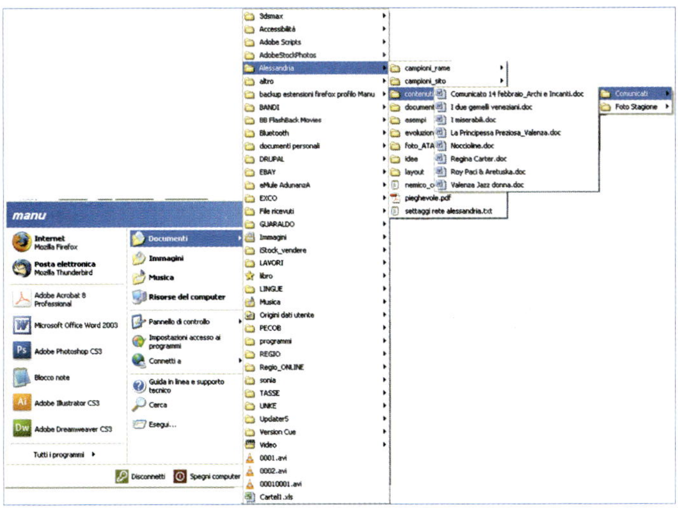

Figura 11.23 - Struttura delle directory.

linea gerarchica ben definita, il contenitore principale funziona da *root* ("radice"), mentre quelli immediatamente secondari costituiscono le directory.

Ciascun file salvato viene quindi collocato con un determinato nome + estensione[43] (per esempio diario.doc, dove "diario" è il nome del file e ".doc" è l'estensione che ne identifica la natura di documento testuale) dentro una directory (la cartellina gialla di Windows) e, conseguentemente, dentro alla root (il disco fisso per esempio). Per poter recuperare il file, il computer o l'utente, deve ricomporre il percorso (*path*) a ritroso, per esempio: C://documenti/scritti_personali/diario.doc, dove "C" è la root, "documenti" è la directory prescelta, "scritti_personali" è una directory secondaria e "diario" è il nome del file). È ancora il sistema operativo a gestire le informazioni relative alla posizione fisica e logica del documento e alle modifiche che le informazioni associate al file[44] subiscono nel tempo.

Interprete dei comandi. L'interprete dei comandi o *shell* ("guscio") è la parte più esterna del sistema operativo, un programma creato per ricevere ed elaborare le istruzioni impartite da un utente e attivare i programmi degli strati inferiori. L'interfaccia a linea di comando o grafica (GUI) è il mezzo attraverso il quale l'utente invia comandi alla shell:[45] è possibile utilizzare lo stesso sistema operativo con interfacce differenti e questo

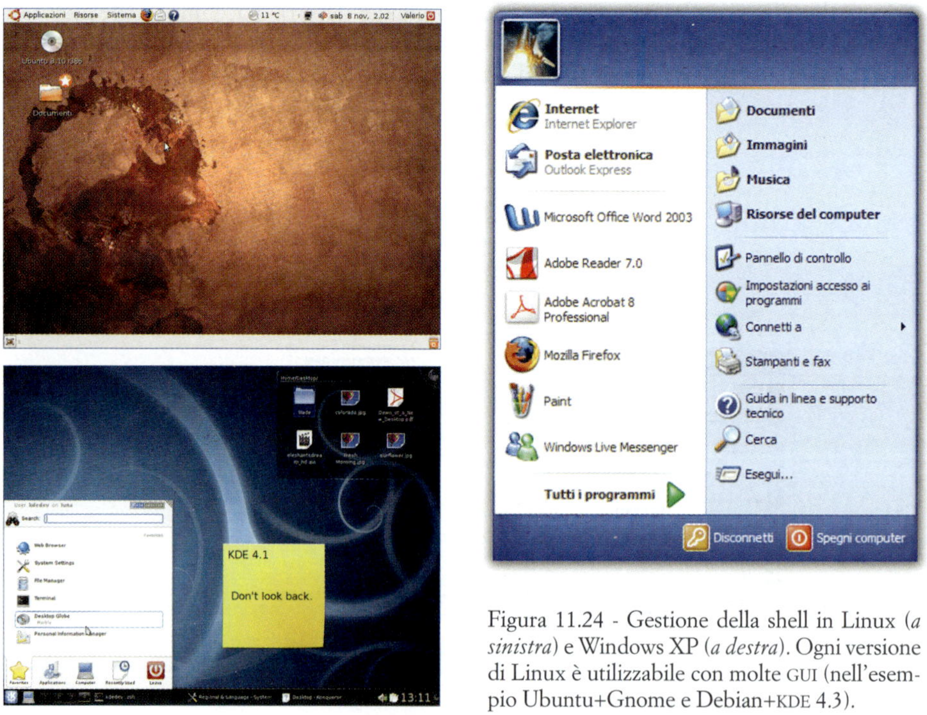

Figura 11.24 - Gestione della shell in Linux (*a sinistra*) e Windows XP (*a destra*). Ogni versione di Linux è utilizzabile con molte GUI (nell'esempio Ubuntu+Gnome e Debian+KDE 4.3).

può condizionare fortemente il modo in cui vengono impartiti i comandi. L'efficacia di un'interfaccia dipende, quindi, da un'accurata progettazione e dall'attenzione al tipo di utente a cui si rivolge.

4 Operare in modo specifico

I software applicativi sono tutti quei programmi che svolgono funzioni specifiche in base alla natura per cui sono nati: creare e gestire fogli di calcolo, editare un testo, disegnare, ma anche programmare ecc. Il software può avere caratteristiche anche molto diverse e appartenere ai linguaggi di programmazione,[46] agli strumenti personali,[47] di produzione e professionali.[48] Sono software applicativi i driver di periferica (*device driver*), ma anche i virus, programmi creati per distruggere dati e/o programmi, cambiare le impostazioni del sistema o modificare il funzionamento di altri programmi.[49]

Alla base di qualsiasi software, a prescindere dalla sua natura o dalla sua finalità, sono individuabili degli algoritmi che ne regolano il corretto funzionamento. Un algoritmo è una sequenza finita, non ambigua, di passi eseguibili e ripetibili un numero finito di volte per portare alla soluzione di un dato problema. Affinché una procedura sia un algoritmo, deve produrre, a partire dalle informazioni in ingresso, un risultato in uscita.[50] Per avere un algoritmo è necessario che siano rispettati alcuni requisiti:

- *Finitezza*:
  - il numero delle istruzioni è finito;
  - ogni soluzione è eseguita in un intervallo finito di tempo;
  - ogni istruzione è eseguita un numero finito di volte.
- *Generalità*:
  - un algoritmo fornisce la soluzione a una classe di problemi
    dato un insieme di definizione o dominio,
    dato un insieme di arrivo o codominio;
  - l'algoritmo può operare su tutti i dati appartenenti al dominio per fornire una soluzione all'interno del codominio.
- *Non ambiguità*:
  - le istruzioni sono definite in modo univoco;
  - non ci sono paradossi, contraddizioni, ambiguità;
  - a parità di dati su cui lavorare, il risultato dell'algoritmo è identico indipendentemente da chi lo sta eseguendo.

I linguaggi di programmazione, essendo rigorosi e conformi a questi requisiti, hanno il compito di definire gli algoritmi, laddove i linguaggi come quello naturale risulterebbero troppo ambigui e generici.

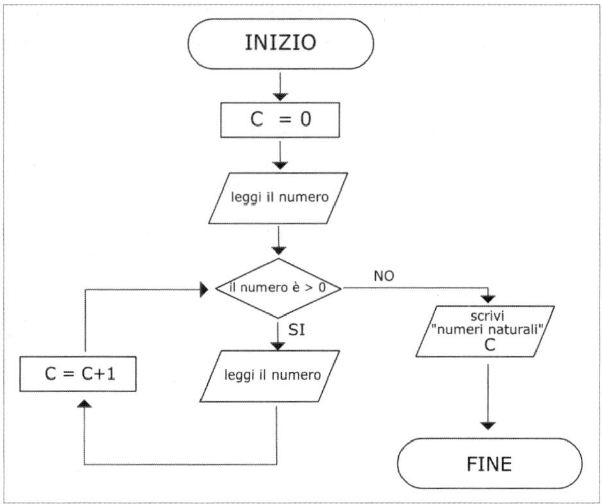

Figura 11.25 - Diagramma del funzionamento di un algoritmo.

5 La filosofia del software

I software disponibili sul mercato sono oggi centinaia, dai più semplici ai più complessi, da quelli pensati per un uso quotidiano a quelli più professionali e specifici. Un programma, a differenza degli oggetti materiali, può essere velocemente diffuso, modificato, corretto e migliorato. Il rilascio e la scelta di un sistema operativo o di un applicativo dovrebbero quindi dipendere dalla percezione dell'utilità sociale di quello strumento e dalla volontà di diffondere la conoscenza attraverso lo scambio di idee. Il funzionamento del mercato sembra però essere diverso: i software più diffusi sono generalmente quelli maggiormente sostenuti da forti interessi economici.

Un software può essere:

- **Proprietario**, cioè essere messo a disposizione dall'azienda sviluppatrice a pagamento. L'acquisto non comporta la successiva proprietà del software, ma della licenza di utilizzo[51] alle condizioni dettate dal produttore. Rientrano in questa tipologia anche i sistemi operativi Windows e Mac OS.
- **Demoware**, offerto cioè in versione dimostrativa (a pagamento o meno) per permettere una valutazione del prodotto, ma non in utilizzo completo e continuativo (limitazione in funzionalità, come il salvataggio o la stampa, e in tempo).
- **Shareware**, reso disponibile gratuitamente per un periodo determinato e poi a pagamento e dietro registrazione, con l'eventuale attivazione di risorse non incluse nella versione di valutazione.

- **Adware**, ovvero gratuito ma diffuso a scopo pubblicitario con inserti non removibili (lo sviluppatore è pagato dalla sponsor, non dall'utente). Sono esempi di questo tipo di software alcuni browser e client di posta.
- **Freeware**, disponibile gratuitamente ma non liberamente riutilizzabile e modificabile; i codici sorgente non sono forniti dal produttore.
- Se un software è di **pubblico dominio**, è gratuito e non prevede alcun tipo di licenza. Non essendoci un soggetto che ne rivendichi i diritti, tuttavia, il software stesso o porzioni di esso possono essere distribuiti anche a pagamento da terze parti.
- Il **copyleft** è una soluzione più efficace di distribuzione gratuita, protetta da una licenza che ne tutela il diritto d'autore e la sua volontà di mantenere libera da costi la propria opera. Il copyleft permette la copia, la diffusione e il miglioramento del prodotto, ma ne vincola la possibilità di aggiungere restrizioni di alcun tipo. Un esempio di questo tipo di licenza è GNU-GPL sotto alla quale viene diffuso Linux.

L'alto costo degli applicativi proprietari ha portato larghe fasce d'utenza a utilizzare copie dei programmi o software che le aziende produttrici definiscono "illeciti" o non "legalmente licenziati".[52] Questa scelta – secondo le indicazioni dei produttori – può portare a possibili malfunzionamenti, arresti del sistema, attivazione di virus derivanti dall'utilizzo di software non originale e non garantisce la possibilità di assistenza, formazione o aggiornamenti. La maggior parte dei software "illegali" sono reperibili come *warez*, cioè in distribuzione che viola il copyright che lo copre. I numerosi siti Internet che offrono il download sono a pagamento o, se gratuiti, sfruttano forme di pubblicità invasiva, spesso pornografica, offrendo sovente file contenenti trojan, virus e spyware al posto del programma prescelto.

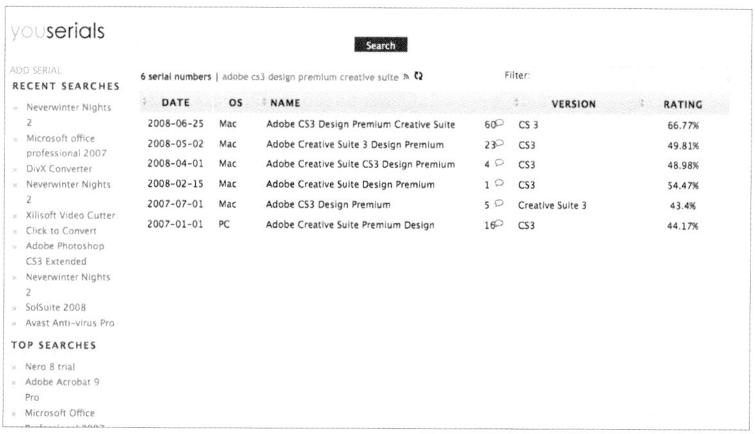

Figura 11.26 - Le tipologie di software esistenti a oggi possono venire facilmente copiate e diffuse per poi essere autenticate con codici seriali reperibili in Rete.
Fonte: http:// www.youserials.com

Il problema del software "pirata" può essere interpretato come funzionale ai meccanismi di mercato: le aziende, e in genere chi utilizza programmi informatici a scopo commerciale, sono generalmente sottoposti a controlli da parte degli enti di certificazione della qualità e tributari. L'utenza privata, usufruendo di software "pirata", si abitua a utilizzare uno strumento specifico e indirettamente è portata a ricercarlo anche in ambienti lavorativi e professionali, laddove l'acquisto della licenza, spesso multipla, è obbligatorio.

Note

1 Dobbiamo il concetto di software ad Ada Byron e George Boole, ma il termine "software" fu coniato dal team di matematici dedito alla decrittazione dei codici di Enigma. Al contrario della macchina, manufatto pesante e metallico (hardware), le istruzioni venivano scritte su pagine sottili per essere facilmente distrutte in acqua, quindi su un materiale "morbido" (software). *Vedi anche* il capitolo 12.

2 *Vedi* il capitolo 1.

3 Dal 1913 e fino alla metà del Novecento si parla di "fordismo" a proposito delle catene di montaggio, mentre per l'epoca contemporanea si parla di società "post-fordista" o "post-industriale".

4 Nel sistema postfordista il controllo tecnologico e informatico ha portato a una serie di cambiamenti in fatto di qualità, tipologia e tempistica di produzione. L'utilizzo di software dedicati permette le creazione di un gran numero di oggetti disomogenei in modo economicamente efficiente; il sistema di assemblaggio è cambiato nel tempo e permette oggi di combinare parti uguali per ottenere elementi anche molto diversi in uscita; non necessita di produzione di massa e relativo immagazzinamento della merce; rende possibile la parcellizzazione del lavoro tra aziende diverse e specializzate. Un buon esempio di aziende integrate si trova in zone come Silicon Valley (Stati Uniti) o nelle regioni del Nord-est italiano (distretti industriali).

5 Per esempio, un software come Skype può essere utilizzato dal proprio PC così come da un palmare o da un computer in rete in un Internet point. Risiedendo in un server e non in una macchina locale, il software resta disponibile a prescindere dalla modalità di accesso ed è in grado di garantire l'esistenza di una porzione di memoria personale (l'account) con settaggi, funzioni e contenuti individuali.

6 I software professionali costano oggi mediamente più di un nuovo computer. Gli stessi sistemi operativi, soprattutto se acquistati separatamente dall'hardware, hanno prezzi di listino piuttosto sostenuti.

7 L'uso ormai diffuso di chat, giochi, ambienti di condivisione ecc. indica la naturale tendenza degli utenti a concepire la Rete come un luogo "di ritrovo", indipendentemente da distanze e tempi fisici.

8 I sistemi che utilizzano un software possono essere anche molto diversi per natura e funzione. Un cellulare, un computer, una lavatrice e un frigorifero usano un sistema di istruzioni, alcune delle quali possono essere condivise (per esempio, esistono dei frigoriferi da cui si possono inviare e-mail, delle lavatrici attivabili via cellulare ecc.) e altre che restano specifiche (la conservazione dei cibi o il lavaggio in questi esempi).

9 Va tenuto in considerazione che se l'offerta in un negozio è di 8/10 computer con sistema operativo Windows, 8/10 acquirenti sceglieranno quella soluzione.

10 BIOS è un acronimo, ma il richiamo alla parola greca *bíos* ("vita") sembra appropriato. Per visualizzare e cambiare le impostazioni del BIOS possono essere richieste procedure diverse di caso in caso. Generalmente è necessario premere un tasto specifico (F2, F12, CANC o ESC) o una combinazione di tasti durante la fase di booting (in base alle istruzioni fornite dal produttore). L'interfaccia del

BIOS è pensata per utenti esperti, perché operazioni errati potrebbero impedire un successivo riavvio della macchina. *Vedi* il capitolo 9.

11 Il *firmware* è un piccolo software integrato in una componente hardware utile per avviare il componente e per permettergli di comunicare con gli altri componenti tramite appositi protocolli o interfacce. Il termine (*firm*, "stabile", e *ware*, "componente") sottolinea che l'utente non può modificarne il comportamento e che si tratta di un elemento che fa da tramite tra hardware e software.

12 Attualmente alcuni dei moderni sistemi operativi accedono direttamente all'hardware di I/O senza passare dal controllo del BIOS. Per esempio, i Macintosh usano uno standard industriale innovativo chiamato EFI per gestire il booting. *Vedi*: http://www.intel.com/technology/efi/

13 Fino a quel momento gli elaboratori usavano per lo più il Fortran Monitor System e l'IBSYS, sistemi operativi in Fortran e Assembler.

14 Per *mainframe* si intende, agli albori della storia dell'informatica, un assemblato piuttosto ingombrante che contiene il processore centrale e i dispositivi di input/output. Oggi il termine indica elaboratori di tipo aziendale di fascia alta, come quelli prodotti dall'IBM.

15 Le macchine in uso tra il 1955 e il 1965 non sono ancora dotate di un accesso diretto alla memoria (DMA), quindi risultano piuttosto lente nell'elaborazione dei dati in entrata e nell'erogazione di quelli in uscita. L'idea di base per il loro funzionamento è ancora quella delle tabulatrici: macchine distinte che si occupano di incarichi specifici come acquisire i dati, calcolare, stampare.

16 *Vedi* il capitolo 12.

17 Fra i centri di ricerca AT&T, i Bell Laboratories sono stati probabilmente i più prolifici in fatto di innovazioni: oltre a UNIX, è grazie a loro che possediamo il transistor, i linguaggi C e C++, la prima rete wireless.

18 La AT&T lavora al progetto MULTICS a partire dal 1963 con l'idea di sviluppare una "rete di calcolo" simile a quella elettrica o idrica. A causa di limitazioni tecniche e costi eccessivi il progetto non ottiene grande successo, ma pone le fondamenta per lo sviluppo dei moderni sistemi operativi e rimane in servizio fino al 2000 per il dipartimento della Difesa canadese. Dal 2007 il MIT ha reso pubblico il codice sorgente. *Vedi*: *MIT apre il codice di Multics*, "Punto Informatico", 15 novembre 2007, http://punto-informatico.it/2115042/PI/News/mit-apre-codice-multics.aspx

19 Un *assembler* è un software in grado di convertire le istruzioni e di montarle una a fianco dell'altra come se fossero in fila. Il linguaggio derivato viene definito *assembly*.

20 *Vedi* il capitolo 1.

21 La tecnica del *time-sharing* suddivide le porzioni di tempo in cui la CPU è impegnata in un processo piuttosto che in un altro e rende gli intervalli estremamente piccoli, in modo che l'utente non li possa percepire durante il lavoro con il computer.

22 La tecnica del *real-time* alterna i processi in esecuzione a seconda della priorità a essi accordata.

23 *Vedi*: *Mac Classic Startup*, http://it.youtube.com/watch?v=mS8NslckhmY&NR=1

24 La spot pubblicitario ideato da Ridley Scott per il lancio del computer e ispirato a *1984* di George Orwell («On January 24, Apple Computer will introduce Macintosh. And you'll see why 1984 won't be like *1984*»), rappresenta in modo molto evidente la stretta connessione che intercorre tra informatica, comunicazione e marketing. Lo spot viene mandato in onda durante il Super Bowl, l'incontro che assegna il titolo di campione della National Football League (NFL), ed è quindi pensato per il grande pubblico. Steve Jobs, negli anni, è divenuto il simbolo umano di questa relazione: nel mondo Apple l'efficienza di calcolo e le alte prestazioni non vengono mai scisse da un'attenzione quasi maniacale per il design dell'oggetto, l'usabilità da parte dell'utente e il packaging che funge da cornice. Non è un caso se oggetti come l'iPod sono in bella mostra oggi nelle sale della sezione design del Moma a New York e se, al momento della consegna di un iPhone, la confezione assomiglia più a quella di un gioiello che a quella di un palmare. A oggi Apple è probabilmente «una delle migliori macchine da marketing al mondo» (*Five Secrets of the World Best Marketing Machine*, http://www.marketingapple.com/).

25 La Xerox aveva prodotto nel 1981 un computer piuttosto costoso, lo Xerox Star, dotato di interfaccia grafica GUI con tipologia WIMP (*Windows, Icons, Mouse and Pointer*).

26 L'architettura dei sistemi UNIX distingue lo *user space*, ovvero l'ambiente in cui vengono eseguiti i programmi, e il *kernel space*, dove viene eseguito il kernel. Ogni programma considera come spazio disponibile l'intera capienza della CPU e della memoria, a prescindere dal fatto che altri programmi possano essere messi in esecuzione dal kernel. Questo permette di evitare possibili interferenze tra i programmi o tra un programma e il sistema, garantendo la maggior stabilità dei sistemi UNIX-like. L'accesso diretto all'hardware avviene quindi dal kernel, mentre al di fuori di esso un ipotetico programmatore deve usare le opportune interfacce che questo fornisce allo *user space*.

27 All'inizio degli anni novanta e in seguito alla distribuzione di GNU Linux, nascono delle vere e proprie società e organizzazioni che distribuiscono tale sistema operativo (Red Hat, Suse, Debian), così come iniziano a diffondersi i primi Free Software User Groups, come il Linux User Group (LUG). L'obiettivo principale di un LUG è quello di estendere le conoscenze dei propri membri e condividerle con gli altri per una crescita comune: si occupa quindi della diffusione, della formazione, della divulgazione, del supporto e dell'aggregazione, secondo un libero accordo del gruppo. I LUG italiani propongono ogni anno il "Linux Day", una manifestazione decentrata in diverse città che propone una serie di eventi in contemporanea, con la finalità di promuovere Linux e avvicinare a esso nuovi utenti.

28 I bug di sistema sono anomalie del codice che causano in genere problemi di sicurezza o malfunzionamenti. Per porvi rimedio, le case produttrici di software rilasciano progressivamente delle *patch*, ovvero dei pezzi di codice che mirano a sanare il problema. Quando il numero di patch o il peso del software di aggiornamento diventa eccessivo, viene rilasciato un intero pacchetto, come nel caso dei *Service Pack* di Windows.

29 Le *backdoor* sono "porte di servizio" create per superare in parte o in toto le procedure di sicurezza attivate in un sistema informatico. Possono essere intenzionalmente aperte per permettere una più agevole opera di manutenzione dell'infrastruttura informatica (per esempio in caso di crash di un programma) o per prendere il controllo remoto della macchina senza l'autorizzazione del proprietario. Alcuni malware (virus, worm o trojan) possono installare delle backdoor.

30 Per esempio, Windows Mobile pensato per gestire smartphone e PDA (www.microsoft.com/windowsmobile); Palm OS per i prodotti della linea Palm (www.palmsource.com); Symbian per Nokia, Ericsson, Morotola e Psion (www.symbian.com); Linux senza costi di licenza e in prossima adozione da Nokia (linuxdevices.com). Questi sistemi condividono alcune caratteristiche come l'elaborazione *multi-tasking*, l'uso di interfaccia grafica, la gestione dell'input con schermo sensibile e penna dedicata, una sempre maggior compatibilità con i programmi per desktop e in particolare con le comunicazione in rete.

31 Particolarmente interessanti a questo proposito sono film come *I pirati di Silicon Valley* di Martyn Burke (1999), *Revolution OS* di J.T.S. Moore (2001) e *Synapse* di Peter Howitt (2001).

32 *Vedi*: http://www.tuttologia.com/guida-chat.html

33 In Mac OS X Leopard, Boot Camp è integrato.

34 iTunes è un programma sviluppato dalla Apple per riprodurre e organizzare file multimediali, in seguito all'acquisto online di canzoni, video e film attraverso il servizio iTunes Store. La distribuzione di iTunes come freeware, la sua semplicità di utilizzo e la sua capacità di mantenere una buona organizzazione della libreria audio ne hanno fatto lo standard sotto Mac OS X. iTunes supporta nativamente il lettore di musica digitale di Apple, iPod, e gestisce alcune funzioni di iPhone.

35 [09/GEN/09] *Windows 7, scaricabile e collaudabile*, "PUNTO INFORMATICO")
Vedi: http://punto-informatico.it/2518912/PI/News/windows-7-scaricabile-collaudabile.aspx.

36 L'architettura di Midori sarà probabilmente di tipo asincrono, ottimizzata per l'utilizzo simultaneo di più risorse (sia locali sia distribuite) e in grado di gestire dinamicamente le risorse di sistema (CPU, memoria, disco, rete ecc.) in base al carico di lavoro, alle priorità di utilizzo e altri criteri stabiliti dall'utente.

37 Lo *scheduler* è l'assegnazione del tempo macchina a ciascun task.

38 Per "processo" si intende qualsiasi programma in fase di funzionamento.

39 I driver di periferica sono programmi specifici che "guidano", come dice la parola, ciascun dispositivo nella relazione con il computer e ne identificano la natura (stampanti, scanner, dischi, webcam ecc.). Nelle macchine normalmente in uso, soprattutto dopo il rilascio di Windows XP, la maggior parte dei driver è integrato nel sistema operativo e non richiede alcuna informazione aggiuntiva per poter riconoscere e far funzionare un determinato dispositivo. Questa è una delle tante ragioni per cui Windows richiede uno spazio memoria piuttosto rilevante, dovendo mettere a disposizione le istruzioni di funzionamento di centinaia di dispositivi presenti sul mercato. L'utente utilizza solo una piccola porzione di questi dati, usufruendo solitamente di relativamente poche periferiche.

40 Una situazione di stallo si crea quando molti processi vengono eseguiti contemporaneamente e si generano code di attesa non risolvibili per l'utilizzo di una determinata risorsa.

41 Un computer, soprattutto se con funzionalità di server, può essere usato da più utenti. In questo caso l'accesso alle risorse può essere contemporaneo e deve essere coordinato in modo da non creare interferenze tra il lavoro di un utente (per esempio, il salvataggio di un file) e quello di un altro (per esempio, l'editing di un file).

42 Una singola macchina può essere resa disponibile a diverse tipologie di utente: normalmente esiste un profilo per l'amministratore, che ha il permesso di utilizzare tutte le funzionalità di installazione, lettura e scrittura dei file, e uno o più per gli utenti "normali", che possono utilizzare i programmi e inserire dati, ma non installare, oppure possono solo leggere i file e non scrivervi. A seconda delle necessità di accesso alla macchina e del grado di sicurezza richiesto, è possibile creare differenti profili utente.

43 L'estensione permette di associare un determinato file a un software. In questo modo il sistema carica nella RAM il programma ogni volta che l'utente richiede di leggere e modificare un certo file, identificandolo come appartenente a quel formato.

44 Questi parametri sono generalmente le informazioni riguardanti l'autore e il documento, come la data di creazione e quella di modifica, il tipo di file ecc.

45 *Vedi* i capitoli 1 e 2.

46 I linguaggi di programmazione sono di solito degli ambienti di sviluppo dotati di strumenti di creazione e di correzione del codice informatico, e funzionano in modo indipendente dalla struttura hardware che li ospita.

47 Sono in genere software di uso personale quei programmi di facile gestione pensati per un utente poco esperto, come i text editor o i client di posta elettronica.

48 I software di produzione e professionali permettono di ottimizzare alcuni compiti tipici della programmazione informatica applicata a un settore lavorativo specifico, più o meno complesso. Appartengono a questa categoria i sistemi di gestione dati o i fogli elettronici, ma anche programmi altamente specialistici come Autocad, Photoshop, 3DStudio Max ecc.

49 *Vedi* il capitolo 1.

50 Sono buoni esempi di algoritmi le ricette di cucina, le istruzioni di montaggio di un oggetto, il calcolo dell'ipotenusa dati i cateti, il calcolo del massimo comun divisore, le procedura per cambiare una ruota, l'ordinamento di una rubrica, il pagamento di un bollettino postale ecc.

51 La tipologia di licenza più diffusa per questo tipo di software è denominata EULA (*End User License Agreement*).

52 Ogni macchina dovrebbe usufruire di software accompagnato da regolare licenza. Vengono definiti casi di pirateria dell'utente finale: l'utilizzo di una copia con licenza per installare un programma in più computer o server; la copia di dischi per l'installazione e la distribuzione; l'acquisto di applicazioni per l'istruzione o comunque destinate a un gruppo limitato di utenti e il loro utilizzo per altri scopi; lo scambio di dischi all'interno o all'esterno del posto di lavoro.

12. C'erano una volta… mille idee

1 Informatica: comunicare a basso costo

Il computer che usiamo oggi in qualsiasi contesto e con le applicazioni più disparate – dalla videoscrittura alla controllistica, dalla progettazione edilizia all'arte e al calcolo – non è il frutto della felice intuizione di una sola mente eletta, ma piuttosto la messa a sistema di una vasta serie di invenzioni apparentemente molto lontane tra loro per epoca di realizzazione, caratteristiche, utilizzo e ambito di applicazione. Prese singolarmente, tali scoperte hanno poco a che vedere con l'informatica, ma la loro associazione è stata fondamentale per poter concepire e sviluppare una macchina con le funzionalità odierne.

L'informatica nasce come la fusione di due idee portanti, quella dell'informazione e quella dell'automatismo, e mira a soddisfare due necessità umane, quella della comunicazione e quella del risparmio della fatica e dell'energia.

Dal momento che trasmettere ed elaborare informazione richiede energia, fin dall'antichità l'uomo ha ricercato sistemi per ottimizzare questo processo. L'uso del fuoco, dell'acqua, del vento e della forza di gravità costituisce uno dei primi passi in questa direzione. Sistemi anche molto complessi di comunicazione, come le torri romane, le macchine da guerra greche[1] o persiane, gli apparati scenografici arabi, gli automi cinesi, funzionano migliaia di anni prima di Cristo grazie a elementi naturali di base.

La combinazione delle diverse fonti di energia e delle tecnologie via via disponibili porta a migliorare i risultati, a diminuire fatica e costi, ad abbreviare il tempo necessario per l'elaborazione e il recapito dell'informazione. Inoltre, il desiderio antico dell'uomo di realizzare un suo "doppio meccanico" che ne assolva i compiti difficili o eccessivamente impegnativi dal punto di vista mentale (il calcolo) o fisico (la fatica o la ripetitività) traccia una via chiara, anche se non sempre univoca, per lo sviluppo dell'informatica.

2 Dal fango al microchip

I replicanti di *Blade Runner* e *Terminator* sono dei cyborg,[2] così come lo sono gli arti utilizzati dall'artista australiano Sterlac,[3] ma il tentativo di creare degli "imitatori del comportamento umano" – degli automi –[4] risale a tempi molto lontani.

Figura 12.1 - Roy, uno dei replicanti di *Blade Runner* (1982) di Ridley Scott e *Terminator* (1984) di James Cameron.

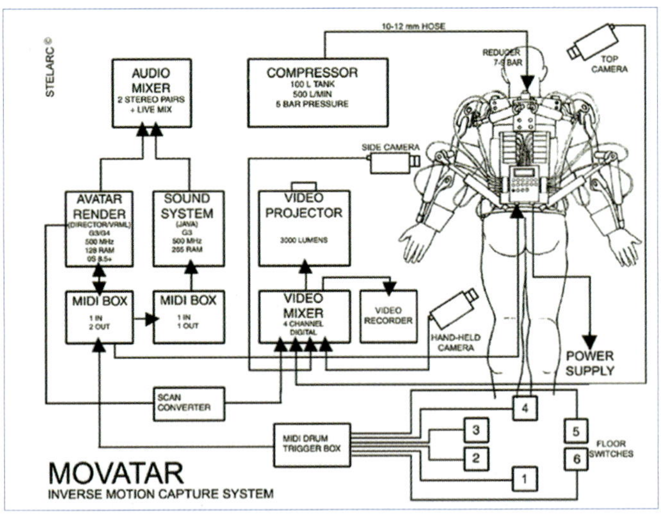

Figura 12.2 - Con *Movatar*, Sterlac realizza un sistema di "cattura del movimento invertita": il corpo è una struttura che entra in comunicazione diretta con la macchina, ne viene potenziato nelle funzionalità e smette di essere un oggetto di "design" per diventare un oggetto "da ridisegnare" e capace di "ridisegnare" il mondo reale e virtuale.
Fontr: http://www.stelarc.va.com.au/ e http://it.youtube.com/watch?v=OKEfJRe4uys

Il *Libro del Vuoto Perfetto* (*Liè Zǐ*), scritto nel III secolo a.C.,[5] racconta come in Cina gli automi esistessero in forme già piuttosto complesse mille anni prima di Cristo,[6] mentre le *Olimpiche* di Pindaro illustrano complessi dispositivi meccanici realizzati nella Grecia antica in un periodo in cui Rodi e Corinto erano isole famose proprio per l'ingegneria meccanica e la produzione di automi.

Nel I secolo d.C., Erone d'Alessandria descrive in un trattato l'uso ludico, religioso o spettacolare di marchingegni quali sifoni, idranti, sistemi di irrigazione, organi idraulici, mentre il *Libro della conoscenza dei meccanismi ingegnosi* di al Jazari, scritto nel 1204 circa, illustra automi di fattura araba dalle performace straordinarie e apparentemente "miracolose": commensali che vicendevolmente si riempiono le coppe, barche semoventi, aratri automatizzati.

Figura 12.3 - *Libro della conoscenza dei meccanismi ingegnosi* di al Jazari: è composto da sei capitoli, ognuno dei quali dedicato a un meccanismo specifico: orologi ad acqua, macchine per l'irrigazione, fontane, bacini di raccolta dell'acqua, giochi per bere, ecc. Per ciascuna categoria vengono illustrati i meccanismi, il funzionamento, la progettazione e i dettagli per la costruzione. Questo ha permesso agli ingegneri dei secoli successivi di ricostruire macchine perfettamente funzionanti.

Leonardo è l'inventore di uno dei primi "automi moderni", una corazza con all'interno un meccanismo capace di farla muovere come se contenesse un cavaliere. Nello stesso periodo altri automatismi, forse meno appariscenti ma ugualmente raffinati, cominciano a diffondersi in tutta Europa. Sono orologi fissi e con controllo a peso, posti generalmente in cima ai campanili. L'invenzione della molla a spirale, un accumulatore di energia piccolo e trasportabile, permette nell'arco di un secolo la miniaturizzazione di questi meccanismi e la conseguente diffusione.

I primi veri automi, per come li intendiamo in epoca contemporanea, vengono creati durante l'Illuminismo a partire proprio dall'arte dell'orologeria affinatasi nel XVII secolo. La sequenza dei movimenti viene scandita dall'orologio interno dell'automa, primo esempio di clock,[7] così come avveniva per le ore e i minuti. Il muoversi degli ingranaggi con il passare dei secondi, misurato dai movimenti del bilanciere, costituisce una specie di "programma meccanico" – non modificabile – che l'automa esegue.

Figura 12.4 - L'orologio scandisce ritmi e sequenze ed è il progenitore del clock del computer. Anche l'idea dell'automa è collegata a quella dell'orologio: un esempio interessante è dato dal campanile con orologio astronomico di Messina.
Fonte: http://www.messinastorica.it/pagina_4.html

Dal XVIII al XX secolo viene costruita una serie eccezionale di automi, androidi e animali meccanici: il francese Jacques de Vaucanson realizza un musicista in grado di suonare il flauto, un'anatra meccanica capace di nuotare, mangiare, digerire e defecare;[8] lo svizzero Pierre Jaquet-Droz crea automi che scrivono, disegnano e suonano;[9] Von Kempelen e l'abate Mical dotano gli automi di parola e apparente intelletto.[10] Numerosi maghi e indovini, come Robert-Houdin[11] e i fratelli Maillardet[12] mettono le basi per il passaggio dall'idea mitica dell'automa a quella del robot.

Il termine "robot", coniato dallo scrittore Karel Capek (1890-1938) proviene dal ceco medievale *robota*,[13] un sostantivo femminile che significa "corvée", il lavoro obbligato-

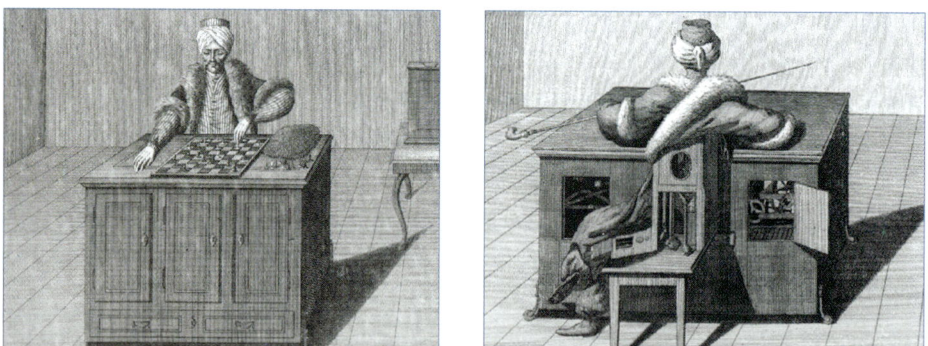

Figura 12.5 - Tra gli automi "magici" e meravigliosi il "Turco" di Wolfgang von Kempelen spicca per originalità e capacità di trarre in inganno. L'automa, durante le partite a scacchi, viene manovrato da un giocatore umano nascosto al suo interno. *Vedi anche* il capitolo 1.

rio svolto dai servi della gleba per i signori e i nobili. L'idea che abbiamo oggi del robot deve molto alla concezione positivista di Isaac Asimov e a quella postmoderna di Philip Dick, due tra i più grandi autori di fantascienza, che hanno influenzato l'immaginario collettivo del nostro secolo. Nella sua saga, Asimov arriva a stilare delle vere e proprie leggi atte a regolare la vita delle macchine e la loro relazione con gli esseri umani,[14] mentre Dick, in *Do Androids Dream of Electric Sheep?* (1968),[15] descrive un robot che è ormai indistinguibile da un essere umano. Ha emozioni, dolori, perfino ricordi sintetici, ma è anche infinitamente riproducibile. Il suo concetto di vita è, di conseguenza, diverso da quello umano: simile all'umano in quanto copia, il robot non può comunque identificarsi con lui.

Le invenzioni più recenti in fatto di robotica provengono dal Giappone, dalla Corea, dalla Cina e dagli Stati Uniti. Tra il 2006 e il 2007, nei laboratori nipponici dell'Intelligent Robotics and Communication (IRC), Hiroshi Ishiguro ha realizzato uno dei primi prototipi di robot umanoide, molto simile all'uomo anche nelle fattezze fisiche. Con una filosofia simile, i ricercatori del Massachusetts Institute of Technology (MIT) di Cambridge, negli Stati Uniti, stanno sviluppando un tipo di pelle artificiale in grado di percepire un oggetto che scivoli attraverso le dita di un androide, e di segnalare l'informazione ai centri di coordinamento motorio del robot, innescandone una reazione. Dean Kamen, fondatore di FIRST e dell'American Society of Mechanical Engineers (ASME), ha creato la Robotics Competition[16] per risolvere problemi di progettazione ingegneristica in modo intenso e competitivo, passando attraverso l'appeal ludico. Queste competizioni, che comprendono la fase di creazione del robot, hanno uno scopo espressamente scientifico e mirano a creare una squadra di robot in grado di sconfiggere una squadra di calciatori professionisti entro il 2050.

I robot in senso lato sono impiegati oggi su larghissima scala e in forme diverse da quella dell'automa del mito: sono in grado di assolvere ai compiti più disparati, soprattutto in ambiti quali l'industria (catene di montaggio, fabbricazione di oggetti di precisione e in serie), la sicurezza (spegnimento incendi, disinnesco ordigni ecc.), gli ambienti non adatti alla presenza umana (esplorazione del mare profondo e dello spazio,[17] ambienti con sostanze tossiche), la medicina (operazioni chirurgiche dall'invasività minima).

Figura 12.6 - Gli androidi prodotti dai laboratori dell'Intelligent Robotics and Communication (IRC).
Fonte: http://www.irc.atr.jp/ptNetworkRobot/networkrobot-e.html e http://e-ducation.net/robotics.htm

Figura 12.7 - Robotics Competition.
Fonte: http://en.wikipedia.org/wiki/RoboCup e http://www.robocup.org/games/31.html

Queste macchine possono essere di due tipi:

1. *deterministiche*, ossia non in grado di agire secondo una volontà propria, ma solo se guidate da un software (in grado di far eseguire il lavoro in modo automatizzato) oppure da un essere umano;
2. *autonome*, ossia capaci di operare indipendentemente dall'intervento umano, in quanto programmate attraverso algoritmi che si rifanno a tecniche di intelligenza artificiale: algoritmi genetici, logica *fuzzy*, *learning*, reti neurali. Molti degli elettrodomestici attualmente in uso sono delle macchine programmabili, sebbene lo scarso antropomorfismo di tali oggetti renda bizzarra l'idea di concepire una moderna e complessa lavatrice o un sistema di termoregolazione come dei robot.[18]

La macchina di Turing è un esempio di macchina deterministica perché per operare deve eseguire tutte le istruzioni, una di seguito all'altra. La decifrazione di Enigma, invece, adopera la tecnica del *guess a word* ("cercare di indovinare una parola"), per poi verificarla, piuttosto che passarle in rassegna tutte, un'idea che si ritrova oggi nel concetto di calcolo non deterministico.

3 Minor fatica, maggior velocità

La storia degli automatismi si sviluppa in parallelo con un'altra necessità: quella dell'ausilio meccanico nei lavori faticosi, lunghi, complessi o eccessivamente iterati. Le esigenze delle società complesse, dal commercio alla guerra, portano all'ideazione di strumenti di calcolo sempre più precisi e rapidi nel fornire una risposta all'uomo, dal momento che il ragionamento, in determinate situazioni, risulterebbe troppo oneroso o eccessivamente lungo.

Figura 12.8 - La calcolatrice di Schickard e Keplero si basa sui principi semplici dell'abaco, permettendo di effettuare addizioni e sottrazioni.

3.1 *Non più conti con le dita: le calcolatrici*

I primi esemplari di macchine per il calcolo hanno origini lontane e risalgono probabilmente al mondo arabo o orientale: semplici meccanismi come l'abaco sono a tutt'oggi utilizzati per insegnare le operazioni basilari ai bambini. I progetti di più interessante fattura e concezione, macchine che hanno posto le premesse alla nascita del computer contemporaneo, datano intorno al 1600, quando Wilhelm Schickard costruisce una delle prime addizionatrici meccaniche. Sebbene si perda traccia del marchingegno durante la guerra dei Trent'anni e lo stesso inventore muoia con tutta la famiglia a causa delle pestilenze di quel periodo, Keplero – che teneva buona corrispondenza con Schickard – ci permette di conoscerne aspetto e caratteristiche.

Nel 1642, Blaise Pascal realizza una macchina semplice ed economica, la "Pascalina", in grado di eseguire addizioni e sottrazioni. Pascal ha la fortuna di vivere nel secolo dei Lumi e della scienza e gode dei vantaggi dei moderni sistemi di pubblicità. Affasci-

Figura 12.9 - La pascalina.

nato dall'invenzione, infatti, Diderot la descrive in dettaglio nella famosa *Encyclopédie*, promuovendo in questo modo la vendita di numerosi esemplari in tutta la Francia.

Nel 1673 Gottfried Wilhelm von Leibniz inventa un meccanismo oggi conosciuto come "ruota dentata di Leibniz" e ancora in uso in alcune macchine. Tale meccanismo gli permette di costruire una calcolatrice che può svolgere automaticamente l'addizione, la sottrazione, la moltiplicazione e la divisione. La grande aspirazione di Leibniz è quella di permettere agli "uomini degni di ingegno" di dedicarsi a opere più degne del lavoro di calcolo, evitando inutili errori e perdite di tempo:

> Anche gli astronomi sicuramente non dovranno continuare a usare la pazienza che è richiesta per i calcoli. È questo ciò che li scoraggia dal calcolare o correggere le tavole, dalla costruzione di effemeridi, dal lavorare su ipotesi e dal discutere insieme le osservazioni.

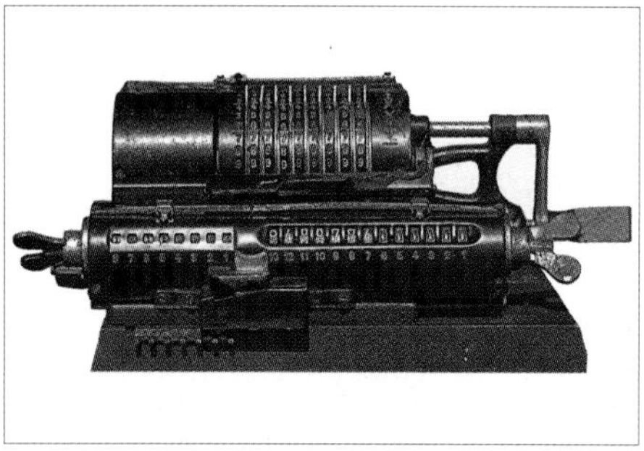

Figura 12.10 - La calcolatrice di Leibniz sfrutta l'invenzione della molla e viene largamente usata per i calcolatori di cassa.

3.2 *La rivoluzione del vapore*

Nello stesso periodo, la disponibilità di nuove fonti di energia modifica la produzione economica e segna un veloce progresso nel settore produttivo-commerciale, così come in quello ingegneristico. L'adozione del vapore come energia motrice ha un forte impatto nel settore della tessitura e l'accentramento delle macchine permette il passaggio dalla lavorazione artigianale a quella in serie. I nuovi telai meccanici, organizzati attorno a macchine a vapore, mossi da alberi motore che possono raggiungere anche i 60 metri di lunghezza, costituiscono un primo esempio di concentrazione industriale.

Il telaio meccanico, tuttavia, non ha l'autonomia e la flessibilità dell'artigiano – pur eseguendo rapidamente operazioni simili – e necessita del controllo umano laddove il tessuto, i colori, la lavorazione devono cambiare. A questo proposito, il francese Jacquard ha una felice intuizione. Il disegno di un determinato tessuto può essere rappresentato graficamente in una matrice, con una modalità simile all'odierno ricamo a punto e croce. Jacquard predispone schede perforate in modo che gli uncini del telaio possano passare – e quindi alzare o abbassare l'ordito – dove il foro è aperto e non possano operare invece dove il foro è chiuso. Cambiando la sequenza di tessitura mediante le schede perforate si possono ottenere trame diverse.

Figura 12.11 - Il telaio meccanico di Jacquard (*a sinistra*). Il primo codice binario si ottiene da schede forate pensate per i telai di questo tipo (*a destra*).

Le schede di Jacquard mettono a sistema un insieme di informazioni molto semplici: "passa o non passa" (l'uncino), "aperto o chiuso" (il foro), e costituiscono il primo esempio esplicito di codice binario. «La macchina analitica», dirà qualche anno dopo Ada Byron Lovelace parlando del prototipo di computer progettato da Charles Babbage, «tesse disegni algebrici, così come il telaio Jacquard tesse fiori e foglie» (Kim e Toole 2000). I telai di Jacquard riscuotono un tale successo che rischiano di gettare in miseria i quattro quinti della popolazione di Lione e il consiglio della città ordina all'inventore di distruggere la macchina. Ciò nonostante, nel 1812 operano in Francia già 11 000 telai a scheda perforata. Dieci anni dopo la macchina risulta diffusa in Inghilterra, Germania, Italia, America e persino in Cina.

All'inizio del XIX secolo, quindi, tutti gli elementi per lo sviluppo del computer contemporaneo sono a disposizione, seppur ancora indipendenti e non sempre associati nella lavorazione: una fonte di energia che muove la macchina; un *clock*, ovvero un "orologio" interno che ne scandisce le fasi del funzionamento (per esempio le operazioni cicliche e in sequenza del telaio sotto la spinta dell'albero motore); un programma che ne può modificare il comportamento meccanico e quindi il prodotto in uscita.

3.3 *Macchine che calcolano, macchine che eseguono*

Un primo contributo fondamentale nella combinazione di questi elementi viene da Charles Babbage, un eclettico e famigerato pensatore inglese (Castelfranchi e Stock

2000). Grazie ai finanziamenti piuttosto cospicui della corona britannica, progetta una serie di macchine con il fine ultimo di poter realizzare quella perfetta, capace di elaborare non solo calcoli, ma anche "ragionamenti". La sua macchina differenziale è la degna erede delle calcolatrici di Schickard e Pascal e mira a risolvere la questione del calcolo automatico, ma la macchina analitica è concettualmente vicina al sogno di Leibniz di avere un meccanismo in grado di elaborare i pensieri. La base da cui parte Babbage è quella dell'orologeria del 1700, degli automi e dei telai di Jacquard:

> Forse chi conosce i principi sui quali si fonda il telaio Jacquard e ha una certa familiarità con le formule analitiche, non avrà molta difficoltà a formarsi un'idea generale dei mezzi con i quali la macchina esegue le operazioni.[19]

Nel 1821 Charles Babbage progetta la "macchina differenziale" (*difference engine*), che opera riportando le operazioni di moltiplicazione e divisione alle più semplici addizione e sottrazione. Si tratta di una macchina calcolatrice meccanica, composta da raffinati ingranaggi in ottone, ideata per effettuare i calcoli dei logaritmi e delle funzioni trigonometriche utili per la navigazione o per il computo degli interessi finanziari (*Figura 12.12*). Nel 1832 Babbage riesce a realizzare solo una parte del progetto, probabilmente a causa della non sufficiente precisione degli strumenti e delle tecniche dell'epoca. Solo nel 1985 il Science Museum of London realizza la *Difference engine 2*, nella versione più complessa, sulla base dei progetti originali disegnati da Babbage dal 1847 al 1849.

L'idea alla base della macchina analitica, invece, è quella di una macchina programmabile meccanicamente che non svolga più il calcolo di una sola funzione parametrica. La prima descrizione del progetto viene pubblicata nell'articolo *On the Mathematical Power of the Calculating Engine* (26 dicembre 1837) e illustra una macchina in grado di effettuare calcoli generali sotto il pieno controllo automatico. Babbage lavora a questo progetto fino alla morte, nel 1871, ma per motivi tecnici, politici e finanziari la macchina non viene realizzata, se non un secolo dopo – in base ai progetti originali – su iniziativa dell'IBM.

Figura 12.12 - La macchina differenziale di Babbage.

La macchina risulta perfettamente funzionante e lo schema teorico su cui è costruita è universalmente accettato come il *primo prototipo di calcolatore generico complesso*: si basa su un sistema di input, un sistema per l'elaborazione dei dati con un dispositivo chiamato *mill* ("mulino") e un sistema di output. La macchina analitica è alimentata da un motore a vapore, misura più di 30 metri di lunghezza ed è larga 10. I dati d'ingresso e il programma vengono inseriti tramite schede perforate, i dati di uscita sono prodotti da un dispositivo di stampa e da un arco in grado di tracciare curve.

Dal 1833 Babbage viene affiancato dalla matematica Ada Byron, figlia del poeta inglese George Gordon Byron. I due lavorano congiuntamente per lo sviluppo fisico della macchina analitica e per quello teorico dei metodi di calcolo che ne possano regolare il funzionamento. In un articolo del 1843 Ada descrive tale macchina come uno strumento programmabile e prefigura il concetto di intelligenza artificiale; correda il proprio articolo con un esempio di quello che oggi viene unanimemente riconosciuto come il primo programma informatico della storia: un algoritmo per il calcolo dei numeri di Bernoulli.[20]

Oltre alle istruzioni pensate da Ada, un secondo contributo concettuale per il funzionamento del calcolatore viene da George Boole, logico e matematico inglese. Ancora oggi i computer utilizzano la sua algebra (detta, appunto, "booleana").[21]

3.4 *Macchine per tutti i saperi*

Nella seconda metà del XIX secolo cominciano a diffondersi nel mondo macchine controllate da schede o rulli perforati: servono per lavorare nelle officine, per suonare, per elaborare informazioni.

Nel 1880, negli Stati Uniti viene effettuato l'ultimo censimento manuale: i dati, riferiti a oltre 62 milioni di cittadini, vengono raccolti e spuntati a mano. In quella circostanza si stima anche che l'esame dei dati del censimento del 1890 sarebbe terminato ben oltre il 1900. La soluzione suggerita da Herman Hollerith[22] è elettromeccanica: un sistema doppio, formato da una perforatrice e da una tabulatrice meccanica, in grado di ordinare i dati del censimento automaticamente. La macchina utilizza schede perfora-

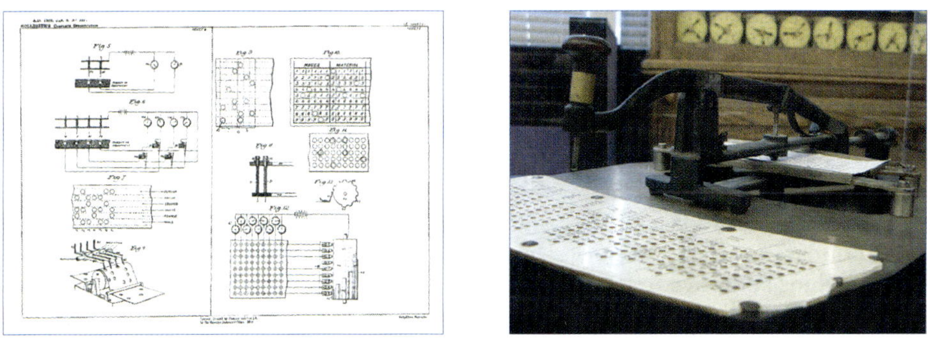

Figura 12.13 - La tabulatrice automatica di Hollerith, progetto e funzionamento.

te; ogni foro viene percepito da un ago, che chiude un circuito elettrico. La scheda che possiede un foro in una determinata posizione viene selezionata mediante commutatori, conteggiata meccanicamente e riposta in un contenitore ad apertura automatica.[23]

L'invenzione di Hollerith permette di completare i conteggi dopo solo un mese dall'arrivo delle schede nella capitale,[24] e di aprire, evidentemente, nuove prospettive nel campo della statistica. Nel 1896 nasce la Tabulating Machine Company[25] con l'obiettivo di produrre sia le schede, sia le macchine per i censimenti. La tecnologia migliora di decennio in decennio, e i censimenti successivi vedono l'utilizzo di macchine sempre più complete ed efficienti, dotate di accumulatori e stampanti.[26]

Figura 12.14 - Evoluzione della tabulatrice automatica: il modello IBM 407.
Fonte: http://www.kerleo.net/computers/mecanographie.htm

3.5 *Ars belli*

L'evoluzione economica, tecnologica e sociale sembra non poter prescindere da quella militare. Le macchine di Archimede, così come quelle di Leonardo e quelle della NASA sono strumenti di guerra nati da intelletti sottili e supportati da consistenti finanziamenti dei governi di qualsiasi epoca. Nell'informatica, forse più che in altri ambiti del sapere, queste due tendenze risultano strettamente intrecciate e dipendenti.

Lo scoppio delle guerre mondiali (soprattutto della seconda) e l'utilizzo di sistemi di comunicazione avanzati oltre che dell'aviazione porta a enormi progressi nell'ambito della crittografia e della balistica. Uno degli esempi più famosi nella storia è Enigma, una macchina per scrivere elettromeccanica a dischi mobili, di produzione tedesca, pensata per creare codici non penetrabili senza possedere entrambe le "chiavi", la pubblica e la privata.[27] Grazie al contributo di Alan Turing e di apposite macchine decifranti da lui ideate, ma soprattutto in seguito al recupero di un esemplare da un sottomarino tedesco,

Figura 12.15 - Enigma.
Fonte: http://enigmaco.de/enigma/enigma.swf

gli inglesi riuscirono a decrittare l'algoritmo di cifratura, il che consentì probabilmente di concludere la seconda guerra mondiale con almeno un anno di anticipo. La scoperta ebbe un valore strategico così alto che lo stesso Turing portò il segreto nella tomba.[28]

Turing può essere considerato un importante contributore nella creazione del computer contemporaneo anche per altri motivi: qualche anno prima di decifrare i codici di Enigma, infatti, partendo dalla risoluzione di un problema squisitamente matematico[29] arrivò a progettare una macchina immaginaria, la "Macchina di Turing", appunto, antesignana funzionale degli attuali computer e in grado di eseguire operazioni sia matematiche sia logiche. L'ipotesi alla base della macchina sostiene la possibilità di ottenere qualsiasi risultato tramite la manipolazione di simboli (da 2 a molti) che sottostanno a una serie di regole, ovvero a un algoritmo.[30] Lo scienziato era convinto che la sua macchina potesse effettuare qualsiasi operazione logica e che, programmata con la necessaria abilità, entro il 2000 avrebbe potuto simulare l'intelligenza umana. Nel 1950 pubblicò sulla rivista "Mind" un articolo intitolato *Macchine*, suggerendo l'utilizzo di un test per verificare la possibile intelligenza delle macchine calcolatrici. Una persona si trova davanti a un terminale e attraverso una tastiera digita delle domande e riceve delle

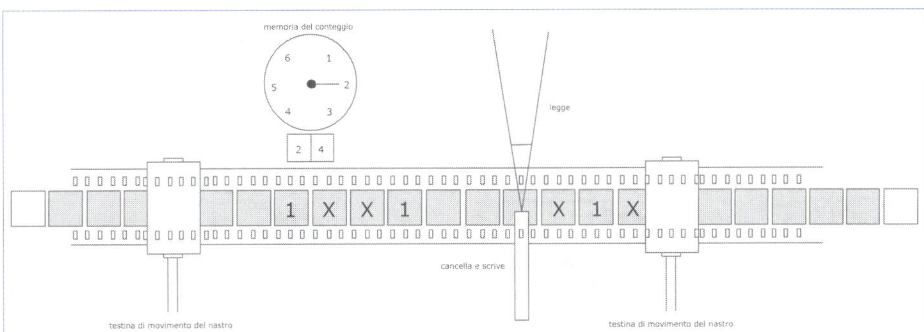

Figura 12.16 - La macchina universale di Turing.

risposte. Dall'altro capo del terminale sia una macchina sia un operatore umano forniscono alternativamente le risposte alle domande. Nel caso in cui la persona non fosse in grado di distinguere quando sta interloquendo con la macchina e quando con un operatore umano, sembrerebbe dimostrata l'intelligenza della macchina. A oggi, nessun programma ha superato il test di Turing, anche se questo è stato via via rivisto durante gli anni a causa dell'imprecisione della formulazione originale e del sorgere di nuovi problemi relativi alla definizione di *macchina intelligente*. Tra gli esperimenti, il più famoso resta quello con Eliza, un programma scritto nel 1966 da Joseph Weizenbaum: Eliza è una psicoterapeuta che simula una conversazione tra lei (il medico) e l'utente (il paziente). Dopo Eliza altri programmi sono stati sviluppati con l'obiettivo esplicito di simulare l'intelligenza, ma pur operando in campi del sapere anche molto ristretti (per esempio, il teatro shakespeariano), nessuno di questi è stato in grado di ingannare un giudice esperto. Nel 1980, il filosofo John Rogers Searle, ha elaborato una nuova teoria denominata stanza cinese,[31] mettendo in dubbio l'efficacia del Test di Turing nel dimostrare che una macchina o un qualsiasi sistema informatico siano dotati di vera intelligenza a prescindere dal fatto che superino o meno il test.

L'altra grande spinta allo sviluppo delle tecnologie avviene in ambito balistico. Il calcolo delle traiettorie ha costituito nella storia un problema annoso a causa dell'altissimo numero di calcoli richiesti e della loro difficoltà di risoluzione dei problemi in condizioni astratte. Si tratta fondamentalmente di produrre tavole di tiro e di bombardamento che permettano di prevedere dove cadrà un proiettile, che tipo e che quantità di esplosivo sono necessari, quale danno il colpo infliggerà ecc. Questi parametri variano per ogni specifica arma. All'inizio del XX secolo, il computo di una singola traiettoria poteva richiedere un numero medio di 700 moltiplicazioni: un uomo munito di macchina calcolatrice elettromeccanica e di tavole poteva impiegare circa 12 ore per risolverle, mentre la più veloce macchina da calcolo elettromeccanica allora sviluppata poteva necessitare di circa 15 minuti. La lentezza della macchina è dovuta principalmente a fattori

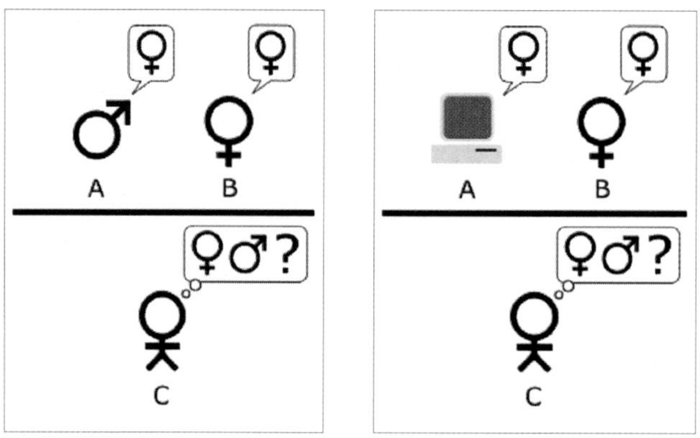

Figura 12.17 - Eliza e il test di Turing

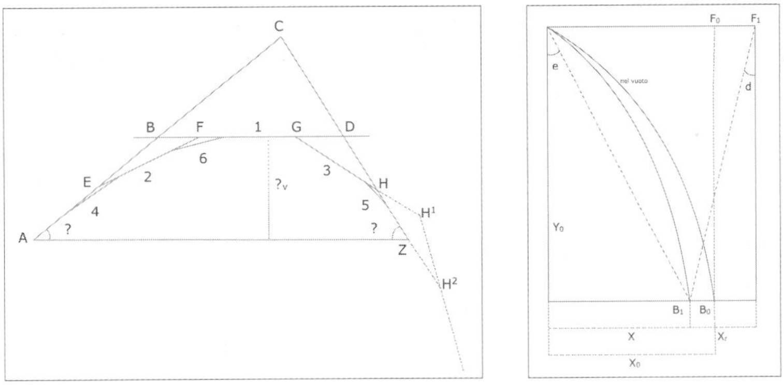

Figura 12.18 - Grafico della traiettoria di un proiettile (linea curva percorsa nello spazio dal centro di gravità del proiettile durante il suo movimento) e quello di una bomba lanciata da un aereo.
Fonte: http://www.earmi.it/default.htm

fisici: l'inerzia meccanica, la diminuzione della precisione all'aumentare della velocità, l'utilizzo di relè elettromeccanici[32] con masse non trascurabili in movimento.

Il principio che Hollerith aveva usato per le tabulatrici dei censimenti, viene considerato valido anche per il calcolo di tiro dalle navi da guerra fino alla seconda guerra mondiale. Durante il conflitto, il Laboratorio per le Ricerche balistiche statunitense stipula un contratto con la Moore School of Electrical Engineering della Pennsylvania University, dotata di un analizzatore differenziale di grande potenza[33] e diretta da Walter S. Brainerd. Presso questa scuola, il matematico Herman H. Goldstine dell'Università di Chicago collabora con Brainerd al "Progetto PX" per la creazione del primo computer elettronico che permetta i calcoli balistici per l'artiglieria; nel frattempo è avvenuta l'introduzione di circuiti elettronici che operano allo stesso modo di relè e ruote dentate, ma in modo molto più efficiente.

John W. Mauchly e John P. Eckert lavorano insieme a Goldstine e stilano il primo report sui concetti tecnici dell'uso dell'elettronica nel calcolo: ne consegue un finanziamento da parte della Difesa americana all'Università di Pennsylvania, datato 5 giugno 1943, che permette loro di costruire il primo calcolatore con soli circuiti elettronici non in movimento. Nel 1945, infatti, presso la Moore School della Pennsylvania University viene completato con successo ENIAC (*Electronic Numerical Integrator And Computer*): è il primo e vero computer della nostra epoca: un mostro, ma funziona. ENIAC opera per mezzo di circuiti digitali elementari connessi insieme; i circuiti elettronici sono a valvole e le operazioni eseguite sono quelle logiche elementari e quelle decadiche. Il circuito in uso è quello del *flip-flop*, ovvero un sistema bistabile, in grado di fungere da circuito memoria o come contatore decadico.[34]

ENIAC è composto da trenta unità separate, pesa oltre 30 tonnellate e ospita 18 000 valvole termoioniche, collegate da 500 000 contatti saldati manualmente, 1500 relé, oltre a centinaia di migliaia di condensatori, resistenze e altri componenti. Dissipa un calo-

Figura 12.19 - ENIAC.

re di circa 200 Kilowatt, una temperatura che finisce con il bruciare costantemente le valvole. È una macchina sincrona, utilizza cioè un clock di 200 microsecondi, esegue un'addizione in 5000 Hz, una moltiplicazione in 2,6 msec, quindi circa 350 operazioni al secondo per unità aritmetica. Se una persona addestrata poteva effettuare il calcolo di una traiettoria di 60 secondi in circa venti ore e l'analizzatore differenziale in circa 15 minuti, a ENIAC sono sufficienti 30 secondi. Questo enorme dinosauro è dotato della memoria di una zanzara... paragonabile a quella di un floppy disk.

La prima bomba atomica viene realizzata negli stessi anni con un progetto sviluppato segretamente dal governo degli Stati Uniti. Il programma, conosciuto come "Progetto Manhattan", assume scala industriale nel 1942. Il progetto è diretto da Robert Oppenheimer e include i maggiori fisici del mondo, tra cui Einstein, Fermi, Goldstine e von Neumann. Nel 1944, quest'ultimo, affascinato dalle macchine utilizzate al laboratorio balistico, molto più veloci di lui che era definito "alieno" in fatto di calcoli matematici a mente, collabora per perfezionare ENIAC. Il computer, nato per eseguire calcoli balistici, meteorologici o sulle reazioni nucleari, è una macchina priva di memoria ed elasticità nelle funzioni. Von Neumann recupera l'intuizione di Turing sui numeri computabili per permettere al computer di modificare il suo comportamento.

Nel 1953 nasce EDVAC (*Electronic Discrete Variables Automatic Computer*), prima macchina digitale programmabile tramite un software, basata sull'architettura pensata da von Neumann. Il matematico prevede la distinzione tra memoria primaria (ROM) e secondaria (RAM) e adotta uno stile di programmazione mediante *diagrammi di flusso.* Nel frattempo, nel 1951, Eckert e Mauchly costruiscono UNIVAC per il Census Bureau, il primo computer venduto per applicazioni commerciali che utilizza nastri magnetici per l'inserimento e la restituzione dei dati. Ne vengono venduti 46. Nel 1955 ENIAC viene definitivamente archiviato nelle stanze dello Smithsonian Museum.

La diffusione odierna dei calcolatori elettronici – scatole di plastica a lamiera contenenti l'idea delle calcolatrici, quella della papera meccanica, quella del telaio, quella delle valvole e dei relè, quella dei led e dei microchip – è esponenziale.[35]

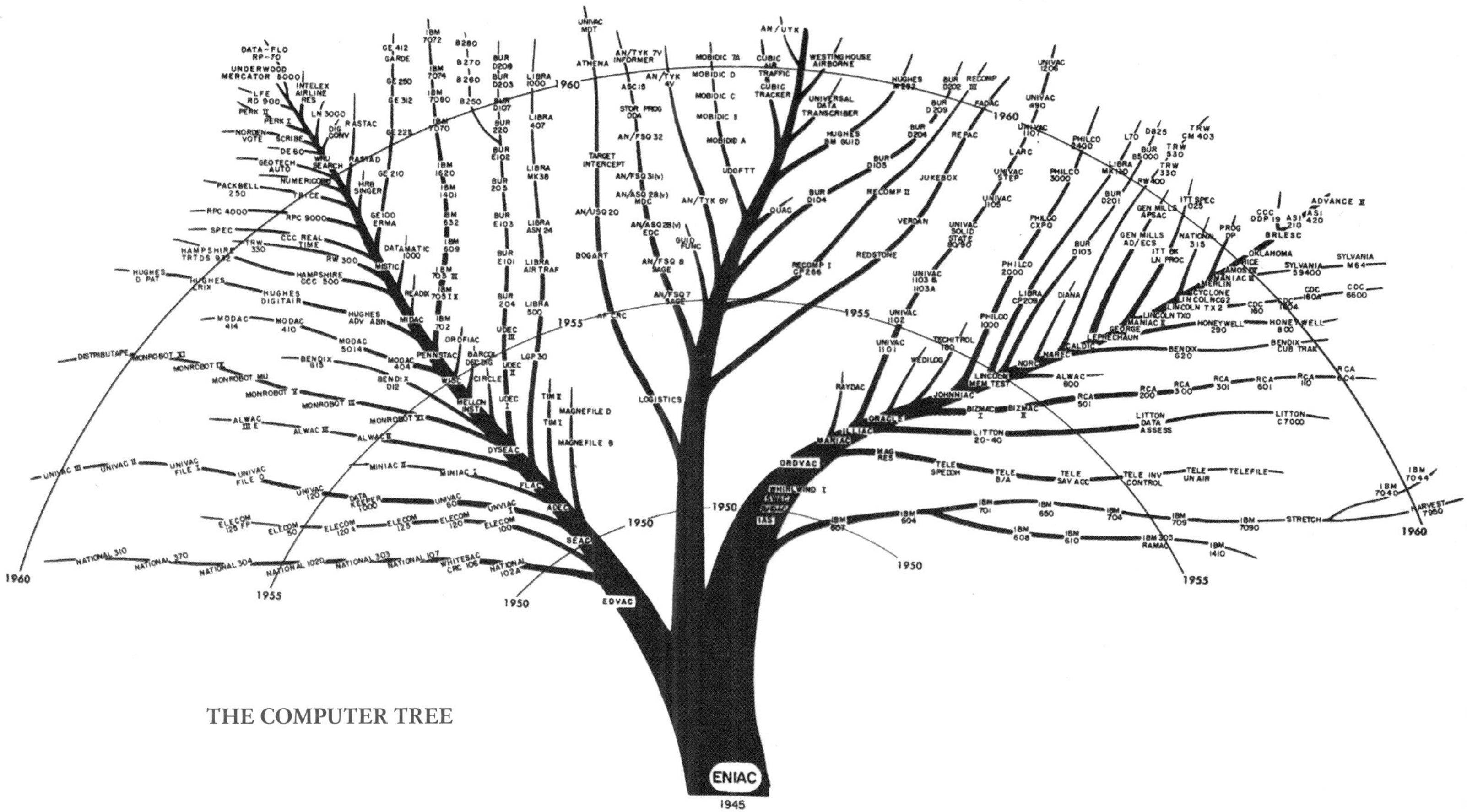

THE COMPUTER TREE

Figura 12.20 - Albero dell'evoluzione del computer moderno.

Note

1 Un buon esempio di macchine da guerra è costituito dagli specchi ustori inventati da Archimede per incendiare le navi romane che nel 212 a.C. assediavano Siracusa: «Infine bruciò l'intera flotta in modo stupefacente. Rivolgendo uno specchio piatto e sottile verso il sole, ne concentrò i raggi sulla sua superficie, si bruciò l'aria attorno e si fece una gran fiammata che diresse verso le navi ancorate, distruggendole» (Zonaras, *Epitome 14.3*).

2 Il *cyborg* è la fusione della tecnologia con la biologia: è un "organismo bionico" con forma simile o uguale all'essere umano, ma costituito da un miscuglio di arti e organi artificiali/naturali. La maggior fortuna del cyborg risiede ancora nella letteratura e nel cinema di ambito fantascientifico.

3 Sterlac ritiene che stia perdendo di senso vedere il corpo come "un luogo dove risiede la psiche" incaricato di operare socialmente, e lo considera piuttosto come una struttura da monitorare e modificare individualmente e collettivamente. Il corpo si trasforma da soggetto in oggetto, non un oggetto del desiderio, ma un oggetto da disegnare, da plasmare. Alterando l'"architettura" del corpo, l'artista ritiene di poterne migliorare i risultati ed estenderne la consapevolezza del mondo. In questo processo il corpo può venire ampliato e accelerato, diversificato per forma e funzioni.

4 La parola "automa" deriva dal greco *autómatos* e indica una qualcosa che agisce "di propria volontà". In informatica è considerato un automa una macchina o un marchingegno semovente, non necessariamente elettronico (automa meccanico), pensato per eseguire delle istruzioni determinate, anche con modalità diverse, più o meno complesse, a seconda della configurazione, delle variabili del contesto in cui si trova e degli stimoli erogati. In genere gli automi sono deterministici, ovvero, dato uno stato e un simbolo in ingresso, è possibile una sola transizione.

5 Il *Liè Zǐ* o *Lieh Tzu* è un testo appartenente alla trilogia taoista ed è stato reperito all'interno del catalogo della libreria imperiale con il nome di *Trattato del vuoto perfetto*. L'autore del testo è Lie Yukou. Sembra essere il più pratico dei testi taoisti e non è ancora stato tradotto integralmente in lingua occidentale.

6 «Il re rimase stupito alla vista della figura. Camminava rapidamente, muovendo su e giù la testa, e chiunque avrebbe potuto scambiarlo per un essere umano vivo. L'artefice ne toccò il mento e iniziò a cantare perfettamente intonato. Toccò la sua mano e mimò delle posizioni tenendo perfettamente il tempo. [...] Verso la fine della dimostrazione, il robot ammiccò e fece delle *avance* ad alcune signore lì presenti, il che fece infuriare il re che avrebbe voluto Yen Shih [Yan Shi] giustiziato sul posto ed egli, per la paura mortale, istantaneamente ridusse in pezzi l'automa al fine di spiegarne il suo funzionamento. E, in effetti, dimostrò che l'automa era fatto con del cuoio, del legno, della colla e della lacca, bianco, nero, rosso e blu. Esaminandolo più da vicino il re vide che erano presenti tutti gli organi interni: un fegato completo, una cistifellea, un cuore, dei polmoni, una milza, dei reni, lo stomaco e un intestino. Inoltre vide che era fatto anche di muscoli, ossa, braccia con le relative giunture, pelle, denti, capelli, ma tutto artificiale. [...] Poi il re fece la prova di togliergli il cuore e osservò che la bocca non era più in grado di proferir parola. Gli tolse il fegato e gli occhi non furono più in grado di vedere; gli tolse infine i reni e le gambe non furono più in grado di muoversi. Il re ne fu deliziato» (Needham 1986, vol. II, p. 53).

7 *Vedi* il capitolo 10.

8 "Le canard" venne ufficialmente descritto alla fine del 1738. L'anatra meccanica imitava i movimenti dell'animale vero, mangiava il cibo e, fatto del tutto eccezionale, lo "digeriva" e lo eliminava sotto forma di poltiglia. *Vedi:* http://www.automates-anciens.com/video_1/duck-vaucanson-500.wmv

9 Gli automi dell'orologiaio svizzero Pierre Jaquet-Droz, costruiti tra il 1768 e il 1774 sono oggi visibili al Musée d'Histoire di Neuchâtel. *Vedi:* http://www.automates-anciens.com/version_italienne/carillon-automi-automa/carillon-portagioie-automi.htm

10 Dal 1784 e per cinque anni il barone Joseph Friedrick zu Racknitz cerca di scoprire il trucco che si nasconde dietro al "turco". Riesce alla fine a spiegare come un uomo possa essere chiuso nella mac-

china e giocare durante la partita. *Vedi:* http://www.automates-anciens.com/version_italienne/carillon-automi-automa/ carillon-portagioie-automi.htm

11 Robert-Houdin realizza automi in grado di funzionare grazie a sofisticati meccanismi d'orologeria e meccanica: automi truccati che vengono fatti muovere da mani invisibili al pubblico, da una persona nascosta all'interno di un manichino o sotto al tavolo su cui poggia l'automa.

12 I fratelli Maillardet sono famosi per i maghi e gli indovini montati su orologi a pendolo. I più conosciuti sono sicuramente il grande mago e il piccolo mago oggi conservati al Museo Internazionale dell'Orologeria a La Chaux-de-Fonds. *Vedi:* http://www.automates-anciens.com/version_italienne/carillon-automi-automa/carillon-portagioie-automi.htm

13 La radice *rob* significa "lavoro" in tutte le lingue slave.

14 *Prima legge:* Un robot non può recare danno a un essere umano, né può permettere che, a causa del proprio mancato intervento, un essere umano riceva danno. *Seconda legge:* Un robot deve obbedire agli ordini impartiti dagli esseri umani, purché tali ordini non contravvengano alla Prima Legge. *Terza legge:* Un robot deve proteggere la propria esistenza, purché questa autodifesa non contrasti con la Prima e la Seconda Legge.

15 Da cui fu tratto il film di Ridley Scott *Blade Runner* (1982).

16 Nel 2003 la competizione ha interessato più di 20 000 studenti suddivisi in oltre 800 squadre per 24 competizioni. Le squadre provenivano da Canada, Brasile, Regno Unito e Stati Uniti. Tra le università italiane prende parte alla competizione il gruppo IsaacTeam del Politecnico di Torino.

17 Un esempio è costituito dai robot inviati su Marte e manovrati dalla Terra.

18 La domotica, ossia l'integrazione di macchine nell'ambiente domestico, è uno dei settori di applicazione della robotica più interessanti dal punto di vista sociale. La spinta verso lo sviluppo di sistemi sempre più efficienti di gestione della vita negli ambienti ha due fini primari: migliorare la qualità della vita e permettere un maggiore risparmio energetico.

19 Charles Babbage, *Passages from the Life of a Philosopher*, Longman, London 1864.

20 In matematica, i numeri di Bernoulli B_n costituiscono una successione di numeri razionali che gioca un ruolo importante in vari problemi. L'algoritmo di Ada permette di calcolare i numeri di Bernoulli senza che sia necessario conteggiare tutti quelli a essi precedenti.

21 *Vedi* i capitoli 1 e 10.

22 Figlio di emigrati tedeschi e ingegnere meccanico (1860-1929).

23 Per esempio, sulla scheda, il valore "maschio" può essere rappresentato da una perforazione e quello "femmina" dalla mancanza di perforazione. Domande più complesse richiedono gruppi di perforazioni o assenza di essi, quindi vere e proprie stringhe, sul modello 1100101010.

24 Le schede corrispondono a 63 milioni di persone e 150 000 comunità minori.

25 A seguito di una fusione con altre società, nel 1911 diventa la Computing-Tabulating-Recording Company (CTR); nel 1914 Thomas J. Watson Senior (1874-1956) si unisce alla società come General Manager, fino al 1924, quando la società diventa l'odierna International Business Machines Corporation (IBM).

26 Nel 1933 la IBM 405 arriva a leggere 150 schede al minuto.

27 La macchina inventata da Scherbius era formata fondamentalmente da tre elementi collegati tra loro mediante fili elettrici: una tastiera per immettere le lettere del testo, un'unità scambiatrice per cifrare le lettere, un visore con lampadine per indicare la lettera da inserire nel crittogramma. Enigma permette di definire un alfabeto cifrante dinamico, attraverso uno scambiatore rotante. Nelle versioni più complesse della macchina i dischi sono più d'uno e lavorano in modo combinato, a volte viene aggiunto anche un riflessore. Quando l'operatore digitava una lettera, il segnale elettrico passava attraverso gli scambiatori e poi, invertito dal riflessore vi passava una seconda volta, facendo un percorso diverso. I vari elementi combinati generavano un numero di chiavi possibili pari a circa 10 milioni di miliardi. All'inizio della seconda guerra mondiale il Reich acquistò 30 000 esemplari di Enigma, garantendosi il più sicuro sistema crittografico esistente al mondo in quel momento.

28 Hugh Whitemore ha dedicato alla vita di Turing l'opera teatrale *Breaking the Code*.

29 L'articolo che rese famoso Turing rispondeva a una sfida mondiale lanciata dal matematico David Hilbert nel 1928: l'*Entscheidungsproblem*, o "problema della decisione" o problema "della decidibilità". La domanda all'apparenza era innocua: «Esiste sempre una maniera rigorosa di stabilire, "decidere" a priori, se un certo enunciato matematico sia vero o falso?».

30 Per risolvere il problema delle questioni indecidibili, Turing crea una macchina immaginaria che può svolgere una funzione matematica o un algoritmo, cioè è capace di compiere una sequenza precisa di operazioni come il prodotto di due numeri. I dati vengono inseriti (input) e ottenuti (output) tramite rotoli di carta perforata. Il matematico immagina una serie di queste macchine, ciascuna pensata per un compito specifico: moltiplicare, sommare, scomporre in fattori ecc., e successivamente una sola macchina che, a seconda delle istruzioni (diversi rotoli perforati), possa eseguire da sola le funzioni di tutte le altre. È la macchina universale, in grado di risolvere qualsiasi problema, matematico (numerico) e logico (attraverso simboli associati). Turing arriva alla conclusione che non è logicamente possibile rispondere sempre a una domanda sull'indecidibilità di un'altra domanda poiché nemmeno la sua macchina è in grado di individuare tutte le questioni indecidibili. La macchina di Turing è l'erede concettuale della Macchina delle differenze di Babbage, ma è dotata di una potenza "virtuale" molto maggiore in fatto di calcolo. Negli anni trenta la tecnologia non è adatta alla realizzazione della macchina universale e le idee di Turing restano per decenni un contributo matematico teorico.

31 La congettura della stanza cinese, pubblicata da Searle nell'articolo *Minds, Brains and Programs* (Menti, cervelli e programmi) sulla rivista "The Behavioral and Brain Sciences", sottolinea la differenza tra sintassi (grammatica) e semantica (significato). Un computer può essere in grado di parlare cinese, tanto da essere scambiato per una persona cinese da un interlocutore esperto, senza tuttavia comprendere la lingua e quindi senza utilizzare alcuna forma di intelligenza.

32 I relè vengono utilizzati per immagazzinare un dato o per eseguire dei conteggi e altre operazioni matematiche in cooperazione con altre parti meccaniche.

33 Un analizzatore differenziale è un computer analogico meccanico progettato per risolvere equazioni differenziali tramite integrazione, utilizzando meccanismi a ruota e disco per effettuare i calcoli.

34 Il *flip-flop* è caratterizzato da due ingressi, I1, I2, e da due uscite O1, O2: eccitando l'ingresso I1, O1 diventa alta, e O2 bassa; eccitando I2 avviene il contrario. I due stati sono stabili. Connessi in cascata, a ogni impulso inviato dall'esterno si eccita il *flip-flop* successivo a quello correntemente eccitato. Prelevando lo stato del decimo, si ha un impulso in uscita ogni dieci impulsi in ingresso (equivalente elettronico della ruota dentata).

35 *Vedi* il capitolo 1.

Bibliografia e sitografia*

Bibliografia

Libri

Aarseth Espen J. (1994), "Nonlinearity and Literary Theory", in George P. Landow (a c. di), *Hyper/Text/Theory*, The Johns Hopkins University Press, Baltimore (MD) - [6]

— (1997), *Cybertext. Perspectives on Ergodic Literature*, The Johns Hopkins University Press, Baltimore (MD) - [6]

Adilkno, Collettivo (1998), *The Media Archive,* Autonomedia, Brooklyn-New York - [1]

Adobe Creative Team (2007), *Adobe Flash CS3 Professional Classroom in a Book,* Adobe Press, Berkeley (CA) (trad it. *Adobe Flash CS3 Professional: corso ufficiale Adobe*, Pearson Education Italia, Milano 2007) - [4]

Adobe Creative Team (2007), *Adobe Illustrator CS3 Professional Classroom in a Book,* Adobe Press, Berkeley (CA) (trad. it. *Adobe Illustrator CS3: corso ufficiale Adobe*, Pearson Education Italia, Milano 2007) - [3]

Adobe Creative Team (2007), *Adobe InDesign CS3 Professional Classroom in a Book,* Adobe Press, Berkeley (CA) (trad. it. *Adobe Indesign CS3: corso ufficiale Adobe Systems*, Pearson Education Italia, Milano 2007) - [6]

Adobe Creative Team (2007), *Adobe Photoshop CS3 Professional Classroom in a Book,* Adobe Press, Berkeley (CA) (trad. it. *Adobe Photoshop CS3: corso ufficiale Adobe Systems*, Pearson Education Italia, Milano 2007) - [3]

Alley M. (2003), *The Craft of Scientific Presentations: Critical Steps to Succeed and Critical Errors to Avoid,* Springer, New York - [7]

Allemang D. e J. Hendler (2008), *Semantic Web for the Working Ontologist: Effective Modeling in RDFS and OWL*, Morgan Kaufmann, Burlington (MA) - [9]

Aronson M. (2008), *Bill Gates (Up Close)*, Viking Children's Books, New York - [11]

Asimov I. (1963), *Io, robot*, Bompiani, Milano - [12]

— (1985), *Tutti i miei robot*, Mondadori, Milano - [12]

— (1987), *Le migliori opere di fantascienza*, Nord, Milano - [12]

— (1991), *Preludio alla fondazione*, Mondadori, Milano - [12]

Aspray W. (1990), *John von Neumann and the Origins of Modern Computing*, The MIT press, Cambridge (MA) e London - [12]

* Nella bibliografia e nella sitografia, i numeri finali tra parentesi quadre [#] indicano il capitolo in cui la fonte viene utilizzata e/o citata

Atkinson C. (2005), *Beyond Bullet Points: Using Microsoft PowerPoint to Create Presentations That Inform, Motivate, and Inspire*, Microsoft Press, Redmond - [7]

Authier M. e P. Lévy (1999), *Gli alberi di conoscenze. Educazione e gestione dinamica delle competenze*, Feltrinelli, Milano - [2,6]

Autodesk Maya Press (2007), *Learning Autodesk Maya 2008*, Sybex, Berkeley (CA) - [4]

Autodesk *3ds Max 9 Essentials: Autodesk Media and Entertainment Courseware*, Focal Press, St. Louis - [4]

Baddeley A. (1990), *Human Memory: Theory and Practice*, LEA, Hove (UK) - [5]

Balzola A. e A.M. Monteverdi (2004), *Le arti multimediali digitali: storia, tecniche, linguaggi, etiche ed estetiche delle arti del nuovo millennio*, Garzanti, Milano - [1,2,3,4]

Barzon F. (2003), *The Charter of Zurich*, Birkhäuser, Basel-Boston (trad. it. *La Carta di Zurigo*, Testo & Immagine, Torino 2003) - [1,2,3,4]

Battaglia P. (2006), *L'intelligenza artificiale. Dagli automi ai robot "intelligenti"*, UTET Libreria, Torino - [12]

Beckman B. (2005), *Codici cifrati: Arne Beurling e la crittografia nella Seconda guerra mondiale*, Springer, Milano - [12]

Beer G. (2005), *Web Design Index by Content*, The Pepin Press: Agile Rabbit, Amsterdam - [5]

Bittanti M. (1999), *L'innovazione tecnoludica: l'era dei videogiochi simbolici, 1958-1984*, Jackson libri, Milano - [4]

— (2004), *SimCity: mappando le città virtuali*, UNICOPLI, Milano - [4]

— (2005), *Civilization: storie virtuali, fantasie reali*, Costa & Nolan, Milano - [1,2,5]

— (2005), *Gli strumenti del videogiocare: logiche, estetiche e (v)ideologie*, Costa & Nolan, Milano - [4]

— (2008a) (a c. di), *Schermi interattivi. Il cinema nei videogiochi*, Meltemi, Roma - [4]

— (2008b), *Intermedialità: videogiochi, cinema, televisione, fumetti*, UNICOPLI, Milano - [4]

Bittanti M. e D. Quaranta (a c. di) (2006), *GameScenes. L'arte nell'era dei videogiochi*, Johan & Levi, Milano - [4]

Blatner D. (2007), *QuarkXPress 7 (Real World)*, Peachpit Press, Berkeley (CA) - [6]

Bolter J.D. (1984), *Turing's Man. Western Culture in the Computer Age*, The University of North Carolina Press, Chapel Hill (trad. it. *L'uomo di Turing. La cultura occidentale nell'età del computer*, Pratiche, Parma 1985) - [1,12]

— (1996a), "Ekphrasis, Virtual Reality, and the Future of Writing", in Geoffrey Nunberg (a c. di), *The future of the Book*, Brepols, Turnhout - [2,6]

— (1996b), "Virtual Reality and the Redefinition of Self", in Lance Strate, Ronald Jacobson e Stephanie Gibson (a c. di), *Communication and Cyberspace: Social Interaction in an Electronic Environment*, Hampton Press, Cresskill (NJ) - [6]

— (2001), "Lo spazio dello scrivere. Computer, ipertesto e la ri-mediazione della stampa", in P. Bonora (a c. di), *Comcities, geografie della comunicazione*, Baskerville, Bologna - [1]

Bolter J.D. e R. Grusin (1999), *Remediation. Understanding New Media*, The MIT Press, Cambridge (MA) - [1,2]

Bolter J.D. e D. Gromala (2003), *Windows and Mirrors: Interaction Design, Digital Art and the Myth of Transparency*, The MIT Press, Cambridge (MA) - [1,2,3,4]

Bordini S. (2004), *Arte elettronica*, Giunti, Firenze - [1]

Breda C. e A. Roversi (2006), *Il colore nella stampa: principi di colorimetria e tavole cromatiche*, IALweb.it, Pordenone - [3]

Buchanan M. (2007), *The Social Atom: Why the Rich Get Richer, Cheaters Get Caught, and Your Neighbor Usually Looks Like You*, Marshall Cavendish, London (trad. it. *L'atomo sociale: comportamento umano e le leggi della fisica*, Mondadori, Milano 2008) - [9]

Bush V. (1945), "As We May Think", in N. Wardrip-Fruin e N. Montfort (a c. di) (2003), *The New Media Reader*, The MIT Press, Cambridge (MA) - [1,2,6]

Cadioli A. (1998), *Il critico navigante. Saggio sull'ipertesto e la critica letteraria*, Marietti, Genova - [6]

Calvino I. (1996), *Le città invisibili*, Mondadori, Milano - [1]

Castelfranchi Y. e O. Stock (2000), *Macchine come noi*, Laterza, Roma-Bari - [1]

Castells M. (1996), *The Rise of the Network Society. The Information Age: Economy, Society and Culture*, vol. I, Blackwell, Cambridge (MA) - [1]

Causey M. (2006), *Theatre and Performance in Digital Culture: From Simulation to Embeddedness*, Routledge, London-New York - [4]

Churcher C. (2007), *Beginning Database Design: From Novice to Professional*, Springer, New York - [9]

Clark R.C. e R.E. Mayer (2008), *e-Learning and the Science of Instruction: Proven Guidelines for Consumers and Designers of Multimedia Learning*, Pfeiffer, San Francisco - [4,7]
Clemente G., F. Filira e M. Moro (2003), *Sistemi operativi. Architettura e programmazione concorrente*, Libreria Progetto, Padova - [11]
Cox J. e J. Preppernau (2007), *Microsoft® Office Word 2007 Step by Step*, Microsoft Press, Redmond (WA) (trad. it. *Microsoft Office Project 2007: passo per passo,* Mondadori Informatica, Segrate) - [6]
Daido L.J. (2005), *The Zen of Creativity: Cultivating Your Artistic Life*, Ballantine Books, New York - [7]
D'Alessandro, J. (2005), *Play 2.0: storie e personaggi nell'era dei videogame online*, BUR, Milano - [4]
Davis M. (2003), *Il calcolatore universale. Da Leibniz a Turing*, Adelphi, Milano - [12]
Delany P. e G.P. Landow (a c. di) (1991), *Hypermedia and Literary Studies*, The MIT Press, Cambridge (MA) - [6]
— (1993), *The Digital Word: Text-based Computing in the Humanities*, The MIT Press, Cambridge (MA) - [1,6]
Deleuze G. e F. Guattari (1980), *Capitalismo e schizofrenia*, Castelvecchi, Roma - [1]
Derrida J. (1967), *De la grammatologie*, Les Éditions de Minuit, Paris (trad. it. *Della grammatologia*, Jaca Book, Milano 1969) - [1]
— (2008), *Adesso l'architettura*, Libri Scheiwiller, Milano 2008 - [4]
Diezmann T. e T. Gremmler (2003), *Grids for the Dynamic Image*, AVA Publishing, Lausanne - [5,7,8]
Dodge M. (2000), *Mapping Cyberspace*, Routlege, Andover - [1]
Du Bois P. (2003), *MySQL Cookbook*, O'Reilly Media, Sebastopol (CA) - [9]
Eco U. (1967), "Appunti per una semiologia delle comunicazioni visive", in U. Eco, *La struttura assente*, Bompiani, Milano - [1]
— (1979), *The Role of the Reader*, Indiana University Press, Bloomington - [1]
— (1984), *Semiotica e filosofia del linguaggio*, Einaudi, Torino - [1,2,6]
— (1996) "Afterword", in G. Nunberg (a c. di), *The Future of the Book*, Turnhout, Brepols - [6]
— (2006), *A passo di gambero. Guerre calde e populismo mediatico*, Bompiani, Milano - [3]
— (2007), *Dall'albero al labirinto*, Bompiani, Milano - [1,2,6]
Eisenstein E.L. (1999), *Le rivoluzioni del libro: l'invenzione della stampa e la nascita dell'età moderna*, il Mulino, Bologna - [1,2,6]
Ejženštejn S.M. (1989), *Teoria generale del montaggio*, Marsilio, Venezia.
Evamy M. (2003), *World Without Words*, L. King, London (trad. it. *Dalla parola all'immagine*, Logos, Modena 2003) - [1,2,3]
Feynman R.P. (1988), *Sta scherzando, Mr. Feynman: Vita e avventure di uno scienziato curioso: Conversazioni con Ralph Leigthon*, Zanichelli, Bologna - [12]
Fraser B., C. Murphy e F. Bunting (2003), *Real World Color Management: Industrial-Strength Production Techniques*, Peachpit Press, Berkeley (CA) - [3]
Gere C. (2002), *Digital Culture*, Reaktion Books, London - [1,2]
Gill E. (2005), *Sulla tipografia*, Sylvestre Bonnard, Milano - [3,6]
Gilmore W.J. (2008), *Beginning PHP and MySQL: From Novice to Professional*, Apress, Berkeley (CA) - [9]
Godin S. (2007), *Meatball Sundae: Is Your Marketing out of Sync?*, Portfolio, London (trad. it. *Che pasticcio di marketing!*, Sperling & Kupfer, Milano 2008) - [7]
— (2008), *Tribes: We Need You to Lead Us*, Portfolio, London - [7]
Greenwald R., R. Stackowiak e J. Stern (2008), *Oracle Essentials: Oracle Database 11g,* O'Reilly Media, Sebastopol (CA) - [9]
Grigoletto F. (2006), *Videogiochi e cinema. Interattività, temporalità, tecniche narrative e modalità di fruizione*, CLUEB, Bologna - [4]
Guarrasi V. (2001), "Una geografia virtuale come paesaggio", in P. Bonora (a c. di), *Comcities, geografie della comunicazione*, Baskerville, Bologna - [1,2]
Heath C. e D. Heath (2007), *Made to Stick: Why some Ideas Survive and Others Die*, Random House, New York (trad. it. *Idee forti: dalle leggende metropolitane ai nuovi prodotti: perché alcuni concetti durano e altri no*, ETAS, Milano 2007).
Heller S. e M. Ilic (2001), *Icons of Graphic Design*, Thames & Hudson, London - [3]
Herman D., Manfred J. e M.-L. Ryan (2006), *Routledge Encyclopedia of Narrative Theory*, Routledge, London-New York - [3,4,5,6]
Hoffer J.A., M.B. Prescott e F.R. McFadden (2004), *Modern Database Management*, Prentice Hall, Upper Saddle River (NJ) - [9]

Hyman A. (1982), *Charles Babbage: Pioneer of the Computer*, Princeton University Press, Princeton (NJ) - [12]
Ibelings H. (2002), *Supermodernism. Architecture in the Age of Globalization*, Nai Publishers, Rotterdam - [4]
Ifrah G. (2000), *The Universal History of Computing: From the Abacus to the Quantum Computer*, Wiley, New York - [12]
Jazar R.N. (2007), *Theory of Applied Robotics: Kinematics, Dynamics, and Control*, Springer, New York - [12]
Joyce M. (1987), *Afternoon: A Story*, Eastgate Systems, Web - [6]
— (1996), *Twilight, a Symphony*, Eastgate Systems, Web - [6]
— (1991), "Selfish Interaction: Subversive Texts and the Multiple Novel", in E. Berke e J. Devlin (a c. di), *The Hypertext/Hypermedia Handbook*, McGraw-Hill, New York - [1,2,6]
— (2001), *Othermindedness: The Emergence of Network Culture (Studies in Literature and Science)*, University of Michigan Press, Ann Arbor - [1,2]
Juran M.J. *et al.* (2000), *Juran's Quality Handbook*, McGraw-Hill, New York - [7]
Kahney L. (2008), *Inside Steve's Brain*, Portfolio, London - [11]
Kelly C. e R. Rhodes (2007), *The Manhattan Project: The Birth of the Atomic Bomb in the Words of Its Creators, Eyewitnesses and Historians*, Black Dog & Leventhal Publishers, New York - [12]
Kerckhove D. de (1991), *Brainframes Technology, Mind Business*, Bosch & Keuning, BSO/ORIGIN, Utrecht (trad. it *Brainframes: mente, tecnologia, mercato*, Baskerville, Bologna 1993).
— (1995), *The Skin of Culture*, Somerville House Books, Toronto (trad. it. *La pelle della cultura. Un'indagine sulla nuova realtà elettronica*, Costa & Nolan, Genova 1996) - [1,2]
— (1997), *Connected Intelligence: The Arrival of the Web Society*, Somerville House Books, Toronto - [1,2,12]
— (2001), *The Architecture of Intelligence*, Birkhäuser, Basel-Boston (trad. it. *L'architettura dell'intelligenza*, Testo & Immagine, Torino 2001) - [1,2,11,12]
— (2003) (a c. di), *La conquista del tempo: società e democrazia nell'era della rete*, Editori Riuniti, Roma - [1,2]
Kerckhove D. de e M. Federman (2003), *McLuhan for Managers: New Tools for New Thinking*, Viking Canada, Toronto - [1,2]
Krasteva A. e F. Privitera (2006), *Democratization in Post-Communist Transition Processes in the 1990s. Lights and Shadows*, Longo, Ravenna - [1]
Landow G.P. (1992), *Hypertext: The Convergence of Contemporary Critical Theory and Technology*, The Johns Hopkins University Press, Baltimore (MD) (trad. it. *Ipertesto. Il futuro della scrittura*, Baskerville, Bologna 1993) - [1,2]
— (1994), *Hyper/Text/Theory*, The Johns Hopkins University Press, Baltimore (MD) - [6]
— (1996), "Twenty Minutes into the Future, or How Are We Moving Beyond the Book?", in Geoffrey Nunberg (a c. di), *The Future of the Book*, Turnhout, Brepols 1996 - [6]
— (1997), *Hypertext 2.0: The Convergence of Contemporary Critical Theory and Technology*, The Johns Hopkins University Press, Baltimore (MD) (trad. it. *L'ipertesto. Tecnologie digitali e critica letteraria*, Bruno Mondadori, Milano 1998) - [6]
— (2005), *Hypertext 3.0: Critical Theory and New Media in an Era of Globalization*, The Johns Hopkins University Press, Baltimore (MD) - [6]
Lanham R. (1992), "Digital Rhetoric: Theory, Practice, and Property", in M.C. Tuman (a c. di), *Literacy Online. The Promise (and Peril) of Reading and Writing with Computers*, University of Pittsburg Press, Pittsburg (PA) - [6]
— (1995), *The Electronic Word. Democracy, Technology and the Arts*, The University of Chicago Press, Chicago - [6]
— (2006), *Revising Prose*, Longman, New York - [6]
— (2007), *Style: An Anti-Textbook*, Paul Dry Books, Philadelphia - [6]
Lévy P. (1990), *Les technologies de l'intelligence. L'avenir de la pensée à l'ère informatique*, La Découverte, Paris (trad. it. *Le tecnologie dell'intelligenza. L'avvenire del pensiero nell'era informatica*, Synergon, Milano-Bologna 1992) - [1,2]
— (1994), *L'intelligence collective. Pour une anthropologie du cyberspace*, La Découverte, Paris (trad. it. *L'intelligenza collettiva. Per un'antropologia del cyberspazio*, Feltrinelli, Milano 1996) - [1,2,12]

— (1995), *Qu'est-ce que le virtuel?*, La Découverte, Paris (trad. it. *Il virtuale*, Cortina, Milano 1997) - [1,2,12]
— (1997), *Cyberculture. Rapport au Conseil de l'Europe*, Odile Jacob, Paris (trad. it. *Cybercultura. Gli usi sociali delle nuove tecnologie*, Milano, Feltrinelli 1999) - [1,2,12]
Lidwell W., K. Holden e J. Butler (2005), *Principi universali del design*, Logos, Modena - [3,5]
Lunenfeld P. (a c. di) (2000), *The Digital Dialectic: New Essays on New Media*, The MIT Press, Cambridge (MA) - [1,2,3,4,6]
Lupton E. (2002), *Skin: Surface Substance + Design*, Princeton Architectural Press, New York - [3,4]
— (2004), *Thinking With Type: A Critical Guide for Designers, Writers, Editors & Students*, Princeton Architectural Press, New York - [3,6]
Lupton E. e J.A. Miller (1999), *Design Writing Research: Writing on Graphic Design*, Phaidon Press, London-New York - [3]
Lupton E. e P.J. Cole (2008), *Graphic Design: The New Basic*s, Princeton Architectural Press, New York - [3]
Maeda J. (2000), *Maeda@Media*, Thames & Hudson, London - [3]
— (2004), *Creative code*, Thames & Hudson, London - [4,5]
— (2006), *The Laws of Simplicity (Simplicity: Design, Technology, Business, Life)*, The MIT Press, Cambridge (MA) (trad. it. *Le leggi della semplicità*, Bruno Mondadori, Milano 2006) - [8]
Maldonado T. (1994), "Corpo tecnologico e scienza", in P. Luigi Capucci (a c. di), *Il corpo tecnologico. L'influenza delle tecnologie sul corpo e sulle sue facoltà*, Baskerville, Bologna - [1,2]
— (1997), *Critica della ragione informatica*, Feltrinelli, Milano - [1,2]
— (1998), *Reale e virtuale*, Feltrinelli, Milano - [1,2]
Manelli L. e M. Sorgato (2005), *ArchiCAD 9 e versioni precedenti per Windows e Macintosh: la grande guida*, Mondadori Informatica, Segrate - [4]
Manguel A. (1997), *A History of Reading*, Penguin, London (trad. it. *Una storia della lettura*, Mondadori, Milano 1999) - [6]
Manovich L. (2001), *The Language of New Media*, The MIT Press, Cambridge (MA) (trad. it. *Il linguaggio dei nuovi media*, Edizioni Olivares, Milano 2002) - [1,2,3,4,12]
Manray Cadioli M. (2007), *Io reporter in SecondLife*, Shake Edizioni, Milano - [1,5]
Maslow A.H. (1987), *Motivation and Personality*, Longman, New York - [5]
McGann J.J. (2001), *Radiant Textuality: Literature after the World Wide Web*, Palgrave, New York - [6]
McLuhan M. (1962), *The Gutenberg Galaxy. The Making of Typographic Man*, The University of Toronto Press, Toronto (trad. it. *La galassia Gutenberg. Nascita dell'uomo tipografico*, Armando, Roma 1976) - [6]
— (1964), *Understanding Media*, McGraw-Hill, New York (trad. it. *Gli strumenti del comunicare*, Il Saggiatore, Milano 1981) - [1,2,12]
Minsky M. (2006), *The Emotion Machine: Commonsense Thinking, Artificial Intelligence, and the Future of the Human Mind*, Simon & Schuster, New York - [6,12]
Mitnick K.D. (2002), *The Art of Deception: Controlling the Human Element of Security*, Wiley, Indianapolis (IN) (trad. it. *L'arte dell'inganno*, Feltrinelli, Milano 2003) - [1]
Mordenti R. (2001), *Informatica e critica dei testi*, Bulzoni, Roma - [6]
Nardone R. (2007), *I nuovi scen@ri educativi del videogioco*, Edizioni Junior, Azzano San Paolo (BG) - [4]
Needham J. (1986), *Science and Civilization in China*, The MIT University Press, Cambridge (MA) - [12]
Nelson T.H. (1990), *Literary machines 90.1: progetto Xanadu*, F. Muzzio, Padova - [6]
Nielsen J. (1990), *Hypertext and Hypermedia*, Academic Press, Boston - [1,2,5,6]
Nielsen J. e H. Loranger (2006), *Prioritizing Web Usability*, New Riders, Berkeley (CA) (trad. it. *Web usability 2.0: l'usabilita che conta*, Apogeo, Milano) - [5]
Norman D.A. (1988), *La caffettiera del masochista. Psicopatologia degli oggetti quotidiani*, Giunti, Firenze - [5]
— (1993), *Things that Make Us Smart. Defending Human Attributes in the Age of the Machine*, Addison-Wesley, Reading (MA) (trad. it. *Le cose che ci fanno intelligenti. Il posto della tecnologia nel mondo dell'uomo*, Feltrinelli, Milano 1995) - [3,4,5]
— (1998), *The Invisible Computer: Why Good Products Can Fail, the Personal Computer is so Complex, and Information Appliances are the Solution*, Addison-Wesley, Cambridge (MA) (trad. it. *Il computer invisibile. La tecnologia migliore è quella che non si vede*, Apogeo, Milano 2000) - [1,2,10,11]

— (2004), *Emotional Design: Why We Love (or Hate) Everyday Things*, Basic Books, New York (trad. it. *Emotional design: perché amiamo (o odiamo) gli oggetti di tutti i giorni*, Apogeo, Milano 2004) - [3,4,5]
— (2007), *The Design of Future Things*, Basic Books, New York (trad. it. *Il design del futuro*, Apogeo, Milano 2008) - [3,4,5]
Null L. (2006), *The Essentials of Computer Organization And Architecture,* Jones & Bartlett Publishers, London - [12]
Ong W.J. (1982), *Orality and Literacy: The Technologizing of the Word*, Methuen, London-New York (trad. it. *Oralità e scrittura. Le tecnologie della parola*, il Mulino, Bologna 1986) - [1,2,6]
Ortoleva P. (2002), *Mediastoria. Mezzi di comunicazione e cambiamento sociale nel mondo contemporaneo*, Net, Milano - [1,2]
Palmer D. (2008), *Participatory Media: Visual Culture in Real Time*, VDM Verlag, Saarbrücken - [1,2]
Patterson D.A. e J.L. Hennessy (2004), *Computer Organization and Design: the Hardware/Software Interface*, Morgan Kaufmann, Amsterdam - [10]
Paul C. (2004), *Digital Art*, Thames & Hudson, London - [1,2,3,4]
Peters T. (2005), *Design*, DK Adult, New York - [7]
Petzold C. (2008), *The Annotated Turing: A Guided Tour Through Alan Turing's Historic Paper on Computability and the Turing Machine*, Wiley, Indianapolis (IN) - [12]
Pink D.H. (2005), *A Whole New Mind: Why Right-Brainers Will Rule the Future*, Riverhead Trade; Riverhead Hardcover, New York - [7]
Pizzaleo A.G. (2000), *Fuzzy Logic*, Castelvecchi, Roma - [1,2,5]
Platone (2002), *Fedro*, Bompiani, Milano -[3]
Poshardt U. (1998), *DJ-Culture*, Quartet Books, London - [1,2]
Poulet G. (1975), "Lecture et interprétation du texte littéraire", in L. Bouyer *et al.*, *Qu'est-ce qu'un texte?*, Corti, Paris - [6]
Poundstone W. (1993), *Prisoner's Dilemma: John von Neumann, Game Theory, and the Puzzle of the Bomb*, Oxford University Press, Oxford - [12]
Prando E., R. di Renzo e O. Vulpinari (2003), *Fabrica Files 01-06*, Mondadori-Electa, Milano - [3]
Pricken M. (2004), *Creative Advertising: Ideas and Techiques from the Worlds Best Campaigns*, Thames & Hudson, London - [3,4]
Rampton S.J. e J. Stauber (2004), *Vendere la guerra: la propaganda come arma d'inganno di massa*, Nuovi Mondi Media, Ozzano dell'Emilia - [3]
Reimold C. e P. Reimold (2003), *The Short Road to Great Presentations: How to Reach Any Audience Through Focused Preparation, Inspired Delivery, and Smart Use of Technology,* Wiley-IEEE Press, New Jersey - [7]
Reynolds G. (2008), *Presentation Zen*, New Riders, Berkeley (CA) - [7]
Rizzo A., P. Marti e S. Bagnara (2001), "Interazione uomo-macchina", in E. Burattini e R. Cordeschi (a c. di), *Manuale di intelligenza artificiale per le scienze umane*, Carocci, Roma - [5]
Rojas R. e U. Hashagen (2000), *The First Computers: History and Architectures*, The MIT Press, Cambridge (MA) - [12]
Roncaglia G. (1999), "Ipertesti e argomentazione", in P. Carbone e P. Ferri (a c. di), *Le comunità virtuali*, Mimesis, Milano - [1,2,5,6]
Rosen J. (2000), *The Talmud and the Internet*, Picador, New York (trad. it. *Il Talmud e Internet. Un viaggio tra mondi*, Einaudi, Torino 2001) - [12]
Rush M. (1999), *New Media in 20th-Century Art*, Thames & Hudson, London - [1,2]
Ryan M.-L. (a c. di) (1999), *Cyberspace Textuality. Computer Technology and Literary Theory*, Indiana University Press, Bloomington - [6]
— (2001), *Narrative as Virtual Reality: Immersion and Interactivity in Literature and Electronic Media*, The Johns Hopkins University Press, Baltimore (MD) - [6]
— (2006), *Avatars of Story*, University of Minnesota Press, Minneapolis - [1,2,4,12]
Saporta M. (1962), *Composition n. 1: roman*, Editions du Seuil, Paris (trad. it. *Composizione n. 1: Romanzo*, Paperbacks Lerici, Milano 1967) - [6]
Schmitt C. *et al.* (2005), *Professional CSS Cascading Style Sheets for Web Design*, Wiley, Indianapolis - [5]
Scoble R. (2007), *Business blog: come i blog stanno cambiando il modo di comunicare dell'azienda con il cliente*, Il Sole 24 Ore, Milano - [1,2]
Silberschatz A., P.B. Galvin e G. Gagne (2002), *Sistemi operativi. Concetti ed esempi,* Pearson Education Italia, Milano - [11]

Singh S. (1999), *The Code Book: The Evolution of Secrecy from Mary Queen of Scots to Quantum Cryptography*, Doubleday, New York (trad. it. *Codici & segreti*, Rizzoli, Milano 1999) - [12]

Spera M. (2005), *Abbecedario del grafico: la progettazione tra creatività e scienza: le lezioni al corso di laurea in Disegno industriale*, Gangemi Editore, Roma - [3]

Stevenson D. e S. Horn (a c. di), *Never Be Boring Again: Make Your Business Presentations Capture Attention, Inspire Action and Produce Results*, Cornelia Press, Colorado Springs - [7]

Stoklossa U. e T. Rempen (2007), *Advertising: New Techniques for Visual*, Thames & Hudson, London - [3,4]

Studio FM Milano (2003), *Identità*, AIAP, Milano - [3]

Taddei M. (2007), *I Robot di Leonardo (La meccanica e nuovi automi nei codici svelati)*, Leonardo3, Milano - [12]

Taiuti L. (1996), *Arte e Media*, Costa & Nolan, Genova - [1,2]

Toole B.A. (1998), *Ada, the Enchantress of Numbers: A Selection from the Letters of Lord Byron's Daughter and Her Description of the First Computer*, Critical Connection, Princeton-Oxford - [12]

Tufte E. (1990), *Envisioning Information*, Graphic Press, Cheshire (CO) - [5]

— (1998), *Visual Explanations*, Graphic Press, Cheshire (CO) - [5]

— (2001), *The Visual Display of Quantitative Information*, Graphic Press, Cheshire (CO) - [8]

— (2003a), *Visual Explanations: Images and Quantities, Evidence and Narrative*, Graphic Press, Cheshire (CO) - [5]

— (2003b), *The Cognitive Style of Powerpoint*, Graphic Press, Cheshire (CO) - [7]

— (2005), *Visual and Statistical Thinking: Displays of Evidence for Decision Making: John Snow and the Cholera Epidemic: The Decision to Launch the Space Shuttle Challenger*, Graphic Press, Cheshire (CO) - [5]

— (2006), *Beautiful Evidence*, Graphic Press, Cheshire (CO) - [5,8]

Tzu L. e F. Tomassini (a c. di) (1988), *Il vero libro della sublime virtù del cavo e del vuoto*, Editori Associati, Milano - [12]

Uzelac A. e B. Cvjeticanin (2008), *Digital Culture: The Changing Dynamics*, Institute for international relations, Zagreb - [1,2]

Viescas J. e J. Conrad (2007), *Access (TM) 2007 Inside Out*, Microsoft Press, Redmond (WA) - [9]

Von Neumann J. e O. Morgenstern (1947), *Theory of Games and Economic Behaviour*, Princeton University Press, Princeton (NJ) - [12]

Wardrip-Fruin N. e N. Montfort (2003), *The New Media Reader*, The MIT Press, Cambridge (MA) - [1,2,6]

Watson R. e M. Blondheim (a c. di) (2008), *The Toronto School of Communication Theory: Interpretations, Extensions, Applications*, University of Toronto Press, Toronto - [1,2]

Weissman J. (2003), *Presenting to Win: The Art of Telling Your Story*, Financial Times-Prentice Hall, New Jersey - [7]

Wheildon C. e M. Warwick (1995), *Type and Layout: How Typography and Design Can Get Your Message Across or Get in the Way*, Strathmoor Press, Berkley (CA) - [5]

Articoli

Aarsand P.A., K. Aronsson (22/Oct/08), *Response cries and other gaming moves – Building intersubjectivity in gaming*, "Journal of Pragmatics", http://www.sciencedirect.com/science?_ob=ArticleURL&_udi=B6VCW-4TRHC4P-3&_user=10&_coverDate=10%2F22%2F2008&_alid=816592447&_rdoc=11&_fmt=high&_orig=search&_cdi=5965&_sort=d&_docanchor=&view=c&_ct=1383&_acct=C000050221&_version=1&_urlVersion=0&_userid=10&md5=370ebac3b6942b8f5ab25631dd3063ab - [4]

Adelson B. (Apr/08), *The emotional design of everyday things: The 2006 Benjamin Franklin Medal in Computer and Cognitive Science presented to Donald A. Norman*, "Journal of the Franklin Institute", http://www.sciencedirect.com/science?_ob=ArticleURL&_udi=B6V04-4SBHX73-4&_user=10&_coverDate=04%2F22%2F2008&_alid=816579325&_rdoc=19&_fmt=high&_orig=search&_cdi=5636&_sort=d&_docanchor=&view=c&_ct=252&_acct=C000050221&_version=1&_urlVersion=0&_userid=10&md5=a2e2f490af44ce36c0d1ef7fd4716312 - [3]

Alby F., C. Zucchermaglio (03/Mar/08), *Collaboration in web design: Sharing knowledge, pursuing usability*, "Journal of Pragmatics", vol. XL, 3, pp 494-506, http://www.sciencedirect.com/science?_ob=ArticleURL&_udi=B6VCW-4RFD05X-1&_user=10&_coverDate=03%2F31%2F2008&_alid=816580962&_

rdoc=48&_fmt=high&_orig=search&_cdi=5965&_sort=d&_docanchor=&view=c&_ct=400&_acct=C000050221&_version=1&_urlVersion=0&_userid=10&md5=3f7417fb682f500af14b427c562c7c14 - [5]

Ankolekar A., Markus Krötzsch, Thanh Tran, Denny Vrandečić (01/Feb/08), *The two cultures: Mashing up Web 2.0 and the Semantic Web*, "Web Semantics: Science, Services and Agents on the World Wide Web", vol. VI, 1, pp. 70-75, http://www.sciencedirect.com/science?_ob=ArticleURL&_udi=B758F-4R5F05K-1&_user=10&_coverDate=02%2F29%2F2008&_alid=816591447&_rdoc=15&_fmt=high&_orig=search&_cdi=12925&_sort=d&_docanchor=&view=c&_ct=46&_acct=C000050221&_version=1&_urlVersion=0&_userid=10&md5=93725bd502c329abf4a5837eb0937c18 - [1]

Burgos D., Baltasar Fernández-Manjón, Griff Richards (17/Sep/08), *Computers in human behavior: Special issue: Electronic games and personalised elearning processes*, "Computers in Human Behavior", vol. XXIV, 6, pp. 2475-2476", http://www.sciencedirect.com/science?_ob=ArticleURL&_udi=B6VDC-4SD1K-MP-1&_user=10&_coverDate=09%2F17%2F2008&_alid=816590667&_rdoc=1&_fmt=high&_orig=search&_cdi=5979&_sort=d&_docanchor=&view=c&_ct=17&_acct=C000050221&_version=1&_urlVersion=0&_userid=10&md5=782081c5d351213767e35416bd7f568c - [2]

Carroll J.M., H.M. Mentis (2008), *The useful interface experience: The role and transformation of usability*, "Product Experience", pp. 499-514, http://www.sciencedirect.com/science?_ob=ArticleURL&_udi=B8KTF-4S0B2KP-W&_user=10&_coverDate=02%2F27%2F2008&_alid=816580962&_rdoc=54&_fmt=high&_orig=search&_cdi=44705&_sort=d&_docanchor=&view=c&_ct=400&_acct=C0000 50221&_version=1&_urlVersion=0&_userid=10&md5=110f4a9a1ad7ef6ee744cb3d20f5582c - [12]

Caviglione L., C. Cervellera, F. Davoli, F.A. Grassia (25/Oct/08), *Optimization of an eMule-like modifier strategy*, "Computer Communications", vol. XXXI, 16, pp. 3876-3882, http://www.sciencedirect.com/science?_ob=ArticleURL&_udi=B6TYP-4SB7TWG-2&_user=10&_coverDate=10%2F25%2F2008&_alid=816584950&_rdoc=1&_fmt=high&_orig=search&_cdi=5624&_sort=d&_docanchor=&view=c&_ct=3&_acct=C000050221&_version=1&_urlVersion=0&_userid=10&md5=a0576dc3bcae12ac23573bc18901001e - [1]

Caviglione L., F. Davoli (25/Jun/08), *Traffic volume analysis of a nation-wide eMule community*, "Computer Communications", vol. XXI, 10 10, pp. 2485-2495, http://www.sciencedirect.com/science?_ob=ArticleURL&_udi=B6TYP-4S5VCH7-1&_user=10&_coverDate=06%2F25%2F2008&_alid=816584950&_rdoc=2&_fmt=high&_orig=search&_cdi=5624&_sort=d&_docanchor=&view=c&_ct=3&_acct=C000050221&_version=1&_urlVersion=0&_userid=10&md5=618b57277ac1201ca796bd4c8e0c8256 - [1]

England L., P. Fatzinger-McShane, C. Scarpero, D. Stapley (01/Sep/08), *Intern Blog: An Innovative Approach to Market and Inform*, "Journal of the American Dietetic Association", vol. CVIII, 9 (Supplement 1), p. A17, http://www.sciencedirect.com/science?_ob=ArticleURL&_udi=B758G-4T8SD0X-15&_user=10&_coverDate=09%2F30%2F2008&_alid=816591447&_rdoc=8&_fmt=high&_orig=search&_cdi=12926&_sort=d&_docanchor=&view=c&_ct=46&_acct=C000050221&_version=1&_urlVersion=0&_userid=10&md5=b0b615953236a52575e1b0b32e552272 - [1]

Falagas M.E., E.A. Karveli, V.I. Tritsaroli (04/Apr/08), *The risk of using the Internet as reference resource: A comparative study*, "International Journal of Medical Informatics", vol. LXXVII, 4, pp280-286, http://www.sciencedirect.com/science?_ob=ArticleURL&_udi=B6T7S-4PG8HN0-1&_user=10&_cover Date=04%2F30%2F2008&_alid=816583014&_rdoc=14&_fmt=high&_orig=search&_cdi=5066&_sort=d&_docanchor=&view=c&_ct=127&_acct=C000050221&_version=1&_urlVersion=0&_userid=10&md5=04294256a5ba69d43d25db896344e014 - [2]

Harper S., Y. Yesilada (03/Sep/07), *Web Authoring for Accessibility (WAfA)*, "Web Semantics: Science, Services and Agents on the World Wide Web", vol. V, 3, pp. 175-179, http://www.sciencedirect.com/science?_ob=ArticleURL&_udi=B758F-4NT84TK-1&_user=10&_coverDate=09%2F30%2F2007&_alid=816583014&_rdoc=18&_fmt=high&_orig=search&_cdi=12925&_sort=d&_docanchor=&view=c&_ct=127&_acct=C000050221&_version=1&_urlVersion=0&_userid=10&md5=3fc00781b39dccab53a608dfb525bdba - [5]

Hsu C.-L., J. Chuan-Chuan Lin (01/Jan/08), *Acceptance of blog usage: The roles of technology acceptance, social influence and knowledge sharing motivation*, "Information & Management", vol. XLV, 1, pp. 65-74", http://www.sciencedirect.com/science?_ob=ArticleURL&_udi=B6VD0-4RN4H7G-1&_user=10&_coverDate=01%2F31%2F2008&_alid=816591447&_rdoc=16&_fmt=high&_orig=search&_cdi=

5968&_sort=d&_docanchor=&view=c&_ct=46&_acct=C000050221&_version=1&_urlVersion=0&_userid=10&md5=04cf52eefe56466496f8a6c987cf1991 - [1]

Idier D. (01/Apr/00), *Science fiction and technology scenarios: comparing Asimov's robots and Gibson's cyberspace*, "Technology in Society", vol. XXII, 2, pp. 255-272, http://www.sciencedirect.com/science?_ob=ArticleURL&_udi=B6V80-405SWGD-7&_user=10&_coverDate=04%2F30%2F2000&_alid=816588698&_rdoc=2&_fmt=high&_orig=search&_cdi=5856&_docanchor=&view=c&_ct=8&_acct=C000050221&_version=1&_urlVersion=0&_userid=10&md5=521b6746adae149ed3a73f119d3a73f3 - [6,12]

Inagaki T. (Dic/08), *Smart collaboration between humans and machines based on mutual understanding*, "Annual Reviews in Control", vol. XXXII, 2, pp. 253-261, http://www.sciencedirect.com/science?_ob=ArticleURL&_udi=B6V0H-4TSSYM9-1&_user=10&_coverDate=10%2F28%2F2008&_alid=816577169&_rdoc=2&_fmt=high&_orig=search&_cdi=5647&_docanchor=&view=c&_ct=372&_acct=C000050221&_version=1&_urlVersion=0&_userid=10&md5=b5836191f1272129d61de3dabceb169e - [12]

Jaeckel P., N. Campbell, C. Melhuish (31/Dic/08), *Facial behaviour mapping – From video footage to a robot head*, "Robotics and Autonomous Systems", vol. LVI, 12, pp. 1042-1049, http://www.sciencedirect.com/science?_ob=ArticleURL&_udi=B6V16-4TGS7GW-1&_user=10&_coverDate=09%2F20%2F2008&_alid=816577169&_rdoc=7&_fmt=high&_orig=search&_cdi=5666&_docanchor=&view=c&_ct=372&_acct=C000050221&_version=1&_urlVersion=0&_userid=10&md5=9c04f31ca7a24cdce9d44bef61258f94 - [12]

Jung J.J. (Mar/09), *Social grid platform for collaborative online learning on blogosphere: A case study of eLearning@BlogGrid*, "Expert Systems with Applications", vol. XXXVI, 2 (Part 1), pp. 2177-2186, http://www.sciencedirect.com/science?_ob=ArticleURL&_udi=B6V03-4RKDFB9-1&_user=10&_coverDate=01%2F14%2F2008&_alid=816590667&_rdoc=3&_fmt=high&_orig=search&_cdi=5635&_sort=d&_docanchor=&view=c&_ct=17&_acct=C000050221&_version=1&_urlVersion=0&_userid=10&md5=154fb60647ca4a2b07d39d65ac5404af - [2]

Kalama M., G. Acar, B. Evans, A. Isoard (17/Sep/08), *VoIP over DVB-RCS satellite systems: Trial results and the impact of adaptive speech coding using cross-layer design*, "Computer Networks", vol. LII, 13, pp. 2461-2472, http://www.sciencedirect.com/science?_ob=ArticleURL&_udi=B6VRG-4SCDB6T-2&_user=10&_coverDate=09%2F17%2F2008&_alid=816585459&_rdoc=2&_fmt=high&_orig=search&_cdi=6234&_sort=d&_docanchor=&view=c&_ct=31&_acct=C000050221&_version=1&_urlVersion=0&_userid=10&md5=61a32c5bade2d2c0c8ebe574129afad5 - [1]

Kani-Zabihi E., G. Ghinea, S.Y. Chen (Dic/08), *User perceptions of online public library catalogues*, "International Journal of Information Management", vol. XXVIII, 6, pp. 492-502, http://www.sciencedirect.com/science?_ob=ArticleURL&_udi=B6VB4-4SR6FYX-2&_user=10&_coverDate=06%2F11%2F2008&_alid=816579325&_rdoc=16&_fmt=high&_orig=search&_cdi=5916&_sort=d&_docanchor=&view=c&_ct=252&_acct=C000050221&_version=1&_urlVersion=0&_userid=10&md5=7c72aa99ab1c85adec507055fb15a42 - [9]

Kelly A.H., J. DeWaters (2008), *A Quest for website accessibility in higher education institutions*, "The Internet and Higher Education", vol. XI, 3-4, pp. 160-164, http://www.sciencedirect.com/science?_ob=ArticleURL&_udi=B6W4X-4SVKSW5-1&_user=10&_coverDate=06%2F27%2F2008&_alid=816583014&_rdoc=7&_fmt=high&_orig=search&_cdi=6554&_sort=d&_docanchor=&view=c&_ct=127&_acct=C000050221&_version=1&_urlVersion=0&_userid=10&md5=4ce767d3a4e982cc5ad5526e68d8c065 - [5]

Launius R.D., H.E. McCurdy (01/Aug/07), *Robots and humans in space flight: Technology, evolution, and interplanetary travel*, "Technology in Society", vol. XXIX, 3 3, pp. 271-282, http://www.sciencedirect.com/science?_ob=ArticleURL&_udi=B6V80-4NT93VD-1&_user=10&_coverDate=08%2F31%2F2007&_alid=816587088&_rdoc=6&_fmt=high&_orig=search&_cdi=5856&_sort=d&_docanchor=&view=c&_ct=25&_acct=C000050221&_version=1&_urlVersion=0&_userid=10&md5=46370716710fd081ebbffb33edb27a58 - [12]

Leuthold S., J.A. Bargas-Avila, K. Opwis (04/Apr/08), *Beyond web content accessibility guidelines: Design of enhanced text user interfaces for blind internet users*, "International Journal of Human-Computer Studies", vol. LXVI, 4, pp. 257-270, http://www.sciencedirect.com/science?_ob=ArticleURL&_udi=B6WGR-4PYJSHK-1&_user=10&_coverDate=04%2F30%2F2008&_alid=816580962&_rdoc=43&_fmt=high&_orig=search&_cdi=6829&_sort=d&_docanchor=&view=c&_ct=400&_acct=C000050221&_version=1&_urlVersion=0&_userid=10&md5=cf4b8d6e9583a75c19b2f023ff8630ef - [5]

Lewthwaite J., V. Smith (01/Sep/08), *Limewire examinations*, "Digital Investigation", vol. V, Supplement 1, pp. S96-S104, http://www.sciencedirect.com/science?_ob=ArticleURL&_udi=B7CW4-4T5SYCF-7&_user=10&_coverDate=09%2F30%2F2008&_alid=816584290&_rdoc=29&_fmt=high&_orig=search&_cdi=18096&_sort=d&_docanchor=&view=c&_ct=339&_acct=C000050221&_version=1&_urlVersion=0&_userid=10&md5=40b29031a4ab3024758eba8c95ee4cc2 - [1]
Li C.-S. (2008), *Emerging Technology for Fiber-Optic Data Communication*, "Handbook of Fiber Optic Data Communication" (Third Edition), pp. 631-651, http://www.sciencedirect.com/science?_ob= ArticleURL&_udi=B8KRY-4SN8PC9-1B&_user=10&_coverDate=05%2F29%2F2008&_alid=816585459&_rdoc=5&_fmt=high&_orig=search&_cdi=44663&_sort=d&_docanchor=&view=c&_ct=31&_acct=C000050221&_version=1&_urlVersion=0&_userid=10&md5=ff529bc621b5ad978749f3f7d8755f22 - [1]
Li Y.-M., C.-W. Chen (29/Jul/08), *A synthetical approach for blog recommendation: Combining trust, social relation, and semantic analysis*, "Expert Systems with Applications", http://www.sciencedirect.com/science?_ob=ArticleURL&_udi=B6V03-4T3DCSR-3&_user=10&_coverDate=07%2F29%2F2008&_alid=816591447&_rdoc=11&_fmt=high&_orig=search&_cdi=5635&_sort=d&_docanchor=&view=c&_ct=46&_acct=C000050221&_version=1&_urlVersion=0&_userid=10&md5=11e55b5cf8f7db90bcda7fc1df23db2f - [1]
Liao W.-C., F. Papadopoulos, K. Psounis (01/Oct/07), *Performance analysis of BitTorrent-like systems with heterogeneous users*, "Performance Evaluation", vol. LXIV, 9-12, pp. 876-891, http://www.sciencedirect.com/science?_ob=ArticleURL&_udi=B6V13-4P192CX-2&_user=10&_coverDate=10%2F31%2F2007&_alid=816585227&_rdoc=4&_fmt=high&_orig=search&_cdi=5663&_sort=d&_docanchor=&view=c&_ct=6&_acct=C000050221&_version=1&_urlVersion=0&_userid=10&md5=81a725e5081dff238d590c74064f5684 - [1]
Lin Y.-L., Y.-W. Chen (05/Sep/08), *Effects of ad types, positions, animation lengths, and exposure times on the click-through rate of animated online advertisings*, "Computers & Industrial Engineering", http://www.sciencedirect.com/science?_ob=ArticleURL&_udi=B6V27-4TCHKGT-1&_user=10&_coverDate=09%2F05%2F2008&_alid=816592447&_rdoc=24&_fmt=high&_orig=search&_cdi=5695&_sort=d&_docanchor=&view=c&_ct=1383&_acct=C000050221&_version=1&_urlVersion=0&_userid=10&md5=1f53b45b8437652ce0d2058eea02aea7 - [4]
Littlejohn A., I. Falconer, L. Mcgill (03/Apr/08), *Characterising effective eLearning resources*, "Computers & Education", vol. L, 3, pp. 757-771, http://www.sciencedirect.com/science?_ob=ArticleURL&_udi=B6VCJ-4M21SW7-1&_user=10&_coverDate=04%2F30%2F2008&_alid=816590667&_rdoc=2&_fmt=high&orig=search&_cdi=5956&_sort=d&_docanchor=&view=c&_ct=17&_acct=C000050221&_version=1&_urlVersion=0&_userid=10&md5=c41ac6f36b83b1a41718832e5242cd59 - [2]
Madrid R.I., H. van Oostendorp, M.C. Puerta Melguizo (01/Jan/09), *The effects of the number of links and navigation support on cognitive load and learning with hypertext: The mediating role of reading order*, "Computers in Human Behavior", vol. XXV, 1, pp. 66-75, http://www.sciencedirect.com/science?_ob=ArticleURL&_udi=B6VDC-4T4J1BT-1&_user=10&_coverDate=01%2F31%2F2009&_alid=816589453&_rdoc=1&_fmt=high&_orig=search&_cdi=5979&_sort=d&_docanchor=&view=c&_ct=651&_acct=C000050221&_version=1&_urlVersion=0&_userid=10&md5=77ccc2fcf90f89f1f65f91e1eb1f0e02 - [6]
Nam Kim H. (03/Nov/08), *The phenomenon of blogs and theoretical model of blog use in educational contexts*, "Computers & Education", vol. LI, 3, pp. 1342-1352, http://www.sciencedirect.com/science?_ob= ArticleURL&_udi=B6VCJ-4S0B2FY-2&_user=10&_coverDate=11%2F30%2F2008&_alid=816591447&_rdoc=3&_fmt=high&_orig=search&_cdi=5956&_sort=d&_docanchor=&view=c&_ct=46&_acct=C000050221&_version=1&_urlVersion=0&_userid=10&md5=4f2be588c8b8beaaa3785f66329d8c32 - [1]
Naumann J., T. Richter, U. Christmann, N. Groeben (2008), *Working memory capacity and reading skill moderate the effectiveness of strategy training in learning from hypertext*, "Learning and Individual Differences", vol. XVIII, 2, pp. 197-213, http://www.sciencedirect.com/science?_ob=ArticleURL&_udi=B6W5P-4RFC8N0-8&_user=10&_coverDate=06%2F30%2F2008&_alid=816589453&_rdoc=10&_fmt=high&_orig=search&_cdi=6576&_sort=d&_docanchor=&view=c&_ct=651&_acct=C000050221&_version=1&_urlVersion=0&_userid=10&md5=12749c3da0f4119fafae9dcaabef9e08 - [6]
Passini S., F. Strazzari, A. Borghi (Dic/08), *Icon-function relationship in toolbar icons*, "Displays", vol. XXIX, 5, pp. 521-525, http://www.sciencedirect.com/science?_ob=ArticleURL&_udi=B6V01-4T2DKWF-

1&_user=10&_coverDate=07%2F24%2F2008&_alid=816580962&_rdoc=23&_fmt=high&_orig=search&_cdi=5633&_sort=d&_docanchor=&view=c&_ct=400&_acct=C000050221&_version=1&_urlVersion=0&_userid=10&md5=609bdf6c0682a2e706eeb738c7a56cac - [11]

Piccard P.L., B. Baskin, C. Edwards, G. Spillman, M.H. Sachs (2005), *Skype*, "Securing Im and P2P Applications for the Enterprise", pp.179-216, http://www.sciencedirect.com/science?_ob=ArticleURL&_udi=B85RV-4NY5YR3-M&_user=10&_coverDate=06%2F08%2F2007&_alid=816585459&_rdoc=16&_fmt=high&_orig=search&_cdi=35252&_sort=d&_docanchor=&view=c&_ct=31&_acct=C000050221&_version=1&_urlVersion=0&_userid=10&md5=a94fe3bc5216a61bfe0c8f04e66fef03 - [1]

— (2005), *eDonkey and eMule*, "Securing Im and P2P Applications for the Enterprise", pp. 219-238, http://www.sciencedirect.com/science?_ob=ArticleURL&_udi=B85RV-4NY5YR3-K&_user=10&_coverDate=06%2F08%2F2007&_alid=816584950&_rdoc=3&_fmt=high&_orig=search&_cdi=35252&_sort=d&_docanchor=&view=c&_ct=3&_acct=C000050221&_version=1&_urlVersion=0&_userid=10&md5=b07f6db19b13905f665397ecf9e471be - [1]

Porter J. (Dic/03), *Why technology matters to writing: A cyberwriter's tale*, "Computers and Composition", vol. XX, 4, pp. 375-394, http://www.sciencedirect.com/science?_ob=ArticleURL&_udi=B6W49-49MD5BN-1&_user=10&_coverDate=12%2F31%2F2003&_alid=816587088&_rdoc=13&_fmt=high&_orig=search&_cdi=6537&_sort=d&_docanchor=&view=c&_ct=25&_acct=C000050221&_version=1&_urlVersion=0&_userid=10&md5=a9d0c7b9ba565ab83f37ee554f12c0a6 - [12]

Reynolds R., M.T. Brannick (01/Jan/09), *Effect of communication media on developmental relationships: Self-reported and observed behaviors*, "Computers in Human Behavior", vol. XXV, 1, pp. 233-243, http://www.sciencedirect.com/science?_ob=ArticleURL&_udi=B6VDC-4TNTN3W-2&_user=10&_coverDate=01%2F31%2F2009&_alid=816577169&_rdoc=1&_fmt=high&_orig=search&_cdi=5979&_docanchor =&view=c&_ct=372&_acct=C000050221&_version=1&_urlVersion=0&_userid=10&md5=4700c9eddbfea77f8cd3134d8a95bc8b - [12]

Rossi D., M. Mellia, M. Meo (Feb/09), *Understanding Skype Signaling*, "Computer Networks", vol. LIII, 2, pp. 130-140, http://www. sciencedirect.com/science?_ob=ArticleURL&_udi=B6VRG-4TTMNKD-2&_user=10&_coverDate=11%2F01%2F2008&_alid=816585459&_rdoc=1&_fmt=high&_orig=search&_cdi=6234&_sort=d&_docanchor=&view=c&_ct=31&_acct=C000050221&_version=1&_urlVersion=0&_userid=10&md5=662ef2c28ae830637efbb6a7e74a5f12 - [1]

Rotondi A.J., J. Sinkule, G.L. Haas, M.B. Spring, C.M. Litschge, C.E. Newhill, R. Ganguli, C.M. Anderson (01/Aug/07), *Designing Websites for Persons With Cognitive Deficits: Design and Usability of a Psychoeducational Intervention for Persons With Severe Mental Illness*, "Psychological Services", vol. IV, 3, pp. 202-224,http://www.sciencedirect.com/science?_ob=ArticleURL&_udi=B7GWG-4PPVGT1-7&_user=10&_coverDate=08%2F31%2F2007&_alid=816583014&_rdoc=20&_fmt=high&_orig=search&_cdi=20458&_sort=d&_docanchor=&view=c&_ct=127&_acct=C000050221&_version=1&_urlVersion=0&_userid=10&md5=7139f9b929027f6bd4496fd3a493886a - [5]

Scheiter K., P. Gerjets, T. Huk, B. Imhof, Y. Kammerer (23/Sep/08), *The effects of realism in learning with dynamic visualizations*, "Learning and Instruction", http://www.sciencedirect.com/science?_ob= ArticleURL&_udi=B6VFW-4THB4BN-1&_user=10&_coverDate=09%2F23%2F2008&_alid=816592447&_rdoc=22&_fmt=high&_orig=search&_cdi=6021&_sort=d&_docanchor=&view=c&_ct=1383&_acct=C000050221&_version=1&_urlVersion=0&_userid=10&md5=02980cec80913fd33edc151ec51c9ee1 - [4]

Sequeira S. (11/Nov/01), *Cyborg: "cybernetic + organism"?!!*, "Trends in Neurosciences", vol. XXIV, 11, p. 634, http://www.sciencedirect.com/science?_ob=ArticleURL&_udi=B6T0V-4470P59-F&_user=10&_coverDate=11%2F01%2F2001&_alid=816587088&_rdoc=16&_fmt=high&_orig=search&_cdi=4872&_sort=d&_docanchor=&view=c&_ct=25&_acct=C000050221&_version=1&_urlVersion=0&_userid=10&md5=7309e5c645d1906ff79708f6042bf63d - [12]

Sigurdsson H.M., U.R. Halldorsson, G. Hasslinger (04/Nov/07), *Potentials and challenges of peer-to-peer based content distribution*, "Telematics and Informatics", vol. XXIV, 4, pp. 348-365, http://www.sciencedirect.com/science?_ob=ArticleURL&_udi=B6V1H-4N3GJ8R-1&_user=10&_coverDate=11%2F30%2F2007&_alid=816585459&_rdoc=6&_fmt=high&_orig=search&_cdi=5675&_sort=d&_docanchor =&view=c&_ct=31&_acct=C000050221&_version=1&_urlVersion=0&_userid=10&md5=49ec6108c591da59d5b706a67211439b - [1]

Strobel J., D.H. Jonassen, I.G. Ionas (01/Aug/08), *The evolution of a collaborative authoring system for non-linear hypertext: A design-based research study*, "Computers & Education", vol. LI, 1, pp. 67-85, http://

www.sciencedirect.com/science?_ob=ArticleURL&_udi=B6VCJ-4P12750-1&_user=10&_coverDate=08%2F31%2F2008&_alid=816589453&_rdoc=7&_fmt=high&_orig=search&_cdi=5956&_sort=d&_docanchor=&view=c&_ct=651&_acct=C000050221&_version=1&_urlVersion=0&_userid=10&md5=6d554590ece54b2d98ef738953f03823 - [6]

Su K.-D. (03/Nov/08), *An integrated science course designed with information communication technologies to enhance university students' learning performance*, "Computers & Education", vol. LI, 3, pp.1365-1374, http://www.sciencedirect.com/science?_ob=ArticleURL&_udi=B6VCJ-4S0B2FY-3&_user=10&_coverDate=11%2F30%2F2008&_alid=816592447&_rdoc=5&_fmt=high&_orig=search&_cdi=5956&_sort=d&_docanchor=&view=c&_ct=1383&_acct=C000050221&_version=1&_urlVersion=0&_userid=10&md5=634125d99e8a308afd2b17b6f797095e - [4]

Tao Y.H. (03/May/08), *Information system professionals' knowledge and application gaps toward Web design guidelines*, "Computers in Human Behavior", vol. XXIV, 3, pp. 956-968, http://www.sciencedirect.com/science?_ob=ArticleURL&_udi=B6VDC-4NDVH0N-3&_user=10&_coverDate=05%2F31%2F2008&_alid=816580962&_rdoc=34&_fmt=high&_orig=search&_cdi=5979&_sort=d&_docanchor=&view=c&_ct=400&_acct=C000050221&_version=1&_urlVersion=0 &_userid=10&md5=37878d1b30b8c61cf3b5ad5104b6b4a4 - [5]

Te Wang K., Y.-M. Huang, Y.-L. Jeng, T.-I. Wang (01/Aug/08), *A blog-based dynamic learning map*, "Computers & Education", vol. LI, 1, pp. 262-278, http://www.sciencedirect.com/science?_ob=ArticleURL&_udi=B6VCJ-4PG8H5R-1&_user=10&_coverDate=08%2F31%2F2008&_alid=816591447&_rdoc=10&_fmt=high&_orig=search&_cdi=5956&_sort=d&_docanchor=&view=c&_ct=46&_acct=C0000 50221&_version=1&_urlVersion=0&_userid=10&md5=9a5beac74b57c705139f1eb65233b92e - [1]

Thompson T.J., C.J. MacDonald, *Community building, emergent design and expecting the unexpected: Creating a quality eLearning experience*, "The Internet and Higher Education", vol. VIII, 3, pp. 233-249, http://www.sciencedirect.com/science?_ob=ArticleURL&_udi=B6W4X-4GX6J8V-1&_user=10&_coverDate=09%2F30%2F2005&_alid=816590667&_rdoc=9&_fmt=high&_orig=search&_cdi=6554&_sort=d&_docanchor=&view=c&_ct=17&_acct=C000050221&_version=1&_urlVersion=0&_userid=10&md5=1b410b5a197366a644a1698e49a31eec - [2]

Tu J., H. Tao, T. Huang (01/Oct/07), *Face as mouse through visual face tracking*, "Computer Vision and Image Understanding", vol. CVIII, 1-2, pp. 35-40, http://www.sciencedirect.com/science?_ob=ArticleURL&_udi=B6WCX-4MT5K5N-2&_user=10&_coverDate=11%2F30%2F2007&_alid=816577169&_rdoc=36&_fmt=high&_orig=search&_cdi=6750&_docanchor=&view=c&_ct=372&_acct=C000050221&_version=1&_urlVersion=0&_userid=10&md5=3c0422e50389b6d7b625effd1c06165e - [4]

Virvou M., G. Katsionis (01/Jan/08), *On the usability and likeability of virtual reality games for education: The case of VR-ENGAGE*, "Computers & Education", vol. L, 1, pp. 154-178, http://www.sciencedirect.com/science?_ob=ArticleURL&_udi=B6VCJ-4KGG1KC-1&_user=10&_coverDate=01%2F31%2F2008&_alid=816580962&_rdoc=51&_fmt=high&_orig=search&_cdi=5956&_sort=d&_docanchor=&view=c&_ct=400&_acct=C000050221&_version=1&_urlVersion=0&_userid=10&md5=401da1e7d97f18aa648b4ec47f7b92d1 - [4]

Wang D., J. Li, J. Zhang, G. Dai (17/Sep/08), *A pen and speech-based storytelling system for Chinese children*, "Computers in Human Behavior", vol. XXIV, 6, pp. 2507-2519, http://www.sciencedirect.com/science?_ob=ArticleURL&_udi=B6VDC-4SH7DWC-1&_user=10&_coverDate=09%2F17%2F2008&_alid=816579325&_rdoc=7&_fmt=high&_orig=search&_cdi=5979&_sort=d&_docanchor=&view=c&_ct=252&_acct=C000050221&_version=1&_urlVersion=0&_userid=10&md5=d7187791682ae9c3f5645745ca21edb0 - [6]

Wang Y., N. Stash, L. Aroyo, P. Gorgels, L. Rutledge, G. Schreiber (Nov/08), *Recommendations based on semantically enriched museum collections*, "Web Semantics: Science, Services and Agents on the World Wide Web", vol. VI, 4, pp. 283-290, http://www.sciencedirect.com/science?_ob=Article URL&_udi=B758F-4TT7153-1&_user=10&_coverDate=10%2F30%2F2008&_alid=816579325&_rdoc=4&_fmt=high&_orig=search&_cdi=12925&_sort=d&_docanchor=&view=c&_ct=252&_acct=C000050221 &_version=1&_urlVersion=0&_userid=10&md5=0c1dbf62d82c9b459b2156bdedd82ec5 - [9]

Yang H.-L., C.-L. Liu (01/Jan/09), *A new standard of on-line customer service process: Integrating language-action into blogs*, "Computer Standards & Interfaces", vol. XXXI, 1, pp. 227-245, http://www.sciencedirect.com/science?_ob=ArticleURL&_udi=B6TYV-4RGFD1R-2&_user=10&_coverDate=01%2F31%2F2009&_alid=816591447&_rdoc=1&_fmt=high&_orig=search&_cdi=5628&_sort=d&_docan-

chor =&view=c&_ct=46&_acct=C000050221&_version=1&_urlVersion=0&_userid=10&md5=6a6d01d8010e44061c259f4dbee3d3a0 - [1]
Zumbach J., Maryam Mohraz (03/May/08), *Cognitive load in hypermedia reading comprehension: Influence of text type and linearity*, "Computers in Human Behavior", vol. XXIV, Issue 3, pp. 875-887, http://www.sciencedirect.com/science?_ob=ArticleURL&_udi=B6VDC-4NCK28S-3&_user=10&_coverDate=05%2F31%2F2008&_alid=816589453&_rdoc=9&_fmt=high&_orig=search&_cdi=5979&_sort=d&_docanchor=&view=c&_ct=651&_acct=C000050221&_version=1&_urlVersion=0&_userid=10&md5=1d3bd4703f3de26bb7b80479ac0e330a - [6]

Sitografia*

Articoli

Aldred J. *et al.* (09/Mar/08), *The world's 50 most powerful blogs*, "The Guardian", http://www.guardian.co.uk/technology/2008/mar/09/blogs - [1,2,5]
Assante E. (07/Nov/08), *Un ologramma alla* CNN *la rivoluzione arriva in* TV, "Repubblica", http://www.repubblica.it/2008/11/sezioni/scienza_e_tecnologia/ologramma-tv/ologramma-tv/ologramma-tv.html?ref=hpspr1 - [3]
Bergman M.K. (01/Aug/01), *The Deep Web: Surfacing Hidden Value*, "JEP", http://quod.lib.umich.edu/cgi/t/text/text-idx?c=jep;view=text;rgn=main;idno=3336451.0007.104 - [2]
Bittanti M., *Game Art. Istruzioni per l'uso*, http://www.gamescenes.org/images/GameArt_ita.pdf - [4]
— *Intervista a Nick Togliretti*, http://www.videoludica.com/news/technoludicfilm/intervista-nick?lang=it - [4]
— (11/Dec/06), *Timeline: Cronoludica – Battaglie virtuali*, http://www.videoludica.com/news.php?news=482 - [1,2]
Boneschi F. (27/Sep/07), *Microsoft Excel 2007 sbaglia le moltiplicazioni*, "Hardware Upgrade", http://www.hwupgrade.it/news/software/microsoft-excel-2007-sbaglia-le-moltiplicazioni_22690.html - [8]
Bottà G. (10/Dec/08), *Il Pulitzer è del Web*, "Punto Informatico", http://punto-informatico.it/2501674/PI/News/pulitzer-del-web.aspx - [1,6]
— (10/Dec/08), *Copyright, il porno è un'intimidazione*, "Punto Informatico", http://punto-informatico.it/2501548/PI/News/copyright-porno-un-intimidazione.aspx - [1]
Cadioli M. (1/11/06), *Press in Second Life*, "DigiMag", http://www.digicult.it/digimag/article.asp?id=455 - [1]
D'Alessandro J. (09/Apr/08), *Videogiochi, +40 % in Italia le famiglie viste dalla console*, "la Repubblica", http://www.repubblica.it/2005/i/sezioni/scienza_e_tecnologia/videogiochi/rapporto-italia/rapporto-italia.html - [4]
Datta R., D. Joshi, J. Li, J.Z. Wang (2008), "Image Retrieval: Ideas, Influences, and Trends of the New Age", http://infolab.stanford.edu/~wangz/project/imsearch/review/JOUR/datta.pdf - [3]
Di Pasqua E. (27/Dec/07), *2007: il sorpasso dei videogiochi*, "Corriere della Sera", http://www.corriere.it/scienze_e_tecnologie/07_dicembre_27/sorpasso_videogiochi_eada0810-b48a-11dc-82b4-0003ba99c667.shtml - [4]
Fondati P. (20/Apr/07), *Il mercato mondiale del* PC *cresce, con forti differenze tra le regioni*, "Il Sole 24 Ore", http://www.ilsole24ore.com/fc?cmd=art&codid=21.0.2320033950&artType=Articolo&DocType=Libero - [2]
Fondati P. (09/Apr/08), *Videogiochi, corre il mercato in Italia (+39,9%). Exploit delle console*, "Il Sole 24 Ore", http://www.ilsole24ore.com/art/SoleOnLine4/Economia%20e%20Lavoro/2008/04/videogiochi.shtml?uuid=0935d586-063f-11dd-a01c-00000e251029&type=Libero - [4]
Frasca G. (2003), *Ludologists love stories, too: notes from a debate that never took place*, http://www.ludology.org/articles/ Frasca_LevelUp2003.pdf - [6]
Gentile V. (19/Nov/08), *Google, online le foto di Life*, http://punto-informatico.it/2480595/PI/Brevi/google-online-foto-life.aspx - [1]

* Siti web consultati entro dicembre 2008.

— (11/Dec/08), *WiFi, Beijing la darà gratis a tutti nel 2011*, "Punto Informatico", http://punto-informatico.it/2502816/PI/News/wifi-beijing-dara-gratis-tutti-nel-2011.aspx
Hove L.J. (2007), *Evaluating Use of Interfaces for Visual Query Specification*, http://caim.uib.no/publications/NOKOBIT07_ljh.pdf - [3]
Lackie R.J. (2003), *The Evolving "Invisible Web': Tried-and-True Methods and New Developments for Locating the Web's Hidden Conten*, http://library.rider.edu/scholarly/rlackie/Invisible/Lackie_CUL2003_Article.pdf - [2]
Lappin Y. (08/Jun/06), *Reuters admits altering Beirut photo*, ynetnews, http://www.ynetnews.com/articles/1,7340,L-3286966,00.html - [3]
Lew M. *et al.* (2006), "Content-based Multimedia Information Retrieval: State of the Art and Challenges", http://www.liacs.nl/home/mlew/mir.survey16b.pdf - [3]
Li and Wang (2008), "Real-Time Computerized Annotation of Pictures", http://infolab.stanford.edu/~wangz/project/imsearch/ALIP/ACMMM06/li06.pdf - [3]
Ludovico A. (01/Apr/01), *Marcos Novak interview*, "Neural", http://www.neural.it/english/marcosnovak.htm - [4]
Mackenzie C. (10/12/07), *French Navy Uses Second Life to Recruit*, "Military.com", http://www.military.com/features/0,15240,157945,00.html - [1]
Manovich L., *Unità di misura nel mondo informatico*, "Wikipedia", http://it.wikipedia.org/wiki/Categoria:Unit% C3%A0_di_informazione - [1]
— (2001), *Post-Media Aesthetics*, http://www.manovich.net/DOCS/Post_media_aesthetics1.doc - [1]
— (2005a), *Remixability and Modularity*, http://www.manovich.net/DOCS/Remix_modular.doc - [1]
— (2005b), *The Shape of Information*, http://www.manovich.net/DOCS/IA_Domus_3.doc - [1]
— (2006a), *Alan Kay's Universal Media Machine*, http://www.manovich.net/DOCS/kay_article.doc - [11]
— (2006b), *Friendly Alien: Object and Interface*, http://www.manovich.net/DOCS/friendly_alien.doc - [1]
— (2007a), *Designing Shanghai, or why East is the New West*, http://www.manovich.net/DOCS/designing_shanghai.doc - [2]
— (2007b), *Interaction as an Aesthetic Event*, http://www.manovich.net/DOCS/TATE_lecture.doc - [2]
— (2007c), *What comes after Remix?*, http://www.manovich.net/DOCS/remix_2007_2.doc - [2,11]
— (2008), *The practice of Everyday (Media) Life: Tactics as Strategies*, http://www.manovich.net/DOCS/manovich_social_media.doc - [1]
Maree *et al.* (2007), "Content-based Image Retrieval by Indexing. Random Subwindows with Randomized Trees", http://www.montefiore.ulg.ac.be/services/stochastic/pubs/2007/MGW07b/maree-retrieval-accv07.pdf - [3]
Maruccia A. (03/Nov/08), *Cybercrime, numeri record per il rootkit da MBR*, "Punto Informatico", http://punto-informatico.it/2459763/PI/News/cybercrime-numeri-record-rootkit-mbr.aspx - [11]
— (19/Nov/08), *Il PageRank sviscerato. O quasi*, "Punto Informatico", http://punto-informatico.it/2479914/PI/News/pagerank-sviscerato-quasi.aspx - [1]
Mattessich R., *Spreadsheet: Its First Computerization (1961-1964)*, http://www.j-walk.com/ss/history/spreadsh.htm - [8]
Naughton J. (2004), *Websites that changed the world*, "The Guardian", http://www.guardian.co.uk/technology/2006/aug/13/observerreview.onlinesupplement - [1,5]
Odifreddi P. (1995), *John von Neumann, l'apprendista stregone*, http://www.vialattea.net/odifreddi/bio/neumann.htm - [12]
Prieto B., F. Tricas, J.J. Merelo, A. Mora, A. Prieto (04/Nov/08), *Visualizing the evolution of a web-based social network*, "Science Direct", http://www.sciencedirect.com/science?_ob=ArticleURL&_udi=B6WKB-4R466K0-1&_user=10&_coverDate=11%2F30%2F2008&_alid=816591447&_rdoc=5&_fmt=high&_orig=search&_cdi=6902&_sort=d&_docanchor=&view=c&_ct=46&_acct=C000050221&_version=1&_urlVersion=0&_userid=10&md5=cd9b0129cdfa4e75a02bbebc8c6ddd9e - [1]
Quaranta D., *Game Aestethics. Come i videogiochi stanno trasformando l'arte contemporanea*, http://www.gamescenes.org/images/Game_aesthetics_ita.pdf - [4]
— (2005), *Intervista a A.Galloway*, "Cluster.On Innovation", http://domenicoquaranta.net/05_galloway_it.html - [1]
— (2006), *Game Art. Quando l'arte si fa Playstation*, "FlashArtOnline", http://www.flashartonline.it/interno.php?pagina=articolo_det&id_art=14&det=ok&titolo=GAME-ART - [1]

— *GAME ART. Quando l'arte si fa con la Playstation*, "Flash Art", http://www.videoludica.com/news/game-scenes/articolo-game-art.-quando-larte-si-fa-con-la-playstation?get=596.pdf&lang=it - [4]
— (01/Nov/07), *Rimediazioni. L'arte in Second Life*, "Flash Art", http://www.flashartonline.it/interno.php?pagina=articolo_det&id_art=138&det=ok&titolo=RIMEDIAZIONI - [3]
Robert J.L. (2003), *The Evolving "Invisible Web': Tried-and-True Methods and New Developments for Locating the Web's Hidden Content*, http://library.rider.edu/scholarly/rlackie/Invisible/Lackie_CUL2003_Article.pdf - [1]
Rusconi G. (20/Nov/08), *Microsoft, nel 2009 l'antivirus gratuito. I concorrenti: «È la sua resa»*, "Il Sole 24 Ore", http://www.ilsole24ore.com/art/SoleOnLine4/Tecnologia%20e%20Business/2008/11/microsoft-anti-virus-morro.shtml?uuid=85edb2a2-b65b-11dd-9dca-2c02996a6ab4&DocRulesView=Libero - [11]
Sparacino A. (2006), *GameScapes: Paesaggi e città dei videogiochi*, "TK", http://www.teknemedia.net/magazine/dettail.html?mId=1645 - [4]
Sparacino F., Alex Pentland, Glorianna Davenport (1997), *City of News*, "Ars Electronica, Exhibition Catalogue", http://alumni.media.mit.edu/~flavia/Papers/CityOfNews.htm - [6]
Tanni V. (2005), *Beate Geissler - oliver Sann. Shooter*, http://www.gamescenes.org/images/Tanni_shooter_eng.pdf - [4]
Turing A. (1950), *Computing Machinery and Intelligence*, "Mind", http://loebner.net/Prizef/TuringArticle.html - [12]
— *Articoli pubblicati da A.Turing*, "Wikipedia", http://bibnetwiki.org/wiki/Category:Alan_M._Turing_Paper - [12]
Valli A. (2004-2007), *Natural Interaction White Paper*, http://www.naturalinteraction.org/images/whitepaper.pdf - [4]
Vasconcelos N. (2007), *From Pixels to Semantic Spaces: Advances in Content-Based Image Retrieval*, "IEEE Xplore", http://ieeexplore.ieee.org/Xplore/login.jsp?url=/stamp/stamp.jsp?arnumber=4287238&isnumber=4287226 - [3]
Vilodre Goellner S., E.S. Couto (1/12), *La estética de los cuerpos mutantes en las obras de Sterlac, Orlan y Gunter von Hagens*, "Scielo", http://www.scielo.org.ve/scielo.php?script=sci_arttext&pid=S1012-1587 2007000300008 &lng=es&nrm=iso - [12]
[Autore non indicato] (27/Nov/08), *Analyze this*, voice of san diego.org, http://www.voiceofsandiego.org/articles/2008/09/02/news/03analytics090208.txt - [11]
[Autore non indicato] (03/Apr/06), *Apple/L'era pre-Macintosh*, "Punto Informatico", http://punto-informatico.it/1448367/PI/News/apple-era-pre-macintosh.aspx - [11]
[Autore non indicato] (04/Nov/08), *DownloadMac/ Due Life con l'Enigma*, "Punto Informatico", http://punto-informatico.it/2461322/Download/News/downloadmac-due-life-enigma.aspx - [10]
[Autore non indicato], *Electronic book review*, "Genre Trouble", http://www.electronicbookreview.com/ - [6]
[Autore non indicato] (10/Dec/08), *Firefox 3.1b2, il porn mode è servito*, "Punto Informatico", http://punto-informatico.it/2501499/PI/News/firefox-31b2-porn-mode-servito.aspx - [1]
[Autore non indicato] (30/Dec/04), *First Animation of the World Found In Burnt City*, http://www.netnative.com/news/04/dec/1249.html - [4]
[Autore non indicato], *Google's Chrome Browser Attracts nearlu two Million U.S. Vistors during the First Week of Availability*, "Nielsen Online", http://www.nielsen-online.com/pr/pr_090817.pdf - [1]
[Autore non indicato] (18/Mar/08), *How Apple Got Everything Right By Doing Everything Wrong*, "Wired", http://www.wired.com/techbiz/it/magazine/16-04/bz_apple - [11]
[Autore non indicato] (24/Jan/08), *HTML5: il nuovo pilastro del Web2.0*, "Punto Informatico", http://punto-informatico.it/servizi/ps.asp?i=2169308 - [5]
[Autore non indicato] (04/Dec/07), *IE7 e Firefox, la contesa sui numeri*, "Punto Informatico", http://punto-informatico.it/servizi/ps.asp?i=2132048 - [5]
[Autore non indicato] (20/Nov/08), *Kurzweil: il corpo umano è un software*, "Punto Informatico", http://punto-informatico.it/2481202/PI/News/kurzweil-corpo-umano-un-software.aspx - [12]
[Autore non indicato] (09/Oct/01), *L'e-business impara dai videogiochi*, "Punto Informatico", http://punto-informatico.it/87730/PI/News/e-business-impara-dai-videogiochi.aspx - [4]
[Autore non indicato] (02/Feb/07), *L'università va su Second Life*, "Unimagazine.it", http://www.unimagazine.it/index.php/it/nazionale/prima_pagina/ateneo/l_universita_va_su_second_life - [7]
[Autore non indicato] (25/May/08), *Mercato videoludico: + 29,5% per le vendite di hardware e software nei*

primi quattro mesi dell'anno. Previsioni di crescita al 44% per il 2008 e al 51% per il 2009, "AESVI", http://www.aesvi.it/cms/view.php?dir_pk=1100&cms_pk=19 - [4]
[Autore non indicato] (31/Jul/07), *Microsoft cerca la benedizione dell'open source*, "Punto Informatico", http://punto-informatico.it/2049363/PI/News/microsoft-cerca-benedizione-dell-open-source.aspx
[Autore non indicato] (26/Aug/08), *Microsoft investe ancora in Linux*, "Punto Informatico", http://punto-informatico.it/2384465/PI/News/microsoft-investe-ancora-linux.aspx
[Autore non indicato] (17/Oct/07), *Netscape Navigator dieci anni dopo*, "Punto Informatico", http://punto-informatico.it/2089861/PI/News/netscape-navigator-dieci-anni-dopo.aspx - [5]
[Autore non indicato] (2007), *PC Market Continues To Accelerate With Boost From EMEA, According To IDC*, "IDC", http://www.idc.com/getdoc.jsp?containerId=prUS20914007 - [2]
[Autore non indicato] (07/Jul/08), *Punto Informatico* [Mac OS X su PC, ora via hardware], http://punto-informatico.it/2345155/PI/News/mac-os-pc-ora-via-hardware.aspx - [11]
[Autore non indicato] (25/Jan/06), *Punto Informatico* [Piccoli robot cinesi crescono], http://punto-informatico.it/1390543/PI/News/piccoli-robot-cinesi-crescono.aspx - [12]
[Autore non indicato] (10/Apr/03), *Repubblica* [Il mondo], http://ricerca.repubblica.it/repubblica/archivio/repubblica/2003/04/10/il-mondo.html - [3]
[Autore non indicato] (16/Jul/08), *Sicurezza, la CPU è sotto attacco?*, "Punto Informatico", http://punto-informatico.it/2358136/PI/News/sicurezza-cpu-sotto-attacco.aspx - [11]
[Autore non indicato] (15/Sep/08), *Stallman: sperando che Chrome cambi rotta*, "Punto Informatico", http://punto-informatico.it/2403966/PI/Interviste/stallman-sperando-che-chrome-cambi-rotta.aspx - [11]
[Autore non indicato], *The "Deep" Web: Surfacing Hidden Value*, "Bright Planet", http://www.brightplanet.com/resources/details/deepweb.html - [1]
[Autore non indicato] (21/Dec/06), *The new 100 most useful sites*, "The Guardian", http://www.guardian.co.uk/technology/2006/dec/21/newmedia.media
[Autore non indicato] (23/Feb/08), *The New York Times* [The Ebb and Flow of Movies: Box Office Receipts 1986-2008], http://www.nytimes.com/interactive/2008/02/23/movies/20080223_REVENUE_GRAPHIC. html - [8]
[Autore non indicato] (01/Feb/07), *VeriSign, Microsoft & Partners to Work together on OpenID + Cardspace*, "VeriSign", http://blogs.verisign.com/infrablog/2007/02/verisign_microsoft_partners_to_1.php
[Autore non indicato] (10/Sep/08), *Ubuntu, nel 2009 il Coniglio è Guerriero*, "Punto Informatico", http://punto-informatico.it/2399553/PI/News/ubuntu-nel-2009-coniglio-guerriero.aspx - [11]
[Autore non indicato] (06/Oct/08), *Windows XP, ancora un anno di downgrade?*, "Punto Informatico", http://punto-informatico.it/2427973/PI/News/windows-xp-ancora-un-anno-downgrade.aspx - [11]
[Autore non indicato] (17/Aug/03), *www.microsoft.com runs Linux? Up to a point ...*, "Netcraft", http://news.netcraft.com/archives/2003/08/17/wwwmicrosoftcom_runs_linux_up_to_a_point_.html - [1]

Conferenze

All Conferences.com [database di conferenze], http://www.allconferences.com/ - [1]
Ars Electronica [arte e nuovi media], http://www.aec.at/en/index.asp - [3]
E-commerce in Italia, un Eldorado latente, http://www.casaleggioassociati.it/e-commerce/ - [1]
Erewhon, "Filosofia del Web" http://erewhon.ticonuno.it/riv/rete/filodelweb/link/1.htm - [1,2]
FITC Toronto [festival del design e della tecnologia], http://www.fitc.ca/event_detail.cfm?festival_id=22 - [3]
HOW Conference [design e grafica], http://www.howconference.com/ - [3]
ICHIM [digital culture and heritage], http://www.ichim.org/ - [4]
MySQL Conference & Expo, http://en.oreilly.com/mysql2009/public/content/home - [9]
Siggraph [grafica, design e interazione], http://www.siggraph.org/ - [3]
The Design of Prosperity [design e innovazione], http://www.thedesignofprosperity.se/press.asp - [3]
Virtual Educa [eLearning], http://www.virtualeduca.org/ - [7]

Libri

Ippolita (2006), *Ippolita.net* [The Dark Side of Google], http://www.ippolita.net/googlewiki/ - [2]

Joe Clarck (aggiornamento 02/06/2008), *Joe Clarck.org* [Building Accessible Website], http://joeclark.org/book/ - [5]

Manovich L. (2008), [Software Takes Command], http://softwarestudies.com/softbook/manovich_softbook_11_20_2008.pdf - [1,11]

Personali

0100101110101101.org [collettivo di artisti], http://www.0100101110101101.org - [1]

Alessandro Valli [natural interaction], http://naturalinteraction.org/ - [4]

Beppe Grillo [comico], http://www.beppegrillo.it/ - [1]

Brigitte Zarm [designer], http://www.brigitte-zarm.de/framesets/frameset-start.htm - [5]

Bruno Bozzetto [fumetti e animazioni], http://www.bozzetto.com/ - [4]

Carlo Bernardini [artista], http://www.carlobernardini.it/ - [1]

Casey Reas [artista], http://www.groupc.net - [2]

Cory Arcangel [artista], http://www.beigerecords.com/cory/ - [4]

Design everywhere [concorsi di grafica e design e info], http://netdiver.net/ - [7]

Domenico Quaranta [critico d'arte contemporanea], http://www.domenicoquaranta.net/ - [1,3,6]

Don Norman [esperto di usabilità], http://www.jnd.org/ - [5]

Edward Tufte [mappe, articoli e info], http://www.edwardtufte.com/tufte/ - [8]

Flavia Sparacino [bibliografia completa], http://alumni.media.mit.edu/~flavia/publications.html - [4]

Garr Reynolds [lezione sulla preparazione delle slides], http://www.youtube.com/watch?v=DZ2vtQCESpk - [7]

Giovanni Manisi [information designer], http://www.manisi.com/ - [3]

Jodi [artista], http://wwwwwwwww.jodi.org/

Julio Cortazar [opere letterarie di Julio Cortazar], http://www.juliocortazar.com.ar/obras.htm - [6]

Kris Krois [multimedia designer], http://www.kriskrois.com/ - [4]

Lev Manovich [teorico dei nuovi media], http://www.manovich.net/ - [1,2,5,11]

Luigi de Aloisio [web designer], http:// www.nostatic.it - [1,4]

Marco Cadioli [artista e fotoreporter in Second Life], http://www.internetlandscape.it - [1,2,5,7]

Marco Lazzari [professore di Informatica, comunicazione multimediale e tecnologie per l'istruzione], http://www.unibg.it/lazzari - [8]

Marcos Novak [artista], http://www.mat.ucsb.edu/~marcos - [4]

Margot Quan Knight [artista], http://www.margotknight.com/margot.html - [3]

Molleindustria [collettivo], http://www.molleindustria.org

Napier Mark [artista], http://www.potatoland.org - [2]

Paolo Atzori [multimedia designer], http://www.khm.de/~Paolo/ - [4]

Shaw Jeffrey [artista], http://www.jeffrey-shaw.net - [2]

Sterlac [artista], http://www.stelarc.va.com.au/ - [4,12]

Susan Sontag [fotografa], http://www.susansontag.com/ - [3]

Theodor Holm Nelson [designer e progettista dei nuovi media], http://ted.hyperland.com/ - [6]

Risorse

123wapinfo [emulatori di sistemi WAP, wireless, palm ecc.], http://www.123wapinfo.com/Softwares/Emulators/Default.asp? - [1,5]

1660 lezioni su 3D Studio Max [tutorials e risorse sul 3D], http://www.freeitsolutions.com/3ds/ - [4]

280Slides [tutorial e risorse per le presentazioni], http://280slides.com/ - [7]

7 Designers [studio grafico], http://www.7designers.com/ - [6]

about.com [disegnare un sito web], http://graphicdesign.about.com/ - [7]

Abrakadabra [studio per il marketing], http://www.abrakadabra.hr/ - [6]
Adobe [risorse inDesign e inCopy], http://www.adobe.com/support/documentation/it/indesign_incopy/ - [6]
ADUC [Microsoft e la questione dell'antitrust], http://www.aduc.it/dyn/comunicati/comu_mostra.php?id=152591 - [6]
AdunanzA [AdunanzA, la versione di eMule per rete Fastweb], http://www.adunanza.net/ - [1]
AESVI [tutorial, approfondimenti e articoli sui videogiochi], http://www.aesvi.it/cms/index.php?dir_pk=504 - [4]
AGD Resources [risorse di grafica e design], http://www.allgraphicdesign.com/ - [7]
Alan Turing [sito dedicato ad Alan Turing, la macchina, il test, Enigma], http://www.turing.org.uk/turing/ - [1]
Alexa [statistiche sul traffico web], http://www.alexa.com/ - [1]
Alexander R. Galloway [risorse, interviste, commenti, libri], http://cultureandcommunication.org/galloway/ - [2]
Alexander Wöll [Der Golem. Kommt der erste künstliche Mensch und Roboter aus Prag?], http://www.humboldtgesellschaft.de/inhalt.php?name=golem - [12]
Alibaba [un'unità dell'azienda Web Alibaba], http://www.alibaba.com - [1]
Alma DL [gestire le macro di Excel], http://amscampus.cib.unibo.it/archive/00000780/01/Macro_Excel.pdf - [8]
An Atlas of Cyberspace [un atlante della Rete], http://www.nicolas-guillard.com/cybergeography-fr/atlas/atlas.html - [1,2]
Analysis International [sito cinese sulle opportunità e le sfide del mercato impresariale], http://english.analysys.com.cn/home/index.php - [1]
Apple History Italia [storia dei computer Apple], http://www.tevac.com/applehistoryitalia - [11]
Archives & Museum [Museum and the Web 2009], http://www.archimuse.com/mw2009/ - [5]
Arpanet [Advanced Research Projects Agency Network (Arpanet), articoli, notizie, risorse], http://www.archive.org/details/arpanet - [1]
Assinform [Anteprima Rapporto Assinform 2007], http://http://www.telecomitalia.it/TIPortale/docs/gruppo/Assinform_sintesi2007_28.05.07.pdf - [1]
Australian Infront [progetto collettivo per la promozione di designers e artisti australiani], http://www.australianinfront.com.au/ - [3]
AutodeskAutocad[softwareeapplicazioni],http://www.autodesk.it/adsk/servlet/index?siteID=457036&id=10480677 - [4]
Autodesk Autocad [Tecnológico de Monterrey], http://usa.autodesk.com/adsk/servlet/item?siteID=123112&id= 8446271 - [4]
Automates et boites à musique [museo virtuale di automi musicali], http://www.automates-anciens.com/version_italienne/carillon-automi-automa/carillon-portagioie-automi.htm - [12]
Automates et boites à musique [automi, tra cui la papera di Vaucanson], http://www.automates-anciens.com/video_1/duck-vaucanson-500.wmv - [12]
Baidu [il motore di ricerca più diffuso in Cina], http://www.baidu.com/ - [1]
BBC [Pale Fire], http://www.bbc.co.uk/radio3/dramaon3/pip/najde/ - [6]
Bidville [sito di compra-vendita], www.bidville.com - [1]
Bill Day's Java ME [tutorial per Java], http://www.billday.com/j2me/ - [5]
BitTorrent [sistema di condivisione P2P], http://www.bittorrent.com/ - [1]
Book Mooch [scambio gratuito virtuale non commerciale di libri], http://it.bookmooch.com/ - [6]
Campus Virtual de posgrado [esempio di campo virtuale], http://virtualeduca.e-ducativa.com - [7]
catalogo@unito.it [catalogo unico dell'ateneo di Torino], http://cavour.cilea.it/ - [5]
CCTLD [mappe della Rete], http://cctld.it/next/html/mappe.html - [1]
CERAVO [CEntro per la RAccolta delle VOci e delle Leggende Contemporanee], http://leggende.clab.it/ - [1]
CEUAMI [risorse per gli studenti, tra cui la macchina di Turing], http://turing.izt.uam.mx/html/ - [1]
Chemnitz University of Technology [Red Hat Linux 9: Red Hat Linux x86 Installation Guide], http://www.tu-chemnitz.de/docs/lindocs/RH9/RH-DOCS/rhl-ig-x86-it-9/ch-partitions.html - [10]
China Radio International [notizie varie sulla Cina], http://italian.cri.cn/newit/news.htm - [1]
chrispederick.com [Web Developer 1.1.6], http://chrispederick.com/work/web-developer/ - [5]

ClickZ, Web Worldwide [statistiche sulla diffusione e l'utilizzo della Rete nel mondo], http://www.clickz.com/showPage.html?page=stats/web_worldwide - [1]
CNIPA [accessibilità per i siti delle pubbliche amministrazioni], http://www.cnipa.gov.it/site/it-IT/ - [5]
CNIPA [direttiva per la Qualità dei servizi on line e misurazione della soddisfazione degli utenti], http://www.cnipa.gov.it/site/_files/DIRETTIVA%2027%20luglio%202005.pdf - [5]
CNN [televisione americana], http://www.cnn.com/ - [1]
CNNIC [China Internet Network Information Center], http://www.cnnic.cn/en/index/index.htm - [1]
Color Palette Generator [tutorial per la creazione di palette partendo da immagini], http://www.degraeve.com/color-palette/ - [3]
Colors on the Web [accessibilità dei colori], http://www.colorsontheweb.com/ - [5]
ColorZilla [controllo contrasto cromatico], http://www.colorzilla.com/firefox/ - [5]
Columbia University [L.J. Comrie e le tabulatrici], http://www.columbia.edu/acis/history/comrie.html - [12]
comp.os.minix [dibattito fra Torvalds e Tanembaum "LINUX is obsolete"], http://groups.google.com/group/comp.os.minix/browse_frm/thread/c25870d7a41696d2/f447530d082cd95d#f447530d082cd95d - [11]
Computer Industry Almanac [statistiche utenti Internet nel mondo nel 2005], http://www.c-i-a.com/pr0106.htm - [2]
Computerlove [tutorial e suggestioni grafiche], http://www.cpluv.com/ - [3]
CREAKTIF! [grafica, animazione], http://www.creaktif.com/ - [5]
CreativePro [informazioni e tutorial sulla grafica per presentazioni], http://www.creativepro.com/ - [7]
CSS [fogli di stile per il sito scolastico], http://www.porteapertesulweb.it/css/index.htm - [5]
Cultural Analytics [visualizzazione dei processi culturali], http://culturevis.com/cultural_analytics.html - [11]
CyberMuse [esempio di database d'arte], http://cybermuse.gallery.ca/cybermuse/teachers/index_e.jsp - [9]
David Lyon ["The Surveillance Projet"], http://www.surveillanceproject.org/people/lead_researchers - [1]
David Orban [articoli e tutorial], http://www.davidorban.com/it+en/ - [7]
Decameron Web [l'ipertesto del Decameron], http://www.brown.edu/Departments/Italian_Studies/dweb/dweb.shtml - [6]
Design & Publishing [tutorial per l'uso degli strumenti grafici], http://www.graphic-design.com/ - [7]
Design is Kinky, http://www.designiskinky.net/ [3]
DesignAddict [modelli e informazioni sul design contemporaneo], http://www.designaddict.com/ - [7]
Digital Refueler, http://www.digitalrefueler.com/ [3]
Diodati M., *HTML.it* [guida accessibilità dei siti web pratica], http://webdesign.html.it/guide/leggi/45/guida-accessibilita-dei-siti-web-pratica/ - [3]
Diodati.org [accessibilità e traduzioni dal W3C], http://www.diodati.org/scritti/2002/g_alt/index.asp - [5]
Diodati.org [le basi del Web e l'accessibilità parte prima], http://www.diodati.org/scritti/2002/ipovisione/ipo_02.asp#a06http://juicystudio.com/services/colourcontrast.php - [5]
Diodati.org [le basi del Web e l'accessibilità parte seconda], http://www.diodati.org/scritti/2002/ipovisione/ipo_03.asp - [5]
Dipartimento di Informatica - Università di Pisa [macchina di Turing], http://www.di.unipi.it/settcult/turing.html - [12]
Domenico Quaranta [intervista di Domenico Quaranta a A.Galloway], http://domenicoquaranta.net/05_galloway_it.html - [1]
Duarte Design [tutorials per le presentazioni in Keynote], http://www.duarte.com - [7]
earmi [enciclopedia delle armi], http://www.earmi.it/default.htm - [12]
Eastgate [catalogo degli ipertesti], http://www.eastgate.com/catalog/Fiction.html - [6]
eBay [il più utilizzato sito di compra-vendita cinese], http://www.ebay.it/ - [1]
Ebook Searchr [motore di ricerca per e-books], http://ebooksearchr.googlepages.com/ - [2]
ECDL [patentino di informatica europeo], http://www.ecdl.it - [6]
E-commerce in Italia [sito sullo stato dell'e-commerce in Italia], http://www.casaleggioassociati.it/e-commerce/ - [1]
E-ducation [esempi di sviluppo della robotica], http://e-ducation.net/robotics.htm - [12]
Egothor [motore di ricerca in Java e altre librerie], http://www.egothor.org/ - [1]
EIAA [European Interactive Advertising Association], http://www.eiaa.net - [1]

EIAA [statistiche media], http://www.eiaa.net/news/eiaa-articles-details.asp?lang=1&id=154 - [1]

El Pais [quotidiano spagnolo], http://www.elpais.com/global/ - [1]

Eldex Change [cambio Euro-Linden], http://www.eldexchange.eu/?r24&gclid=COKIr4-m0ZACFRHkX-god5WTWNw - [1]

Empire [community di artisti, critici, creativi], http://www.subtle.net/empyre/ - [1]

eMule [sistema di condivisione P2P], http://www.emule-project.net/home/perl/general.cgi?l=18 - [1]

Enigma [simulazione del funzionamento di Enigma in Flash], http://enigmaco.de/enigma/enigma.swf - [12]

ETH [studi sulle dinamiche del disordine], http://www.soms.ethz.ch/ - [9]

EURISPES [studi e ricerche per conto di imprese, enti pubblici e privati, istituzioni nazionali ed internazionali], http://www.eurispes.it/ - [1]

Euromayday [sito rivolto all'informazione e all'azione nell'ambito della lotta al precariato e alla criminalizzazione degli emigrati, con lo scopo di alzare la visibilità delle iniziative in questi settori], http://www.euromayday.org/ - [1]

EuroMayDay Parade 04 [sito della manifestazione contro il precariato], http://www.euromayday.org/netparade/ - [1]

evolt.org [emulatori di vecchi browsers], http://browsers.evolt.org/?ie/32bit/standalone - [5]

Evolution Book [e-books], http://www.evolutionbook.com/Mod_04.php - [2]

Eyetrack III [analisi della lettura dei contenuti su Web], http://www.poynterextra.org/eyetrack2004/main.htm - [1]

Eyetrack III [analisi sulla modalità di lettura dei contenuti web], http://www.poynterextra.org/eyetrack2004/main.htm - [5]

Facoltà di scienze matematiche, fisiche e natuali dell'Università degli Studi di Veorna [dispense e articoli], http://www.scienze.univr.it/fol/main?ent=null&aa=2006%2F2007&tP=Dispense+e+articoli&url=OccorrenzaIns%2Fmatdid%2Fmatdid004188.htm - [11]

Favourite Website Awards [articoli, interviste, blog, concorsi di grafica e pubblicità], http://www.favorite-websiteawards.com/ - [3]

File Buzz [tutorials e info su Oracle], http://www.filebuzz.com/files/Erd_Oracle_Tool - [9]

Film Galaxy [mappe dinamiche del mondo del cinema], http://scriptedlife.com/processing/film_galaxy_v2/ - [2]

Fondamenti di basi di dati [sito di supporto al libro], http://fondamentidibasididati.it/ - [9]

Forefox Add-ons [Web Developer 1.1.6], https://addons.mozilla.org/en-US/firefox/addon/60?id=60 - [5]

fotolia [database fotografico], http://it.fotolia.com/ - [3,7]

Galleria Fabio Paris [galleria d'opera d'arte contemporanee], http://www.fabioparisartgallery.com - [1]

Gallery of Data Visualization. The Best and Worst of Statistical Graphics [esempi di mappe e grafici], http://www.math.yorku.ca/SCS/Gallery/noframes.html#BrightIdeas - [8]

Gamescenes. Art in the age of videogames [libro e risorse sui videogiochi], http://www.gamescenes.org/italian.html - [4]

Gamescenes [mostra, risorse e approfondimenti sulla Game Art], http://www.gamescenes.org/artists.html - [4]

Gandalf [dati su internet in Italia], http://gandalf.it/dati/dati3.htm - [1]

Gapminder [software pe la rappresentazione dinamica di statistiche e grafici], http://www.gapminder.org/ - [7]

Glossario Informatico [termini e acronimi del mondo informatico], http://www.guidapc.com/glossario/ - [5]

Gmail [webmail di Google], http://gmail.google.com - [1]

GNU [caratteristiche della licenza GNU], http://www.gnu.org/licenses/gpl.html - [2]

GNU Operating System [classificazione del software libero e non libero], http://www.gnu.org/philosophy/categories.it.html - [11]

GNU/Linux distro timeline [distribuzioni Linux], http://futurist.se/gldt/ - [11]

Gnumeric [programma di calcolo per Linux], http://www.gnome.org/projects/gnumeric/ - [8]

Google ["Guida alle funzioni di ricerca"], http://www.google.com/intl/it/why_use.html - [2]

Google Cina [interfaccia cinese del motore di ricerca Google], http://www.google.cn/ - [1]

Google Docs [programmi per le presentazioni in condivisione], http://docs.google.com/ - [7]

Google Earth [atlante 3D dinamico del mondo], http://earth.google.com/intl/it/ - [1,4]

Google Earth [tour delle features], http://earth.google.it/tour.html - [4]

Google Italia [interfaccia italiana del motore di ricerca Google], http://www.google.it - [1]
Google Maps [atlante 2D dinamico del mondo], http://maps.google.com/ - [1]
Google ricerca avanzata [interfacci di inserimento parametri per la ricerca avanzata nel motore di ricerca Google], http://www.google.it/advanced_search?hl=it - [1]
Grammatiche [risorse sull'evoluzione dei linguaggi], http://www.grammatiche.com/ - [1]
Grammatron [l'ipertesto di Mark Amerika], http://www.grammatron.com - [6]
GraphicDesignBasics [concorsi di grafica e design], http://www.graphicdesignbasics.com - [7]
Grunge Template [template per presentazioni powerpoint], http://www.presentationhelper.co.uk/ - [7]
GTA series.com [videogioco], http://www.gta-series.com/it/gta4/galleria_pc.html - [1]
GUI Gallery [risorse sulle interfacce grafiche 2], http://toastytech.com/guis/ - [11]
GUI Sites [risorse sulle interfacce grafiche], http://toastytech.com/guis/indexlinks.html - [11]
Guy Kawasaki [esperto di design e marketing], http://www.guykawasaki.com/ - [7]
Handicap [sito sulle disabilità], http://www.edulinks.it/HANDICAP.htm - [2]
Harry Ransom Center [progetto di ricerca su Queneau], http://www.hrc.utexas.edu/research/fa/queneau.html - [6]
Historical Anatomies on the Web [atlante anatomico digitale], http://www.nlm.nih.gov/exhibition/historicalanatomies/home.html - [5]
¡Hola Canada! [esempio di database di archeologia], http://www.sfu.museum/hola/ - [9]
How stuff work [smontaggio di un PC], http://videos.howstuffworks.com/harvard-extension-schools-computer-science-e-1-understand/1290-dissecting-a-pc-video.htm - [10]
How stuff work [computer tour], http://videos.howstuffworks.com/howstuffworks/23-computer-tour-video.htm - [10]
Htdig [software open source per la ricerca in rete], http://www.htdig.org/ - [1]
HTML.it [guide all'uso di MySQL e Oracle], http://database.html.it/ - [9]
HTML.it [CSS e i documenti (X)HTML], http://css.html.it/guide/leggi/2/guida-css-di-base/#es2 - [5]
HTML.it [esempi di layout ottenuti grazie alla flessibilità dei CSS], http://blog.html.it/layoutgala/ - [5]
IBM - Deep Blue [storia, simulazioni, dettagli sul confronto tra Kasparov e Deep Blue/Deeper Blue], http://www.research.ibm.com/deepblue/ - [1]
ICITA [strumenti per l'accessibilità web], http://firefox.cita.uiuc.edu/index.php - [5]
IDC [statistiche sul mercato digitale], http://www.idc.com/ - [1]
IDEO [design e marketing], http://www.ideo.com/ - [7]
IDIOM [Information Diffusion Across Interactive Online Media], http://www.idiom.at/ - [6]
idiom [modello di rizoma], http://www.idiom.at/ - [6]
IEEE Xplore [tutorial, articoli, info in computer science ed elettronica], http://ieeexplore.ieee.org/Xplore/guesthome.jsp - [11]
Il Blog di Beppe Grillo [blog aperto alla discussione politica, sociale, economica], http://www.beppegrillo.it/ - [1]
Il Blog di Beppe Grillo [intervista a Viviane Reding, commissario UE], http://www.beppegrillo.it/2007/11/_testo_la_situa.html - [1]
Infinity Interactive Mirrors [esempi di interazione naturale], http://www.interactivemirror.net/ - [2]
InfoDesign [infografica], http://www.informationdesign.org/archives/cat_information_graphics.php - [8]
Information Clearing House [sito di informazione], http://www.informationclearinghouse.info/article2838.htm - [3]
Intel [sito aziendale], http://www.intel.com/pressroom/kits/core2duo/index.htm - [10]
International Federation on Robotics [tutorial, notizie, congressi], http://www.ifr.org/ - [12]
Internet Backbone Maps [mappe della rete], http://www.nthelp.com/maps.htm - [1]
Internet World Stats [statistiche sull'uso di Internet], http://www.internetworldstats.com/stats.htm - [1]
Ipligence [Internet World Map 2007, localizzazione degli IP], http://www.ipligence.com/worldmap/ - [1]
IRC [Networked Robot Project], http://www.irc.atr.jp/ptNetworkRobot/networkrobot-e.html - [12]
Isaac Team [gruppo di ricerca del Politecnico di Torino], http://www.isaacrobot.it/ - [12]
ISTAT [istituto statistico italiano], http://www.istat.it - [1]
ISTAT [le tecnologie dell'informazione e della comunicazione delle imprese], http://www.istat.it/salastampa/comunicati/non_calendario/20071210_00/ - [1]
ISTAT [indagine sulla lettura dei quotidiani], http://www.istat.it/dati/catalogo/20071212_00/PDF/cap8.pdf - [3]

ISTAT [indagine sulla lettura dei libri], http://www.istat.it/salastampa/comunicati/non_calendario/20070510_00/testointegrale.pdf - [3]
ISTE [l'area di ISTE in Second Life], http://www.iste.org/Content/NavigationMenu/Membership/Member_Networking/ISTE_Second_Life.htm - [7]
iStock [database fotografico], http://www.iStock.com - [3,7]
IT-CERT [Computer and Network Security Lab (LaSeR) dell'Università degli Studi di Milano], http://security.dsi.unimi.it/ - [1]
Java [Java per Windows - Firefox/Mozilla], http://java.com/it/download/windows_xpi.jsp - [5]
Jodi [progetto Xanadu e altro], http://jodi.tamu.edu/Articles/v05/i01/Nelson/ - [6]
John Maeda [lavori e tutorial], http://www.maedastudio.com/index.php?category=new - [8]
Juicy Studio [Colour Contrast Analyser], http://juicystudio.com/services/colourcontrast.php - [5]
K10k [tutorial e suggestioni grafiche], http://www.k10k.net/ - [3]
Ken Ronbison [esperto di evoluzione culturale], http://www.sirkenrobinson.com/ - [7]
Keynote 08 [software], http://www.apple.com/iwork/keynote/ - [7]
La Cattedrale di Messina e il suo campanile [galleria fotografica del campanile della cattedrale di Messina], http://www.messinastorica.it/pagina_4.html - [12]
La mécanographie [storia dei pionieri del computer], http://www.kerleo.net/computers/mecanographie.htm - [12]
La Médiathèque [mediateca del museo d'arte contemporanea di Montreal], http://media.macm.org - [1]
La relazione è potere [collegamenti tra poteri in Italia], http://mappadelpotere.casaleggioassociati.it/ - [6]
la Repubblica [quotidiano italiano online], http://www.repubblica.it - [1,5]
Lab Software Studies [articoli, ricerche e progetti sui nuovi media], http://lab.softwarestudies.com/ - [11]
Lackie R.J. [Those Dark Hiding Places: The Invisible Web Revealed], http://www.robertlackie.com/invisible/index.html - [2]
Lambda Books [e-books, versioni tradotte dal greco e dal latino ecc.], http://www.lambdabooks.net/ - [2]
Le successioni dinamiche di Giacomo Balla [risorse e approfondimenti su Giacomo Balla], http://www.noemalab.org/sections/specials/tetcm/2003-04/dinamismo_futurismo/successioni_dinamiche.html - [4]
Learntouse.org [tutorial video per usare Excel], http://www.learntouse.org/ - [8]
Liber Liber [Progetto Manuzio: una delle più grandi biblioteche online], http://www.liberliber.it/ - [1,2]
LimeWire [sistema di condivisione P2P], http://www.limewire.com - [1]
Linux Spreadsheets [fogli di calcolo], http://web.archive.org/web/20020806213619/vip.hex.net/~cbbrowne/spreadsheets.html - [8]
Little Wonder Studio [grafica e design], http://www.littlewonderstudio.com/ - [7]
Lumeta [The Internet Mapping Project], http://www.lumeta.com/research/ - [1]
Lynx Viewer [software di test per siti web], http://www.delorie.com/web/lynxview.html - [5]
Mail.ru [il motore di ricerca più diffuso in Russia], http://www.mail.ru/ - [1]
manuali.net [manuali], http://www.manuali.net - [6]
Many Eyes [utilizzo dei motori di ricerca nel mondo], http://manyeyes.alphaworks.ibm.com/manyeyes/visualizations/all-search-engines-report - [1]
Many Eyes [strumento per la creazione di grafici personalizzati], http://manyeyes.alphaworks.ibm.com/manyeyes/ - [8]
Many Eyes [World Population, 2004], http://manyeyes.alphaworks.ibm.com/manyeyes/visualizations/111-graph-1a-world-population-2004 - [8]
Many Eyes [My fifty favourite bands], http://manyeyes.alphaworks.ibm.com/manyeyes/visualizations/my-fifty-favourite-bands - [8]
Many Eyes [Herb Connections], http://manyeyes.alphaworks.ibm.com/manyeyes/visualizations/herb-connections-2 - [8]
Many Eyes [Summer Olympic Games Medal Count by Year: Total (1896-2004)], http://manyeyes.alphaworks.ibm.com/manyeyes/visualizations/summer-olympic-games-medal-count-by--4 - [8]
Many Eyes [Net Profit Margin vs. Market Cap of largest Biotech & Tech stocks], http://manyeyes.alphaworks.ibm.com/manyeyes/visualizations/net-profit-margin-vs-market-cap-of-l - [8]
Many Eyes [Summer and Winter Olympic Games Medal Count: 1896-2006], http://manyeyes.alphaworks.ibm.com/manyeyes/visualizations/summer-and-winter-olympic-games-meda-2 - [8]
Many Eyes [Obama speech - A More Perfect Union], http://manyeyes.alphaworks.ibm.com/manyeyes/visualizations/obama-speech-a-more-perfect-union - [8]

Many Eyes [Data warehousing tools popularity based on Google search results], http://manyeyes.alphaworks.ibm.com/manyeyes/visualizations/data-warehousing-tools-popularity-ba - [9]
Marcel Duchamp [risorse e approfondimenti su Marcel Duchamp], http://www.marcelduchamp.net/ - [4]
Market Share [i browser più diffusi], http://marketshare.hitslink.com/report.aspx?qprid=2 - [5]
Market Share [statistiche sulla diffusione dei sistemi operativi], http://marketshare.hitslink.com/report.aspx?qprid=10 - [6]
Market Share [statistiche sulla diffusione dei sistemi operativi], http://marketshare.hitslink.com/report.aspx?qprid=9 - [1]
Market Share [statistiche sull'uso di Internet], http://marketshare.hitslink.com/report.aspx?qprid=3 - [1]
Marketing Apple [I 5 segreti del marketing Apple nelle parole di Steve M. Chazin], http://technoguide.typepad.com/ - [11]
MediaInspiration [tutorials per i designer], http://www.mediainspiration.com/ - [3]
Meta Design [tutorial ed esempi di grafica e design], http://www.metadesign.com/#section:work_nokia - [5]
Metaportal der Medienpolemik [Walter Rafelsberger - rotk social network], http://www.metaportaldermedienpolemik.net/blog/Blog/2007-03-27/rotk-social-network - [2]
Michael Joyce [Afternoon, a story], http://www.eastgate.com/catalog/Afternoon.html - [2]
Microfost [tutorials per l'uso del pacchetto Office], http://office.microsoft.com/it-it/getstarted/FX101055081040.aspx - [7]
Microsoft [Internet Explorer Developer Toolbar], http://www.microsoft.com/downloads/details.aspx?FamilyID=e59c3964-672d-4511-bb3e-2d5e1db91038&DisplayLang=en - [5]
Microsoft [Microsoft Office Access 2007 product overview], http://office.microsoft.com/en-us/access/HA101656301033.aspx#2 - [9]
Microsoft [Collegare tabelle e query], http://office.microsoft.com/it-it/access/HA100963201040.aspx - [9]
Microsoft [Query], http://office.microsoft.com/it-it/access/CH100645771040.aspx - [9]
Ministero della Pubblica Distruzione [sito di protesta], http://www.pubblica.distruzione.org/joomla/ - [5]
Ministero della Pubblica Istruzione [sito istituzionale], http://www.pubblica.istruzione.it/ - [5]
Minority Report [brevi estratti dal film], http://www.cinemovies.fr/fiche_extrait.php?IDfilm=132 - [2]
MIT [Information Experience - Natural Interfaces], http://www.informationexperience.com/article/mit-natural-interfaces - [1]
Modern Mechanix [BYTE The small systems journal], http://blog.modernmechanix.com/issue/?magname=Byte&magdate=2-1984 - [11]
MOD-SSL [risorse e tutorial su Apache], http://www.modssl.org/ - [1]
Molly Holzschlag [web training], http://www.molly.com/ - [5]
Moluv [tutorial e suggestioni grafiche per web], http://www.moluv.com/ - [3]
Moma.org [Projects 85: Dan Perjovschi, online exhibition], http://www.moma.org/exhibitions/exhibitions.php?id=3956 - [7]
Moto Gp 08 [videogioco], http://computergames.ro/en/news/viewitem/id/6881/name/install-bug-for-motogp-08.html - [1]
Motori di ricerca [motori di ricerca nel mondo], http://www.segnalidivita.com/motoridiricerca/motori_di_ricerca_di_tutto_il_mondo.htm - [1]
motoricerca [guida al posizionamento dei siti web nei motori di ricerca], http://www.motoricerca.info/articoli/pagerank.phtml - [1]
Mouse Gestures [informazioni sui movimenti del mouse], http://www.mousegestures.org/ - [4]
Moven [informazioni sul motion capture], http://www.moven.com - [4]
MSNBC [uso della pornografia in rete], http://www.msnbc.msn.com/id/10952475/from/RSS/ - [1]
msnbc [foto alterate di Katie Couric], http://www.msnbc.msn.com/id/14584870 - [3]
msnbc [foto alterate dell'attacco israeliano a Beirut], http://www.msnbc.msn.com/id/13165165/ - [3]
msnbc [foto alterate della sfilata di carri armati in Piazza Tian an Men], http://www.msnbc.msn.com/id/21978560/ - [3]
MUD [informazioni sui MUDs], http://mud.co.uk/richard/hcds.htm - [6]
Multi-Touch Interaction Research [esempi di interazione naturale], http://cs.nyu.edu/~jhan/ftirtouch/ - [2,4]
Museum of Fine Arts Boston [database dei materiali usati in arte], http://www.tate.org.uk/tateshots/issue17146/default.htm

MuslimHeritage [al-Jazari], http://muslimheritage.com/topics/default.cfm?ArticleID=888 - [12]
MuslimHeritage [video su al-Jazari], http://www.muslimheritage.com/topics/default.cfm?articleID=835 - [12]
National Gallery of Art Video and Podcasts [database di video e podcasts], http://www.nga.gov/podcasts/index.shtm - [2]
Natural Interaction [tutorial, approfondimenti e articoli sull'interazione naturale], http://www.naturalinteraction.org/ - [4]
Net Parade [sfilata virtuale dei precari che ha avuto luogo tra aprile e maggio 2004], http://www.euromayday.org/netparade - [1]
Netcraft [statistiche sui web servers], http://news.netcraft.com/archives/web_server_survey.html - [2]
Netdiver [tutorial e suggestioni grafiche], http://www.netdiver.net/ - [3]
Neural [rivista di media art], http://www.neural.it/ - [1]
New York Times [The Ebb and Flow of Movies], http://www.nytimes.com/interactive/2008/02/23/movies/20080223_REVENUE_GRAPHIC.html - [8]
Newsmap [sito di informazione interattiva], http://www.marumushi.com/apps/newsmap/ - [4]
Newstoday [tutorials e informazioni nel mondo della grafica e del design], http://www.qbn.com/ - [3]
Nielsen Online [analisi e statistiche sull'uso della rete negli USA], http://www.nielsen-online.com/pr/pr_080514.pdf - [1]
Nielsen Online [statistiche dei mercati e dei consumatori attraverso ricerche, analisi, esperienze, e tecnologie avanzate.], http://www.acnielsen.it/site/index.shtml - [1]
Nielsen Online [statistiche sull'uso dei computer e della rete nel mondo], http://www.nielsen-netratings.com/resources.jsp?section=pr_netv&nav=1 - [2]
Nike [sito aziendale], http://www.nike.com/ - [6]
Ning [e-books], http://libroelettronico.ning.com/ - [2]
Nutch [software open source per la ricerca in rete], http://lucene.apache.org/nutch/ - [1]
Official Weblog Application [blog di Paul Nixon], http://www.nixlog.com/infographics/ - [8]
OPA Europe [statistiche sull'uso della rete], http://www.opa-europe.org/ - [1]
Open Processing Beta [software open source per programmare immagini, animazioni e interazioni], http://www.openprocessing.org/ - [2]
Open SSL [progetto open source per lo sviluppo dell'SSL], http://www.openssl.org/ - [1]
OpenFTS [Open Source Full Text Search engine], http://openfts.sourceforge.net/ - [1]
OpenOffice.org [tutorials per l'uso del pacchetto OpenOffice], http://it.openoffice.org/doc/manuali/ - [7]
Oracle [Oracle Database Release 2 (9.2) Documentation], http://www.oracle.com/technology/documentation/oracle9i.html - [9]
Oracle News [tutti le ultime informazioni su Oracle], http://www.dba-oracle.com/oracle_news/ - [9]
Oulipo [sito gruppo Oulipo], http://www.oulipo.net/ - [6]
Overstock [sito di compra-vendita], http://www.overstock.com - [1]
Parlamento Europeo [sull'esistenza di un sistema d'intercettazione globale per le comunicazioni private ed economiche], http://www.privacy.it/ueechelon.html - [1]
Philippe Bourcier [Rootzmap - Mapping the Internet], http://vw.indiana.edu/07netsci/entries/#blog - [2]
Philobook [libreria online di e-books], http://www.philobook.com/ - [2]
Pianographique [animazione e personalizzazione della tastiera], http://www.pianographique.net - [4]
Plug 'n pixel [rivista online], http://www.plugsandpixels.com/ezine.html - [1]
Portale: Informatica [sezione tematica di Wikipedia], http://it.wikipedia.org/wiki/Portale:Informatica
Presentation Helper [uso di layout e template], http://www.presentationhelper.co.uk/ - [7]
Presentation Zen [turorial e suggerimenti per la preparazione delle presentazioni], http://www.presentationzen.blogs.com/ - [7]
Progetto Gutemberg [biblioteca online di e-books in tutte le lingue], http://www.promo.net/pg/ - [1]
Programmi Emulazione e Virtualizzazione [emulatori Windows], http://www.programmifree.com/categorie/emulazione.htm - [11]
PubbliAccesso.gov.it [legge Stanca sull'accessiiblità], http://www.pubbliaccesso.gov.it/normative/legge_20040109_n4.htm - [5]
PubbliAccesso.gov.it [decreto Presidente della Repubblica 75/2005 - Regolamento di attuazione della legge 9 gennaio 2004, n. 4 per favorire l'accesso dei soggetti disabili agli strumenti informatici], http://www.pubbliaccesso.gov.it/normative/regolamento.htm - [5]

PubbliAccesso.gov.it [decreto Ministeriale 8/7/05 - Requisiti tecnici e i diversi livelli per l'accessibilità agli strumenti informatici], http://www.pubbliaccesso.gov.it/normative/DM080705.htm - [5]
PubbliAccesso.gov.it [i disabili nella società dell'informazione], http://www.pubbliaccesso.gov.it/biblioteca/documentazione/disabili_societa/index.htm - [5]
Punch Card Machines [informazioni e approfondimenti sulle schede forate], http://www.tietokonemuseo.saunalahti.fi/eng/laite_eng.htm - [12]
Purves Lab [laboratorio del centro per le neuroscienze cognitive dell'Università di Duke], http://www.purveslab.net/main/ - [3]
Radio Papesse [web radio del Centro d'arte contemporanea SMS], http://www.radiopapesse.org/ - [6]
Repubblica [pubblicità creativa 1], http://www.repubblica.it/2006/05/gallerie/esteri/marketing-alternativo/1.html?ref=search - [3]
Repubblica [pubblicità creativa 2], http://www.repubblica.it/2006/05/gallerie/esteri/marketing-alternativodue/1.html?ref=search - [3]
Repubblica [pubblicità creativa 3], http://www.repubblica.it/2006/05/gallerie/esteri/spot-creativi/5.html - [3]
Repubblica [sezione di spina dorsale dall'Atlante stereoscopico dell'anatomia umana], http://www.repubblica.it/2006/05/gallerie/scienzaetecnologia/corpo-umano/1.html - [4]
Rhizome [sito dedicato alla creazione, alla presentazione, alla preservazione e alla critica delle pratiche artistiche emergenti nell'ambito dei nuovi media.], http://www.rhizome.org/ - [1]
Robert J.L. [Those Dark Hiding Places: The Invisible Web Revealed], http://www.robertlackie.com/invisible/index.html - [1]
Robotics Competition [competizioni tra robot], http://www.robocup.org/ - [12]
Scholz & Friends, Berlin [pubblicità emozionale], http://www.s-f.com/berlin/Awardsneu/tabid/1022/Default.aspx?campaignId=ZiEgvKqn0qo%3d - [3]
School of Management del Politecnico di Milano [osservatorio web], http://www.osservatori.dig.polimi.it/ - [1]
Science Direct [database di articoli scientifici], http://www.sciencedirect.com/ - [1]
Screen 2002-2005 [uno dei progetti di Robert Coover 2], http://www.hyperfiction.org/screen/ - [6]
Screen 2002-2006 [uno dei progetti di Robert Coover], http://www.uiowa.edu/~iareview/tirweb/feature/cave/ - [6]
Second Life [ambiente 3D con interazione avanzata], http://www.secondlife.com - [1,4]
Second Life Grid [aziende che investono in Second Life], http://secondlifegrid.net/resources/fact_sheet/branding - [7]
Second Life Grid [Programmi educativi su Second Life], http://secondlifegrid.net/programs/education#more - [7]
Second Life News Centre [la sede della Reuters su Second Life], http://secondlife.reuters.com/ - [1]
Second Life Wiki [Server architecture], http://wiki.secondlife.com/wiki/Server_architecture - [9]
Sensing Places [architettura interattiva], http://www.sensingplaces.com/ - [2,4]
Seth Godin [esperto di marketing], http://www.sethgodin.com/sg/ - [7]
Settime [mailing list di cultura, politica, critica], http://www.nettime.org - [1]
Silverlight & WPF Charts [gallery di grafici], http://www.visifire.com/silverlight_bar_charts_gallery.php - [8]
Simplicity [blog di John Maeda], http://weblogs.media.mit.edu/SIMPLICITY/ - [8]
Sito comune [tutorial ed esercizi per Access], http://www.sitocomune.com/ - [9]
Skype [uno dei sistemi VoIP più diffusi in occidente], http://www.skype.com/intl/it/ - [1]
Slideshare [Death by Powerpoint], http://www.slideshare.net/thecroaker/death-by-powerpoint/ - [7]
Slideshare [collezione di slides su vari argomenti], http://www.slideshare.net/ - [9]
Slideshare [Simone Onofri: il Web del futuro], http://www.slideshare.net/simone.onofri/il-web-del-futurovisioni-e-idee-sul-web-semantico - [9]
Sommerer/Mignonneau [The Interactive Plant Growing], http://www.mediaartnet.org/works/the-interactive-plant-growing/images/3/ - [2]
Sophos [rapporto sulla sicurezza per il 2007], http://www.sophos.it/security/whitepapers/ - [1]
Sparacino F. [pubblicazioni varie], http://alumni.media.mit.edu/~flavia/publications.html - [10]
Spectre [mailing list sull'arte dei nuovi media in Europa], http://coredump.buug.de/cgi-bin/mailman/listinfo/spectre - [1]

Spineless Books [proto-ipertesti, ipertesti e libri sperimentali], http://spinelessbooks.intenex.net/ - [6]
Spineless Books [11,112,006,825,558,016 Sonnets], http://spinelessbooks.intenex.net/cgi-bin/sonnets/sonnet.cgi - [6]
Spreadsheet Wars [informazioni sui fogli di calcolo], http://www.archive.org/details/CC606_spreadsheet_wars - [8]
SpringerLink [database di articoli scientifici], http://www.springerlink.com/computer-science/ - [1]
State of the Union [confronto tra frequenze di uso delle parole dal 1790 ad oggi], http://stateoftheunion.onetwothree.net/sotuGraph/ - [8]
Sterlac [Inverse Motion Capture and Motion Prosthesis in Contemporary Media Art: Stelarc's Movatar and Other Works], http://www.conceptlab.com/uci/2003-fall-277b-mocap-stelarc.html - [4]
stock.xchng [database fotografico], http://www.sxc.hu/ - [3,7]
StorySpace [software per la creazione e l'editing di ipertesti], http://www.eastgate.com/storyspace/ - [2,6]
Styleboost [tutorial e suggestioni grafiche per web], http://styleboost.com/ - [3]
Talent AD [Indicizzazione, Posizionamento e Pubblicità sui Motori di Ricerca], http://ad.bloggz.com/ - [1]
Talmud [esempi di analisi del testo], http://ccat.sas.upenn.edu/rs/2/Judaism/talmud.html - [6]
Talmud Study Tool [ipertesto del Talmud], http://www.jewishsoftware.com/products/Wolfson_Visible_ArtScroll_Schottenstein_Talmud_Gittin_1292.asp?bhcd2=1227791123 - [6]
Taobao [il più utilizzato sito di compravendita orientale], http://www.taobao.com/index_n.php - [1]
Tate Shots [risorse e video dal network di musei Tate], http://www.tate.org.uk/tateshots/issue17146/default.htm - [2]
Teatro Regionale Alessandrino [i principali teatri della provincia di Alessandria], http://www.teatroregionalealessandrino.it/index.cfm - [5]
TechDeepWeb [tutorials e informazioni sull'uso del Web], http://techdeepweb.com/ - [1]
TED [Hans Rosling: New insights on poverty and life around the world], http://www.ted.com/index.php/talks/hans_rosling_reveals_new_insights_on_poverty.html - [7]
TED [Sir Ken Robinson: Do schools kill creativity?], http://www.ted.com/index.php/talks/ken_robinson_says_schools_kill_creativity.html - [7]
TED [conferenze e presentazioni], http://www.ted.com - [7]
The ACM Digital Library [Edgar F. Codd, "A Relational Model of Data for Large Shared Data Banks" e altri articoli sui database"], http://portal.acm.org/toc.cfm?id=SERIES11430&type=series&coll=ACM&dl=ACM - [9]
The Burning Crusade [videogioco], http://www.worldofwarcraft.com/burningcrusade/ - [1]
The Economist [mensile di politica ed economia], http://www.economist.com/ - [1,5]
The Macscene [emulatori Apple classici], http://emulation.macscene.net/ - [11]
The Movies [videogioco], http://www.themoviesgame.com/ - [4]
The Society [tutorial sul funzionamento degli RSS], http://www.thesociety.it/rss_help.html - [5]
The Surveillance Project [progetto di David Lyon], http://www.queensu.ca/sociology/Surveillance/?q=people/lead_researchers - [1]
Top Ten REVIEWS [statistiche sull'uso della pornografia in rete], http://internet-filter-review.toptenreviews.com/internet-pornography-statistics.html - [1]
Toshiba [un modello di PC dal sito aziendale], http://it.computers.toshiba-europe.com/cgi-bin/ToshibaCSG/jsp/productPage.do?service=IT&PRODUCT_ID=145817&toshibaShop=false - [10]
Toshiba [visione dei componenti di un PC portatile ultraleggero], http://www.toshiba-europe.com/portege/it-it/?__utma=1.1613445319.1221579007.1221579007.1221579007.1&__utmb=1&__utmc=1&__utmx=-&__utmz=1.1221579007.1.1.utmccn%3D(direct)|utmcsr%3D(direct)|utmcmd%3D(none)&__utmv=-&__utmk=241113732 - [10]
Triennale di Milano [mostra sulle Città Invisibili di Calvino in relazione all'architettura], http://www.triennale.it/triennale/sito_html/invisibili/index_old.html - [1]
Underware [uso del foglio di stile], http://www.underware.nl/site2/index.php - [5]
Università degli Studi di Bergamo [Informatica generale 2007-2008: esercizi di Excel], http://www.unibg.it/lazzari - [8]
University of London [The Feynman-Tufte Principle], http://www.sciam.com/article.cfm?id=the-feynman-tufte-princip&ref=sciam - [8]
Urban Terror 4 [videogioco], http://www.3dnews.ru/games/urban_terror_4/ - [1]
US-CERT [centro di osservazione americano sulla sicurezza informatica], http://www.us-cert.gov/ - [1]

US-CERT [suggerimenti sull'uso dei browsers], http://www.kb.cert.org/vuls/id/713878 - [1]
Vaticano [clone del sito del Vaticano realizzato dal collettivo di artisti 0100101110101101.org, ora sito acquisito dal Vaticano], http://www.vatican.org - [1]
Vaticano [sito del Vaticano], http://http://www.vatican.va - [1]
Vertygo team [strategia del marketing Apple secondo un'analisi del Vertygo team], http://www.vertygoteam.com/apple_marketing_strategy.php - [11]
Videoludica [tutorials, informazioni e teorie sul mondo dei videogiochi], http://www.videoludica.com/ - [1]
Viewable with any browser [tutorial sul linguaggio HTML cross-browsers], http://www.anybrowser.org/campaign/ - [5]
Visible Body [software per la rappresentazione 3D del corpo umano], http://www.visiblebody.com - [4]
Visual Thesaurus [thesaurus dinamico], http://www.visualthesaurus.com - [1]
Visualcomplexity [mappe della rete e soluzioni visive a problematiche del web], http://www.visualcomplexity.com/vc/search.cfm?input=map - [1,2,6]
W3C [box model], http://www.w3.org/TR/CSS2/box.html - [5]
W3C [markup validation service by upload], http://validator.w3.org/ - [5]
W3C [raccomandazioni], http://www.w3.org/TR/xhtml1/DTD/xhtml1-transitional.dtd - [5]
W3C [accessibilità], http://www.w3c.it/wai/ - [5]
W3C [linee guida per l'accessibilità 2.0], http://www.w3.org/TR/2003/WD-WCAG20-20030624/ - [5]
W3C [lineeguida per l'accessibilità 1.0], http://www.w3.org/TR/1999/WAI-WEBCONTENT-19990505/full-checklist.html - [5]
W3C [XHTML 2 Working Group], http://www.w3.org/MarkUp/Activity - [5]
W3C counter [statistiche su browsers, sistemi operativi, risoluzione più diffusa dei monitor ecc.], http://www.w3counter.com/globalstats.php - [5]
W3Schools [statistiche sui browsers], http://www.w3schools.com/browsers/browsers_stats.asp - [5]
W3Schools [tutorial e info su web e accessibilità], http://www.w3schools.com/browsers/default.asp - [5]
Warriors of the Net [informazioni su internet, il funzionamento dei portocolli ecc.], http://www.warriorsofthe.net/movie.html - [1]
WAT-C [strumenti per l'accessibilità web], http://www.wat-c.org/tools/ - [5]
Web accessibile [versione italiana della "Accessibility Toolbar 1.2" di AIS (Accessible Information Solutions)], http://www.head-hands.com/webaccessibile/nuovastruttura.html - [5]
Web accessibile [la barra dell'accessibilità], http://webaccessibile.org/articoli/la-barra-dell-accessibilita-informazioni/ - [5]
Web Marketing Pro [linee guida per il posizionamento nei motori di ricerca], http://www.cduweb.com/articoli/Web-Marketing/20-regole.htm - [1]
Webaccessibile.org [hardware e software per disabili], http://webaccessibile.org/normative/abi-accessibilita-dellhome-banking/introduzione-6/ - [10]
Webdesign -HTML.it [guida all'accessibilità dei siti web], http://webdesign.html.it/guide/leggi/45/guida-accessibilita-dei-siti-web-pratica/ - [3]
Webimpossibile [dialogo tra un linguista e un avvocato sulla Legge Stanca], http://www.webimpossibile.net/05/3.11.05.htm - [5]
Web-learning.org [risorse per l'apprendimento a distanza], http://www.web-learning.org/ - [4]
Websemantico.org [informazioni sul web semantico], http://www.websemantico.org/index.php - [9]
WebsiteTips.com [risorse CSS], http://websitetips.com/css/ - [5]
Welcome to Brainy Betty [presentazione powerpoint], http://www.brainybetty.com/ - [7]
Wikipedia [la più grande enciclopedia online esistente], http://it.wikipedia.org/wiki/ - [1]
Wikipedia [risorse sui Web Browser], http://it.wikipedia.org/wiki/Categoria:Web_browser - [1]
Wikipedia [risorse sul Cyberpunk], http://it.wikipedia.org/wiki/Cyberpunk - [1]
Wikipedia [test di Turing], http://it.wikipedia.org/wiki/Test_di_Turing - [1]
Wikipedia [risorse e link interessanti sui videogiochi], http://it.wikipedia.org/wiki/Categoria:Film_tratti_da_videogiochi - [4]
Wikipedia [evoluzione dei browser], http://it.wikipedia.org/wiki/Immagine:Timeline_of_web_browsers.svg#filehistory - [5]
Wikipedia [software vari per la creazione di mappe mentali], http://en.wikipedia.org/wiki/List_of_Mind_Mapping_software - [5]

Wikipedia [lista editor HTML], http://it.wikipedia.org/wiki/Lista_di_editor_html - [5]
Wikipedia [lista Content Management Systems], http://it.wikipedia.org/wiki/Content_management_system - [5]
Wikipedia [lista dei software per la creazione di grafici], http://en.wikipedia.org/wiki/List_of_information_graphics_software#Plotting_programs_.28graphing_programs.29 - [8]
Wikipedia [mappa della marcia di Napoleone], http://it.wikipedia.org/wiki/Immagine:Minard.png - [8]
Wikipedia [enciclopedia online], http://it.wikipedia.org/wiki/Wikipedia - [9]
Wikipedia [12 regole di Codd], http://it.wikipedia.org/wiki/12_regole_di_Codd - [9]
Wikipedia [portale di informatica], http://it.wikipedia.org/wiki/Portale:Informatica - [11]
Wikipedia [cyberpunk], http://it.wikipedia.org/wiki/Cyberpunk - [12]
Wirmacenbunt [sistemi interattivi], http://www.wirmachenbunt.de/archives/110 - [4]
WorldsciNet - Computer Science [articoli, riviste, fonti sul mondo dell'informatica], http://www.worldscinet.com/compsci.shtml - [1]
WPDFP [tutorials per il web design], http://www.wpdfd.com/ - [7]
Xu Jinglei [blog cinese], http://blog.sina.com.cn/xujinglei - [1]
Yahoo [uno dei motori di ricerca più usati al mondo], http://www.yahoo.com/ - [1]
Yellowpipe Internet Services [simulatore di risoluzioni del monitor], http://www.yellowpipe.com/yis/tools/window_resizer/index.php - [5]
YoSpace [Yospace SmartPhone Emulator demo], http://www.yospace.com/spedemo.html - [5]
You the Designer [i migliori siti in Flash a nov 2008 e altro], http://www.youthedesigner.com/index.php - [4]
YouTube [il più grande database online di video al mondo], http://it.youtube.com/ - [1]
(17/Apr/03), *YouTube* [Stage Managing Toppling of Saddam Statue], http://it.youtube.com/watch?v=yyn8Kb_do8g - [3]
YouTube [Fake Toppling of Saddam's Statue in 2003], http://it.youtube.com/watch?v=GMgEc9Qds8M - [3]
YouTube [Saddam Statue Media Hoax], http://it.youtube.com/watch?v=_9ITuaJUDkc - [3]
YouTube [Saddam Hussein Death: Martyr Hoax? Scaffolding Full View!], http://it.youtube.com/watch?v=veSSN-EL_w0 - [3]
YouTube [Fake Iranian Missile Photo], http://it.youtube.com/watch?v=5vu-v4vo-4A - [3]
YouTube [1989 Tiananmen Square Protests], http://www.youtube.com/watch?v=9-nXT8lSnPQ - [3]
YouTube [MIT - demo animazione scientifica], http://www.youtube.com/watch?v=NZNTgglPbUA&eurl=http://www.informationexperience.com/article/mit-natural-interfaces - [4]
YouTube [Il primo incontro su Second Life], http://www.youtube.com/watch?v=UhA9xJvinvk - [7]
YouTube [Think Different Italian Version], http://it.youtube.com/watch?v=6T3oc4ga6Lw - [11]
YouTube [15 short Ads Mac vs PC], http://it.youtube.com/watch?v=lgzbhEc6VVo - [11]
YouTube [1984 Apple's Macintosh Commercial], http://it.youtube.com/watch?v=OYecfV3ubP8 - [11]
YouTube [Apple Commercial: Windows Vista security], http://www.youtube.com/watch?v=Q2bByYgk4dk - [11]
YouTube [Apple Computer Ad - Power PC vs Intel], http://www.youtube.com/watch?v=jSYr-Tx8vEI - [11]
YouTube [Classic Microsoft Windows XP Commercial], http://www.youtube.com/watch?v=I-50SJwhX3Y - [11]
YouTube [Commercial Windows 95], http://www.youtube.com/watch?v=E9z8y4JfhPs - [11]
YouTube [Get a Mac: Virus], http://it.youtube.com/watch?v=avFdcKUnbEs - [11]
YouTube [Windows Server 2008 - Promo Video 2], http://it.youtube.com/watch?v=g4w3CbF7Gdk&NR=1 - [11]
YouTube [iPod], http://it.youtube.com/watch?v=PT4QQhO1lXU - [11]
YouTube [Mac Vs Bloated PC], http://it.youtube.com/watch?v=1EbCyibkNB0 - [11]
YouTube [Pubblicità Windows Vista], http://www.youtube.com/watch?v=vk1sy8zW96M - [11]
YouTube [UK Get a Mac Commercial], http://it.youtube.com/watch?v=AzXRZqZhMwQ&NR=1 - [11]
YouTube [UK Mac Commercial], http://www.youtube.com/watch?v=IrRM_EdOHHc - [11]
YouTube [Windows 1.0], http://www.youtube.com/watch?v=m_iqvo_WaLU - [11]
YouTube [Windows Server 2008 - Promo Video 1], http://www.youtube.com/watch?v=FXGKRta8fQ4 - [11]
YouTube [Windows 98 Commercial], http://www.youtube.com/watch?v=Jij5Nzh2Sj4 - [11]

YouTube [Automi, Pierre Jaquet-Droz], http://it.youtube.com/watch?v=3OcB25IXPYY - [12]
YouTube [Nancy - The Automaton], http://it.youtube.com/watch?v=k_g7ISS9nFA - [12]
YouTube [progetto aiko robot], http://video.google.it/videosearch?q=aiko+robot&um=1&hl=it&client=firefox-a&rls=org.mozilla:it:official&ie=UTF-8&sa=X&oi=video_result_group&resnum=4&ct=title# - [12]
YouTube [Actroid DER-2], http://it.youtube.com/watch?v=Egtla1kxSP8 - [12]
YouSerials [seriali], http://www.youserials.com - [11]
YouTube [William Burroughs cut ups], http://www.youtube.com/watch?v=6NU3dIdqIBw - [6]
Youtube [automi nella storia, il Turco di Von Kemplen], http://it.youtube.com/watch?v=RdT4yG8wczQ - [12]
Youtube [AKIBA ROBOT FESTIVAL 2006: Actroid Female Robot], http://it.youtube.com/watch?v=WbFFs4DHWys&NR=1 - [12]
Youtube [Actroid DER2 fembot - Face expressions], http://it.youtube.com/watch?v=4sjV_lxSVQo - [12]
Youtube [Android Video], http://it.youtube.com/watch?v=MY8-sJS0W1I - [12]
Youtube [interactive billboard], http://www.youtube.com/watch?v=LZpTGMvDRag&eurl=http://vook.wordpress.com/2007/07/18/adobe-cs3-interactive-billboard/ - [4]
Zeloot [tutorial ed esempi di grafica e design], http://www.zeloot.nl/main/home.html - [5]
Zengarden [esempio di applicazione dei CSS], http://www.csszengarden.com/tr/italiano/ - [5]

Riviste

"Allmaple" [risorse, articoli, approfondimenti sul design], http://www.allmaple.com/ - [3]
"bSecure" [risorse, articoli, approfondimenti sul mondo del PC], http://bsecure.com.mx - [2]
"Communication Arts" [articoli ed esempi tra arte e comunicazione], http://www.commarts.com/ - [3]
"Computer Arts" [risorse, articoli, tutorials, contest di grafica], http://www.computerarts.co.uk/ - [3]
"Design Graphics" [risorse, articoli, approfondimenti sul design], http://www.dgdesignnetwork.com.au/ - [3]
"Digit Mag" [risorse, articoli, tutorials, sull'analisi e lo sviluppo di oggetti grafici e per web], http://www.digitalartsonline.co.uk/ - [3]
"Digital Library" [risorse, articoli, approfondimenti in computer science], http://www2.computer.org/portal/web/csdl - [2]
"PRINT" [risorse, articoli, tutorials, contest di grafica], http://www.printmag.com/ - [3]
"SG Software Guru" [cloud computing], http://www.sg.com.mx/ - [11]
"SHIFT" [arte, grafica e design con un focus sul giappone], http://www.shift.jp.org/ - [3]
"Technology Review (MIT)" [rivista sulle nuove tecnologie], http://www.technologyreview.com/ - [2]

Zilio, Emanuela.
Protagonisti dell'era digitale / Emanuela Zilio. –
[Milano] : Bruno Mondadori, [2009].
336 p. ; 24 cm. – (Campus).
EAN 978-88-6159-254-4.
1. Elaboratori elettronici - Impiego nelle scienze umane.
001.30285

CIP a cura di CAeB, Milano.

Ristampa
0 1 2 3 4

Anno
09 10 11 12

Stampato per conto della casa editrice
presso Centro Poligrafico Milano S.p.A., Casarile (MI)